Linda Grant · Versext

Linda Grant

Versext

Die sexuelle Revolution: Geschichte und Utopie

Aus dem Englischen
von Maren Klostermann

Klein

Titel der englischen Originalausgabe:
Sexing the Millennium
Harper Collins, 1993

Umschlagillustration: John Holmes
Umschlag: Peter Albers
Gesamtherstellung: Clausen & Bosse, Leck
ISBN 3-89521-013-7
1 3 5 7 9 10 8 6 4 2

Das Verschwinden der Utopie bringt eine statische Sachlichkeit zustande, in der der Mensch selbst zur Sache wird. Es entstünde die größte Paradoxie, die denkbar ist, daß nämlich der Mensch der rationalsten Sachbeherrschung zum Menschen der Triebe wird, daß der Mensch, der nach einer so langen opfervollen und heroischen Entwicklung die höchste Stufe der Bewußtheit erreicht hat – in der bereits Geschichte nicht blindes Schicksal, sondern eigene Schöpfung wird –, mit dem Aufgehen der verschiedenen Gestalten der Utopie den Willen zur Geschichte und damit den Blick in die Geschichte verliert.

Karl Mannheim, *Ideologie und Utopie*, 1936

Sex ist wichtig! Sex ist bedeutend! Sex macht Spaß!

Cynthia Heimel, *Sex Tips for Girls*, 1983

Inhalt

Danksagung

Viele Menschen haben mir entlang des Weges geholfen – indem sie sich zu Interviews bereit erklärten, Kontakte für mich knüpften oder Einrichtungen zur Verfügung stellten, mir Bücher schenkten oder ausliehen, wertvolle Anregungen gaben oder mir eine Übernachtungsmöglichkeit in New York verschafften –, und ich möchte mich an dieser Stelle herzlich bei ihnen bedanken:

Annette Ramirez de Arellano, Alma Birk, Lola Bobbish, Brian Braithwaite, Helen Gurley Brown, Janet Briggs, Peter Brawne, Mic Burton, Louise Chunn, Larry und Joan Constantine, Dilys Cossey, Hermine Demoriane, Margaret Drabble, Betty Dodson, Udi Eichler, David Elstein, Carolyn Faulder, Michael Fish, Margaret Forster, Carla Gaspasian, Michele Grant, Patricia Gossell, Mark Hoffman, Jim Holt, Laurence Hughes, Marek Kohn und Sue Matthias Kohn, Grace Lau, David McConnell, John McGahern, Blake Morrison, Mandi Norwood, Michelle Olley, Michael O'Regan, Jefferson Poland, Jay Rayner, Robert und Erma Rimmer, JoAnne Robertson, Adeline Pendleton Satterthwaite, Barbara Seaman, Ska, Buff, Bet und Day, Jeff Selth, Joan Smith, Eleanor Stephens, Gay Talese, Colm Tóibín, Rebecca Tomlinson, Anthony Wall, Francis Wheen, Lucy Whitman, Hugo Williams, Richard Wilson, Alice Wolfson, Helen Zahavi.

Zu besonderem Dank bin ich Richard Ogar verpflichtet, der mich durch die sechziger Jahre von Berkeley und Haight-Ashbury führte und damit sozusagen sein Leben aufs Spiel setzte. Ich danke auch den drei Menschen, die anonym bleiben müssen, für ihre mutigen Zeugenaussagen.

Dank gebührt auch Lucinda McNeile, Rebecca Lloyd, Betty Palmer und Annie Robertson, die ein Manuskript in ein Buch verwandelten und einen kleinen Koller gelassen hinnahmen. Ich danke meinem Agenten Derek Johns, der den Ball aus der Luft fing und schnell damit loslief.

Trotz meiner anfänglichen irrigen Überzeugung, daß sein Geschlecht ihn von der Teilnahme an diesem Projekt disqualifizierte, ist Michael Fishwick der beste Verleger, den eine Frau sich wünschen kann. Nie ist ein entmutigendes Wort gefallen.

Mein größter Dank gilt schließlich meiner früheren Agentin, Imogen Parker. Sie weiß, was sie getan hat.

Danksagung

Einleitung

Seit zwei Jahren sagen Frauen immer wieder zu mir: »Ich höre, Sie schreiben ein Buch. Wovon handelt es?« Ich antworte jedesmal: »Von der sexuellen Revolution.« Und dann kommt es – scherzhaft, provokativ, traurig oder mit einem schiefen Lächeln des Weltüberdrusses: »Wirklich? Gab es denn eine sexuelle Revolution?« In den ersten beiden Monaten hat mich diese Reaktion überrascht. Da war zum Beispiel eine achtunddreißigjährige Rechtsanwältin, die seit zehn Jahren mit einem festen Partner lebte und gerade ihr erstes Kind erwartete, mit der Annehmlichkeit eines Kindermädchens, einer Haushaltshilfe und einer Tagesmutter, und selbst sie sagte: »Gab es denn eine sexuelle Revolution?«

Ich hatte meine Fakten. Ob ihr bewußt wäre, daß es bis Mitte der sechziger Jahre für eine alleinstehende Frau praktisch unmöglich gewesen sei, sich Kontrazeptiva zu beschaffen? Daß in einigen britischen Kliniken, die Verhütungsmittel an verlobte Frauen ausgegeben hätten, die Rechnung für das Hochzeitskleid verlangt wurde, als Beweis, daß die Bewerberin keine unmoralischen Absichten hegte? Daß bis zur gesetzlichen Freigabe der Pille im Jahr 1962 (1960 in Amerika) die Empfängnisverhütung allein Sache der Männer gewesen sei? Ob sie vergessen hätte, welche Bürde die Jungfräulichkeit den Frauen auferlegt hätte, die sich permanent vor dem versehentlichen Verlust oder Raub derselben hüten mußten? Daß vorehelicher Geschlechtsverkehr unweigerlich zur Schwangerschaft führte? Daß unverheiratete Paare keine Wohnung bekamen? Daß Abtreibung und Homosexualität strafbar waren und daß die Scheidungsgesetze viele Menschen zwangen, auch lieblose Ehen voller Gewalttätigkeit weiterzuführen? Daß es keine sexuellen Rollenbilder für die alleinstehende Frau gab, die das Heiratsalter überschritten hatte? Daß Frauen entweder heirateten oder einen Beruf ausübten, letzteres jedoch bedeutete, daß sie desexualisiert und unterdrückt wurden – abgestempelt zu alten Jungfern, die kein Mann wollte?

Es war eine hübsch zurechtgebastelte Litanei, und sie war unwiderlegbar. Sie brachte jede Zuhörerin zunächst zum Verstummen. Und doch, sagten sie. Und doch. Sie hätten mehr erwartet. Eine sexuelle Revolution, die das Leben der Frauen erotisiert und ihnen dauerhafte und schwer erkämpfte Freiheiten gegeben hätte, sei nichtsdestotrotz an ihnen vorbeigegangen. Sexuelle Freiheit sei ein Traum geblieben, der sich nicht erfüllt habe.

Die Idee der Zukunft ist eine zentrale Metapher für dieses Jahrhundert, für Modernität gewesen. Für Frauen, die in den letzten fünfzig Jahren geboren wurden, hatte die sexuelle Revolution dieselbe Bedeutung wie die russische Revolution für eine ganze Generation von Sozialistinnen. Sie verhieß die Zerstörung der alten sozio-sexuellen Ordnung, in der die Frauen die physischen Bedürfnisse der Männer befriedigten und kaum damit rechneten oder auch nur wußten, daß sie selbst erfüllbare Bedürfnisse hatten. Eine neue Gleichberechtigung sollte an die Stelle der alten Doppelmoral treten. Aber die sexuelle Revolution hatte sich als Geschichte radikaler Ideen erwiesen, neu verpackt für den Massenmarkt, kooptiert von der Sexindustrie und der Illustriertenpresse. Viele Frauen waren einfach nur betrogen worden. Die einzigen, die von der sexuellen Revolution profitiert haben, so ist oft gesagt worden, waren die Männer. Wo vorher eine restriktive Moral herrschte, die Ehefrauen, Mütter, Jungfrauen und Kinder ausgegrenzt hatte, eine Doppelmoral, die auch zugunsten der Frauen wirken konnte, seien jetzt alle Frauen zu Freiwild geworden.

Wenn es eine sexuelle Revolution gegeben hatte, warum hatten Frauen immer noch Angst vor Vergewaltigung, wenn sie das Haus verließen? Wo blieb die absolut sichere, absolut wirksame Empfängnisverhütung, die man uns versprochen hatte? Wie konnte ein junges Mädchen verhindern, daß ihre Freundinnen sie als Schlampe bezeichneten, nur weil sie mit ihrem Freund schlief? Warum konnten Männer sich immer noch als Bremsklötze erweisen, wenn eine Frau das Tempo bestimmen wollte? Wo waren all die Männer über dreißig, mit denen die Frauen über dreißig ihre Sexualität ausleben konnten? Warum stand die Abtreibung immer noch unter Strafe? Warum machte die Silikonindustrie Multimillionen-Dollar-Gewinne mit Brustimplantaten? Wenn Männer und Frauen sexuell gleichberechtigt waren, warum bangten Frauen so sehr um ihre Attraktivität? Und wenn die Frauen so befreit waren, so unverklemmt und sexuell aufgeschlossen, warum bereiteten die Pin-up-Girls mit ihren aufgeblasenen Atombusen ihnen solches Unbehagen? Warum befürworteten Frauen in dieser Frage die Zensur, die sie sonst vehement ablehnten? *Warum* hatte das weibliche Begehren die Welt nicht verändert?

Seit der sexuellen Revolution scheinen die Beziehungen zwischen Männern und Frauen etwas Mörderisches bekommen zu haben, so als wäre der sogenannte Krieg der Geschlechter die Mutter aller Schlachten. 1991 wurden im selben Monat zwei Bücher veröffentlicht. Das erste war Bret Easton Ellis' *American Psycho*. Ellis' Anti-Held Patrick Bateman ist dressed to kill in Georgio Armani, Gianni Versace, Ralph Lauren und A. Testoni. Er benutzt eine Zahnbürste aus imitiertem

Schildpatt und spült den Mund mit Cepacol, pflegt sein Haar mit Vivagen und Mousse A Raiser, erhöht den Feuchtigkeitsgehalt seiner Haut mit Clinique, glättet sie mit Pour Hommes und wirkt der Faltenbildung mit Baumes des Yeux entgegen. Batemann streift mordend durch New York und verspeist häufig als Hackbraten zubereitete Teile seiner Opfer. Er führt Ratten in die Vagina einer Frau ein. Er sägt Arme ab und schneidet Zungen heraus. Er macht sich eine Kette aus Rückenwirbeln und trägt sie, leise summend, im Bad. Er liebt Körper: »Free Weights und Nautilus-Equipment als Ausgleich gegen Streß. Mein Körper spricht sofort auf das Training an. Hemdlos unterziehe ich mein Bild im Spiegel über dem Waschbecken des Umkleideraums einer gnadenlosen Prüfung. Meine Armmuskeln brennen, meine Bauchdecke könnte nicht straffer sein, mein Brustkorb ist Stahl, die Brustmuskeln Granit, meine Augen weiß wie Eis. In meiner Garderobe bei Xclusive liegen drei Vaginas, erst kürzlich aus verschiedenen Frauen geschnitten, die ich in der letzten Woche überfallen habe. Zwei sind abgewaschen, eine nicht. An einer klemmt eine Haarspange, die, die mir am liebsten ist, ziert ein blaues Band von Hermès.«[1]

Das zweite Buch war *Schmutziges Wochenende* von Helen Zahavi. Die Heldin Bella taucht aus einer Kellerwohnung in Brighton auf, um Männer zu morden. Ausgelöst wird das Ganze durch obszöne Anrufe eines Nachbarn: »An deinen Bewegungen kann ich sehen, daß du weißt, daß ich dich beobachte«, sagt er. »Du hast so eine herausfordernde Art, dich zu bewegen, so nach dem Motto, schau mich nur an. Es ist unanständig von dir, dich so zu bewegen, wenn du weißt, daß ich dir zuschaue.«[2] Er erzählt ihr von seinen Phantasien – wie er sie auf dem Fußboden im Badezimmer fickt, so lange fickt, bis sie kotzt und es gleichzeitig genießt und verabscheut. Eines Tages hat sie genug von diesem unaufgeforderten Telefonsex. Maskiert, bewaffnet und furchtlos bricht sie in die Wohnung ihres Peinigers ein und erschlägt ihn mit einem Hammer. Später am selben Wochenende erstickt sie einen Mann, der sie an einer Hotelbar angemacht hat, mit einer Plastiktüte. Sie erschießt drei betrunkene Yuppies, die eine Pennerin verprügeln. »Wenn du eine Frau vorübergehen siehst«, schreibt Zahavi, »wenn sie still nach Hause geht, wenn du sie auf dem Bürgersteig an dir vorübergehen siehst; wenn du ihr die zarten Knochen brechen möchtest und das hoffnungslose Flehen hören und die Verwundungen im rosigen Fleisch fühlen und das Blut auf der glatten Haut schmecken möchtest... Dann denk weiter... Denn ohne es zu wissen, ohne es zu ahnen, ohne daran zu denken, hast du vielleicht Hand an Bella gelegt.«[3]

Helen Zahavi ist eine freundliche junge Frau aus Brighton, die als Übersetzerin arbeitet. »Es war mir klar, daß die Liberalen das Buch nicht mögen würden«, erklärt sie. »Es ist kein liberales Buch, es sagt nicht ›Versteht diese Männer‹, es sagt ›Löscht sie aus‹, und das ist für viele Leute eine erschreckende, eine sehr ungewohnte Vorstellung. Wenn der Staat nicht in der Lage ist, die schwächsten Glieder der Gesellschaft zu schützen, haben sie meiner Meinung nach jedes Recht, sich selbst zu schützen. Wenn jemand mitten in der Nacht durch mein Schlafzimmerfenster einsteigt, würde ich mich völlig im Recht fühlen, wenn ich ihm eine Kugel in den Kopf jage. Jede Frau, die nachts allein in ihrem Bett liegt, kann sich die lähmende Furcht vor einem Eindringling vorstellen; sie weiß, daß sie verloren ist, wenn sie sich nicht verteidigen kann. Und sie steigen ein, weil sie wissen, daß eine Frau sich nicht verteidigen kann. Weibliches Verhalten basiert auf der tiefverwurzelten Angst, den Mann zu kränken, sein Ego anzukratzen und ihn zur Gewalttätigkeit zu provozieren. Diese Situation wollte ich umkehren.«

1991 und 1992 gab es einige interessante Morde. Eine Mutter von drei Kindern servierte ihrem Ehemann ein chinesisches Essen, dem sie ein Betäubungsmittel beigemischt hatte, bevor sie ihn mit einem Nudelholz erschlug und mit Hilfe ihrer Tochter im Garten verscharrte. Die Leiche blieb unentdeckt, bis ein Nachbar den Boden aufgrub, um einen Zaun zu bauen.[4] Ein eifersüchtiger Ehemann raste mit sechzig Meilen die Stunde in seine Ehefrau.[5] Die Frau eines Majors der britischen Streitkräfte schlug die deutsche Geliebte ihres Mannes nieder und überfuhr sie mit dem Auto.[6] Ein Mann erwürgte seine Frau und tauchte die Leiche anschließend in ein Faß mit Salzsäure.[7] Eine frühere Nonne griff zum Küchenmesser und tötete ihren Ehemann mit siebzehn Stichen.[8] Eine andere Frau erdrosselte den Mann, mit dem sie zusammenlebte, und zerhackte ihn. Sie behielt den Kopf achtzehn Monate im Haus, bis sie ihn schließlich in den Müll warf.[9] Ein neunundsiebzigjähriger Rentner erschlug seine Frau mit einem Hammer.[10] Eine amerikanische Massenmörderin wurde für schuldig befunden, sieben Männer mittleren Alters ermordet zu haben. Sie pickte ihre Opfer auf den Highways von Florida auf und raubte ihnen Geld und Schmuckstücke, die sie ihrer lesbischen Geliebten schenkte. Sie benutzte eine 22er Kleinkaliberwaffe für die Morde. Als die Jury aus sieben Frauen und fünf Männern ihr Urteil verkündete, rief sie ihnen zu: »Ich wurde vergewaltigt. Ich hoffe, ihr werdet auch vergewaltigt, ihr Kotzbrocken Amerikas.«[11] Im russischen Rostow am Don nahm die Polizei schließlich einen Lehrer mittleren Alters fest, der Dutzende von Jungen und Mädchen abgeschlachtet hatte.[12] Ein Japaner trat im deutschen Fernsehen auf und beschrieb einem entzückten Publikum, wie er seine holländische Freundin, mit der er zusammen in Paris studiert hatte, ermordet und verspeist hatte.[13] Die Liste ist natürlich in gewisser Weise irreführend. Ende September 1991 saßen in Großbritannien 229 Männer im Gefängnis, weil sie ihre Freundinnen oder Ehefrauen ermordet hatten. Zum selben Zeitpunkt betrug die Zahl der Frauen, die wegen des gleichen Verbrechens ine Haftstrafe verbüßten, lediglich zweiundzwanzig.[14]

Während Feministinnen und liberalistische Zensurgegner über die Folgen der Pornographie diskutierten, fuhr ich ins ehemalige Jugoslawien, um der Behauptung nachzugehen, daß bis zu 50000 moslemische Frauen in sexuellen Folterungslagern vergewaltigt worden waren. Jeder Krieg erzeugt seinen eigenen Nebel an Propaganda und Fehlinformationen. Vergewaltigungen gehören seit jeher zum Beutezug siegreicher Truppen. Die Offiziere beanspruchen die Gemälde, Kunstgegenstände und Juwelen, während die einfachen Soldaten sich an die flüchtigeren Vergnügungen halten. Aber Bosnien ist der erste postmoderne Konflikt, der erste, bei dem die Fronten nicht klar von Kommunismus und Kapitalismus diktiert werden, der erste, der zum Teil über die Massenkommunikation ausgefochten wird (alle beteiligten Parteien heuerten Werbeagenturen an). Die serbischen Abtrünnigen, die im April 1992 durch den östlichen Teil Bosniens zogen, standen unter dem Kommando von Vojislaw Seselg, einem gescheiterten Soziologen und antikommunistischen Dissidenten, der die Tschetniks, eine rechtsradikale Partei des Zweiten Weltkriegs, wiederbelebt hatte. Nachdem Seselg Mitte der achtziger Jahre inhaftiert worden war, hatte er eine paramilitärische Organisation gegründet; bei den Mitgliedern handelte es sich um Ex-Häftlinge oder Männer, die ihre Strafe noch absaßen und denen Seselg die Freiheit versprach, wenn sie seiner Armee beitraten. Die Männer wurden darüber informiert, daß exzellente Aussichten auf Vergewaltigung und Plünderung bestanden. Viele waren Junkies und mußten sich erst mit Ecstasy und anderen Drogen vollpumpen, bevor sie den Mut aufbrachten, in den Krieg zu ziehen.

Seit Titos Tod im Jahre 1980 waren Pornovideos überall in Jugoslawien erhältlich, nicht nur in den Städten. Jedes Dorf hatte seine eigene Videothek mit dem obligatorischen Hardcorepornoregal. Die wahrscheinlichste Erklärung für das grauenvolle Ausmaß der Massenvergewaltigungen in Bosnien ist, daß die Lager quasi zu Pornostudios ohne Kamera wurden, in denen sexuelle Phantasien nicht länger auf die Vorstellungswelt begrenzt, sondern offen ausgelebt werden konnten. Ein holländischer Gynäkologe, der im Auftrag der Europäischen Gemeinschaft die Vergewaltigungen untersuchte, berichtete von der Aussage eines Mannes, dessen Penis man amputiert, zerschnitten und dann seiner Frau und Tochter gewaltsam einverleibt hatte. Das *Croatian Medi-*

cal Journal brachte ein Foto von einem Leichnam, der auf dieselbe Weise verstümmelt worden war.

Zur gleichen Zeit, als *American Psycho* und *Schmutziges Wochenende* veröffentlicht wurden, kam auch *Das Schweigen der Lämmer* in die Kinos. Die Presse entdeckte darin den ultimativen Nervenkitzel des Designer-Kannibalismus. Hannibal Lecter und sein Entree von menschlichen Nieren mit Favabohnen, heruntergespült mit einem guten Chianti, wurden zum makabren Lieblingswitz der New Yorker Gourmetszene. Aber in Thomas Harris' Buch spielt Lecter nur eine untergeordnete Rolle. Im Mittelpunkt steht Buffalo Bill, ein Mann von unbestimmter Sexualität, der Frauen tötet, weil er ihre Häute sammelt und zu einem »Frauen-Anzug« zusammennäht. Buffalo Bill will eine Frau sein. Und er glaubt, daß die äußeren Merkmale – Brüste, Vagina, schlanke Taille, breitere Hüften, glatte Schenkel – *gleichbedeutend mit Frau-Sein sind*. Die inneren Teile – die walnußförmigen Eierstöcke, den melonenartigen Uterus, Innereien, das Gehirn, Knochen, den östrogenpumpenden Thalamus – wirft er weg. Für mich ist dies das vielsagendste und brutalste Symbol einer zum Produkt manipulierten weiblichen Sexualität. Es ist die ultimative postmoderne Metapher – der endgültige Verzicht auf den Inhalt zugunsten der Form. Jeder kann heute eine Frau besitzen, durch Sex, durch Pornographie, durch suburbanes Transvestitentum. Ich sehe Buffalo Bill überall: auf Werbeplakaten, in den triumphierenden Überlebenden von operativen Geschlechtsumwandlungen, am deutlichsten in Margaret Thatcher und Madonna, die von sich – und vielleicht auch von Margaret Thatcher – sagte: »Pussy regiert die Welt, aber ich habe einen Schwanz in meinem Kopf.«

Blickt man von dieser Mitternacht auf die Sechziger zurück, wird einem bewußt, daß sie sich vor allem durch einen strahlenden Optimismus auszeichneten. Männer und Frauen waren überzeugt, daß sie all ihre Träume verwirklichen könnten: auf dem Mond landen, die Bevölkerungskrise lösen, Hunger und Ungleichheit aus der Welt schaffen. Sie hielten eine sexuelle Revolution für möglich, weil sie an die Zukunft glaubten. Als sie aufhörten, an die Zukunft zu glauben, fickten sie trotzdem weiter. Aber herausgelöst aus dem historischen Kontext, dem Bewußtsein für Vergangenheit, Gegenwart und Zukunft, war sexuelle Freiheit nicht länger der persönlichste Ausdruck revolutionärer Veränderung. Der Sex wurde zu einem isolierten, nach innen gewandten Ereignis. Seine Bedeutung wandelte sich. In unserer Zeit ist Sex nicht nur der Sitz sinnlicher Begierde, sondern auch von Leidenschaften, die über das wüsteste Handgemenge des Geschlechtsakts hinausgehen und zu Schlägen und Verstümmelungen führen. Sadomasochismus, der schon immer in Hinterzimmern und Clubs, in Kleinanzeigen und versteckten Rubriken sein Dasein fristete, ist *das* postmoderne Schauspiel geworden, eine neue Form des Safer Sexes, der die Gewalt in einem zeitlosen Bühnenbild inszeniert.

Sex ist Tod. Eros und Thanatos haben sich einander angenähert. Am Ende eines Jahrtausends ist ironischerweise das letzte, an das irgend jemand denken möchte, die Zukunft. Unser Jahrtausend nähert sich seinem Ende, erschöpft und ausgelaugt vom Nihilismus und der Verzweiflung, die das *fin de siècle* kennzeichnen. Das Beratungszentrum der Universität von Sussex wurde in den siebziger Jahren gegründet, nachdem Studenten und Professoren gefordert hatten, daß der Fachbereich für Psychologie einen Bezug zu den Bedürfnissen des Campus haben sollte. Die Studenten der Neunziger leiden nach Ansicht von Mic Burton, dem Leiter des Beratungszentrums, unter traumatischen Ängsten:

> Diese Kids sind im Thatcherismus groß geworden und haben gelernt, daß die Welt ein Darwinscher Überlebenskampf ist, in dem die Reichen reicher und die Armen ärmer werden, und sie haben Angst zu scheitern. Aus ihnen hat man alles Revolutionäre herausgeprügelt. Sie haben so große Furcht vor Aids, daß sie zwar darüber reden, aber ihre Worte nicht in die Tat umsetzen können. Sie sind schon über die Umwelt besorgt, und Aids ist ein weiterer bedrohlicher Angreifer, der »da draußen« auf sie lauert. Es ist, als ob der ganze verdammte Planet sich gegen sie verschworen hätte. Sie wehren ihre Ängste ab, indem sie sie verleugnen, und diese Verleugnungshaltung bestimmt häufig auch ihr Handeln.

Viele Leute haben darauf hingewiesen, daß in den achtziger Jahren nicht mehr der Körper, sondern das Geld erotisiert wurde. Im gesundheitsbewußten Amerika galt Sex als etwas ebenso Dubioses wie chemische Nahrungszusätze oder Cholesterin. Wenn Zeitungsredakteure und Publizisten eine Geschichte oder einen Titel als »sexy« bezeichneten, meinten sie, daß er sich durch eine Art schlüpfrigen Populismus auszeichnete. Kulturelle Studien, die Scheidung der Trumps waren »sexy«. Das war unser Ersatz für Sex. Es hat in diesem Jahrhundert keine Zeit gegeben, in der Sex nicht mit Modernität assoziiert worden wäre. Er war untrennbar mit dem Diskurs der Befreiung verbunden. Aber in den achtziger Jahren versank der Sex in einem Meer des Schweigens, das fast so tief war wie jenes, aus dem er Anfang der sechziger Jahre mit lautem Gebrüll aufgetaucht war, als der Profumo-Skandal und die Freigabe der Pille die Gemüter bewegten. Die sexuelle Revolution versickerte zur flachen Vulgarität von Pornomachern und wehleidigen Männern mittleren Alters, die immer noch »Bäumchen, wechsle dich« spielen wollten. Noch 1992 entdeckte ein britischer Journalist die neue Keuschheit:

Es geschah überall um mich herum. Man gab den Sex auf – aus Angst natürlich, aus Verantwortungsgefühl, aus ideologischem Opportunismus oder auf der Suche nach moralischer Reinheit...

Es war auf einer Dinnerparty, als ich schließlich den Ernst der Lage erkannte. Ich hatte gerade eine ziemlich derbe Anekdote aus meinem promiskuösen männlichen Lotterleben zum besten gegeben. Die Pointe der Geschichte war, daß meine Eroberung mir hinterher gestanden hatte, daß es ihr erster Sex seit zweieinhalb Jahren gewesen war. Dieses Bekenntnis hatte mich schockiert, beängstigt und überrascht. Doch meine Geschichte löste kein Gelächter aus, sondern peinlich berührtes Schweigen. Das leise *fft!* von Nasen, die ruckartig in die Luft sausten, war unmißverständlich. Man konnte die Verachtung förmlich spüren.

Für diese modernen Bürger war ich mit Sex infiziert, eine Art tollwütiger Sexomane. Im Zeitalter des Neuen Mannes, des Neuen Verstandes, der Neuen Vernunft, der Rückkehr zu Anstand und Moral war ich ein sozial Aussätziger, ein kultureller Dinosaurier, ein Sexjunkie, jemand, der nicht nur Sex hatte, sondern ihn auch noch wollte, jemand, der so krank nach Sex war, daß er es sogar öffentlich eingestand, ohne sich dafür zu schämen.[15]

Neunundneunzig Prozent in der Politik ist Glück, und für die Konservativen der achtziger Jahre erwies sich Aids als wahrer Segen. Wie hätten die Rechten ohne Aids die moralische Entrüstung und die Panik aufrechterhalten sollen, die unser Leben in den letzten zehn Jahren überschattet haben? Die Achtziger waren eine ekelhafte Widerlegung der optimistischen Sechziger, der *Idee* des Fortschritts. Sexualität war das Schlachtfeld, auf dem 1984 der Präsidentschaftswahlkampf in den USA ausgetragen und gewonnen wurde, eine Wahl, bei der die Demokraten das Thema Abtreibung und sexuelle Selbstbestimmung ins Feld geführt hatten und von Reagan erfolgreich abgeschmettert wurden.

Margaret Thatchers weit überstrapazierte Amtszeit wurde 1982 durch eine Antrittsrede eingeleitet, die das enge moralische Korsett, in das wir unser aller Leben in den Zeiten der Konterrevolution einzwängen sollten, deutlich vorzeichnete:

In den letzten zwei Jahrzehnten haben Sie und ich miterlebt... wie die alten Werte stetig und absichtlich ausgehöhlt, lächerlich gemacht und verhöhnt wurden. Jahrelang gab es keine scharfe Zurückweisung, keine Reaktion. Die Zeit für den Gegenschlag ist längst überreif. Wir ernten heute, was in den Sechzigern gesät wurde. Modische Theorien und eine liberale Phrasendrescherei haben den Boden für eine Gesellschaft bereitet, in der die alten Tugenden wie Disziplin und Selbstbeschränkung verunglimpft werden.[16]

Zwei Tage später bekräftigte Christopher Booker, der Biograph des Freiheitsjahrzehnts, die Thatcherattacke in der *Daily Mail*:

> Wir schauen uns heute in unserer Gesellschaft um, angefangen bei dem schlimmen Zustand unserer heruntergekommenen Städte über die wüste Landschaft gescheiterter Ehen und zerbrochener Familien, bis hin zu schwindelerregenden Kriminalitäts- und Inflationsraten, und fragen uns verwundert, was falsch läuft in der Welt...
>
> Einige der Dinge, die in den Sechzigern vom Sockel gestoßen und verhöhnt wurden, mußten zweifellos verschwinden – bestimmte Klassendünkel, die Überreste des britischen Empire, die Elendsviertel der viktorianischen Zeit.
>
> Aber was auf einer viel tieferen Ebene gleichfalls der alles vernichtenden Veränderung und Modernitätssucht zum Opfer fiel, waren Werte, Überzeugungen und Regeln des menschlichen Zusammenlebens, die sich in Jahrhunderten, wenn nicht Jahrtausenden herausgebildet hatten.
>
> Insofern hat Frau Thatcher ganz recht, wenn sie mit tiefem Argwohn auf die sechziger Jahre zurücksieht. Es war eine Zeit, in der etwas Schreckliches mit unserer Gesellschaft geschah – in der wir uns aus der Realität in eine kollektive Phantasiewelt geflüchtet haben.[17]

Es ist oft darauf hingewiesen worden, daß das Erotische zahllose Ängste über den Zusammenbruch der sozialen und wirtschaftlichen Ordnung auslöst, weil es der Ort ist, an dem sich alle Schichten, Rassen und Generationen treffen. Lust und Verlangen sind gesetzlos und undiszipliniert. Deshalb ist die Manipulation der Moral immer eine wichtige Waffe im Kampf um die soziale Kontrolle gewesen. Peregrine Worsthorne, ein adliger Möchtegern, beklagte 1988 die Demokratisierung der sexuellen Freiheit:

> Wir leben heute mit den nach unten durchsickernden Folgen einer sexuell freizügigen Gesellschaft. Ursprünglich waren nur die wohlhabenden und gebildeten Teile der Gesellschaft betroffen... Zwanzig Jahre später haben die Umtriebe des *Joy of Sex* inflationäre Ausmaße angenommen und die Rowdy-Elemente der Gesellschaft erreicht, deren ganze Herangehensweise viel zügelloser ist... ein Verhalten, das vielleicht tolerierbar war... solange es sich auf eine kleine, ausgewählte Gruppe von gutbetuchten sexuellen Freidenkern beschränkte, wird zum nationalen Skandal, wenn die armen und ungebildeten Kreise es übernehmen... Wir brauchen eine allgemeine Norm der Beschränkung, die vor allem durch soziale und

weniger durch gesetzliche Sanktionen verstärkt wird, damit wir den Ehebrecher genauso wie beispielsweise den Kindesmißhandler zur Anpassung zwingen können.[18]

Worsthorne ist ein Witz, aber der Feminismus nicht. In den Achtzigern steuerte der Feminismus in eine Sackgasse negativer Sexualität, in der Eros ausschließlich über Vergewaltigung, Pornographie, Prostitution, Inzest und Kindesmißbrauch definiert wurde. Die eigene Lust der Frauen fand kaum Erwähnung. Andrea Dworkin, die feministische Vorkämpferin der achtziger Jahre, sah Sex als einen einzigen Alptraum an Schmerz, Verstümmelung, Gewalt und Versklavung. Im November 1992 sagte sie dem Londoner *Evening Standard*: »Tatsache ist, daß Frauen den Geschlechtsakt nicht besonders mögen. Unser Mangel an Orgasmen ist Beweis genug; wir glauben, daß wir Sex mögen, so wie einige Sklaven sich vielleicht eingeredet haben, daß sie gern Baumwolle pflücken.«[19] Der Anblick von Teilen der Frauenbewegung im Bündnis mit der neuen puritanischen Rechten hat viele Feministinnen, mich eingeschlossen, verstört und beunruhigt. Vertreter von Liberalitätsprinzipien haben dem Feminismus immer vorgeworfen, daß er erotikfeindlich sei, weil er das männliche Drehbuch für die weibliche Sexualität verworfen hat – wir haben sogar die Bühne ganz verlassen, um ein neues, eigenes Stück aufzuführen. Aber für die politische Rechte ist es nützlich gewesen, daß die Aktionen, durch die der Feminismus sich am stärksten profilierte, jene, die die größte Unterstützung und stärkste Aufmerksamkeit von den Medien erhielten, den Eindruck weckten, daß eine schweigende Mehrheit von Frauen die tiefe Überzeugung hegte, daß Sex wenig mehr sei als männliche Gewalt. Jahrelang deckte der Feminismus den Mantel des Schweigens über die sexuellen Beziehungen zwischen Mann und Frau. So schrieb Germaine Greer noch 1970:

> Revolutionäre Frauen treten vielleicht Frauengruppen bei und fluchen und kreischen und prügeln sich mit den Bullen, aber haben Sie je gehört, daß eine von ihnen mit hochgehobenem Rock durch die Straßen marschierte und öffentlich verkündete: »Ist es zu glauben? Fotze ist wundervoll!« Der ummauerte Garten Eden war FOTZE. Die Mandorla der schönsten Heiligen war FOTZE. Die mystische Rose ist FOTZE. Die goldene Pforte, das Tor zum Himmel. FOTZE ist ein Fluß, der alles magisch anzieht. Fotze ist Wissen. Wissen ist Empfänglichkeit, die gleichbedeutend ist mit Aktivität. Fotze ist das Symbol einer erotischen Wissenschaft, das notwendige Korrektiv einer manisch eroberungssüchtigen Technik. Die Röcke müssen hochgehoben werden, und die Hosen (die die Frauen erst seit einem Jahrhundert tragen) müssen für immer verschwinden. Es ist an der

Zeit, FOTZE zu entdecken, und Frauen müssen sie als erste entdekken.[20]

Zwanzig Jahre später begrüßt sie in ihrem Buch *Wechseljahre* ihre eigene Menopause, dankbar für die damit verbundene Befreiung von fleischlicher Lust. Mit 52 hat sie die Rolle des häßlichen alten Weibes gewählt, den befreiten Status der Hexe, die gegen die Männer wettert: »Jahr für Jahr veröffentlichen diese Experten Hunderte gelehrter Schriften über die Möglichkeiten, die Menopause abzuschaffen und alle Frauen von der Pubertät bis zum Tod appetitlich und männlichen Ansprüchen zugänglich zu erhalten – Visionen, das gefürchtete alte Weib für immer von der Erdoberfläche zu verbannen.«[21] Die Entschiedenheit des feministischen Neins beherrscht und durchdringt die feministische Kultur. Als Beitrag zur Debatte über die sexuelle Revolution veröffentlichte der feministische Verlag Virago Anfang der neunziger Jahre *Anticlimax* von Sheila Jeffreys, die folgende Ansicht vertritt: »Die männliche Vorherrschaft in der Gesellschaft basiert auf der Institution der Heterosexualität, und diese Grundlage muß ihr entzogen werden.«[22] Jeffreys äußert scharfe Kritik an Frauen, die ihrer Lust auf Männer nachgeben, und sieht darin »eine unangenehme Strömung innerhalb des Feminismus«[23], die auf der Erotisierung von Machtunterschieden basiere, da jeder heterosexuelle Akt eine Übung in weiblichem Masochismus sei.

Nur im wissenschaftlichen Bereich der Geschlechterstudien haben Feministinnen und schwule Männer die sexuelle Revolution weiterdiskutiert. Ehrenvolle Erwähnung verdienen hier Lynne Segal, Elisabeth Wilson und Jeffrey Weeks, die geduldig und entschlossen sowohl am Sozialismus wie am Feminismus festhielten, fundierte Analysen der Geschlechterpolitik lieferten und den Zensurdiskurs kritisch verfolgten. Die Fülle von Untersuchungen zur Geschlechterpolitik, die in den letzten zehn Jahren veröffentlicht wurden, zeichnet sich allerdings zu einem großen Teil durch eine heftige Liebesaffaire mit der Theorie aus. Der Einfluß von Jacques Lacan hat erheblich dazu beigetragen, daß viele dieser Arbeiten für den Laienleser ohne profunde psychoanalytische Kenntnisse nur schwer verständlich sind.

Die Weigerung der schwulen Männer, sich von der politischen Rechten zum Schweigen bringen zu lassen, macht sie zu den Helden unserer Zeit, auch wenn viele von ihnen buchstäblich für immer verstummt sind. Sie haben sich die politische Aufmerksamkeit erkämpft und erzwungen. Schwulenpolitik ist eine revolutionäre Abkehr vom Liberalismus. Die britischen Aktionen mit dem Ziel, das gesetzliche Mindestalter für homosexuelle Beziehungen herabzusetzen und dem der Heterosexuellen gleichzustellen, war seit den sechziger Jahren der einzige Versuch, die sexuelle Freiheit zu erweitern, statt zu konservieren oder einzuschränken. Lesbische Frauen, die einzige von Aids nicht betroffene Gruppe, haben sich an die faszinierende Aufgabe gemacht, die weibliche Gestalt gleichzeitig zu demontieren *und* neu zusammenzusetzen. Die lesbische Frau ist zum eindrucksvollsten und mächtigsten Symbol einer zukünftigen Sexualität geworden. In den Jahren der moralischen Panikmache haben lesbische Frauen die institutionalisierten Formen der Erotik in Frage gestellt und versucht, eine frauenbezogene Sexualität zu definieren, zum Beispiel in lesbischen Pornomagazinen wie *On Our Backs*. Für Lesben (und schwule Männer) war das, was sie im Bett taten, von zentraler Bedeutung für ihre Identität und Kultur. Sie waren Lesben, weil sie eine bestimmte *sexuelle* Präferenz hatten, und als die moralische Reaktion ihre Freiheit bedrohte, war es ihnen im Gegensatz zu den Heterosexuellen unmöglich, diese Gefahr auszusitzen. Einige Lesben tragen Lederjacken, Stiefel und aufgeklebte Schnurrbärte und machen sich damit über die engen Vorschriften eines geklonten Verhaltensstils lustig. In den Bildern der lesbischen Fotografin Della Grace finden sich keine postmodernen Anspielungen auf künstliche »Glamour«-Ikonen, sondern das, was ein Kritiker als »Erweiterung des Eigenschaftskatalogs« bezeichnete, »der mit dem Feminismus verbunden wird, die Aufnahme von Härte, Aggressivität und durchdringendem Hooliganblick in den weiblichen Thesaurus.«[24]

Die Reaktion gegen die sexuelle Revolution wurde nicht allein von Aids ausgelöst. Zweifellos hatten die Leute zu Beginn der achtziger Jahre die Nase gestrichen voll vom Thema Sex. Die Generation, die sich die Freiheit zum Ficken erkämpft hatte, begnügte sich mittlerweile mit den lauen Vergnügungen des Ehebetts. Man diskutierte nicht mehr über Aufreißtaktiken, sondern über Beziehungsstrategien. In den Reagan-Thatcher-Jahren bedeutete Begehren einfach »gib mir«, »ich will«. Es war ein gähnender Schlund, der, abgesehen von der Aktivität einer unersättlichen Konsumsucht, völlig passiv blieb. Sinnliche Begierde ließ sich auf vielerlei Art befriedigen – durch Essen, Kleidung, Möbel, Urlaub. Aber fast genauso schnell hingen uns all diese *Dinge* zum Halse heraus. Wir wollten etwas anderes verschlingen, wir hatten Hunger auf etwas Neues. Die Langeweileschwelle einer Generation scheint in der Tat etwa ein Jahrzehnt lang zu sein. Für diejenigen, die am Rand der Gesellschaft stehen (und es gibt viele, die nicht in die familiäre Wertekultur passen – Schwule, Singles und Geschiedene, die Jugend), ist der Sex ein Mittel, um sich selbst zu differenzieren und zu definieren. Die moralische Panik hat sich als relativ kurzlebig erwiesen. Sobald offensichtlich wurde, daß Heterosexuelle nicht im selben Ausmaß starben wie homosexuelle Männer, jedenfalls nicht in Europa und

Amerika, als die Rezession den ungezügelten Konsum bremste, als sich herausstellte, daß das Designer-Accessoir »Säugling« keinen Lautstärkeregler besaß, geschweige denn eine Fernbedienung, mit der man es auf permanentes Lächeln und Glucksen einstellen konnte, war der Sex wieder da. Madonna tat den Mund auf, und schockiert stellten wir fest, was wir alles vergessen hatten.

Aber selbst in den schwarzen Tagen der Achtziger, das heißt, als alle Schwarz trugen, gab es immer mehr Frauen, die eine plastische Operation auf sich nahmen, um die Ansehnlichkeit ihrer Brüste zu »erhöhen«. Angesichts eines drohenden Verbots durch die Gesundheitsbehörden bildete sich in Amerika eine Protestbewegung, die wie die Abtreibungskampagnen der sechziger und siebziger Jahre unter dem Motto stand »Mein Körper gehört mir«. Nach dem falschen Natürlichkeitslook der Sechziger erlebte die Kosmetik-, Parfüm- und Wäschebranche einen enormen Aufschwung, und es gab einen neuen Kult, der die Schönheit als Kunstwerk zelebrierte. Zum Teil spiegelte sich darin der Konsumboom des Jahrzehnts wider. Doch durch den Feminismus standen die Frauen auch unter dem Anspruch, stark, unabhängig und mutig zu sein. In den Massenmedien wurde dies in die Forderung nach einem gestählten Körper umgemünzt und nach jenem Schwanz im Kopf, der den Frauen gestattete, am Arbeitsmarkt mit den Männern zu konkurrieren, aber das Bewußtsein für ihre eigene Weiblichkeit untergrub. Die vorgeschriebenen Kostümierungen der Macht zwangen dem weiblichen Körper eine maskuline Form auf. Um dies zu kompensieren, mußten sie ihr Geschlecht auf andere Weise in die Waagschale werfen. Wenn große Brüste der äußere Inbegriff von Sex-Appeal und Weiblichkeit waren und außerdem Assoziationen mit Mutterschaft weckten, dann mußten eben Muskeln und Ellbogenkraft mit üppigen Formen und Sinnlichkeit wetteifern. In den Achtzigern bestand die Uniform der Karrierefrau aus einem langen dunklen Jakkett, kurzem Rock, hauchdünnen schwarzen Nylonstrümpfen und hohen Pumps, darunter – für alle Fälle – ein Spitzenbody und ein betäubender Duft. Eine »richtige« Frau hatte Kurven mit Selbstbewußtsein.

Bislang habe ich von einer Generation von Männern und Frauen gesprochen, die die sexuelle Revolution selbst miterlebt hat, deren Sehnsüchte – ob bewußt oder unbewußt – durch die Verheißungen dieser Revolution beeinflußt wurden und die später mitangesehen hat, wie die errungenen Freiheiten zum Teil wieder verlorengingen. Es gibt eine neue Generation, die nach den Sechzigern geboren wurde und für die Madonna zur Kult-Ikone, zum Abziehbild einer autonomen Sexgöttin avanciert ist. Die Konsumsucht hat sich wieder dem wahren Sitz der Lust zugewandt, den Geschlechtsorganen, für die die Frauen bislang keine eigenen Namen geprägt haben: »Fotze«, »Muschi«, »Möse«, »Pussy«. Madonnas sexuelles Selbstvertrauen hat die Lücke gefüllt, die die feministische Präokkupation mit der männlichen Gewalt offen gelassen hat. Die postmoderne, postfeministische Sexualität der Videogeneration, die in einer Phase der Angst und Reaktion herangewachsen ist, wenn auch ohne die reale Repression der Fünfziger, ist gleichbedeutend mit einem Sex der Bilder und Stilrichtungen. Dieser Sex steht ganz im Zeichen des Verbraucherschutzes: Pornomagazine wie *Für Frauen* und *Ludus*; die Virgin-Bücherliste mit pornographischen Romanen; Frauen, die den Chippendales beim Strippen zuschauen: Safe-Sex-Partys, auf denen Frauen lernen, wie sie ein Kondom mit den Zähnen über eine Gurke ziehen; die Jack-und-Jill-Clubs in New York; die Kinky Gerlinkey Kostümbälle in London; die Escort-Agenturen für Frauen mit besserem Einkommen; Sklaven- und Fesselmode; Designer S&M; Romane über Telefonsex.

Nun könnte man einwenden, daß all diese Dinge nur äußere Bilder, Symptome einer bestimmten Dekade sind. Viele Menschen haben weiterhin die Schule verlassen, eine Weile gearbeitet, sich verlobt, in Weiß geheiratet, wieder gearbeitet und Kinder bekommen. Die Männer waren liebenswürdig, die Frauen nicht ehrgeizig. Frauen aus der Arbeiterschicht mit abhängigen Kindern, niedrig bezahlten Jobs und Ehemännern, die kaum einen Finger im Haushalt rühren, scheinen wenig von der sogenannten sexuellen Revolution zu profitieren und halten sie möglicherweise für ein Privileg der Mittelschicht. Aber die Stärke des Einflusses ist überall spürbar. Zu sagen, daß »normale« Frauen davon unberührt blieben (und deshalb auch ihre Männer), hieße, daß sie in Städten leben müßten, in denen Zeitschriften wie *Cosmopolitan* nicht erhältlich sind.

Die Familie ist von tiefgreifenden Veränderungen erfaßt worden. Traditionelle Paare beschritten getrennte Wege für ein gemeinsames Ziel, die Frau blieb in ihrer Sphäre und konzentrierte ihr emotionales Leben auf die Kinder und das Heim, der Ehemann blieb in seiner Sphäre, ausgefüllt durch die Berufsarbeit, die Kneipe und andere Männer. Mit der Zeit haben diese Wege sich immer öfter gekreuzt und überschnitten. Viele Frauen waren gezwungen, einen Beitrag zum Familieneinkommen zu leisten, und haben dadurch andere Erwartungen entwickelt. Erleichterte Scheidungsgesetze haben dazu geführt, daß viele Frauen ihre Kinder heute allein ernähren, was auch Spekulationen darüber ausgelöst hat, ob die Familie der Zukunft möglicherweise eine matrilineare Struktur annehmen wird. Britische Jungen und Mädchen asiatischer Abstammung rebellieren gegen arrangierte Ehen. Die allgemeine Verfügbarkeit von verläßlichen, wenngleich unsicheren, Verhütungsmitteln hat die Entscheidung über die Familiengröße in die Hände der Frauen gelegt. Sex ist nicht länger »Männersache« oder eine Pflichtübung, die den Frauen in regelmäßigen Abständen auferlegt wird. Es gibt die Möglichkeit unbeschwerter Lust. Die enorme Popularität von Alex Comforts *Joy of Sex* hat in der Tat, wie Peregrine Worsthorne beklagte, die ergötzlichen Freuden aus der Bibliothek des Adligen auf den gemeinen Nachttisch befördert. Wenn Hausfrauen Reizwäschetreffen im Stil von Tupperpartys organisieren, wenn Zeitschriften voll sind von »Kontaktanzeigen« für »die Ehefrauen der Leser«, sollte man zweimal überlegen, bevor man die sexuelle Revolution zu einem reinen Medienereignis erklärt. George Bush verlor 1992 die Wahl, weil er für eine Rückkehr zu den Werten der Familie plädierte, ein Konzept, das die Wähler irritierte, bis sie verstanden, daß Bush eine Familienform meinte, die es in Amerika kaum noch gab. Die Amerikaner warfen alle statistischen Prognosen über den Haufen und wählten einen attraktiven Ehebrecher.

Das Buch, das Sie lesen, ist eine persönliche Geschichte, auch wenn es manchmal nicht den Anschein hat. Ich bin ein Produkt der sexuellen Revolution. Ich bin in Liverpool aufgewachsen, meine Eltern waren die neuen Mittelschichtskinder einer immigrierten jüdischen Arbeiterfamilie. Der Judaismus, der viel Gewicht auf Gerechtigkeit und die erlösende Wirkung sozialen Handelns legt, bildete den Bezugsrahmen meiner moralischen Welt. Für Amerikaner ist ein englischer Jude ein Widerspruch in sich. Juden essen Pastrami-Sandwiches und beherrschen Hollywood. Briten reden wie John Cleese und trinken Tee. Also sind englische Juden keine »richtigen« Juden. Aber meine Eltern waren sich bewußt, daß sie ihren Verwandten im Konzentrationslager Gesellschaft geleistet hätten, wenn es der deutschen Armee gelungen wäre, über den Kanal zu kommen. Die Schatten der Vergangenheit ließen uns keine andere Wahl, als an die Zukunft zu glauben. Das nahm eine spezifisch suburbane Form an. Für mich hatten meine Eltern den ehrgeizigen Plan, daß ich einen mittleren, aber respektablen Schulabschluß machte, eine vornehme Sekretärinnenschule besuchte, eine Stellung in einer jüdischen Anwaltskanzlei annahm, einen der Inhaber heiratete und ein Haus in der Nachbarschaft bezog. Für Osteuropäer waren sie überraschend gut bewandert in den Konventionen eines Jane Austen Romans. Unglücklicherweise waren sie schon so wohlhabend, daß sie sich zwei Fernseher leisten konnten. Während meine Eltern in einem Zimmer saßen und *Coronation Street* oder *Sunday Night at the London Palladium* anschauten, verfolgte ich im anderen Zimmer solche Sendungen wie *Late Night Line-Up*, wo Joan Bakewell mit übereinandergeschlagenen Beinen saß und der Theaterregisseur Peter Brook etwas Unverständliches über Kunst als subversiven Akt zu erzählen pflegte.

Es versteht sich von selbst, daß ich nicht zur Pazifistin erzogen wurde. Mein Vater war zwar ein recht wohlhabender Bürger geworden, hatte aber als junger Mann einige Jahre in Amerika verbracht und an den großen Demonstrationen gegen die Hinrichtung von Sacco und Vanzetti teilgenommen. Er hatte in den Kaffeehäusern von Greenwich Village gesessen und mit Kommunisten diskutiert. Ich habe den Verdacht, daß er dort sogar ein- oder zweimal Opium geraucht hat; jedenfalls hat er einmal eine sehr verräterische Bemerkung gemacht, als ich mich, nach einem üblen Acid-Trip am ganzen Leibe zitternd, nach Hause flüchtete. Meine erste politische Erinnerung stammt aus dem Jahr 1966, als ich im Fernsehen von der Ermordung des südafrikanischen Premierministers Verwoerd hörte. Zu meinem Erstaunen kommentierte meine Mutter die Meldung mit einem nachdrücklichen »Prima!«, und mein Vater pflichtete ihr bei: »Ja, aber jetzt werden sie jemanden bekommen, der noch schlimmer ist.« Bis dahin hatte ich Premierminister für Respektspersonen gehalten – wie Väter oder Rabbis. Das stimmte offenbar nicht. Den Vietnamkrieg interpretierte ich mit meinem grobgerasterten politischen Bewußtsein als skrupelloses Vorgehen der amerikanischen Regierung, die Tausende von jungen Männern auf die Schlachtbank schickte, die Art von jungen Männern, auf die ich gerade ein Auge zu werfen begann. Mit dreizehn oder vierzehn sah ich eine Musiksendung, in der die Rolling Stones »Not Fade Away« sangen, und verspürte – beim Anblick von Mick Jagger – eine körperliche Regung, die mir bis dahin unbekannt gewesen war.

Trotz der geringfügigen Vorstöße meiner Eltern in radikales Gedankengut erlebte ich die Sechziger als eine Reihe von Schocks. Es war offensichtlich, daß das ganze Land hinter mir stand, wenn ich die Werte meiner Eltern ablehnte. Diese Parteinahme war enorm vertrauensstärkend für einen Teenager. Ich besuchte eine reine Mädchenschule, die im neunzehnten Jahrhundert gegründet worden war, um höheren Töchtern eine humanistische Bildung zu gewähren. Ich glaube, meine Eltern bezahlten die Schulgebühren, weil sie hofften, daß ich die Patina des feinen englischen Benehmens annehmen würde, die ihre Ghettokultur ihnen verwehrte. Vielleicht hätte das in Harrogate funktioniert, aber dies war Liverpool, das Epizentrum eines veränderten sozialen Klimas. Und meine Schule schickte zukünftige Feministinnen in die Welt: Es gab keine Kochstunden, keinen Unterricht in gesittetem Benehmen. Man propagierte eine gute und möglichst lange Ausbildung. Alle Schülerinnen wurden gedrängt, einen qualifizierten Abschluß zu machen. Unsere Lehrerinnen waren ledige Frauen und wollten uns dazu motivieren, in die Welt hinauszugehen und Gutes zu tun. Nicht als Hausfrauen, sondern als Staatsbeamtinnen, Lehrerinnen, Sozialarbeiterinnen, Publizistinnen oder Rechtsanwältinnen.

Ich führte ein Doppelleben. Tagsüber schrieb ich eifrig mit, wenn wir den englischen Bürgerkrieg durchnahmen. Abends schlich ich mich heimlich in meinem PVC-Regenmantel und hochmodischem Minikleid in einen Pub, wo ich mich mit Leuten traf, die Pints tranken und sagten, daß sie Dichter seien. Meinen Eltern erzählte ich nie, wo ich hinging. Sie hätten es nicht wissen wollen. Ihre Wertvorstellungen ließen weder Zugeständnisse noch Kompromisse zu, und offene Rebellion gegen sie wäre einem bewaffnetem Guerillakampf gleichgekommen. Mit sechzehn verlor ich meine Unschuld. Er war 28, ein Fernsehautor, der in seine Heimatstadt zurückgekehrt war, um für ein neues Stück zu recherchieren. Warum habe ich es getan? Ich glaube nicht, daß ich auch nur die leiseste Spur von sexuellem Verlangen verspürte. Für mich war es eine Art Fluchtversuch, ein Weg aus dem Ghetto, das meine Eltern für mich zurechtzimmerten. Während ich an diesem Buch schrieb, kaufte ich eine Eintrittskarte für einen Film, von dem ich glaubte, daß ich ihn noch nie gesehen hätte. Buñuels *Belle de Jour*. Der Surrealist Buñuel stellt den Sex als anarchische Kraft dar, die die Klassendünkel und konventionellen Strukturen der Bourgeoisie aufbricht. Sex ist eine Metapher für Revolution. Die Heldin des Films, eine gelangweilte Mittelschichtsfrau, gespielt von Cathérine Deneuve, arbeitet einen Nachmittag pro Woche als Teilzeitprostituierte. Käuflicher Sex, so entdeckt sie, ist genauso respektabel und repressiv wie ihr erstickendes Eheleben. Sie findet ihre erotische Erfüllung bei einem Freier, einem finsteren Ganoven. Als sie verschwindet, dringt er rasend vor Eifersucht in ihre Wohnung ein und schießt auf ihren Mann, der fortan an den Rollstuhl gefesselt ist. In einer Szene wendet der Gangster sich plötzlich voll Abscheu von seiner Hure ab, weil sie ein Muttermal hat, also nicht vollkommen ist. Bei dieser Szene wurde mir plötzlich schlagartig bewußt, daß ich den Film schon einmal gesehen hatte. Mein Stückeschreiber hatte mich 1967 oder 1968 dazu eingeladen. Ich erinnerte mich an die Szene, weil ich damals selbst über und über mit Sommersprossen bedeckt war.

Als ich den Film das erste Mal sah, war mein Leben formlos. Anders als der Mann, der neben mir saß, rebellierte ich nicht gegen die tristen Restriktionen der Fünfziger, die ich nur als Kind miterlebt hatte. In den Sechzigern wußte ich nicht, was ich denken sollte. Ich dachte überhaupt nicht. Diese Aufgabe überließ ich anderen. Der Surrealismus der Phantasie, die Gesetzlosigkeit der Lust waren Botschaften dieses

Films, die ich unbewußt aufgenommen hatte. Für meine Generation, die Underground-Magazine wie *Oz* und *International Times* und *Rolling Stone* las, war Sex nicht nur ein koitaler Akt. Er war eine politische Geste, ein Molotowcocktail, den man gegen das Establishment schleudern konnte, um die Sittenrichter und Moralapostel hochgehen zu lassen, die komisch gekleideten Spießer, die elenden Heuchler, all die Papiertiger der sexuellen Revolution. Warum habe ich solche Sachen gedacht? Weil ihre Akzeptanz mir den Weg zu meiner eigenen Freiheit bahnte. Um nach Moskau zu gelangen, muß man zunächst woanders durchfahren. Als ich den Film nach einem Vierteljahrhundert zum zweitenmal sah, kam ich mir vor wie eine Voyeurin, die den Eltern bei ihrem eigenen Schöpfungsakt zuschaut.

Zwei Jahre nach der 1970er Frauenkonferenz von Oxford, als sich in ganz Großbritannien feministische Gruppierungen bildeten, ging ich an die Universität. Ich erinnere mich, daß ich einmal mit einigen Frauen über Sex diskutierte und eine von uns sagte: »Ich weiß nicht, ob ich je einen Orgasmus hatte.« Uns allen stockte der Atem. Damals wurde mir bewußt, daß individuelle Probleme, die ich für meine ganz persönlichen Neurosen gehalten hatte, etwas Kollektives sein konnten, kein persönliches Versagen, sondern eine gesellschaftliche Situation, die gemeinsam erforscht und verändert werden konnte. Es war die Geburtsstunde meines politischen Bewußtseins. Es gab Kriege in Vietnam und Nigeria, die Bergarbeiter streikten – meine Politisierung hätte auf vielerlei Art erfolgen können, aber bei mir war es dieses Erlebnis, das den Ausschlag gab.

Ein Buch, das mich tief beeindruckte, war Anaï Nins *Ein Spion im Haus der Liebe*. Die Heldin Sabine ist eine Frau der Masken und Fragmente, die in ihren psychischen Verkleidungen durch die Stadt streift. Jeder ihrer Liebhaber sieht etwas völlig anderes in ihr. Sie lernt einen Mann am Strand kennen und kehrt später in seine Wohnung zurück. Zum erstenmal erlebt sie einen Orgasmus. In diesem Moment sexueller Autonomie schlägt sie die Augen auf, um »den Triumph ihrer Befreiung auszukosten: Sie war frei, frei wie der Mann, konnte ohne Liebe genießen... Dann erinnerte sie sich, was Männer oft gesagt hatten: ›Danach wäre ich am liebsten gegangen.‹ ... Sie wollte schnell und restlos von ihm getrennt werden, wollte das, was für einen Augenblick verschmolzen war, entwirren und lösen, ihrer beider Atem und Haut, die Ausdünstungen und Säfte ihrer Körper.« Sie gleitet aus dem Bett, geht auf Zehenspitzen ins Badezimmer und entdeckt dort Puder, Kamm und Lippenstift in muschelroten Umhüllungen. Sie lächelt darüber und fragt sich, ob sie seiner Frau oder Geliebten gehören. »Wie gut, diese Gegenstände ohne den leisesten Hauch von Bedauern, Neid oder Eifersucht ansehen zu können. Das war die Freiheit!«[25] Ich versuchte, es Sabine gleichzutun. Es klappte. Ich konnte so viele One-Night-Stands haben, wie ich wollte, ohne zu leiden. Ich verachtete feste Beziehungen, Verlobung, Ehe. Wir waren eine wilde Bande von Frauen, die unerfahrenen Jungen mit langen Haaren und Pickelgesichtern Angst und Schrecken einjagten. Unweigerlich waren wir gleichzeitig zutiefst unglücklich und verunsichert.

Nachdem ich die Universität verlassen hatte, packte mich die Wanderlust. Ich träumte von einem freien ungebundenen Leben als Vagabundin, also ging ich nach Amerika und widmete mich dieser Aktivität, indem ich durchs Land trampte. In Colorado geriet ich einmal in die Fänge eines Mannes, der sich Don Blood nannte, ein Krimineller, der mit mir in die Berge fuhr und mich auf sein Gewehr aufpassen ließ, bis wir eines Tages von der Polizei gestoppt wurden, die überprüfen wollte, ob sein Auto gestohlen war (was es war). Das ist die Art von Erlebnissen, mit denen Männer gern prahlen, und ich finde es interessant, daß ich – bis jetzt – nie darüber gesprochen habe. Selbst in den sexuell befreiten Kreisen, in denen ich mich bewege, kann eine Frau es sich nicht leisten, zu sagen, mit wie vielen Männern sie geschlafen hat.

Schließlich landete ich an einer Graduate School in Kanada, wo ich mehrere Jahre blieb und Kontakt mit einer Gruppe von Leuten bekam, die etwas älter waren als ich, Aktivisten aus der Bürgerrechts- und Friedensbewegung. Wir glaubten, daß das Persönliche politisch sei. Wir wollten die Monogamie abschaffen. Das bedeutete unter anderem, daß wir unsere eigenen Beziehungen in primäre und sekundäre aufteilten. Wir hatten alle einen »Haupt-Mann« respektive eine »Haupt-Frau« (mit denen man nicht zusammenlebte) und einen weniger wichtigen Zweitpartner. Manchmal war Nummer zwei vom selben Geschlecht wie man selbst, um zu beweisen, daß »alle Menschen bisexuell sind«. Alles in allem erwies sich das Unternehmen als völliges Desaster. Wir selbst waren das einzige, was unter unserer Attacke auf die Monogamie zusammenbrach, und stahlen uns heimlich in Beziehungskisten und ins mittlere Alter fort. Mein Freund und ich beschlossen, eine »offene Beziehung« zu führen. Wir gehörten zusammen, aber es stand uns frei, gelegentlich mit anderen zu schlafen, insbesondere mit Ex-LiebhaberInnen, zu denen wir ein freundschaftliches Verhältnis aufgebaut hatten. Mein Freund konnte aus einem reichhaltigen Angebot an temperamentvollen, attraktiven, intelligenten Feministinnen wählen, die etwas von dem Glanz ausstrahlten, der ihn einst selbst umgeben hatte, als er als Kriegsdienstverweigerer und bekannter Studentenführer seinen Paß vor der amerikanischen Botschaft verbrannt hatte. Ich dagegen hatte erheblich größere Schwierigkeiten, einen geeigneten Männervorrat aufzutun und meine Seite des Handels zu erfüllen. Meine Ex-Lover lebten in einem anderen Land, und die verfügbaren Männer schienen kaum mehr als eine weitere Variante von dem, was ich bereits hatte – Männer, die langsam ins gesetztere Alter kamen und mit zunehmender Bitterkeit feststellten, daß die Zukunft ihnen entglitt und sich nicht wie erwartet als Tummelplatz wahr gewordener Revolutionsträume erwies.

Am letzten Tag des Jahres 1984, im kalten Winter eines weiteren Bergarbeiterstreiks, kehrte ich nach Großbritannien zurück. Ich hatte eine Affäre, die so zerstörerisch war, daß sie mich beinahe das Leben gekostet hätte. Als ich wieder halbwegs zu einem menschlichen Wesen geworden war, war ich Ende dreißig. Liebhaber waren immer des Weges gekommen, manchmal in Kolonnen, manchmal nach längerem Warten, aber mein sexuelles Selbstvertrauen war unerschütterlich. Ich hatte keinerlei Zweifel daran, daß sich mein Leben lang Liebhaber an Liebhaber reihen würde. Mit dreißig hatte ich auf einem Dach gesessen und erkannt, daß ich zur ersten Generation von Frauen gehörte, die wählen konnten, ob sie Mutter werden wollten oder nicht. Ich konnte Sex haben, ohne Kinder zu bekommen, und genau das tat ich. Diese Freiheit war mir ungeheuer wichtig. Die Männer, die ich jetzt kennenlernte, waren geschieden oder lebten getrennt, und sagten als erstes: »Meine Kinder sind das Wichtigste in meinem Leben.« Auf diese Weise hatten sie die nötige emotionale Bindung, ohne die Verantwortung und das Risiko einer gleichberechtigten erwachsenen Beziehung eingehen zu müssen. Meine Freundinnen gaben Kontaktanzeigen auf und versuchten, etwas Liebenswertes an den unadäquaten Männern zu entdecken, die sie auf diese Weise kennenlernten – sie waren bereit, den intimsten Teil ihres Lebens mit Menschen zu teilen, an die sie in jedem anderen Lebensbereich kaum eine Minute ihrer Zeit verschwendet hätten. Es war genug, daß diese Männer solvent, ungebunden und gesund waren und das richtige Teil zwischen den Beinen hatten. Diejenigen, die mutig ihre Ehemänner oder Partner verließen – oder von ihnen verlassen wurden –, sagten, daß sie »erst mal keine feste Bindung eingehen wollten«. Wenn sie dann wieder wollten, stellten sie fest, daß es niemanden gab, mit dem sie eine feste Bindung eingehen konnten. Frauen in der Mitte des Lebens, die das Gefühl hatten, endlich zu ihrer authentischen Sexualität gefunden zu haben, hatten keinen Sex.

Ich habe dieses Buch eine politische Geschichte genannt, weil ich weniger daran interessiert war, eine einheitliche Theorie oder Erklärung für jene Zeit aufzustellen, die meine eigene Entwicklung und die einer ganzen Generation entscheidend beeinflußt hat, als vielmehr daran, so weit wie möglich die gelebten Erfahrungen der Menschen jener Zeit aufzudecken. Es versteht sich von selbst, daß dieses Buch kein abschließender Bericht über ein komplexes Phänomen ist, sondern eine persönliche Reise in die öffentlichen Ereignisse, die meine eigene Vergangenheit, Gegenwart und Zukunft geprägt haben. Wenn Amerikaner den Ausdruck »I'm history« gebrauchen, meinen sie, daß die Vergangenheit vorbei und bedeutungslos ist. Geschichte ist die Leere eines Raumes, nachdem alle ihn verlassen haben. Dieses Buch begann als der Versuch, eine Sozialgeschichte der Pille zu schreiben. Es wurde eine persönliche Suche nach dem, was mit mir und meiner Generation geschehen ist. Wenn ich zehn Jahre früher geboren worden wäre, hätte ich die Pläne, die meine Eltern für mich hatten, akzeptiert, und mein Leben wäre so völlig anders verlaufen, daß es kaum vorstellbar ist, wie ich in irgendeiner Hinsicht derselbe Mensch hätte werden können, der ich heute bin. Ich wollte zeigen, daß die sexuelle Revolution nicht nur das Produkt eines gedankenlosen Hedonismus war, sondern eine lange ideengeschichtliche Tradition hat. Daß die geistigen Wurzeln einer Politik der Wollust in Europa liegen, in einer Zeit vor der Entdeckung Amerikas. Vier Menschen, denen ich begegnet bin, haben ihre eigene private Geschichte beigesteuert. Alle vier haben unter ganz verschiedenen Bedingungen versucht, ihre persönliche Vorstellung von sexueller Freiheit auszuleben: Ein Dollybird der Swinging Sixties brach mit der Forderung nach Jungfräulichkeit. Ein politischer Radikaler aus San Francisco verschrieb sich einem Traum, der sich nicht erfüllte. Eine Feministin wollte eine authentische Sexualität für sich finden. Schließlich beschreibt eine junge Frau, die im heutigen Kalifornien lebt, wie sie mit ihrer Sexualität im Zeitalter von Aids umgeht.

Warum über Sexualität schreiben, wenn wir am Ende eines Jahrtausends vor wahrhaft existentiellen Problemen stehen, wenn unsere Fähigkeit, überhaupt zu überleben, in Frage steht? Weil Frauen, solange sie nicht zu ihrer eigenen Sexualität finden, weiterhin nur die einseitige, hegemoniale Definition des Begehrens, der männlichen Sexualität haben: Pornographie, Vergewaltigung, die Suche nach immer jüngeren Frauen, Statusfrauen, männliche Phantasien, die das weibliche Bewußtsein und die weibliche Libido formen. Weil es zwanzig Jahre lang, zwischen der Einführung der Pille und dem Beginn der Krankheit Aids, einen einzigartigen historischen Moment gab, in dem Sex frei war und weder durch ungewollte Schwangerschaft noch durch Krankheit bedroht wurde. Das Fenster zum Licht hatte sich einen Spalt breit geöffnet. Hatte dieser kurze Moment irgendwelche dauerhaften Auswirkungen? Oder ist er folgenlos geblieben? Wie sind wir geworden, was wir heute sind?

Tatsächlich hat es zwei sexuelle Revolutionen zur gleichen Zeit gegeben. Die Legalisierung der Homosexualität und die Festigung eines schwulen Selbstbewußtseins nach Stonewall hat die heterosexuelle Kultur nachhaltig beeinflußt. Diese Bewegung hat eine Fülle von Literatur hervorgebracht, mit der Schwule und Lesben ihre Geschichte eingefordert und ihre Zukunft entworfen haben. Die Heterosexuellen sind träger gewesen, als hätten sie ihre neue Freiheit für etwas Selbstverständliches gehalten. Es hat keinen wirklichen Versuch gegeben, den Einfluß der sexuellen Revolution zu analysieren, wenn man einmal von den Grabenkämpfen zwischen Rechts und Links absieht. Das ändert sich allmählich und nimmt zum Teil merkwürdige Formen an. Für Camille Paglia ist »die Erotik ein von Gespenstern bevölkerter Bereich. Sie ist das Niemandsland, verflucht und verzaubert zugleich.« In dem Bemühen um Fortschritt, so Paglia, hätten Feministinnen und andere sich gegen die Natur gestellt, gegen die Sexualität als atavistische Kraft und gegen die Macht. »Sexuelle Freiheit, Befreiung der Sexualität: moderne Illusion. Wir sind hierarchiebewußte Tiere. Wird eine Rangordnung hinweggefegt, tritt sogleich eine andere an ihre Stelle...«[26] Der sexuelle Pessimismus der katholischen Kirche, die Theorie, daß sexuelle Leidenschaft auf direktem Weg zu Tod und Verderben führt, erlebt eine Renaissance. So meint zum Beispiel Lawrence Osborne in seinem Buch *The Poisoned Embrace*: »Unser Sinn für das Erotische ist untrennbar verbunden mit einem sexuellen Pessimismus. Wenn wir sexuelle Optimisten werden... schuldlose Reichsche Hengste, unbekümmerte Orgasmotherapeuten, verwandeln wir uns in triste sexuelle Blattläuse.«[27] Der sexuelle Pessimismus, der danach strebt, »die Versuchung auszurotten«, »verstärkt nur ihren Zauber... In dem Moment, in dem sein komplexes Erbe negiert wird, senkt sich ein schauriges Schweigen herab.«

Der Begriff Postmoderne ist überaus flexibel. In der Architektur bezieht er sich auf die Vergangenheit im Sinne eines mit Stilrichtungen vollgestopften Dachbodens, der nach Belieben geplündert werden kann, um eine ironische Hip-Gegenwart auszustatten. In der Kultur sieht die Postmoderne jede Art von Kunst, ob »E« oder »U«, als gleichberechtigte Diskursformen, als Erzählungen über die Realität. Das zeigt sich auch im Bereich der politischen Wissenschaften und internationalen Beziehungen, wo die alten eurozentrischen Freiheitsideen der Aufklärung als fruchtloser Versuch betrachtet werden, allgemeingültige Definitionen zu finden. An ihre Stelle ist die Vorstellung der Verschiedenheit und Mannigfaltigkeit getreten. In der Geschlechterpolitik hat sich die Vorstellung der gleichberechtigten Vielfalt als mächtige Waffe erwiesen, um die zentrale Bedeutung der Kernfamilie und der

Heterosexualität in Zweifel zu ziehen. Später in diesem Buch werde ich auf die postmoderne Sexualität eingehen. Wenn die Postmoderne recht hat, wenn alle Diskurse gleichwertig und jede Vielfalt so gut wie die andere ist, gibt es natürlich keine Chance für Utopia, für den universellen Ort der Phantasie. Da ich häufig allein im Dunkeln nach Hause gehe, schlägt mich der von Osborne gerühmte Zauber der Sexualität weniger in den Bann als das, was er als »ein destruktives, gefährliches Abenteuer, ein Ungleichgewicht, aber auch... etwas Heiliges«[28] bezeichnet. Feminismus und Sozialismus waren die Erfindungen eines gesellschaftlichen Optimismus. Im Moment mögen sie hoffnungslos überholt sein, aber es hat einmal Menschen gegeben, die aus der erstikkenden Welt überhitzter Alpträume ausgebrochen sind. Es gab einmal ein großes moralisches Abenteuer, wiederkehrende Hoffnungen, die ein strahlendes Licht in unsere Träume brachten. Mit ihnen will ich beginnen.

Sexuelle Häresie

... sie spricht in höchsten Tönen von jenen Ehemännern, die ihren Frauen Freiheiten gewähren und unbekümmert ihre Zustimmung erteilen, auf daß sie sich nach Belieben mit einem ihrer Mitmenschen verbinden mögen; sie preist die Flöten, Violen, Zimbeln und Glöckchen in der Charterhouse-Lane als Himmelsmusick (;) sie stößt frohgemut mit dem Glase an und meint, daß es kein himmlisches Paradies gebe, sondern nur die Freuden, die sie auf Erden genießet; sie ist schon auf den ersten Blick sehr vertraut und tanzt nach den Klängen der Hornpipes durch Norwich.

Eine Ranterfrau

1649 war die militärische Episode der Englischen Revolution vorüber, und die Truppen hatten Zeit und Muße, über die neue Weltordnung zu diskutieren. Cromwells Modellarmee hatte sich als wirksames Mittel zur Massenkommunikation erwiesen und die Nonkonformisten aus den abgelegensten Dörfern zusammengeführt. Damals glaubte die Bevölkerung in Stadt und Land noch an Magie und Hexen, an Feen und Zaubersprüche und daran, daß Gott und der Teufel sich brennend für ihr Privat- und Alltagsleben interessierten. Aber die politisch progressiven Anhänger der millenarischen Sekten bestritten die Existenz dieser Geisterwelt. Sie glaubten an die Zukunft und vertrauten auf Prophezeiungen, auf die Offenbarungen von Merlin, Mutter Shipton, Nostradamus und Paracelsus. Sie erwarteten, daß im kommenden Jahrzehnt drei wichtige Ereignisse stattfinden würden: der Fall des Antichristen, die zweite Wiederkehr Christi und damit der Beginn des Tausendjährigen Reiches, des irdischen Paradieses.[1] Nach dem Buch der Offenbarungen war ein Engel vom Himmel herabgestiegen, in seinen Händen eine große Kette und den Schlüssel zu einem bodenlosen Abgrund, in dem er den Teufel für tausend Jahre festgebunden hatte. Nach Ablauf dieser Zeit würde Satan, der Antichrist, eine »kleine Zeit« losgelassen, um die Völker zu verführen, bis er schließlich in einen Pfuhl von Feuer und Schwefel geworfen würde. Der wahre Gott würde von einem großen weißen Thron aus regieren, das Buch des Lebens würde aufgeschlagen werden, Land und Wasser würden ihre Toten freigeben, und alle müßten sich vor dem Jüngsten Gericht verantworten. Im Millennium, dem Tausendjährigen Reich Christi, würden alle Gläubigen erlöst werden, und ihre Errettung würde sich auf der Erde und nicht in einem außerirdischen Himmel ereignen. Das Leben würde sich verwandeln, und die neue Ordnung wäre nicht einfach eine bloße Verbesserung der Gegenwart, sondern die Vollkommenheit selbst.[2]

Mit Utopia vor der Tür und der etablierten Ordnung im Chaos waren die Menschen ganz verrückt vor Aufregung. Alles wurde neu diskutiert. Es gab kein Gesetz, außer dem Naturgesetz, doch was bedeutete das im einzelnen? Die Suche nach der gelebten Wahrheit bot die Möglichkeit, zutiefst atavistische Bedürfnisse auszuleben, das Persönliche wurde zu einer sowohl politischen als auch religiösen Angelegenheit. Der Gedanke, daß die Geistlichen Vermittlerfunktion besaßen, wurde zurückgewiesen. Die Sünde war Erfindung der Menschen. Wer mit wissenschaftlichem Forschergeist an die Bibel heranging, würde die richtigen Antworten finden und den blinden Mächten der Vorsehung nicht länger hilflos ausgeliefert sein. Jeder Mensch hatte das Recht auf eine subjektive Deutung seines Schicksals.

Angesichts einer nie dagewesenen Entscheidungsfreiheit in religiösen Fragen wandten die Menschen sich unterschiedlichsten Sekten zu. Sie trafen sich in Tavernen, tranken Alkohol und rauchten Tabak, um ihre spirituelle Vision zu intensivieren, wie mit bewußtseinserweiternden Drogen. Die wildeste dieser Sekten waren die *Ranters*, eine kurzlebige anarcho-erotische Bewegung, die England vier oder fünf Jahre lang in Unruhe versetzte, bis Cromwell sein Commonwealth und die bürgerliche Stabilität befestigt und damit die Ordnung wiederhergestellt hatte. Man nannte sie *Ranters*, das heißt soviel wie Großredner oder Schwadroneure, weil sie laut und lärmend waren – sie fluchten, lachten, kreischten, klatschten in die Hände und waren im allgemeinen frech, spontan und keinem Vergnügen abhold. Sie verteilten sich über das ganze Land, aber in London soll es mehrere Tausend von ihnen gegeben haben, die einige selbsternannte Augenzeugen zu abfälligen Traktaten ganz im Stil der heutigen Sensationspresse inspirierten. In der Beschreibung eines puritanischen Kritikers zeigt sich der kaum verhüllte Neid auf das hedonistische Treiben: »... sie sind die fröhlichsten aller Teufel und ergehen sich in schlüpfrigen Stegreifliedern... Trinksprüchen, Musik, schamloser Unzucht und Tanzerei.«[3] Sie vertraten skandalöse Ideen. Das Fluchen hielten sie für einen Akt des Widerstands gegen eine bourgeoise Gesellschaft, die ihnen ihre puritanischen Mittelschichtswerte aufzwingen wollte. Sie hatten angeblich eine gute Methode entwickelt, um sich ohne Arbeit am Leben zu erhalten – sie borgten sich Geld und zahlten es nicht zurück. Sie machten sich über die frommen Moralisten lustig, indem sie am hellichten Tage eine Kerze anzündeten und ironisch nach ihren Sünden Ausschau hielten. Sie waren Pazifisten und lehnten die Zahlung von Steuern zur Finanzierung von Kriegen ab: »Ohne Schwert! Wir schwören feierlich, für keine Sache zu kämpfen«, schrieb ein Sektenmitglied, »wir legen uns lieber jeden Tag der Woche sturzbetrunken mit einer Dirne auf den Marktplatz und sehen darin eine weit bessere Tat, als dem armen ausgebeuteten Landmann sein Geld abzunehmen ... und es für die Tötung von Menschen zu verwenden.«[4] Um der Verfolgung zu entgehen, entwickelten sie eine Geheimsprache. Während dieser höchst unsicheren Zeiten müssen die Tugendhaften und Gerechten im ganzen Land das Gefühl gehabt haben, daß eine Fünfte Kolonne von genußsüchtigen Gotteslästerern die Seele der Nation unterwanderte.

Auf den ersten Blick scheinen die *Ranters* nicht viel mehr als eine Art Dionysoskult gewesen zu sein, eine dämonische, asoziale Bewegung. Aber im Zentrum des Ranterglaubens stand die Idee, daß sexuelle Freiheit ein Mittel der spirituellen Befreiung war, das den Menschen näher zu Gott brachte. Sie waren nicht die ersten, die dieser Überzeugung anhingen. Es ist denkbar, daß sie Ideen übernommen hatten, die bis ins dreizehnte Jahrhundert zurückreichten, auf die Anhänger der Ketzerei des freien Geistes. Die Jünger dieser Häresie glaubten, eine so absolute Vollkommenheit erreicht zu haben, daß sie nicht mehr sündigen könnten. Die Häresie des freien Geistes war promiskuös aus Prinzip: »Was sich hier enthüllt, ist das absolut überzeugende Bild einer Erotik, die, weit davon entfernt, das Produkt einer unbekümmerten Sinnenlust zu sein, als Zeichen der geistigen Emanzipation einen ausgesprochenen Symbolwert besitzt...«,[5] schreibt Norman Cohn, der Chronist der millenarischen Sekten, dessen Buch *Das neue irdische Paradies* selbst zu einem Kultbuch der Sechziger wurde. Besonders Frauen fühlten sich von dieser Häresie angezogen: Aufeinanderfolgende Kriege und ein hoher Prozentsatz von zölibatär lebenden Männern bedeutete, daß die Zahl der Frauen die der potentiellen Ehemänner bei weitem überwog. Für Frauen, die dem Adel oder dem wohlhabenden Kaufmannsstand angehörten, gab es keine Alternative zur Ehe, keine andere Rolle. Aus ihren Reihen ging eine Gemeinschaft von Frauen hervor, die von dem leidenschaftlichen Drang nach intensivem mystischen Erleben geprägt war. Diese Bewegung bildete eine Art Gegenkultur im Mittelalter, »ein unsichtbares Königreich..., dessen Zusammenhalt in – häufig natürlich erotischen Gefühlsbanden – zwischen den Geschlechtern bestand«.[6] Aus Sicht der männlichen Anhänger des freien Geistes hatte Gott die Frau erschaffen, damit die Glaubensbrüder sie besitzen konnten, so wie Gott auch das Vieh erschaffen hatte, damit der Mensch seinen Nutzen daraus zog. Die Frau wurde keuscher mit jeder Intimität. Eines der sichersten Zeichen der »Feinen im Geiste« war die Fähigkeit, Promiskuität ohne Schuldgefühle auszuleben. Ehebruch galt als symbolische Bestätigung der Emanzipation. Rituelle Nacktheit war weit verbreitet. Ein Kultführer praktizierte eine spezielle Form des Geschlechtsverkehrs, von der er behauptete, daß es dieselbe Methode wäre, die Adam und Eva vor dem Sündenfall praktiziert hätten.

Aber die Häresie des freien Geistes stand in scharfem Widerspruch zur Mainstream-Gesellschaft, zur großen, hierarchischen Daseinskette, die von Gott zu den niederen Lebewesen herunterreichte und in der jeder Mensch seinen festen Platz hatte. Die strenge mittelalterliche Lebensordnung verbot, zumindest in England, alle weltlichen Zeichen eines bevorstehenden Millenniums oder irdischen Paradieses. Aber wie andere Sekten glaubten auch die *Ranters*, daß die Hinrichtung von Karl I. den Auftakt zu großen internationalen Ereignissen bildete und sozusagen den Weg freigemacht hatte für den rechtmäßigen Herrscher, König Jesus. Das wenige, was wir über die *Ranters* wissen, stammt zumeist aus den Schriften ihrer eingeschworenen Gegner. Die zeitgemäße Wiederentdeckung der Ranterideologie in den fünfziger und sechziger Jahren durch die marxistischen Historiker Christopher Hill und Norman Cohn spiegelte die sexuelle Revolution wider, die damals an den Universitäten, an denen Hill und Cohn lehrten, ihren Anfang nahm: »Sexuelle Promiskuität brach den familiären Frieden und führte zum Müßiggang, zur Lebensform der Hippies, für die andere mit harter Arbeit bezahlen mußten«,[7] schrieb Hill und fügte zur Verteidigung seiner eigenen wissenschaftlichen Tätigkeit hinzu: »Jede Generation… rettet eine der Ideen, die ihre Vorfahren arrogant und überheblich als ›Verrücktheiten‹ verworfen haben.«[8]

Der Anführer oder Chefideologe der *Ranters* war Abiezer Coppe. Die Sekte war zweifellos ein Jugendkult. 1649, dem *annus mirabilis* der kurzen Ranterperiode, als Karl I. hingerichtet wurde, war Coppe gerade dreißig Jahre alt, und viele andere bekannte *Ranters* waren noch in ihren Zwanzigern. Coppes Schriften wecken Assoziationen mit einem späteren anarcho-erotischen Dichter, mit Allen Ginsberg: »Heult, heult, Ihr Adligen, heult, Ihr ehrenwerten Herren, heult Ihr Reichen, denn Schreckliches steht euch bevor… Die wahre Gemeinschaft der Menschen wird alle Besitztümer untereinander teilen, und keiner wird ein irdisch Gut sein eigen nennen.«[9] Auf der Höhe seines Ruhms litt Coppe an einer pathologischen Neigung zum Fluchen, wahrscheinlich das Ergebnis einer extrem unterdrückten Kindheit. Er pflegte nackt zu predigen und pickte sich Groupies aus dem Publikum, die er nach der Predigt mit ins Bett nahm. Sein Buch *A Fiery Flying Roll* wurde vom Parlament als Gotteslästerung bewertet und öffentlich verbrannt; der Autor wurde nach Newgate verbracht, wo es ihm gelang, eine Reihe neuer Gläubiger anzuwerben – seine Gegenwart muß eine äußerst unterhaltsame Abwechslung für die gelangweilten Häftlinge gewesen sein. 1651 gab er einen teilweisen Widerruf seiner Thesen ab – die *Ranters* hatten wenig Interesse am Märtyrertum –, verdarb die Wirkung allerdings etwas, da er angeblich mit Nußschalen auf das Gericht warf. Er änderte seinen Namen, wurde Arzt, starb 1672 und wurde westlich von London in Barres begraben.

Sexuelle Freiheit für die Frauen der Rantersekte stand auf einem gänzlich anderen Blatt. Aber nur in der Ranterliteratur finden wir zumindest einen kleinen Hinweis auf eine weibliche Sexualität, die für einen Moment von den gottesfürchtigen Konventionen der Ehe und Religion befreit war. 1652 zog sich eine Frau während eines Gottesdienstes nackt aus und rief: »Heil der Auferstehung!« Auf Ranterversammlungen war dies durchaus üblich, in der Chapel of Whitehall dagegen weniger.[10] Ein puritanischer Geistlicher schrieb von einer »Matrone, die für ihre Frömmigkeit und Enthaltsamkeit bekannt war. Sie wurde von den *Ranters* verdorben und verwandelte sich in eine derart schamlose Dirne, daß sie auf einem Schandkarren durch die Straßen Londons gezogen wurde.«[11] Mary Cary berichtete: »Es wird eine Zeit kommen, in der nicht nur die Männer, sondern auch die Frauen zu Propheten werden.«[12] Die *Ranters* gaben den Frauen zwar die Möglichkeit, ihre Lust öffentlich auszudrücken, aber in der Praxis wirkte sich die sexuelle Freiheit eher zugunsten der Männer als der Frauen aus. William Franklin trat den *Ranters* bei, nachdem sein Leben in bürgerlicher Wohlanständigkeit zerbrochen war. In den vierziger Jahren des siebzehnten Jahrhunderts wurde seine Familie von der Pest heimgesucht, er selbst verfiel in einen Zustand geistiger Umnachtung, der ihn glauben ließ, er sei Gott. Er wurde wieder gesund, aber etwas an seinem Zustand, so muß er sich gesagt haben, ließ sich praktisch ausbeuten. Unter dem Einfluß der *Ranters* verließ er seine Frau und stürzte sich in wechselnde Liebschaften. Eine der Frauen, mit denen er eine Beziehung einging, war Mary Gadbury.

Sie war zehn Jahre jünger und verdiente sich ihren Lebensunterhalt, indem sie billige Schmuckstücke und Kinkerlitzchen an die vornehmen Damen Londons verkaufte. Mary hatte Visionen und hörte Stimmen, die ihr versicherten, daß die Monarchie und die Adligen gestürzt und durch das Königreich Jesu ersetzt werden würden – keine völlig falsche

Prophezeiung, wie sich herausstellen sollte. Ihre eigene spezielle Rolle in diesem staatlichen Räumungsgeschäft sollte in dem Privileg bestehen, Christus persönlich zu Gesicht zu bekommen. In diesem Zustand lernte sie Franklin kennen, der sie überzeugte, daß er der Mann sei, auf den sie gewartet hatte. Franklin erklärte ihr, daß Gott seinen früheren Körper zerstört habe und er daher nicht länger rechtmäßig mit seiner Frau verheiratet oder auch nur der Vater seiner Kinder sein könne. Sie konnten also ganz neu anfangen. Mary verkaufte ihr ganzes Hab und Gut, um in freiwilliger Armut zu leben, und erhielt den göttlichen Auftrag, Hampshire zu missionieren. Dort fand das Paar einige Jünger und übernahm das Haus eines örtlichen Pfarrers, was ihrer Ansicht nach nur recht und billig war, da sie Gott und Göttin waren. Die Frau des Pfarrers begann zu murren, als Mary nach weißem Leinenstoff für ein neues Kleid verlangte. Sie schwärzte das Paar bei den Behörden an, die beiden wurden verhaftet und in Winchester eingesperrt. Für einen Gott und eine Göttin bedeutete dies nur einen geringfügigen Rückschlag. Doch als man Franklin eine längere Haftstrafe in Aussicht stellte, schwor er seinem Glauben öffentlich ab und überließ Mary ihrem Schicksal. Sie kam nach Bridewell und wurde mehrere Wochen lang ausgepeitscht.

Ähnliche Erfahrungen haben Frauen bis in unser Jahrhundert gemacht, wenn sie ihr Vertrauen auf die charismatischen Anführer von zweifelhaften Religionen setzten.[13]

Viele *Ranters* betätigten sich als Wanderprediger, was sicherlich eine reizvolle Option für Männer war, die viel von sexueller Freiheit hielten, aber wenig von deren fruchtbaren Folgen. Gerald Winstanley war der Anführer einer rivalisierenden Sekte, der sogenannten *Diggers*, einer frühen Variante der sozialistischen Zurück-aufs-Land-Bewegung. Seine Erfahrungen mit den *Ranters* veranlaßten ihn, seine eigene Vision von einer utopischen Gemeinschaft zu entwickeln, die von einem strukturellen Unterbau gestützt wurde und zum Beispiel bestimmte Strafen für unbotmäßiges Verhalten festlegte. Er klagte über die »ausschweifende Gemeinschaft von Frauen, genannt Ranters und offenbarte die Schwäche in ihren Theorien der sexuellen Befreiung:

> Die Mutter und das Kind, die auf diese Weise entstehen, ziehen ein schlimmes Los, denn der Mann läßt sie im Stich und beachtet sie nicht mehr als irgendeine andere Frau... nachdem er sein Vergnügen gehabt hat. Deshalb hütet Euch, Ihr Frauen, denn diese Ranterpraktik ist nicht die Erneuerung, sondern die Vernichtung der Schöpfungskraft... Sie finden ihre eigene Freiheit, indem sie andere in Fesseln legen.[14]

Christopher Hill weist jedoch darauf hin, daß die Überzeugungen der

Ranters nicht grundsätzlich falsch waren: »Unglücklicherweise war die Rantertheologie den technischen Möglichkeiten ihrer Gesellschaft voraus; gleiche sexuelle Freiheit für beide Geschlechter mußte warten, bis die preiswerten und wirksamen Mittel der Geburtenregelung erfunden waren.«[15]

Das scharfe Vorgehen gegen die Sinnenfreude während des puritanischen Commonwealth erfaßte alle Bereiche. So wurden bekanntlich die Theater geschlossen, jene Paläste der Phantasie, Illusion und Sehnsucht. Fast genauso schnell, wie die Puritaner an die Macht kamen, führten sie am 10. Mai 1650 den Commonwealth Act ein, um »die verabscheuungswürdigen Sünden des Inzests, Ehebruchs und der Hurerei zu unterdrücken«.[16] Die beiden erstgenannten Vergehen wurden zu Kapitalverbrechen, die ohne Heranziehung eines kirchlichen Gerichts mit dem Tode bestraft wurden. Hurerei (verheiratete Männer, die mit ledigen Frauen schliefen) wurde mit drei Monaten Gefängnis bestraft. Ehebruch war ein Verbrechen, das primär bei Frauen geahndet wurde und damit die Doppelmoral gesetzlich verankerte. Bordellbesitzer wurden ausgepeitscht, an den Pranger gestellt, gebrandmarkt und für drei Jahre eingekerkert. Bei einem zweiten Verstoß drohte die Todesstrafe. Das Gesetz erwies sich in der Praxis als nicht haltbar: Ein Fünftel aller Bräute waren bei ihrer Heirat schwanger und betrachteten eine Eheschließung als teuren Luxus. 1660 trat das Gesetz außer Kraft und wurde nicht erneuert.[17] Nachdem man die Libido ein Jahrzehnt lang unter Verschluß gehalten hatte, kam es unter Karl II. zur Restauration der höfischen Dekadenz. In der Oberschicht waren Ausschweifungen wieder erlaubt, Frauen der niederen Ränge konnten als Kurtisanen in die höfischen Kreise aufsteigen, und die Aristokratie lechzte nach homosexuellen Vergnügungen. Barbara Palmer, die dem König fünf illegitime Kinder schenkte, hatte auch Liebschaften mit dem Earl of St. Albans, einer Miss Hobart, mit einem Seiltänzer in seinem Zelt auf dem St. Bartholomäus-Jahrmarkt und mit einem anonymen Bediensteten in ihrem Badezimmer.

Die Armen hatten in der Zwischenzeit weiterhin Sex, aber er war, zumindest in England, nicht länger mit einer revolutionären Zukunftsvision verknüpft. Die *Ranters* scheiterten wie alle anarchistischen Organisationen an einem Mangel an Struktur, und weil die Lebendigkeit ihrer Überzeugungen die Grenzen einer zusammenhängenden Bewegung sprengte, aber ihre Vision von einer sexuellen Revolution ging nicht völlig verloren. Es gab einen Ranterflügel bei den Quäkern, und eine Reihe von Spaltungen führte zur Gründung der *Proud Quakers*, die mit Begeisterung fluchten und sich ihren Lebensunterhalt als Footballspieler und Ringer verdienten. Später übernahmen die Quäker jedoch ein Programm, das auf Disziplin, Ordnung und Common sense abstellte, und gaben traditionelle Quäkergewohnheiten auf. So liefen sie zum Beispiel nicht länger nackt herum, um zu demonstrieren, daß sie ohne Sünde waren. Aber das ganze Jahrhundert lang beschäftigten sich viele Autoren mit dem Thema sexueller Freiheit: Francis Osborne plädierte in *The Isle of Pines* (1668) für die Polygamie und erneuerbare Ehekontrakte. John Hall argumentierte, daß Nacktheit für den weiblichen Körper zu empfehlen sei, weil ihre nackten Körper weniger aufreizend seien als ihre Kleider, ein Argument, dem der puritanische Dichter John Bunyan beipflichtete.[18] Auch die Gruppenehe wurde heiß diskutiert.

Das Millennium, das Paradies auf Erden, ist nie gekommen. Aber die nonkonformistische Dissentertradition im religiösen Leben Englands wurde zur Ausgangsbasis von Reformbewegungen, die bis in unser Jahrhundert reichen: Die Friedensbewegung und der Kampf für eine Liberalisierung der Gesetze zur Geburtenregelung, Scheidung, Abtreibung und Homosexualität wurzeln alle in der Tradition dieser Freidenker, die die Ansicht vertraten, daß der Staat nicht über Dinge bestimmen durfte, die Sache des persönlichen Gewissens waren.

Angesichts der Tatsache, daß Gott sein Königreich auf Erden nicht erschuf, kamen einige millenarische Sekten zu dem Schluß, daß sie ihm diese Arbeit abnehmen könnten. Das neu entdeckte Amerika gab der Vorstellung von Utopia ein konkretes Territorium, ein Land, das für Millenarier wie geschaffen schien. Als General Cornwallis 1781 kapitulierte, sollen die amerikanischen Revolutionäre »The World Turned Upside Down« angestimmt haben, das Lied der Diggerbewegung. Das Motto war auch bei den *Shakers* verbreitet, einer Sekte, die 1774 von Lancashire in die Neue Welt auswanderte. Ihre Mitglieder bestanden aus kleinen Handwerkern, Arbeitern und Dienstleuten. Sie glaubten, daß »sie tatsächlich mit Christus auferstanden seien und ohne Sünde leben könnten; auf ihren Zusammenkünften wurde getanzt, gesungen und geraucht.«[19] Die puritanischen Einwanderer hielten sich selbst für das auserwählte Volk, für die Pioniere einer vervollkommnungsfähigen Zukunft. Sie fühlten sich als die Vorboten eines neuen Lebens, die die Macht hatten, die Vergangenheit abzustreifen und ganz von vorn zu beginnen. Alle Einwanderer, die ihnen folgten, ob aus den Ghettos Osteuropas, den Elendsvierteln Lateinamerikas oder den Puffs von Saigon, übernahmen diese millenarische Vision.

Amerika war für Nonkonformisten gemacht und wie geschaffen für die Möglichkeit, alternative Gesellschaftsformen auszuprobieren.

Mitte des neunzehnten Jahrhunderts gründete John Humphrey Noyes, ein abtrünniger Priester, im Staat New York die Oneida-Gemeinschaft, die etwa zwanzig Jahre lang Bestand hatte. Noyes vertrat die Auffassung, daß die Bibel Gruppenliebe predigte. Seine Anhänger praktizierten »komplexe Ehen«, in denen Gruppen von Männern und Frauen zusammen lebten, arbeiteten und schliefen und mittels Coitus interruptus die Geburtenzahl auf ein Maß reduzierten, das die Gemeinschaft finanziell tragen konnte. Wenn die heranwachsenden Jungen ein gewisses Alter erreicht hatten, wurden sie von erwachsenen Frauen in die Sexualität eingeführt. Das bot nach Ansicht von Noyes den doppelten Vorteil, daß Frauen mittleren Alters in den Genuß von samthäutigen jungen Burschen kamen, die sich auf dem Höhepunkt ihrer sexuellen Potenz befanden, und daß die jungen Männer die Möglichkeit erhielten, die Technik von erfahrenen Frauen zu erlernen, die sich auf *ihrem* sexuellen Zenit befanden. Die Frauen wurden dazu angehalten, die Kindererziehung nicht als ihre Hauptlebensaufgabe anzusehen. Sie ließen sich das Haar zu Bubiköpfen schneiden, trugen kurze Röcke und arbeiteten in den Fabriken.[20]

Oneida war eine der ersten sexuellen Kommunen in Amerika. Der französische Adlige Charles Fourier entwickelte die Idee der »Phalansteries«, Lebens- und Arbeitsgemeinschaften von etwa 1600 Leuten mit garantierter sexueller Erfüllung, selbst für weniger attraktive Mitglieder. Letzteres wurde durch die Intervention von erotischen Heiligen gewährleistet, Kommunemitgliedern, die sexuelle Mindestansprüche in speziell für diesen Zweck bereitgestellten Zimmern erfüllten. Monogamie und die Kernfamilie wurden geächtet, weil sie Besitzdenken und eine eingeengte Sichtweise förderten, die der größeren Vision abträglich waren. Inspiriert durch Fourier starteten Befürworter der freien Liebe in den vierziger Jahren des neunzehnten Jahrhunderts Dutzende von Experimenten, die sich im Westen bis nach Texas ausdehnten.[21] Die Anhänger der freien Liebe flohen vor einem zunehmend bürokratisierten Staat, und die Besiedelungsgrenze im Westen war sowohl eine geographische Trennlinie als auch eine geistige Scheidewand. Wie Huckleberry Finn brachen die Anhänger der freien Liebe in die noch unbesiedelten Territorien auf, weg von der Zivilisation und dem, was aus Amerika geworden war. Es würde kein Paradies auf Erden geben, es sei denn, sie schufen es selbst.

Die Europäer hatten kaum Möglichkeiten, ein Utopia außerhalb der Gesellschaft zu begründen. In Amerika konnten verschiedene Träume nebeneinander gedeihen: hier eine an den Kapitalismus gekettete Stadt, dort eine Kommune, die die sexuelle Freiheit erprobte. Es gab Raum. In Europa dagegen war die Gesellschaft allgegenwärtig. Es gab keinen geographischen Raum für Experimente und keine Hoffnung auf Freiheit außerhalb der Kultur. Jahrhundertelang blieben die Klassen in getrennten sexuellen Welten gefangen. Die Aristokratie erlaubte sich sexuelle Freiheiten und bewahrte die alte Idee von der Ehe als einem Tauschgeschäft der Macht; man heiratete, um bestimmte finanzielle und dynastische Bedürfnisse zu erfüllen; es war eine Fusion, an die man nicht sexuell gebunden war. Dieses Prinzip scheinen heutzutage weder Prinzessin Diana noch die Regenbogenpresse völlig zu verstehen. Die Bourgeoisie mit ihrer Betonung des Individuums erfand die Kameradschaftsehe: Die Partner investierten ihre Glückserwartungen in die Ehe und bauten ein kleines privates Reich auf, in dem das Emotionale und das Wirtschaftliche verknüpft und in die beschützende Einheit des Familienlebens eingebunden wurden.

Die Arbeiterschicht entzog sich weiterhin der gesetzlichen Reglementierung ihrer Moral, nicht weil sie sich dem Kampf um soziale oder sexuelle Veränderung verschrieben hatte, sondern weil Sex Spaß machte und nichts kostete, ein wichtiges Motiv für die Armen. Gelegentlich pflegten sie Ferien zu machen, nicht nur von ihren Drehbänken und Webstühlen, sondern auch von der Moral, die ihnen von beengten Wohnverhältnissen und gemeinsamen Schlafzimmern aufgezwungen wurde. Als die Eisenbahn aufkam, machten sie Ferien in den Badeorten am Meer. In den dreißiger Jahren war Blackpool als Sündenbabel Großbritanniens verschrien. Wissenschaftliche Massenbeobachter, die 1937 dorthin entsandt wurden, um eine anthropologische Studie über das Freizeitverhalten des Proletariats zu erstellen, verfaßten genaue Statistiken über das Anbaggern, das Petting, die gegenseitigen Masturbationen, den Beischlaf. Ein Mann berichtete, daß er zwischen 1935 und 1938, als er Anfang zwanzig war, fast jedes Sommerwochenende zum Ficken ans Meer fuhr:

> Man dachte keinen Moment daran, diese Mädchen zu umwerben oder zu heiraten. Nein, ich denke, ich ging ziemlich geschäftsmäßig an die Sache heran, ich wollte Sex, ich wollte ein flüchtiges Abenteuer, und viele der Mädchen wollten dasselbe. Sie wußten, was sie taten. Man traf bestimmte Vorkehrungen, ging zum Friseur und besorgte sich ein Durex. Das tat man, um sich selbst, nicht um die Mädchen zu schützen. Ich hatte Angst, mich mit einer Geschlechtskrankheit anzustecken... Man legte sich hin (unterm Pier), es wurde heftig geküßt und geknutscht, aber im allgemeinen war der Sex ziemlich rasch erledigt. Ich sage nicht, daß ich immer kriegte, was ich wollte, vielleicht einmal im Monat, bei drei von vier Versuchen. Wenn es vorbei war, verschwendete ich keine Zeit, stand auf, bürstete mich ab, bürstete sie ab, und wir wechselten ein paar Worte.

»Wo wohnst du?« Wenn sie nicht weiter weg wohnte als die Bahnstation, brachte ich sie bis zur Tür ihrer Pension. Und das war's dann. Danach sah man sich nicht wieder.[22]

Bei den »sexuellen Ferien« handelt es sich offenbar um eine ungebrochene Tradition, die in den Kindertagen der Anarchie damit begann, daß unter der Führung von jungen querköpfigen Lords die Beziehung zwischen Herrn und Diener vorübergehend umgekehrt wurde, und heute darin besteht, daß man zu zwei Wochen Sex, Sand, Sonne und Saufgelage an die spanischen Costas aufbricht. Diese Ferien sind nicht viel mehr als eine trotzige Flucht vor Reglementierungen, ein sehr kurzer Ausbruch aus der täglichen Routine in das Lustprinzip.

Es gab jedoch eine weitere Gruppe, keine gesellschaftliche Klasse, sondern den Kern einer Bewegung, die die Saat der alten millenarischen Verknüpfung von Utopia und sexueller Freiheit in sich trug. Unsere Vorstellung vom ausgehenden neunzehnten Jahrhundert ist von visuellen Bildern der *Fin-de-siècle*-Dekadenz geprägt. Lust als Krankheit wurde zur Metapher einer moralisch korrupten und bankrotten Kultur – eine unangenehme Iris von betäubendem Gestank, eine vor Angst gelähmte Lust, geschwollene Genitalien mit Syphilisgeschwüren. Das war das Frankreich des Dreyfuß-Skandals, in dem Anarchisten in langen Umhängen durch die Straßen schleichen würden, mit Bomben unterm Arm, die wie Weihnachtspuddinge aussahen, um die marode Gesellschaft in die Luft zu sprengen und zu reinigen – wie der Antiheld aus Conrads *Der Geheimagent*.[23] In jenen Jahrzehnten der sexuellen Anarchie erhob sich die erste Welle des Feminismus. 1888 verfaßte eine Romanautorin eine Reihe von Kolumnen für den *Daily Telegraph* und stellte die Frage, ob die Institution der Ehe gescheitert sei. Die Mehrheit der über 27000 Leser, die an die Zeitung schrieben, waren der Auffassung, daß dies der Fall war.[24]

Aber neben der wirtschaftlichen und sozialen Freiheit erforschten Männer und Frauen – Bohemiens, die Avantgarde – auch die sexuelle Freiheit. Im späten neunzehnten Jahrhundert hielten die sexuellen Revolutionäre sich für die Architekten einer neuen Zukunft, die sie nicht nur für sich selbst, sondern für die Arbeiterklasse bauen wollten. Marx und Engels hatten in *Der Ursprung der Familie, des Privateigentums und des Staates* (1884) Beziehungen zwischen den Geschlechtern beschrieben, die auf persönlicher Freiheit und nicht auf wirtschaftlichen oder reproduktiven Notwendigkeiten basierten. Die Sozialisten glaubten an eine neue moralische Ordnung. Die linke Feministin und Historikerin Sheila Rowbotham schreibt über die Ziele dieser frühen Sozialisten: »Sie waren primär am Thema sexueller Lust interessiert, an der Frage, wie man gemeinsam und gleichberechtigt leben könnte, ohne

Angst vor der Obrigkeit, wie man die Liebe in einer lieblosen Welt am Leben erhalten, wie man Schönheit demokratisch inmitten von Häßlichkeit und Wettbewerb erschaffen könnte.«[25] Sie waren Sozialisten, als der Sozialismus noch nicht erprobt und noch nicht gescheitert war. Alles schien möglich. Sie waren insofern Millenarier, weil sie an das Gute im Menschen glaubten, an die Veränderungsfähigkeit der Gesellschaft, nicht durch göttliche Intervention, sondern durch Ideen, die von handelnden Menschen verwirklicht werden würden. Sie dachten, daß sie das Paradies neu erschaffen könnten, oft durch ganz simple Mittel wie die Rückkehr zu einem einfacheren Lebensstil. Ihre Vorliebe für grobe Holztische und selbstgebackenes Brot, ihre Verehrung für bäuerliche Sitten und Kleider, ihre Bewunderung für den »einfachen Arbeiter«, wohinter sich häufig nackte Begierde verbarg, widersprachen dem Glitter und der Künstlichkeit des *fin de siècle*.

Die Bewegung, die sie ins Leben riefen, nannte sich »Neues Leben«. Einer ihrer Anführer, Edward Carpenter, war davon überzeugt, daß die Zivilisation den Menschen grundsätzlich unterdrückte, und entwickelte ein Interesse an indischer Mystik, die die Ordnung eines mechanistischen Universums in Frage stellte.[26] Er verliebte sich in George Merrill, einen Arbeiter, mit dem er einen gemeinsamen Haushalt gründete; die beiden fanden eine recht große Schar von Anhängern in Sheffield und trugen Carpenters Ideen über die Beendigung von Abhängigkeitsverhältnissen zwischen Klassen und Geschlechtern in die Arbeitergemeinden.[27] Die Frauen waren weniger begeistert von ihnen. Das plötzliche Interesse, das diese entkräfteten Bohemiens an ihren Männern zeigten, muß sie mit tiefem Mißtrauen erfüllt haben. Wie Sheila Rowbotham ausführt, blieb die »Arbeiterfrau« für Carpenter zeitlebens ein idealisiertes Symbol von Mütterlichkeit, nährender Fürsorge, Leiden, Arbeit, Stärke und Erdverbundenheit.[28] Die Frauen waren nicht sonderlich begeistert von der Idee, zu bäuerlich-praktischem Sackleinen zurückzukehren, und hätten viel lieber elegante, aber unerschwingliche Luxuskleider getragen. Ihnen ist wahrscheinlich die kalte Wut hochgekommen, wenn die Jünger des »Neuen Lebens« verkündeten, daß die Menschen ausschließlich Sandalen tragen sollten, weil Stiefel angeblich die Füße einsperrten. Unser heutiges abgedroschenes Stereotyp vom körnerkauenden, sandalentragenden, bärtigen Alternativen ist ein Porträt Edward Carpenters. Er hat jedoch indirekt einen wichtigen Vertreter der Arbeiterklasse beeinflußt. In Eastwood, Nottinghamshire, gab es eine Gruppe von Sozialisten und Feministinnen, vor denen Carpenter eine Rede hielt. Im Publikum befand sich eine Frau namens Alice Dax, die versuchte, die Grundsätze des »Neuen Lebens« praktisch umzusetzen. Sie hatte eine Affäre mit dem jungen

D. H. Lawrence, der ebenfalls Mitglied dieses sozialistischen Zirkels war und sie als Clara in *Söhne und Liebhaber* verewigte. Carpenters Buch *Love's Coming of Age* wurde in Amerika veröffentlicht und hatte große Wirkung auf die Bohemiens von Greenwich Village. Hier blieben Carpenters Ideen lange genug lebendig, um die Männer und Frauen zu beeinflussen, die später im selben Jahrhundert nach Westen aufbrachen und Kommunen in Kalifornien gründeten.

Der Erste Weltkrieg, der Anbruch der Moderne, brachte eine neue Generation von nonkonformistischen Männern und Frauen hervor. Sie begründeten eine frühe Klubkultur, die Marek Kohn in seiner Untersuchung des Drogenkonsums dieser Ära beschreibt. Die Männerverknappung an der Heimatfront führte dazu, daß ein explosives Stückchen dionysischer Unordnung durch die Maschen der patriotischen Rhetorik schlüpfte. Lady Diana Cooper hatte erlebt, wie einige Frauen in einem Rolls-Royce vor einem Konzertsaal vorfuhren und dem Bediensteten einen Sovereign gaben, damit er einige männliche Begleiter für sie auftrieb. »Die Luft«, so schrieb sie, »ist wie elektrisiert von dieser zur Zeit anormalen Sexualität.« Kohn spricht von einem »Karneval weiblicher Unbändigkeit und Herrschaft« in einem London, in dem die strikte Trennung zwischen Prostituierter und ehrenhafter Frau sich aufzulösen begann.[29] In Daphne du Mauriers Roman *Rebecca* findet die Eheschließung zwischen Maxim de Winter und der bösen Antagonistin etwa zur Zeit des großen Krieges statt. Maxim rechtfertigt den Mord an seiner ersten Frau mit deren Enthüllungen über ihr Leben in London: »Sie hatte dort oben lachend gesessen, und ihr schwarzes Haar flatterte im Wind. Sie erzählte mir von sich selbst, Dinge, die ich keiner Menschenseele wiedererzählen kann. Da erkannte ich, was ich getan, wen ich geheiratet hatte.«[30] Was Rebecca verbrochen haben könnte, wird von zwei Wissenschaftlern erläutert, die in den dreißiger Jahren auf jene Zeit zurückblickten. Sie sind so schockiert von den ranterhaften Orgien, die veranstaltet wurden, während die Männer an der Front ihr Leben ließen, daß ihnen fast die Worte fehlen:

> Es wurden häufig Partys organisiert, die sich aus mehreren Frauen und nur ein oder zwei Männern zusammensetzten. Nach ausgedehnten Trinkgelagen, häufig verbunden mit dem Genuß von Drogen, fanden die wüstesten sexuellen Orgien statt. Kokainsüchtige, die jede Selbstbeherrschung und jedes Gefühl für Moral verloren, praktizierten alle erdenklichen Varianten des Gruppensexes. Das nahm teilweise derart abstoßende Formen an, daß eine Beschreibung dieser Praktiken sich selbst in einer wissenschaftlichen Arbeit verbietet.[31]

Unter den Intellektuellen und Bohemiens führten die Ideale des »Neuen Lebens« zur Entwicklung eines neuen Selbstbewußtseins. Sie lehnten die alte sexuelle Ordnung ab, nachdem die Frauen in den Kriegsjahren eine eigenständige Rolle übernommen hatten, und waren entschlossen, das Motto vom Persönlichen als Politischem in die Tat umzusetzen. Dora Black, die später den Philosophen, Freidenker und Aristokraten Bertrand Russell heiratete, verlor ihre Unschuld gezielt auf einem Liniendampfer, als sie während des Ersten Weltkriegs nach New York fuhr. Sie erhob die Liebe zum obersten Lebensprinzip, eine hehre Idee, der viele ihrer Zeitgenossen inbrünstig anhingen und in der sich Vorstellungen von übermenschlichem Edelmut mit einem hoffnungslos naiven Idealismus mischten: »Ich war überzeugt, daß eine sexuelle Beziehung, in der beide Partner aus freien Stücken Liebe geben und empfangen, sowohl lange andauern als auch kurz und flüchtig sein konnte. Kein anderes Motiv als diese Liebe, die immer Bewußtheit und Respekt für die Persönlichkeit des anderen beinhalten mußte, sollte für mich Geltung haben«,[32] schrieb sie in ihrer Autobiographie. Dora wollte ein sexuell erfülltes, unabhängiges Leben führen, obwohl zu jener Zeit die einzige Rolle der ledigen Frau die der ausgehaltenen Geliebten war, die als berufsmäßige Verführerin arbeitete und als Lohn Wohnung, Kleider und Schmuck erhielt. Diese Frauen hatten nichts anderes gelernt, und wenn sie fallengelassen wurden, endeten sie häufig in bitterer Armut. Die Romane von Jean Rhys sind voll von Frauen, die allein in ihren Wohnungen sitzen und auf einen Scheck warten, damit sie sich ein neues Kleid kaufen und in ein Cafe setzen können, um auf einen weiteren Mann zu warten, der ihnen einen Scheck geben wird. Wenn sie keine klugen Geschäftsfrauen waren, die ihr Geld in weiser Voraussicht investierten, fanden sie oft ein trauriges Ende.

Als Dora schwanger wurde, drängte Russell sie zur Heirat, was sie als heuchlerischen Versuch betrachtete, den Stammhalter zu legitimieren, der letztendlich seinen Titel erben würde. Dora war gegen alles, was mit der bürgerlichen Ehe und deren Rechtsfolgen zusammenhing. Ihrer Ansicht nach führte die Ehe zu Besitzansprüchen gegen Personen, kriminalisierte den Ehebruch und förderte Eifersucht und Mißtrauen:

> Der Anspruch der Bloomsbury-Gruppe an die Gestaltung der Zukunft hatte genausoviel mit ihren Ansichten über Sex, Ehegesetze und der daraus resultierenden Stellung der Frau zu tun wie mit ihrer Haltung gegenüber politischer und wirtschaftlicher Macht... Die Bemühungen von Männern und Frauen meiner Generation, ihr Bestreben, diese Ideale in zwischenmenschlichen Beziehungen zu verwirklichen und die Emanzipation der Frau voranzutreiben, hat zu Konflikten und sogar Tragödien in unserem Privatleben geführt.

Aber das ist die Last dieser Geschichte, nicht nur in diesem Land, sondern überall auf der Welt, wo für die Frauenbefreiung gekämpft wurde.[33]

Berties Drang nach sexueller Freiheit hatte weniger mit politischem Idealismus als mit der drastischen Triebverdrängung seiner viktorianischen Kindheit zu tun, die ihn seinen eigenen Angaben zufolge impotent gemacht hatte, außer wenn er von einer plötzlichen Welle der Leidenschaft davongetragen wurde. Die Welle trug nicht lange. Und die Russelsche Ehe überlebte auch nicht die Experimente des Paares in puncto freier Liebe. In ihrem Klub in London erhielt Dora eines Tages eine gekritzelte Notiz von Hannah, ihrer irischen Köchin, die ihr mitteilte, daß sie sofort in ihr Haus nach Cornwell zurückkehren müsse. Dort fand sie Hannah, die die Aufsicht über die beiden Kinder an sich gerissen hatte und der Erzieherin jeden Kontakt verwehrte, weil letztere ein Verhältnis mit dem Hausherrn unterhielt. Dora hatte selbst eine Affäre mit einem jungen Mann in der Stadt, war aber dennoch aufgebracht: »...eine Affäre im eigenen Haus mit jemandem, der auf die eigenen Kinder aufpaßt, ist besonders verletzend.«[34] Doch wer schließlich gehen mußte, war die Köchin: Im moralischen Universum der Russells war Ehebruch eine Sache, eine ganz andere Sache war es, wenn eine Frau aus der Arbeiterschicht den leicht zu beeindruckenden Kindern ihre konventionelle Moral aufzwang.

Ausgerüstet mit diesem zweifelhaften Klassenverständnis reiste Dora in die Sowjetunion, wo die Kommissarin Alexandra Kollontai, eine wirkliche Sexualrevolutionärin, das moralische Rahmenwerk für den neuen kommunistischen Staat entwarf. Man ging energisch gegen die Prostitution vor (unterstützt von Trotzki, der über das Thema schrieb); Eheleute konnten sich in beiderseitigem Einvernehmen scheiden lassen; ein Vater war gesetzlich verpflichtet, für den Unterhalt seiner Kinder zu sorgen; in einer kinderlosen Ehe war eine Frau mit eigenem Einkommen verpflichtet, ihren Ehemann im Fall einer Scheidung sechs Monate lang finanziell zu unterstützen; die Abtreibung wurde völlig legalisiert. Es war das fortschrittlichste Programm zur Gleichberechtigung der Frau, das je existiert hatte, und es wurde Teil der Verfassung. 1930, dreizehn Jahre nach der Revolution, hatte Stalin es wieder abgeschafft und durch eine sowjetische Variante des faschistischen Frauenbildes von *Kinder, Küche, Kirche* ersetzt, wobei die Kirche in diesem Fall durch die Parteiversammlung substituiert wurde. 1929 besuchte Dora auch den Weltkongreß der Liga für Sexualreformen. George Bernard Shaw hielt einen Vortrag über »Die Notwendigkeit von Expertenmeinungen zur Sexualreform«. Vera Brittain sprach über »Das Scheitern der Monogamie«, Marie Stopes über »Geburtenregelung«, Naomi Mitchison über den »Klugen Einsatz von Kontrazeptiva« und Russell über das »Tabu sexuellen Wissens«.[35]

Letzten Endes verließ Russell Dora wegen einer jüngeren Frau, nachdem Doras Idealismus von jahrelangen mütterlichen Fürsorgeaufgaben zermürbt war: Sie hatte sich um die Kinder gekümmert, um deren schulische Entwicklung, um ihren Mann und einen kränkelnden Liebhaber. Aber die Ideen der Bloomsbury-Gruppe, zu der auch die ungewöhnliche Ehe zwischen den homosexuellen Schriftstellern Vita Sackville-West und Harold Nicolson gehörte, ebenso wie die Literatur von Virginia Woolf, die sich in ihren Romanen offen für die Rechte der Frauen einsetzte, wurden nicht länger als »Verrücktheiten« von überkandidelten Oberschichtsangehörigen abgetan, sondern als echte Alternative zur moralischen Tugendhaftigkeit der Mittelschicht angesehen. Die Ideen erregten die Aufmerksamkeit von Anhängern der Moderne: Viele junge Menschen lasen die verbotenen Texte von D. H. Lawrence, Henry Miller und James Joyce, sie bewunderten abstrakte Malerei, Free Verse und Corbusier-Sessel, sie liebten Häuser mit kahlen Wänden und schnörkellosen Decken und suchten nach Ehrlichkeit und authentischen Erfahrungen. In seiner Autobiographie beschreibt der Reiseschriftsteller Norman Lewis, damals ein junger Mann, der noch bei seinen Eltern in Enfield, nördlich von London lebte, seine Beziehung zu der exotischen und temperamentvollen Tochter eines sizilianischen Geschäftsmannes. Beide wollten sich unbedingt von den Fesseln der bürgerlichen Gesellschaft befreien.

> Es sollte eine etwas andere Ehe sein, ein kühnes Experiment und Abenteuer, in das wir mit offenen Augen hineingehen wollten, ein Schritt in eine neue Richtung. Die Gesellschaft – in diesem Fall repräsentiert von Ernestinas Vater und Mutter – forderten eine unterzeichnete Heiratsurkunde, und die sollten sie bekommen. Darüber hinaus waren wir zu keinerlei Zugeständnissen bereit. Wir waren uns einig, daß eine funktionierende Partnerschaft zwischen Mann und Frau ein wertvolles Arrangement sein konnte, aber es sollte keine Fesseln oder Sanktionen geben. Ernestina wollte ihren eigenen Namen behalten, jeder sollte die Freiheit haben, zu kommen und zu gehen, wie es ihm beliebte, und im Fall einer Trennung – falls es je dazu kommen würde – wollten wir keine Ansprüche an den anderen stellen. Selbstredend waren wir beide glühende Verehrer von Bertrand Russel; wir teilten seine Ansichten zum Thema freie Liebe, aber wir wollten noch einen Schritt weiter gehen. Wir waren uns einig, daß es sich in unserem Fall um keine Liebesbeziehung handelte. Romantische Liebe galt uns bestenfalls als Erfindung von vik-

torianischen Romanschriftstellern und schlimmstenfalls als psychotisches Zwischenspiel. Es war ein Arrangement, das zu jeder anderen Zeit undenkbar gewesen wäre, aber in den dreißiger Jahren konnte die Neubewertung traditioneller Verhaltensweisen extreme Formen annehmen; das Experiment war genauso unausweichlich zum Scheitern verurteilt, wie wir an sein Gelingen glaubten.[36]

Mit dem Ausbruch des Krieges verschwanden alle Gedanken an fortschrittliche und experimentelle Beziehungen, aber der Sex eruptierte unter dem schützenden Deckmantel des Blackouts. Joan Wyndham weist darauf hin, daß die Nachkriegsgeneration zu denken scheint, daß ihre Eltern vollauf damit beschäftigt waren, »edle Sachen zu denken, Kriegsdienst zu leisten und Zuflucht in Luftschutzbunkern zu suchen. Wie naiv und überheblich!« Als sie als Siebzehnjährige vor den Ruinen eines zerbombten Hauses stand, rief ihre Freundin ihr zu: »›Gib auf! Willst du als Jungfrau sterben!?‹ Die Worte machten einen gewaltigen Eindruck auf mich und offenbar auf alle jungen Mädchen in London, denn bald darauf erzählten meine Mitschülerinnen im Konvent mir immer öfter: ›Oh, Joan, ich hab's endlich getan, und es ist *phantastisch*! Du weißt gar nicht, was dir entgeht.‹« Einen Monat später, während eines besonders schlimmen Bombenangriffs, gab Joan nach: »Ich habe es nicht besonders genossen, aber das hatte ich auch nicht erwartet. Es war ein Rite de Passage.« Später trat sie den Luftwaffenhelferinnen bei. »Ein Mitglied der WAAF konnte Sex ohne Schuldgefühle haben«, schrieb sie. »Sie leistete nur ihrem Vaterland und den tapferen Jungs einen Dienst.« Bemerkenswert ist, daß Joan Wyndham die Erinnerung an die Kriegszeit über die ganzen fünfziger Jahre und eine Ehe hinwegrettete. In den Sechzigern legte sie sich schließlich einen jugendlichen Liebhaber zu, schluckte LSD auf Ibiza und verwandelte sich in eine 50jährige Hippiedame.[37] Sexuelle Revolutionäre saßen die fünfziger Jahre aus, aber sie waren nach wie vor da. In einem Jahrzehnt, das die Kernfamilie skrupellos zum Baustein des neuen Massenkonsums machte, gab es auch solche Leute wie den Biologen Alex Comfort, der anarchistischen Organisationen beitrat, futuristische Romane schrieb und schließlich *The Joy of Sex* veröffentlichte. Sie warteten den rechten Augenblick ab, und schließlich brachen die Sechziger an.

Die millenarische Tradition war nicht die einzige kulturelle Strömung, die die Politik der Sexualität beeinflußte. Es gab auch die Libertins, die so gut in unsere eigene postmoderne Ära zu passen scheinen und die Fortschritt für eine Illusion hielten. Die Libertins hatten Stil. Sie schöpften das Potential der Lust systematisch aus. Sie wandten ihre Aufmerksamkeit von der Gesellschaft ab und lenkten sie nach innen, auf den Körper, den sie als Lustmaschine oder unvermessenes Territorium betrachteten, dessen erotische Geographie sie erforschen wollten, um jeden nur erdenklichen Ort der Sinnlichkeit aufzuspüren. In dem Jahrhundert, das auf den englischen Bürgerkrieg folgte, versuchten die Libertins, die moralische Ordnung zu widerlegen, indem sie demonstrierten, daß Tugendhaftigkeit nicht belohnt wird; das war beispielsweise die Lehre, die de Sades Schöpfung Justine aus ihren sexuellen Qualen ziehen sollte. Sex gleicht der Macht und eröffnet die Möglichkeit, andere zu beherrschen. Einige weibliche Libertins machten ein Vermögen als Bordellbesitzerinnen. Nach Ansicht von George Steiner nehmen de Sades Perversionen die industrielle Revolution vorweg – Fleisch wird zum Rohstoff, die einzelnen Teile »werden abwechselnd gezerrt oder ausgerenkt mit der unbeteiligten, kalten Wut des rotierenden Kolbens, des Dampf- oder des Preßlufthammers«.[38] De Sade selbst hat darauf hingewiesen, daß seine Bordelle und Folterkammern in Wahrheit nichts anderes als Laboratorien seien. Seine fiktiven Opfer lernen, daß Anständigkeit lediglich ein Mittel der sozialen Kontrolle ist und daß die Liebe nichts verändert. Es gibt keine Hoffnung auf eine Erlösung vom Leiden, außer durch den Tod. Aber am Ende des Weges wartet keine Befreiung, wie Angela Carter so eindrucksvoll in ihrer Kritik de Sades ausführt:

> Die Lust der libertinen Philosophen leitet sich zu einem großen Teil aus dem Bewußtsein ab, ihren anfänglichen Ekel überwunden zu haben. Durch die Anspannung der Willenskraft haben sie den Abscheu überwunden und sich so in gewissem Sinn über die Intransigenz der Realität erhoben. Diese Lösung aus der Realität ist das, was sie unter Freiheit verstehen; der Weg zu dieser Freiheit freilich verläuft durch den Abort. Doch führt der Sieg über Moral und Ästhetik, über Scham, Ekel und Furcht, das Streben nach immer weiter vorgetriebener sexueller Verfeinerung im Sinne privater Sinnesempfinden die Libertins auf direktem Wege zu den Befriedigungsformen des Kindes. Übertretung schlägt um in Regression, und wie Kleinkinder spielen sie mit ihren eigenen Ausscheidungen.[39]

Libertinage ist die Antithese des Millenarismus. Für ihre Anhänger bringt die Zukunft keine Hoffnung, sondern nur Dunkelheit, Schweigen und Verzweiflung. Allein durch körperliche Lust können wir fühlen, erfahren und sein. Libertins wissen, daß es kein Selbst gibt, nur eine Ansammlung von Masken, daß selbst die fleischlichen Hüllen wie Kostüme wechseln. Sadist und Masochist tauschen die Rollen und erkunden die Grenzen der Identität. Menschliche Beziehungen sind eine Charade. Sex ist das rituelle Spiel mit der Macht, eine Parodie des politischen Machtspiels. Die Libertins des achtzehnten Jahrhunderts waren bereit, jede bekannte sexuelle Grenze zu überschreiten, aus einer

Art Existentialismus heraus, einer Egozentrik, die sie glauben ließ, daß sie sich vom Rest der Menschheit unterschieden. Libertinage ist die passende sexuelle Politik für ein ausgehendes Jahrtausend, wenn man überzeugt ist, daß die Menschheit keine weiteren tausend Jahre überleben wird. Es ist eine Politik des Safe Sexes für einen übervölkerten Planeten, der im Begriff steht, durch Atomkriege oder durch Umweltkatastrophen vernichtet zu werden. Die libertine Philosophie spiegelt die Qual wider, die sie rings um sich herum wahrnimmt. Sie führt zum Tode, und warum auch nicht – alles andere tut es auch.

Anhänger des Millenarismus gelten in unserer Zeit als naive Träumer, als ernsthafte und fehlgeleitete Idealisten. Sie verdienen die Verachtung, die ihnen der moderne Zeitgeist entgegenbringt; sie sind lächerlich enthusiastisch und geben bekanntermaßen notorisch unzutreffende Zukunftsprognosen ab. Sie träumen von einer Welt, die es niemals geben kann, denn Utopia ist eine Illusion. Die Libertins, ob mit goldenen Masken und gepuderten Schönheitspflästerchen – ganz im Stil eines dekadenten venezianischen Edelmannes – oder mit Ledermasken und Lycraoveralls, treffen niemals Verabredungen mit der Zukunft. Wir lieben sie für ihre Dekadenz, ihren Stil, ihre ehrliche Darstellung von Sex und Tod. Aber wir sollten nicht zu verächtlich auf die millenarischen Träumer herabsehen. Was haben die Libertins uns schließlich je gegeben außer der Syphilis? Den Chiliasten und ihren unausgegorenen Ideen haben wir es immerhin zu verdanken, daß es zur sexuellen Revolution kam. Sie lehnten sich auf gegen die kirchliche und staatliche Kontrolle von persönlichen Beziehungen. Aus Sicht des Millenarismus war »Sündhaftigkeit« nichts anderes als eine Erfindung der herrschenden Klasse zur Unterdrückung der Armen. Libertins sind nie auf Protestmärsche gegangen, um für die Legalisierung der Abtreibung oder Homosexualität zu demonstrieren, und sie haben sich nie auf die endlose und zermürbende Arbeit in Ausschüssen eingelassen, um Gesetzesvorschläge vorzubereiten. Aber zu Beginn dieses Jahrhunderts steckte der Millenarismus mit seinem Traum von sexueller Freiheit in einer Sackgasse fest. Als seine Anhänger begannen, die erotische Freiheit auf die Frauen auszudehnen, standen sie erneut vor dem Problem, das bereits Gerald Winstanley erkannt hatte: Man brauchte eine Methode, um den Sex von der Fortpflanzung zu trennen.

Das Bevölkerungslabor vor der Küste Amerikas

Nehmen Sie Spanien und versetzen Sie es auf eine tropische Insel. Heuern Sie Tausende von Schauspielern an, die ein herzliches, gastfreundliches Volk spielen, das zumindest einige Brocken Englisch spricht. Die Kulissen sind ganz im Stil von Cecil B. DeMille gehalten: anmutige architektonische Bauten aus der Alten Welt, gothische Kathedralen, blumengeschmückte Plazas. Wenn Sie nach einem exotischen Ort suchen, nach kilometerlangen weißen Sandstränden, nach einem unglaublichen Regenwald und Bergen, dann kommen Sie nach Puerto Rico.

Werbebroschüre des Fremdenverkehrsamtes von Puerto Rico

This old maternity dress I've got is going in the garbage
The clothes I'm wearing from now on won't take up so much yardage
Mini-skirts and hot-pants with a few little fancy frills
*Yeah, I'm making up for all those years, since I've got the pill**

»The Pill«, Country und Westernsong aus den Kohlerevieren Tennessees

* Dies alte Umstandskleid kommt in den Müll
Meine neuen Kleider brauchen keinen meterlangen Tüll
Miniröcke und Hot pants, knapp und bißchen schrill
Ich hab jetzt die Pille und mach, was ich will
(frei übersetzt)

DIE amerikanische Drehbuchautorin und Journalistin Nora Ephron zog 1962 nach New York, gleich nachdem sie ihre Abschlußprüfung am Ivy League College von Wellesley bestanden hatte. Sie wollte ein ganz neues Leben beginnen und wußte, daß dazu empfängnisverhütende Maßnahmen erforderlich waren. *Die Clique*, Mary McCarthys Roman über den sexuellen Werdegang einiger Wellesleystudentinnen in den dreißiger Jahren, war gerade neu aufgelegt worden. Eine berühmte Szene daraus, in der eine der Hauptfiguren sich ein Diaphragma einsetzen läßt, führte Nora Ephron in ein rotes Sandsteinhaus an der sechzehnten Straße am Rande von Greenwich Village – in die Margaret Sanger Klinik. Eingeschüchtert durch ihren Empfang dort, gab sie wahrheitswidrig an, verlobt zu sein. Zusammen mit acht oder zehn anderen Frauen wartete sie in einem Raum, bis eine Krankenschwester mit einem Aktenkoffer hereinkam, der sich als aufklappbares Gummimodell der weiblichen Fortpflanzungsorgane entpuppte. Die Krankenschwester führte drei empfängsnisverhütende Methoden vor: Sie rieb den Aktenkoffer mit einem Spermizid ein, sie paßte ihm ein Diaphragma an und schoß ihm zum Abschluß ein intrauterines Pessar ein. Angesichts der angebotenen Möglichkeiten wählte Nora Ephron die Pille. Alles, was sie darüber wußte, war, »daß man sie an mehreren tausend puertoricanischen Frauen getestet hatte und daß seit Jahren keine von ihnen schwanger geworden war«. Später erkannte sie:

> Sie enthielten mehr Östrogen und waren viel größer als die heutigen Pillen. Niemand wußte genau, ob sie Blutpfropfen verursachten oder verhinderten oder ob sie Brustkrebs auslösten oder davor schützten... Aber es war der Anfang einer langen und glücklichen Beziehung zwischen mir und der Pille.
>
> Anfangs setzte ich die Pille jedesmal ab, wenn eine Beziehung auseinanderging. Ich hatte Schwierigkeiten, mich vorbehaltlos auf Sex einzulassen. Ich schätze, das war ein Überbleibsel von diesem ganzen Jungfrauenkram aus den Fünfzigern. Als ich das erste Mal mit einem Mann schlief, war ich in ihn verliebt und wollte ihn heiraten. In den zweiten Mann war ich auch verliebt, wollte ihn aber nicht unbedingt heiraten. Beim dritten dachte ich, daß ich mich in ihn verlieben *könnte*. Es war mir unmöglich, mich als eine Frau zu sehen, die einfach »bloß Sex wollte«. Wenn ich also keinen Freund hatte, geriet ich jedesmal in eine schreckliche emotionale Zwickmühle. Ich konnte mit niemandem schlafen, solange ich nicht wieder mit meinem Pillenzyklus angefangen hatte. Es war schrecklich. Schließlich brachte meine neue Gynäkologin das ganze Problem auf den Punkt: »Herzchen, wer weiß, was um die nächste Straßenecke biegt?«[1]

Puerto Rico. Dreißig Jahre später konnte eine Ausländerin in einen beliebigen Buchladen in irgendeiner größeren amerikanischen Stadt gehen, einschließlich Cambridge, Massachusetts, Sitz der bedeutendsten und mächtigsten Universität der Welt, und nach einem Buch über Puerto Rico fragen und wurde für gewöhnlich an die Abteilung Lateinamerika verwiesen. Man klärte sie darüber auf, daß Puerto Rico, eine Karibikinsel und amerikanische Kolonie seit 1898, ein beliebtes Urlaubsdomizil war. Als nächstes würde man der naiven Fremden in vollem Ernst erzählen, daß die beste Methode, um sich einen Eindruck von den Puertoricanern und ihrer Kultur zu verschaffen, eine gründliche Lektüre des Musicals *West Side Story* sei. Diese Buchladengespräche legten den Schluß nahe, daß Puerto Rico nichts anderes hervorgebracht hatte als eine Reihe von Hispaniern, die sich mit wachsender Begeisterung in Gangs aufteilten und Straßenkriege mit anderen ethnischen Minderheiten führten und sich ansonsten mit Vorliebe auf dem Fahrersitz eines klapprigen Autos aufhielten, das sie nach ihrem persönlichen Stil und Geschmack zurechtfrisiert hatten, um sorgsam verschlüsselte sexuelle Botschaften an junge Frauen auszusenden, die sich vielleicht auf den Beifahrersitz locken ließen.

Was niemand zu wissen schien, war, daß es ohne Puerto Rico keine sexuelle Revolution gegeben hätte. Die Karibikinsel Puerto Rico, Land der Stereotypen, ist in diesem Jahrhundert zum wichtigsten Versuchsgelände in der Erforschung einer sicheren und wirksamen Empfängnisverhütung geworden.

Seit Jahrtausenden haben Frauen sich den verschiedensten unangenehmen Prozeduren unterzogen, um ungewollte Schwangerschaften zu verhindern. Die Ägypter empfahlen Stöpsel aus Honig, Gummi, Akazie und Krokodildung. Die Griechen hatten einen speziellen Begriff für die Empfängnisverhütung, *atokion*, und die Römer den etwas vageren Ausdruck *venenum*, was Gift bedeutete.[2] Nach Ansicht eines Arztes, der im zweiten Jahrhundert nach Christus lebte, konnte eine Frau verhindern, daß das Sperma ihre Gebärmutter erreichte, wenn sie beim Geschlechtsakt keinen Orgasmus bekam. Sie sollte dann anschließend aufstehen, sich schnäuben und etwas Kaltes trinken. Aus Byzanz wurde berichtet, daß sich auch der rechte Hoden eines Wolfs, mit ölgetränkter Wolle umwickelt, als äußerst wirksames Mittel erwies. Im alten China empfahl man den Frauen, zu Beginn des Frühlings vierundzwanzig lebende Kaulquappen zu schlucken, was angeblich fünf Jahre Empfängnisfreiheit garantierte. Alfred der Große wandelte diese Empfehlung leicht ab, indem er die Kaulquappen durch Bienen ersetzte, was zweifellos eine etwas schmerzhaftere Schutzmaßnahme darstellte. Damit auch die Männer nicht ganz ohne Roßkur davonkamen, riet ein Römer des sechsten Jahrhunderts unwilligen Vätern, ein Gebräu aus Weidenabsud und den verbrannten Hoden eines Maultierts zu trinken.[3] Aber bis zur Erfindung des Kondoms blieb die Empfängnisverhütung ein den Frauen vorbehaltenes Geheimnis, Altweibergeschwätz im wahrsten Sinne des Wortes, denn wer wäre besser geeignet gewesen, dieses Wissen an die jungen Bräute weiterzugeben, als erfahrene ältere Frauen?

1564 beschrieb Gabriello Fallopio (der Entdecker der nach ihm benannten Eileiter) ein kleines aus Leinen gefertigtes Säckchen für den Penis, das vor der Syphilis schützen sollte.[4] Während des Ersten Weltkrieges wurden Kondome halboffiziell an die Truppen ausgegeben, was dazu führte, daß die schützenden Gummis im Denken der älteren Generationen für immer mit Krankheit und weniger mit Geburtenregelung verbunden waren. Vor allem Ehefrauen schreckten angeekelt vor dem Präservativ zurück, weil sie darin das professionelle Handwerkszeug von Prostituierten sahen. In England konnte man Kondome über den Versandhandel beziehen oder zum Friseur gehen: Wenn Nacken und Koteletten rotrasiert und adrett getrimmt waren, würde der Friseur die verbrämte Frage stellen: »Brauchen Sie noch was fürs Wochenende, Sir?« In Amerika war es seit einer Bundesgerichtsentscheidung von 1930 erlaubt, Kondome öffentlich anzubieten und zu vertreiben. Mitte des Jahrzehnts waren sie in Drugstores, an Tankstellen und Kiosken erhältlich. Der junge Malcolm X, der als Schuhputzer vor einer Bostoner Tanzbar arbeitete, besserte seinen Verdienst mit dem Verkauf von Präservativen auf.[5] Obwohl das Gesetz auch Frauen den Erwerb von Kondomen gestattete, wagten dies in der Praxis nur Prostituierte.

Zu Beginn des neunzehnten Jahrhunderts wurden Amerika und Westeuropa in wachsendem Maße von einer ganz neuen, beunruhigenden Zukunftsvision geplagt. In der Feudalgesellschaft hatte man gegen Krankheit und Kindersterblichkeit gekämpft, um die Agrarwirtschaft mit genügend Arbeitskräften zu versorgen. Jetzt warnte die neue Wissenschaft der Demographie, daß man die Geburten nicht länger allein den Frauen überlassen dürfte, weil diese Frage von nationaler Bedeutung sei und schlimmste wirtschaftliche Folgen haben könnte. Thomas Malthus vertrat in seinem 1798 veröffentlichten *Essay on Population* die Ansicht, daß große Familien die vorhandenen Ressourcen überforderten und daß sozialer Fortschritt nur möglich sei, wenn die unteren Schichten sich an eine strengere Moral hielten, was durch ein Hinauszögern der Eheschließung erreicht werden sollte.[6] Doch begeisterte Aufnahme fand die Idee der Geburtenregelung vor allem in der Mittelschicht, besonders in den Jahren der Wirtschaftsrezession nach 1880.

Der Prozeß gegen William Bradlaugh und Annie Besant, die 1877 wegen Verbreitung »obszöner« Literatur zur Geburtenregelung vor Gericht gestellt wurden, diente lediglich dazu, der Arbeiterschicht bewußtzumachen, daß es »etwas« gab.

Für die Sozialisten, Kommunisten und Revolutionäre des frühen zwanzigsten Jahrhunderts war die Geburtenregelung eine zentrale Befreiungsforderung. 1910 nahm die Anarchistin Emma Goldman die historische Verknüpfung von Empfängnisverhütung und Frauenrechten vor. Sie konnte Margaret Sanger für ihre Sache gewinnen, eine zierliche charismatische Rothaarige und New Yorker Hausfrau, die 1879 geboren worden war. Sanger distanzierte sich bald wieder von Goldmans radikalen Ideen, aber als sie 1913 nach Frankreich reiste, war sie tief beeindruckt davon, wie aufgeklärt französische Ehefrauen in Sachen Sex waren. Zurück in Amerika, verwarf sie den alten Begriff, der bis dahin für die Empfängnisverhütung benutzt worden war – »Neomalthusianismus« –, und prägte den Begriff »Geburtenregelung«. Zur selben Zeit hatte die ein Jahr jüngere Mary Stopes in England entdeckt, daß etwas an ihrer jahrelangen Ehe mit einem kanadischen Botaniker nicht stimmte. Der akademisch gebildeten Tochter einer aufgeklärten Oberschichtsfamilie mit einem Doktortitel in Paläontologie begann zu dämmern, daß die Ehe überhaupt nicht vollzogen worden war. Sie beantragte eine Annullierung, widmete sich vier Jahre lang der Erforschung des Sexes und faßte ihre Ergebnisse in dem Buch *Married Love* zusammen, das in den folgenden Jahrzehnten zum wichtigsten Sexratgeber englischer Mittelschichtsfrauen wurde.[7]

Das Leben dieser beiden egozentrischen Frauen sollte in mehr oder weniger parallelen Bahnen verlaufen. Beide widersprachen der Theorie, daß Sex den Frauen zuwider sei. Sexuelle Erfüllung wurde jetzt vielmehr zur ehelichen Pflicht erklärt, und jedes Widerstreben oder Mangel an Interesse wurde, unterstützt von Freud, als Zeichen der Frigidität gedeutet. Beide gründeten Kliniken zur Geburtenregelung. Bis der Staat und die Ärzteschaft die Aufgaben dieser Kliniken übernahmen, waren sie die einzigen Stellen, wo Frauen Verhütungsmittel erhalten und sich beraten lassen konnten. Damit hoben Stopes und Sanger die Empfängnisverhütung von dem Podest herunter, auf dem sie jahrhundertelang gestanden hatte, brachten sie unter die Frauen und machten sie zu einem medizinischen Thema. Sie traten für verschiedene weibliche Barrieremethoden ein, die nur von ausgebildeten Ärzten in anerkannten Kliniken durchgeführt werden konnten. Sie gewannen das ärztliche Establishment für ihre Sache und gaben damit der Geburtenregelung wissenschaftliches Ansehen.[8] Beide lehnten Verhütungsmittel für ledige Frauen ab. Beide waren auch leidenschaftliche

Eugenikerinnen und überzeugt davon, daß gesellschaftlicher Fortschritt nur möglich war, wenn man die Geburtenrate bei jenen Gruppen, die sie als niedere Schichten und niedere Rassen betrachteten, drastisch reduzierte. Sanger und Stopes waren erbitterte Rivalinnen. Am Ende muß Sanger gewußt haben, daß ihr Lebenswerk sich als das bedeutendere erweisen würde, denn als hochbetagte Achtzigerin gehörte sie jenem magischen Zirkel von Männern und Frauen an, die an der Entwicklung der oralen Empfängnisverhütung arbeiteten.

Wie kein zweites Medikament vorher oder nachher war die Pille ein kulturelles Produkt. Sie wurde in einem Klima leidenschaftlichen Optimismus entwickelt, als man glaubte, daß die Wissenschaft in der Lage sein würde, alle sozialen und wirtschaftlichen Probleme zu lösen. Nach dem Zweiten Weltkrieg, in der frenetischen Wiederaufbauphase von Industrie, Transportnetzen und Gesundheitswesen, waren die Menschen wie hypnotisiert von Wachtstums- und Expansionsstatistiken. Die Stadt wurde zum Sinnbild für dieses Gefühl rastlosen Fortschritts. In jenen Nachkriegsjahren hielt die Idee von der Zukunft, bis dahin ein Konzept, das auf das politische Vokabular von Radikalen und der Avantgarde beschränkt gewesen war, Einzug in die Vorstellungswelt der Massen. Die Weltausstellung kurz vor dem Krieg mit ihren futuristischen Pavillons, die einen Blick auf die Zukunftsstadt des Jahres 1960 gewährten; der Wettlauf zum Mond; das plötzliche Angebot von Konsumgütern, vor allem von Waren wie Staubsaugern und Waschmaschinen, die den Haushalt automatisierten und dadurch die Frauen von den schlimmsten Plackereien der Hausarbeit befreiten; das, was Harold Wilson als »die weiße Hitze der technischen Revolution« bezeichnen sollte – all diese Entwicklungen spielten zusammen, um die Menschen auf beiden Seiten des Atlantiks davon zu überzeugen, daß das Alltagsleben ein Gegenstand wissenschaftlicher Vervollkommnung war. In der Sowjetunion glaubte Stalin, daß der Kommunismus hydraulisch an seinen Platz gehievt werden könnte, und bildete eine Generation von Technikern aus, die jeden Aspekt des sowjetischen Lebens durch Fünfjahrespläne steuern sollten. Im Westen wurde die Industrie, die durch Bomben zerstört oder auf die Waffenproduktion umgestellt gewesen war, darauf ausgerichtet, ein irdisches Konsumentenparadies zu schaffen. In den Sechzigern waren Konservative und Radikale vorübergehend durch ein strahlendes Bild von Utopia verbunden. Diese Vision unterscheidet mehr als alles andere die Generationen, die vor und nach den Sechzigern geboren wurden. Auf der älteren Seite dieser historischen Trennlinie steht eine Generation mit einer konkreten millenarischen Zukunftsvision.

Aber die optimistische Überzeugung, daß eine schöne neue Welt bevorstand, wurde durch eine andere Vision überschattet: die Vision von einem Planeten, der unter der explodierenden Last menschlichen Fleisches zerbersten und aus seiner Umlaufbahn geschleudert werden würde. Diese Vision löste tiefe Ängste aus, die durch das 1965 entdeckte Syndrom des »Zukunftsschocks« weitere Nahrung erhielten. Dieser von Alvin Toffler geprägte Begriff bezog sich auf die »erdrükkende Belastung und vollkommene Desorientierung von Menschen, die in zu kurzer Zeit zu viele Veränderungen durchmachen müssen«.[9] Das Leben der Amerikaner in den stabilen Fünfzigern war von der tiefen Angst erfüllt, daß der Kommunismus sich wie eine ansteckende Krankheit verbreiten könnte. In der Science-fiction-Literatur jener Zeit erschienen die Kommunisten häufig in der symbolischen Gestalt gefährlicher Außerirdischer, die sich heimlich in das Leben einer Kleinstadt einschlichen. Wenn die Russen das Reich der Finsternis repräsentierten, so galten die Chinesen als gelbe Flut, die die Welt zu überschwemmen drohte. Nur die amerikanische Technik, so die allgemeine Auffassung, konnte die westlichen Mittelschichten vor der akuten Gefahr der Verelendung und rassischen Überwältigung bewahren.

Seit Beginn des Jahrhunderts waren die Menschen fasziniert von der Pseudowissenschaft der Eugenik, jener halbdarwinistischen Theorie von der Ausrottung der »Entarteten«: 1910 hatte Winston Churchill einen Plan entwickelt, der vorsah, Kriminelle, Bettler, Arbeitsscheue, Prostituierte, unverbesserliche Tunichtgute und Schwachsinnige zu sterilisieren und andere unliebsame Elemente in Arbeitslagern zu internieren.[10] Sogar der Fabier und Science-fiction-Autor H. G. Wells war von der Eugenik überzeugt. Aber 1945 wurde die Welt sich bewußt, daß ein solches Riesenexperiment gerade unter der intellektuellen Anleitung von *Mein Kampf* in den Todeslagern der Nazis durchgeführt worden war, und die Eugenik büßte viel von ihrer Popularität ein. An ihre Stelle trat die Idee der Geburtenregelung. Jeder Aspekt der Fortpflanzung bzw. ihrer Verhinderung mußte den Frauen aus der Hand genommen und wissenschaftlichen und bürokratischen »Experten« überlassen werden, die in Zukunft alle Aspekte der Geburt managen würden. Die letzten Vorbehalte und moralischen Zweifel in bezug auf die Empfängnisverhütung verschwanden.

Diese Alptraumvision von der Zukunft mit ihrer Paranoia und Pseudowissenschaftlichkeit wird von niemandem besser zum Ausdruck gebracht als von der achtundachtzigjährigen Margaret Sanger, mittlerweile eine überzeugte und fanatische Rassistin:

> Meiner Ansicht nach wird der Fortbestand der Welt und fast unserer gesamten Zivilisation in den nächsten fünfundzwanzig Jahren davon abhängen, ob man eine einfache, billige und sichere Methode der

Empfängnisverhütung für die verarmten Slums und Dschungel und für die geistig Minderbemittelten findet. Ich glaube, daß es sofort und ohne Aufschub eine nationale Sterilisation für bestimmte degenerierte Bevölkerungsgruppen geben muß, die im Moment noch zur Vermehrung angeregt werden und die aussterben würden, wenn die Regierung sie nicht ernähren würde.[11]

1951 schrieb sie an Katherine Dexter McCormick, die seit ihrer ersten Begegnung mit Margaret Sanger in den zwanziger Jahren stets großes Interesse an ihrer Arbeit gezeigt hatte.

Katherine McCormick wurde 1875 geboren und war eine jener spätviktorianischen Feministinnen, deren Klugheit, Vitalität und Entschlossenheit zu großen sozialen Veränderungen im Leben der Frauen führten. 1900 ging sie als Studentin der Naturwissenschaften an das Massachusetts Institute of Technology. Dort lernte sie ihren zukünftigen Ehemann Stanley McCormick kennen, Erbe des sagenumwobenen Vermögens der International Harvester Gesellschaft, deren Pflüge den Mittleren Westen in Ackerland verwandelt hatten. Sie heirateten 1904, aber zwei Jahre später verfiel Stanley dem Wahnsinn. Man diagnostizierte eine Schizophrenie, und den Rest seines Lebens verbrachte er zurückgezogen auf seinem fürstlichen Landsitz im kalifornischen Santa Barbara, umgeben von vierzig Gärtnern und sechs Musikern, die bei seinen einsamen Mahlzeiten für ihn aufspielten. Was für eine Beziehung führten die beiden in diesen Jahrzehnten des Wahnsinns? Sie blieben verheiratet, aber Katherine entschied, daß sie keine Kinder haben dürften, weil man immer noch glaubte, daß Geisteskrankheiten erblich seien. Nach einem langen, erbitterten Rechtsstreit mit Stanleys Vater erhielt Katherine die finanzielle Kontrolle über das Vermögen und nutzte es für ihre wichtigsten Ziele. Sie trat der Suffragettenbewegung bei, stellte Sanger und ihrem Kampf für die Geburtenregelung ihr Schloß in Frankreich zur Verfügung und unterstützte sie durch Spenden. Sie war ein Meter achtzig groß und trug ihr Leben lang Kleider, die zur Zeit ihrer Eheschließung modern gewesen waren.

Ein beträchtlicher Teil des McCormick-Vermögens floß in die Schizophrenieforschung. Katherine gründete die Neuroendocrine Research Foundation in Worcester, Massachusetts, die zahlreiche erfolglose Versuche unternahm, die Krankheit mit adrenalen Steroiden zu heilen. Nach Stanleys Tod im Jahr 1947 schien Mrs. McCormick das Interesse zu verlieren. Anfang der fünfziger Jahre entwickelte sie dann plötzlich eine Leidenschaft für ein neues Projekt. Mit siebzig war sie wie alle anderen besessen von der Horrorvision einer unkontrollierbaren Bevölkerungsexplosion. Sie soll in das Büro des Stiftungsleiters gestürmt sein und ihn gefragt haben, was er dagegen zu tun gedenke.

Der richtige Ansprechpartner für diese Thematik war Gregory Pincus, allgemein bekannt unter dem Spitznamen Goody, der 1904 in New Jersey als Sohn eines Farmers und jüdischen Immigranten geboren wurde. Pincus ging nach Harvard und wurde Forschungsbiologe. Zu jener Zeit waren sowohl gebildete als auch ungebildete Kreise von der Furcht dämonisiert, daß jüdische Wissenschaftler im Begriff standen, das Geheimnis des Lebens zu entdecken und die Herrschaft darüber an sich zu reißen. Während der ganzen dreißiger Jahre berichtete die Presse regelmäßig über Pincus' Forschungsarbeiten zur Parthenogenese bei Kaninchen, dem zeitgenössischen Skandal einer »Jungfrauengeburt«. 1936 wurde er in der Zeitschrift *Colliers* als Herrscher über eine Wellsche Welt dargestellt, mit einem unordentlichen Wust lockigen Haars, einer Zigarette im Mundwinkel und einem großen weißen Kaninchen in den »schlanken, fast weibischen Händen«. Die Darstellung ließ keinen Zweifel daran, daß das Kaninchen kein kuscheliges Fell und auch keine niedliche Schnüffelnase mehr besitzen würde, wenn der finstere Semite seine Dr.-Frankenstein-Neigungen an ihm ausgetobt hätte. Der Reporter J. D. Ratcliff warnte, daß Pincus' Arbeit eine Welt erschaffen würde, in der »die Frau ein dominantes, unabhängiges Wesen wäre, ausgestattet mit der Fähigkeit, Kinder ohne Hilfe des Mannes zu bekommen... der Wert des Mannes würde schrumpfen... Das mythische Land der Amazonen würde zum Leben erweckt. Wir hätten eine Welt, in der die Frau unabhängig wäre und der Wert des Mannes praktisch gleich Null.«[12] Pincus war verheiratet, hatte zwei Kinder und führte ein konventionelles Familienleben. Er betrachtete sich selbst keineswegs als sexuellen Revolutionär. Die sensationelle Publizität in Verbindung mit einem damals an den Universitäten verbreiteten Antisemitismus brachten ihn um die Chance einer Harvardprofessur. Kurz vor Ausbruch des Krieges lehrte er in Cambridge, verbittert über den institutionalisierten Rassismus, der ihn in die Nähe Hitlers gerückt hatte. Eine Spende von Baron Rothschild versetzte ihn glücklicherweise in die Lage, nach Worcester in Massachusetts umzuziehen, wo er seine Experimente mit vaterlosen Kaninchen für die Dauer des Krieges fortsetzen konnte.

1951 hatte er ein kleines Forschungsstipendium von 3100 Dollar von der Planned Parenthood Federation of America erhalten und angefangen, die empfängnisverhütende Wirkung von Steroiden zu untersuchen. Forschungen aus dem Jahr 1937 an der Universität von Pennsylvania hatten gezeigt, daß Progesteron, in großen Mengen gespritzt, den Eisprung bei Ratten verhinderte, weil dem Körper eine Schwangerschaft vorgetäuscht wurde. Progesteron, das auch ein natürliches Eigenprodukt des Körpers ist, führt dazu, daß die Innenwand der Gebärmutter sich verdickt und für die Einnistung einer befruchteten Eizelle bereit macht. Die Plazenta schüttet große Mengen Progesteron ins Blut aus und teilt dem Körper auf diese Weise mit, daß eine Schwangerschaft besteht. Bei Ratten hatte es funktioniert. Bei Kaninchen auch. Außerdem hatte ein Mann namens Russell Marker, mehr Abenteurer denn Wissenschaftler, entdeckt, daß man Hormone aus der mexikanischen Yamswurzel gewinnen konnte, wodurch große Mengen künstlichen Progesterons zur Verfügung standen.

Katherine McCormick schrieb an Margaret Sanger und fragte an, ob sie irgend etwas tun könne, um der Bevölkerungskrise abzuhelfen. Sanger schrieb zurück und berichtete Mrs. McCormick von Pincus' Kaninchen. 1953 zog McCormick von Santa Barbara nach Boston und lernte Pincus bei der Worcester Foundation kennen. Sie versprach eine sofortige Spende von 10000 Dollar und unterstützte die Stiftung und die Erforschung der Empfängnisverhütung für den Rest ihres Lebens mit 150000 und 180000 Dollar pro Jahr. Ein neuer Mann wurde in das Team aufgenommen – John Rock, Gynäkologe und Spezialist für die praktische Umsetzung von endokrinologischen Entdeckungen. Rock war Katholik und Vater von fünf Kindern. Sein Ziel war es, eine Methode der Geburtenregelung zu finden, die die Zustimmung des Vatikans finden würde. Er glaubte, daß eine hormonelle Methode, die sehr früh in den Fortpflanzungszyklus eingriff, nicht als Verhinderung einer Schwangerschaft betrachtet werden könnte, die ja laut katholischer Kirchenlehre von der Bibel ausdrücklich untersagt wurde. Margaret Sanger hatte sich anfänglich dagegen gesträubt, Rock in das Pillenprojekt aufzunehmen, weil sie der Ansicht war, daß der Katholizismus und die wissenschaftliche Erforschung der Empfängnisverhütung unvereinbar wären. Sie traute ihm nicht. Aber was die Werbewirkung betraf, konnte ein Team, das unter jüdischer Leitung stand, von der Verbindung mit einem Katholiken nur profitieren.

Andere Wissenschaftler sollten ebenfalls eine wichtige Rolle in der Entwicklung der Pille spielen: Carl Djerassi von der Syntex Corporation, der künstliches Progesteron in Mexiko herstellte, um unregelmäßige Regelblutungen zu behandeln, und Min-Chueh Chang, ein Biologe, der dieses synthetische Progesteron an Kaninchen testete. Keiner von diesen Vätern der Pille hatte auch nur die leiseste Vorstellung davon, welche Entwicklung sie in die Wege leiteten: »Ich hatte kein Interesse daran, die Frauen zu befreien«, erklärte Rock im Alter von dreiundneunzig Jahren gegenüber einem Journalisten. »Das war nicht der Grund, aus dem ich mich für die Pille interessierte. Frauen sollten zu Hause bleiben und sich um ihre Männer und Kinder kümmern.« Haben Dr. Changs Frau oder Töchter die Pille genommen? »Ich habe dieses Thema nie mit ihnen diskutiert«, sagte er 1983. »Meine persönliche Meinung ist, daß man überhaupt keine Pillen schlucken sollte, wenn es nicht unbedingt nötig ist, nicht einmal ein Aspirin.«[13]

1954 hatte Pincus seine Kaninchenstudien abgeschlossen und war bereit, klinische Versuche mit Frauen durchzuführen. Aber in Massachusetts galten ebenso wie in vielen anderen amerikanischen Staaten die Comstock-Gesetze (benannt nach einem moralischen Kreuzritter des späten neunzehnten Jahrhunderts), die klinische Versuche mit Verhütungsmitteln untersagten. Katherine McCormick gebrauchte eine Labormetapher und fragte Margaret Sanger: »Wo kriegen wir einen ›Käfig‹ ovulierender Frauen her, um die Experimente durchzuführen?«[14] Sie mußten nicht lange suchen. Direkt vor ihrer Haustür lebte ein Volk von Zweiter-Klasse-Amerikanern, die Angehörigen von Amerikas einziger Kolonie. Sie waren arm, und sie waren dunkelhäutig, und man war allgemein der Ansicht, daß es viel zu viele von ihnen gab.

Puerto Rico, in Reisekatalogen gepriesen als »strahlender Stern der Karibik«, liegt am Ende einer Inselkette, wie ein kleiner Schlußpunkt hinter Kuba und dem Territorium, das sich Haiti und die Dominikanische Republik teilen. Als Columbus die Insel 1493 auf seiner zweiten Reise in die Neue Welt entdeckte, war sie von den Taino-Indianern bevölkert, die wie alle anderen Ureinwohner der Karibik die Besiedlung durch die Spanier nicht überlebten. Für die nächsten 300 Jahre wurde es vom fernen Spanien aus regiert.

Bis in die vierziger Jahre dieses Jahrhunderts schaut auf Fotografien von achtköpfigen Familien nur das jüngste Kind in die Kamera, denn sobald die Jungen und Mädchen ins lernfähige Alter kamen, wurde ihnen beigebracht, die Augen respektvoll niederzuschlagen, wenn sie einem Weißen begegneten. 1898 wurde Puerto Rico zum Gegenstand eines kleineren Scharmützels im spanisch-amerikanischen Krieg. Nach einer siebzehntägigen Militäraktion wurde es an die Vereinigten Staaten abgetreten, die schon seit langem nach einem strategischen Vorposten, einem amerikanischen Gibraltar in den Antillen, Ausschau gehalten hatten. Weite Landzüge der hundert Meilen langen Insel stehen noch immer unter der Kontrolle des amerikanischen Militärs. Bei der Bevölkerung handelt es sich um die übliche genetische Mischung aus Spaniern, Afrikanern (Nachfahren der Sklaven, die man auf die Insel gebracht hatte) und indianischer Urbevölkerung. Die Wirtschaft basierte auf drei exportierbaren Erzeugnissen: den sogenannten »Nachtisch«-Gütern Kaffee, Zucker und Tabak. In Puerto Rico fehlte allerdings der Hauptgang vorm Dessert.[15] Für die hygienebesessenen Amerikaner waren Puertoricaner schmutzig, dumm und faul, »die Opfer eines kulturbedingten Mangels an Zeitbewußtsein«.[16] Sie waren tuberkulös, sie hatten keine sanitären Anlagen, sie tranken verunreinigtes Wasser, und vier Fünftel der Bevölkerung waren Analphabeten. Aber nach dem Jones Act von 1917 waren sie amerikanische Staatsbürger.

1922 hatten aufgeklärte Mitglieder der puertoricanischen Bourgeoisie Margaret Sanger entdeckt: »Wir wollen unsere Insel aus der Armut herausführen: Laßt uns die Zahl der Münder verringern, die nach Nahrung verlangen, die Zahl der Füße, die nach Schuhwerk verlangen, die Zahl der Körper, die nach Kleidern verlangen, die Zahl der Kinder, die nach Ausbildung verlangen. Wie? Indem wir gewissenhaft die Lehren beherzigen, die Mrs. Sanger in den Vereinigten Staaten vertritt«, schrieb Luiz Manoz Marin, Sohn eines der prominentesten Politiker von Puerto Rico. Und in einem späteren Interview beschrieb er die Insel als »ein treibendes Floß mit 1 300 000 Opfern an Bord, die kratzen, beißen und um sich schlagen, um an den unzureichenden Proviant zu kommen«.[17] 1928 wurde Puerto Rico von einem Hurrikan verwüstet, der schwere Schäden in der Landwirtschaft anrichtete und die Bevölkerung in noch größere Armut stürzte. Nach einer Erhebung des Brooking Institute wurde das wirtschaftliche Wachstum in erster Linie durch den Anstieg der Bevölkerungszahl verhindert. Die Amerikaner entwickelten Horrorvisionen von in Massen auswandernden Puertoricanern. Der stellvertretende US-Landwirtschaftsminister mit dem faszinierenden Namen Rexford Tugwell wurde auf die Insel entsandt, um die Situation vor Ort zu untersuchen, und hielt seine Eindrücke fest:

> Ich möchte lieber nicht denken, daß unsere sinkende Geburtenrate durch diese Leute ausgeglichen wird. Aber das wird sehr wahrscheinlich geschehen. Unser Einfluß in den Tropen scheint mir wie eine Gewähr für einen Anstieg der Immigration von hier, und die nächste Einwanderungswelle niederer Ordnung ... die auf die der Iren, Italiener und Slawen folgen wird ... wird aus diesen südamerikanischen Mulatten, Indianern und Spaniern bestehen. Sie sind schlecht geeignet für eine geordnete Gesellschaft, aber man wird mit ihnen rechnen müssen.[19]

Es waren diese fremdenfeindlichen Ängste, die Puerto Rico für die nächsten dreißig Jahre zum amerikanischen Insellabor für die Empfängnisverhütung machen sollten. Lange Zeit wurde diese Laborarbeit von Clarence Gamble, Erbe des Proctor- und Gamble-Vermögens, finanziell unterstützt. Gamble wurde darüber informiert, daß man das Diaphragma an puertoricanischen Frauen austestete, weil diese aufgrund »ihrer geschmeidigen Körper, ihrer langen Finger, ihrer mangelnden Hemmungen in bezug auf Sex und ihrer ausgesprochenen Lernfähigkeit« von Natur aus besonders dafür geeignet seien.[20] Die

Wissenschaftler testeten Schaum, Schwämme, Puder und Gels. Sie gewannen die Unterstützung der Zuckerfabriken und eröffneten ihre Kliniken direkt auf den Plantagen. Die Zuckerhersteller, die gerade arbeitssparende Technologien einführten, um die menschliche Arbeitskraft durch Maschinen zu ersetzen, waren eifrige Befürworter der Empfängnisverhütung.[21] 1937 waren die letzten gesetzlichen Hindernisse auf dem Weg zum Bevölkerungslabor ausgeräumt, nachdem zwei entsprechende Gesetze verabschiedet worden waren. Gesetz 116 führte zur Gründung einer Eugenikkommission, bei der man Anträge auf Zwangssterilisation aus medizinischen oder moralischen Gründen stellen konnte. Und Gesetz 133 änderte das Strafrecht dahingehend ab, daß die Verbreitung von Informationen über die Empfängnisverhütung nicht länger als Verbrechen galt.[22] Was die Empfängnisverhütung anging, hatte Puerto Rico jetzt die fortschrittlichste Gesetzgebung in den Vereinigten Staaten.

Puerto Rico war nur nominell ein katholisches Land. Für das Volk war die Kirche immer eine fremde Macht geblieben. Die Spanier importierten zunächst ihre eigenen Priester. Später kamen sie aus den irisch-amerikanischen Gemeinden in den USA und nach der Castro-Revolution aus den entmachteten Kirchen Kubas. Zur Jahrhundertwende lebte mehr als die Hälfte aller puertoricanischen Paare in wilder Ehe. Viele Frauen hatten Kinder von mehr als einem Partner und boten ihnen damit den Luxus, von mehreren Familien unterstützt zu werden. In den fünfziger Jahren stieß Adeline Pendleton Satterthwaite, die die klinischen Versuche mit der Pille leitete, häufig auf Frauen, die in nebeneinanderliegenden Klinikbetten lagen, beide in den Wehen und beide vom selben Mann schwanger: »Ich fragte diese Frauen, welche Gefühle die Situation in ihnen auslöste. Sie meinten: ›Männer sind zu wild, sie wollen immer zuviel, sie treiben uns an den Rand der Erschöpfung.‹ Manchmal sprachen sie auch von ihren eigenen sexuellen Gefühlen, aber nicht sehr oft.« Als Teil der frühen Kolonialisierung und Amerikanisierung der Bevölkerung hatten protestantische Missionare und Pfingstsekten Hospitäler gegründet und den Ärmsten und wirtschaftlich Schwächsten die Erlösung durch Jesus Christus und ein irdisches Paradies in Aussicht gestellt. Die katholische Kirche, die in den dreißiger Jahren, unterstützt von katholischen Frauenorganisationen in den USA, den Einfluß der Geburtenregler zu untergraben suchte, scheiterte daran, daß die Inselbevölkerung die sexualfeindlichen Lehren des Katholizismus niemals wirklich verinnerlicht hatte.

Nach Ende des Zweiten Weltkriegs geriet die Emigration aufs Festland außer Kontrolle. Etwa 65 000 Puertoricaner hatten in der Armee gedient, und viele waren in den USA stationiert gewesen. Nachdem sie das Leben in den USA kennengelernt hatten, beschlossen sie, zu bleiben und ihre Familien nachzuholen. 1945 lebten 13 500 Puertoricaner in New York. 1946 waren es fast 40000. Als Leonard Bernstein 1946 zum erstenmal die Idee zu jenem Musical hatte, das einmal *West Side Story* werden sollte, stellte er sich darunter eine Familienfehde à la Romeo und Julia zwischen Juden und Katholiken vor. 1955 schrieb er in sein Tagebuch: »Wir sind wieder ganz Feuer und Flamme für die Romeosache, nur daß wir jetzt die ganze jüdisch-katholische Prämisse als unzeitgemäß verworfen und eine bessere und, wie ich glaube, wirklich zündende Idee entwickelt haben: zwei jugendliche Banden, auf der einen Seite streitbare Puertoricaner, auf der anderen ›Amerikaner‹ von eigenen Gnaden. Plötzlich bekommt die ganze Sache Leben.«[23]

Angesichts des Massenexodus beschloß die puertoricanische Regierung, in die Offensive zu gehen und die Insel mit einem Gewaltakt ins zwanzigste Jahrhundert zu katapultieren. Das Projekt erhielt den Namen *Operation Bootstrap*. Durch Steueranreize, die Schaffung einer technischen Infrastruktur und die Ausbildung einer motivierten, schreibe- und lesekundigen Arbeiterschaft wollte man »sichere Gewinnaussichten für das Risikokapital vom Festland schaffen«.[24] Gleichzeitig wollte man das traditionelle Agrarland in eine Industriegesellschaft umwandeln und durch große Werbekampagnen zu einem Haupttouristenziel machen. Die Slums sollten dem Erdboden gleichgemacht werden, und die notleidende Bevölkerung, deren Lebenserwartung bei 46 Jahren lag, sollte in eine Armee von lächelnden Kellnern und Zimmermädchen umgemodelt werden.[25]

1956 schrieb Dr. Edris Rice-Wray, ärztliche Leiterin der Family Planning Association an Clarence Gamble, um ihn davon in Kenntnis zu setzen, daß Pincus eine Tablette zur oralen Empfängnisverhütung entwickelt hatte, und schlug vor, daß die Worcester Foundation das Produkt an wirtschaftlich schwachen puertoricanischen Frauen testen sollte. Die Frauen Puerto Ricos verlangten zweifellos dringend nach Verhütungsmitteln, nach allem, was die Größe ihrer Familien begrenzte und ihre Armut verringerte. Im Sommer 1953 traf Adeline Pendleton Satterthwaite auf der Insel ein, um ihre Arbeit im Ryder Memorial Hospital in Humacao anzutreten. Das Krankenhaus war 1914 von der American Missionary Association gegründet worden, einer Baptistenorganisation, die sich »der Abschaffung der Kastengesellschaft« verschrieben hatte, »wo immer ihre Sünden vorkamen«.[26] Adelines Mann, ein Quäker, war 1949, nur zwei Jahre nach ihrer Heirat, in China gestorben. Adeline stammte aus einer sozial engagierten Familie und verbrachte den Rest ihres Lebens damit, die Sache der Familienplanung in der dritten Welt voranzutreiben. »Die Frauen, die zu den Schwangerschaftsuntersuchungen kamen, sagten alle, daß sie operiert werden möchten«, berichtet sie. »Das hat mich völlig irritiert. Ich dachte, sie wollten einen Kaiserschnitt. Und dann erklärten sie, daß sie eine postnatale Eileiterunterbindung wollten. In dem Krankenhaus nahm man damals viele derartige Operationen vor, wenn die Frauen bereits drei lebende Kinder zu Welt gebracht hatten. Man schlug mir vor, daß ich die Frauen in der Anwendung des Diaphragmas unterweisen sollte, aber das erwies sich als äußerst schwierig, weil sie sich nicht selbst berühren mochten. Kondome waren in Puerto Rico nie populär, weil sie mit Prostituierten assoziiert wurden.« 1956 schrieb Clarence Gamble an Adeline und lenkte ihre Aufmerksamkeit auf die Pillenstudien, die damals ihren Anfang nahmen.

Doch es war eine Sache, die Pillenversuche anzusetzen, eine andere Sache war es, Probandinnen dafür zu finden, wie die Korrespondenz zwischen Pincus und seinen Feldforschern zeigt. Anfangs versuchte man, Medizinstudentinnen für die Versuche zu gewinnen, aber am 8. Juli 1955 schrieb Dr. David Tyler, Professor für Pharmakologie an der Puerto Rico School of Medicine, einen entmutigten Brief an Pincus, in dem er mit Strafaktionen gegen Medizinstudentinnen drohte, die ihren Dienst an der Wissenschaft nicht ernst nahmen:

> Unter diesen Mustern sind einige, die nur einen Zeitraum von 24 statt 48 Stunden umfassen. Aus den Volumenabweichungen schließe ich, daß die Kontrolle nicht mit der nötigen Gewissenhaftigkeit durchgeführt wird. Darauf habe ich bereits mehrfach hingewiesen. Ich habe Garcia auch gesagt, daß jede Medizinstudentin, die diese Art von Verantwortungslosigkeit zeigt, damit rechnen muß, daß ich dieses Verhalten bei der Notenvergabe berücksichtige.[27]

Zu Beginn des folgenden Jahres erhielt Pincus einen weiteren entmutigenden Bericht, diesmal vom Leiter des zytologischen Instituts, der trotz drastischer Maßnahmen keine Probandinnen für seine Feldstudie gefunden hatte:

> Erstens ist die Idee, Lernschwestern aus dem San Juan City Hospital für die Tests heranzuziehen, gänzlich gescheitert... nicht eine einzige Lernschwester hat sich freiwillig für die Studie gemeldet. Praktisch dasselbe Ergebnis hatte ich mit meinen privaten Fällen. Was die Medizinstudentinnen betrifft, brach die einzige, die sich gemeldet hatte, den Versuch bald wieder ab... Die einzige verbleibende Quelle an Probandinnen waren die weiblichen Gefangenen... Wir erklärten der Leiterin (der Industrial School for Women) die Einzelheiten des Projekts, und sie wirkte äußerst interessiert und kooperativ. Nach diesem Gespräch und einer Untersuchung der Gefängniseinrichtungen waren wir sehr optimistisch... Von da an klappte überhaupt

> nichts mehr... Es scheint bei den Gefangenen gewisse Vorbehalte gegen das Projekt zu geben, selbst bei jenen, die sich freiwillig gemeldet haben, was zu Unruhen im Gefängnis geführt hat.[28]

Edris Rice-Wray und Adeline Pendleton Satterthwaite, die beiden Frauen auf puertoricanischem Boden, hatten einen unschätzbaren Vorteil gegenüber den Universitätsprofessoren: Ihre Beratungstätigkeit verschaffte ihnen wertvolle Kontakte mit einheimischen Frauen. Dr. Rice-Wray wählte schließlich ein Slumgebiet, das in Kürze abgerissen werden sollte, und warb hundert Frauen an. Aber die ersten Versuche waren nicht sehr vielversprechend, wie ihr Brief an Pincus vom 11. Juni zeigt: »Wir hatten in einigen Fällen Probleme mit Patientinnen, die die Pille absetzten. Ein paar Frauen klagten über Übelkeit, Schwindel, Kopfschmerzen und Brechreiz. Sie weigerten sich, weiter an dem Programm teilzunehmen. Zwei Frauen waren sterilisiert. Ein Ehemann erhängte sich aus Verzweiflung über seine ausweglose Armut.«[29] Dreißig von den ursprünglich hundert Frauen brachen den Versuch ab. Neun Monate nach Beginn der Testreihe erstellte Dr. Rice-Wray ihren Abschlußbericht und legte die konkreten Zahlen vor: 221 Frauen hatten die Pille genommen; die Abbruchrate lag bei über 50 Prozent; 17 Prozent hatten über unangenehme Nebenwirkungen geklagt. Die am häufigsten genannten Symptome waren Schwindelgefühl, Übelkeit und Kopfschmerzen. Dr. Rice-Wray kam zu dem Schluß, daß die orale Empfängnisverhütung zwar hundertprozentigen Schutz zu gewähren schien, aber unsicher war.[30]

Sechs Monate später wurde die Pille von Searle, einem in Chicago ansässigen Pharmaunternehmen, das in den zwanziger Jahren das erste amerikanische Heilmittel gegen Syphilis entwickelt hatte, zum Verkauf freigegeben. Die Pille wurde unter der Bezeichnung Enovid in den Handel gebracht und als Gegenmittel für Fehlgeburten und unregelmäßige Blutungen angeboten. Wofür die Ärzte sie tatsächlich verschrieben, stand auf einem anderen Blatt. Am 24. Juni 1957, nur wenige Tage nachdem Enovid auf den Rezeptblöcken der Ärzte aufzutauchen begann, erhielt Pincus ein Schreiben von einem 35jährigen Mann aus Panama, der für die Amerikaner in der Kanalzone arbeitete. Es war einer der ersten Fanbriefe, die Pincus erhalten sollte:

> Lieber Dr. Gregory Pincus,
>
> Ich habe in meiner Heimatstadt von der wundervollen PILLE GEGEN SCHWANGERSCHAFTEN gelesen. Ich bin sehr froh, von solchen großen Dingen zu hören, mit denen Männer wie Sie armen Familien wie meiner eigenen helfen... Ich habe zwei Kinder, und meine Frau erwartet das dritte... und ich habe Angst, daß wir noch mehr bekommen. Wir müssen für die 2 sorgen, die wir haben, und erwarten

so bald ein drittes. Sie sind 3 Jahre und 2 Jahre, ein Junge & ein Mädchen. BITTE SAGEN SIE MIR, WIE ICH DIESE PILLE FÜR MEINE FRAU BESCHAFFEN KANN, UM SIE DAVOR ZU SCHÜTZEN, in unserer gegenwärtigen Situation noch mehr Kinder zu bekommen... Ich wäre Ihnen sehr dankbar für die Adresse eines DRUGSTORES IN DEN USA, wo ich diese Pille auf Ihre Empfehlung kaufen kann. Bitte tun Sie Ihr möglichstes, um mir zu helfen.[31]

Ein Jahr später, am 15. April 1958, erhielt Pincus einen Luftpostbrief aus England:

Sehr geehrter Herr,

ich habe gerade die schönste Nachricht gelesen, die ich je in einer Zeitung entdeckt habe – einen Artikel in der *Daily Mail* über Ihre Forschungsarbeit zur Anti-Baby-Pille. Für diese Arbeit möchte ich Ihnen von ganzem Herzen danken – und ich bin sicher, dabei im Namen von Millionen Frauen in diesem Land zu sprechen. Als eine Frau, die unglaubliches seelisches und geistiges Leid aufgrund ungewollter Schwangerschaft erlitten hat, erfüllt mich Ihre Arbeit mit tiefer persönlicher Dankbarkeit. Ich bin überzeugt, daß Sie unermeßlich zum Glück aller Frauen auf dieser Welt beigetragen haben. Gott segne Sie und Ihre Arbeit.

Mit freundlichen Grüßen

Miss ....[32]

Pincus' Papiere in der Library of Congress enthalten Hunderte solcher Briefe aus allen Teilen der Welt, darunter viele erschütternde Dokumente über Hunger und Armut, über sterbende Kinder und qualvolle Geburten, über die sexuelle Frustration von Ehepartnern, die in lähmender Angst vor weiteren hungrigen Mündern lebten. Die Schreiber kamen aus allen sozialen Schichten. Sie priesen Pincus als Gott. Sie glaubten, daß die Wissenschaft sie endlich von den Ketten befreien könnte, die sie ihrer Lust verdankten. Sie wußten wenig oder nichts von dem Ausmaß der klinischen Versuche in Puerto Rico. Sie verlangten verzweifelt nach der Pille und beknieten ihre Ärzte, oft erfolgreich, ihnen Enovid als Oralkontrazeptivum zu verschreiben. Manchmal schlugen sie neue Forschungsrichtungen vor, mit teilweise gruseligem Vertrauen in die fast unbegrenzte Fähigkeit der Wissenschaft, die sozialen Probleme dieser Welt zu »lösen«, wie in diesem Brief von 1966:

Lieber Doktor Pincus,

darf ich Ihnen ein neues Projekt vorschlagen, das Ihren Erfahrungen und Fähigkeiten entspricht?

Mir scheint, daß man eine Pille oder eine Behandlung entwickeln könnte, um die Pigmentierung der Haut zu beeinflussen, wodurch zum Beispiel Neger einen Großteil ihres Stigmas verlieren und als gleichwertig anerkannt werden könnten.

Dadurch könnte man auch die Ausrede abschaffen, die einige Neger in übertriebenem Maß benutzen, um ihren mangelnden Fleiß zu rechtfertigen.

Die Lösung für eines der größten Probleme dieser Welt ist aus Ihren Laboratorien gekommen, und die Lösung eines zweiten Problems, wie provisorisch auch immer, könnte auch von dort kommen.[33]

Für den Rest der fünfziger Jahre wurden die Feldstudien unter der Leitung von Adeline Pendleton Satterthwaite fortgeführt. Bei einem Slumräumungsprojekt waren nur 56 von 175 befragten Frauen bereit, Versuchskaninchen für die Pille zu spielen, und selbst diejenigen, die zustimmten, hatten Schwierigkeiten, die Anweisungen zu befolgen. Die Barackensiedlung wurde schon bald von Planierraupen niedergewalzt, und die Frauen wurden in alle Himmelsrichtungen zerstreut. Die nächste Studie in Humacao ergab, daß ein hoher Prozentsatz der Frauen, die die Pille sechs Monate oder länger genommen hatten, an Zwischenblutungen litten und deutliche Veränderungen des Gebärmutterhalses zeigten. Die Frauen, an denen man die Pille testete, konnten weder lesen noch schreiben und waren häufig nicht in der Lage, die komplizierten Anweisungen rein aus dem Gedächtnis zu befolgen. Viele von ihnen verschwanden in dem Durcheinander der massiven Slumbeseitigungsprogramme der Operation Bootstrap, was Folgestudien schwierig oder unmöglich machte. 1960, nach Abschluß der am schlechtesten durchgeführten und oberflächlichsten Testreihen, die je mit einem offiziell freigegebenen Arzneimittel durchgeführt wurden, wurde Enovid als Kontrazeptivum anerkannt. Es war zwar an Tausenden von Frauen getestet worden, aber nur 123 davon hatten es zwölf Monate oder länger genommen. Zwei Jahre später wurde es in Großbritannien zugelassen. Ende 1967 schluckten sechs Millionen Amerikanerinnen Antibabypillen im Wert von neunzig Millionen Dollar pro Jahr. Am Ende des Jahrzehnts wurde die Pille als eines der populärsten zeitgeschichtlichen Symbole in eine Zeitkapsel aufgenommen, die 1970 im japanischen Osaka vergraben wurde. Ein Leser des *Observer Magazine* schrieb sogar ein Gedicht für die Pille, die eingewickelt in einen Minirock, beigesetzt wurde:

Die »permissive Gesellschaft«, so haben sie seufzend gestöhnt,
doch wahre Freiheit ist weit mehr als an nackte Schenkel gewöhnt.
Der technische Fortschritt beflügelt das Denken der Leute
und ist doch nichts im Vergleich mit der Freiheit der Bräute.[35]

Adeline Pendleton Satterthwaite arbeitete in der dritten Welt, bis sie sich zur Ruhe setzte. Puerto Rico blieb die ganzen sechziger Jahre hindurch das Versuchslabor für alle neuen empfängnisverhütenden Mittel. Jack Lippes brachte sein IUP, die »Lippes-Schleife«, zum Test auf die Insel. Man machte Versuche mit schwächer dosierten Pillen. Einige Frauen, an denen Enovid getestet wurde, starben unter rätselhaften Umständen, ohne daß eine Autopsie durchgeführt wurde. Der Pharmakonzern Ortho, durch die Operation Bootstrap nach Puerto Rico gelockt, wurde mit arbeitsrechtlichen Prozessen überzogen, nachdem die Arbeiter in den Pillenfabriken sexuelle Veränderungen an ihren Körpern festgestellt hatten, die durch die arbeitsbedingte Belastung mit Östrogenstaub hervorgerufen wurden. Nichts davon hatte nennenswerte Auswirkungen auf die Geburtenrate in Puerto Rico. In dieser Hinsicht wurden die Träume der Geburtenregler grausam enttäuscht. Die Wissenschaft rettete sie nicht vor dem Schreckgespenst der Überbevölkerung und auch nicht vor der Hispanisierung ihrer Städte. Die Sterilisation ist heute die mit Abstand populärste Methode der Empfängnisverhütung in Puerto Rico, und die Puertoricaner emigrieren weiterhin aufs Festland. Die Idee der Bevölkerungskontrolle ist etwas in Mißkredit geraten, seit Gegner argumentierten, daß es die Kinder der westlichen Kleinfamilie sind, die den immer knapper werdenden Ressourcen dieser Welt den größten Schaden zufügen. Weiße Wissenschaftler mit Kontrazeptiva im Gepäck sind nicht länger willkommen.

Margaret Sanger, Katherine McCormick und Gregory Pincus starben alle Mitte der sechziger Jahre und haben die schöne neue Welt, der sie den Weg geebnet hatten, nie miterlebt. John Rock lebte bis in die achtziger Jahre, erbost über die Promiskuität, der er den Weg bereitet hatte. Carl Djerassi schreibt Romane und arbeitet noch immer als Wissenschaftler an der Universität von Kalifornien. In seinem Buch *The Politics of Contraception* schreibt er: »Ich möchte hier klar herausstellen, daß aus Sicherheitsgründen das Diaphragma eindeutig das beste Verhütungsmittel ist.«[36] Als Adeline Pendleton Satterthwaite 1990 nach Amerika zurückkehrte, war sie überrascht von den Veränderungen, die sich vollzogen hatten:

> Im letzten Oktober ging ich zu einem Treffen der American Health Association und besuchte ein Seminar über weibliche Gesundheitsfürsorge. Zu meiner Überraschung stellte ich fest, daß die Frauen nur Methoden wollten, die sie selbst durchführen konnten. Die Pille, nein. Spritzen, nein. Norplant, nein. Sterilisation, nein. Depo-Provera ist von der Frauenbewegung sehr verteufelt worden, was äußerst bedauerlich ist, da diese Form der Empfängnisverhütung leicht durchzuführen ist, auch wenn diese Methode zugegebenerma-

ßen nicht so gut ist wie Norplant, das bis zu fünf Jahren wirksam sein kann. Aber es funktioniert sehr gut in Bangladesch. Ich war die ganze Zeit im Ausland und habe daher nicht miterlebt, was hier passierte. Bei meiner Rückkehr war ich richtiggehend schockiert von dem veränderten Verhaltensmuster bei den Frauen, die das erste Kind hinauszögern, bis sie fünfunddreißig oder vierzig sind, und den damit verbundenen Problemen, zum Beispiel in der Geburtshilfe. Aber in gewisser Weise hat diese Entwicklung auch etwas Positives. Es ist großartig, wenn die Frauen sich selbst verwirklichen können.

1982, nach jahrelangen deprimierenden Berichten über die Nebenwirkungen der Pille, faßte eine Expertin auf dem Gebiet der Familienplanung die Situation folgendermaßen zusammen: »Die Pille ist von ihrem Sockel gefallen und hat ihren Platz unter den anderen Verhütungsmitteln eingenommen, die alle ihre Vor- und Nachteile haben. Aber ohne die Erfindung der Pille und die Freiheit, die sie versprach, würde unser gegenwärtiges Zeitalter zweifellos völlig anders aussehen ebenso wie unsere Vision von der Zukunft.«[37] Die Pille sollte zu einem der machtvollsten Symbole für den Fortschrittsglauben der Sechziger werden. Wie der innerstädtische Wolkenkratzer versinnbildlichte sie unseren gescheiterten Traum von einer allmächtigen Technik.

Aber wie ein innerer Verbrennungsmotor hat sie auch die Struktur unserer Gesellschaft verändert und soziale und wirtschaftliche Rollen radikal umgeformt. Dilys Cossey war Vorsitzende der Family Planning Association von 1987 bis 1993:

Daß die Frauen einfach etwas schlucken konnten und sicher sein sollten, war schwer zu glauben. Die Männer fühlten sich im Innersten getroffen, denn eine Frau, die sich in ein unabhängiges sexuelles Wesen verwandelt, kann machen, was sie will, und ist nicht länger kontrollierbar. Man denkt immer, daß große neue Entwicklungen wie ein Mann auf dem Mond die Antwort auf alle unsere Probleme liefern würden; aber das tun sie nicht, weil ständig neue Probleme entstehen. Die Pille wurde als Antwort auf die Gebete der keuschen (oder unkeuschen) Maid gepriesen, aber es gab alle möglichen versteckten Probleme; dazu gehörte, daß die Sexualität für die Frauen genauso viele Probleme aufwarf wie für die Männer und daß Entscheidungsfreiheit nicht dasselbe ist wie Glück. Aber die Pille zwang die Frauen, erwachsen zu werden. Sie ist keine Garantie für ein leichtes Leben, aber sie hat den Frauen die Macht gegeben, ihr Leben selbst zu planen.

Wir sollten uns kurz daran erinnern, in welche Welt die Pille hineingeboren wurde. Bis 1966 war es für eine unverheiratete Frau praktisch unmöglich, sich Verhütungsmittel zu beschaffen. Nach einem Bericht der Family Planning Association wurde der britische Kampf um die Geburtenkontrolle 1963 »in erster Linie von Medizinerinnen und anderen Frauen geführt und weniger von Männern. Es war ein Kreuzzug, der einerseits die Frauen vom männlichen Egoismus befreien sollte und andererseits Familien aus den unteren Schichten von der Unwissenheit und dem Unglück erlösen sollte, das die Vorurteile der Bessergestellten ihnen aufzwangen.«[38] In den dreißiger Jahren hatte man die Kliniken ursprünglich als Wohlfahrtszentren für Frauen aus der Arbeiterschicht gegründet. Die dort angestellten Ärztinnen waren für gewöhnlich Ehefrauen und Mütter zwischen vierzig und fünfzig, die keine Vollzeitkarriere verfolgen konnten, solange ihre Kinder klein waren. Der Bericht definiert »sexuelle Aktivität bei der unverheirateten Bevölkerung« als eine Ansammlung von »spezifischen sozialen Problemen« wie zum Beispiel Prostitution, Scheidung und die Einwanderung von Frauen aus der Karibik, die in wilden Ehen lebten.[39] Der Bericht kommt zu dem Schluß, daß die Hauptaufgabe der Organisation darin bestehen müsse, »Rat und Hilfe zur Empfängnisverhütung *im Rahmen der Ehe* zu geben... Eine gemeinnützige Körperschaft, die häufig im Mittelpunkt des öffentlichen Interesses steht und Unterstützung bei offiziellen Stellen sucht, darf sich nicht dem Verdacht aussetzen, daß sie der ›Unmoral Vorschub leistet‹«.[40] Erst 1966, als Lady Helen Brook ihre Kliniken für junge (und unverheiratete) Klientinnen eröffnete, verbreitete sich die Empfängnisverhütung über die Grenzen der Familie hinaus. Doch selbst dann gab es in Großbritannien zunächst nur zwei Orte, London und Birmingham, die die Pille für unverheiratete Frauen verschrieben. Frauen, die in jener Zeit studierten, erinnern sich noch gut daran, daß sie alle drei Monate per Anhalter in diese Orte reisten, um ihren Pillenbedarf zu decken.

Die Schriftstellerin Margaret Drabble studierte von 1957 bis 1960 an der Universität von Cambridge. 1965 schrieb sie ihren Roman *Der Mühlstein*, der einen Skandal in Großbritannien auslöste und von einer Studentin handelt, die nach einem One-Night-Stand schwanger wird. Doch auch akademisch gebildete, intelligente Frauen, die den frühesten Anfängen des Feminismus positiv gegenüberstanden, waren naive Unschuldslämmer im Vergleich mit den Frauen, die es einige Jahre später geben würde.

> Zu den Büchern, die ich gelesen hatte, gehörten Simone de Beauvoirs *Das andere Geschlecht*, das mir bewußtmachte, daß es andere, erwachsene Arten gab, die Dinge zu betrachten, solche Dinge wie Sex vor der Ehe oder ohne Kinder, aber ich war in der britischen Kultur gefangen, und die freie Liebe blieb ein Traum. Die Leute in

Cambridge hatten damals schreckliche Angst vor Sex, sie hatten schreckliche Angst, schwanger zu werden, und sie hatten schreckliche Angst vor Verhütungsmitteln, weil sie unangenehm, unzuverlässig und schwer zu bekommen waren. Es gab auch viele männliche Jungfrauen, und auch sie hatten Angst – Angst, ein Mädchen in Schwierigkeiten zu bringen und den Rest ihres Lebens an sie gekettet zu bleiben. Ich bewunderte jene Leute, die es irgendwie auf die Reihe kriegten, aber ich selbst schaffte es nicht. Es gab wenig Literatur zu dem Thema, weder Romane noch Sachbücher. Man mußte zu einem von der Universität empfohlenen Arzt gehen, der einen in diesen Sachen beriet, aber das war schon ein sehr mutiger Schritt. Ich wartete, bis ich verheiratet war, und wurde prompt schwanger. Ich weiß, daß ich ohne die Pille jedes Jahr ein Kind bekommen hätte, weil alle anderen Verhütungsmethoden bei mir versagten. Ich war unglaublich fruchtbar. Nach meinem dritten Kind haben sie glücklicherweise die Pille erfunden. Es hat mir das Leben gerettet. Aus Sicht der Frau gab es zwei große Erfindungen, das Tampon und die Pille. Wer das bestreitet, redet revisionistischen Schwachsinn. Ich weiß noch genau, was ich gefühlt habe. Ich wäre lieber gestorben, als noch ein Kind zu bekommen. Es war mir egal, ob ich in zwanzig Jahren an den Nebenwirkungen sterben würde. Ich wollte lieber sofort leben. Aber ich bin sehr dankbar, daß ich diese Kinder habe. Ich kann mir ein glückliches Leben ohne sie nicht vorstellen. Das ist das Paradoxe.

Hätte es ohne Pille eine sexuelle Revolution gegeben? Wahrscheinlich nicht. Das Diaphragma war nie eine populäre Methode und insbesondere in Großbritannien äußerst unbeliebt. Da die Anwendung kompliziert war, mußten die Frauen unter fachmännischer Anleitung üben, wie sie die Kappe richtig einsetzten. Es war eine gute Methode für Ehefrauen, die sich zwei oder drei Stunden vorher auf das eheliche Pflichtgewippe am Samstagabend vorbereiten konnten. Für One-Night-Stands war sie weniger geeignet. Die Pille schnitt extrem gut ab, was den sogenannten »Zimperlichkeitsfaktor« betraf: »Als kleine Mädchen haben die meisten ›netten‹ Amerikanerinnen gelernt, daß es garstig ist, den Finger – oder irgend etwas anderes – in die Vagina zu stecken«[41], schreibt Barbara Seaman, eine der Hauptkritikerinnen der Pille in den siebziger Jahren. Die Pille war die erste verläßliche, wirksame Verhütungsmethode, über die die Frauen absolute Kontrolle hatten. Sie legte die Entscheidung über die Fortpflanzung wieder in die Hände der Frauen. Sie befreite die Frauen von der Last großer Familien und ermöglichte ihnen die Berufstätigkeit, ein Ziel, das die meisten progressiven Familienplaner immer insgeheim verfolgt hatten. In dem

Film *Rita will es endlich wissen* legt die Heldin, die einen Kursus für englische Literatur belegt hat, einen heimlichen Pillenvorrat unter den Dielenbrettern an. Sie versteckt die Pille vor ihrem proletarischen Ehemann, der möchte, daß sie ihre fruchtlosen Bildungsbemühungen aufgibt, um Mutter zu werden. Die Pille setzte dem Anblick von ausgemergelten, vorzeitig gealterten Frauen ein Ende, die umringt von einer Horde blasser, schmutziger Kinder in den Wartezimmern der Ärzte saßen.

Und wie sich noch zeigen wird, befreite sie auch die weibliche Lust und verwandelte die Frauen in sexuelle Wesen. Der Einfluß der weiblichen Sexualität sollte sich in erster Linie auf gesellschaftliche Institutionen, insbesondere die Kirche, auswirken. Das hatte niemand vorausgesehen, am allerwenigsten die unterprivilegierten Frauen von Puerto Rico, die den Wissenschaftlern geholfen hatten, die Büchse der Pandora zu öffnen.

Das Land, das von Männern in Frauenkleidern geführt wird

John Rock hat den Papst besiegt.

Vater Andrew Greely

KONSERVATIVE träumen von einer Welt, in der die sexuelle Revolution nie stattgefunden hat. Wie würde eine solche Welt aussehen? Zum Zeitpunkt, wo ich dies zu Papier bringe, sind in Irland Abtreibung, Homosexualität und Scheidung gesetzlich verboten. Eine Handvoll Kliniken für die Familienplanung, die ohne staatliche Unterstützung ums Überleben kämpfen, geben Verhütungsmittel an Ehepaare aus. In Dublin können Sie eine Packung Kondome kaufen, aber nicht in den Dörfern, wo der Apotheker, der Arzt, der Priester und der Polizist mit Argusaugen über das Seelenheil der Bewohner wachen. In Irland gab es keinen Sex, so ein irischer Politiker, bis das nationale Fernsehen BBC empfangen konnte. Nichtsdestotrotz nutzte Kevin McNamara, Erzbischof von Dublin, Mitte der achtziger Jahre die neue Technologie, um einem unfreiwilligen Publikum zu verkünden, daß Empfängnisverhütung zum »Verfall der Moral, zur Ausbreitung von Geschlechtskrankheiten und zu einem dramatischen Anstieg von Teenagerschwangerschaften, unehelichen Kindern und Abtreibungen« führen würde.[1] Aber 1984 entdeckte Irland seine eigene Unterwelt, ein verborgenes Land, das unter der sentimentalen Vision des ländlichen Erin lag, für das Eamon de Valera, der erste Präsident, die Verfassung geschrieben hatte. In dem Irland, von dem de Valera geträumt hatte, betrieben athletische junge Burschen die alten gälischen Sportarten, unverseucht vom heidnischen Fußball und liebevoll umsorgt von unschuldigen Maiden – wie in einem Werbespot für frische irische Sahnebutter. In dem anderen Irland lebte Anne Lovett, ein fünfzehnjähriges Mädchen, das in der Nähe ihrer Heimatstadt Granard tot aufgefunden wurde. Man fand sie in einer Grotte vor der Statue der Jungfrau Maria, neben ihr lag ihr ebenfalls totes neugeborenes Kind, das noch durch die Nabelschnur mit ihr verbunden war. Im Jahr darauf wurde Joanne Hayes, damals 25, in Cahirciveen, Grafschaft Kerry, wegen Kindestötung festgenommen. Sie wurde beschuldigt, ihr neugeborenes Baby mit zweiundzwanzig Messerstichen getötet und es anschließend von den Klippen bei Slea Head geworfen zu haben, Irlands letztem Landfall, bevor der Atlantik Amerika erreicht. Joanne, die eine Affäre mit einem verheirateten Mann gehabt hatte, war in knapp zwei Jahren dreimal von ihm schwanger geworden. Zu ihrer Verteidigung sagte sie aus, sie habe zwar tatsächlich ein Kind bekommen, es sei jedoch sofort nach der Geburt gestorben und sie habe es auf dem elterlichen Bauernhof begraben.

Wer war der Säugling, der in einem leeren Düngemittelsack an den Strand gespült wurde? Die Polizei wartete mit einer genialen Erklärung auf. Joanne, so sagten sie, hätte nicht ein, sondern zwei Kinder bekommen. Eines hätte sie bei Slea Head über die Klippen geworfen, das andere begraben. Bedauerlicherweise wurde diese Theorie von der Autopsie zunichte gemacht. Genetische Tests bewiesen, daß die Kinder keine Zwillinge gewesen sein konnten. Die Polizei kehrte ans Reißbrett zurück. Diesmal beglückte sie die Öffentlichkeit mit der Theorie, daß Joanne zwei Liebhaber gehabt hätte und daß, ungeachtet einer Chance von eins zu einer Million, ihre Eierstöcke zwei Eier gleichzeitig produziert hätten, die dann von den beiden Männern befruchtet worden wären – ein Phänomen, das in Medizinerkreisen als Überbefruchtung bezeichnet wird. Die Polizei war bereit, diesen abstrusen und schwer verdaulichen Brocken zu schlucken, weil die Alternative aus einer noch weit unangenehmeren Wahrheit bestanden hätte, nämlich daß das Land mit den Leichen ungewollter Kinder übersät war, getötet von ledigen Müttern, die weder den Weg der Empfängnisverhütung noch den der Abtreibung gehen konnten.

Während ihres Prozesses wurde Joanne an eine psychiatrische Klinik in Limerick überstellt. Auf derselben Station befand sich eine Frau, die auf die Toilette gegangen war, um ihre Blase zu erleichtern, und sich dabei eines Kindes entledigt hatte, das mit zerschmettertem Schädel in der Porzellanschüssel landete. Eine weitere Frau hatte ein Kind zur Welt gebracht, das aus der inzestuösen Beziehung zu ihrem Vater hervorgegangen war, der sie als Zwölfjährige in sein Bett gezerrt hatte, nachdem die Mutter gestorben war.[2] Joanne Hayes' Cousine Mary Shanahan trat in dem Kerry-Baby-Prozeß als Zeugin auf. Sie sagte aus, daß am Abend vor der Fehlgeburt Joannes Schwester Kathleen zu Besuch gekommen sei und sie gemeinsam *Polizeirevier Hill Street* gesehen hätten.[3] In Irland konnte man in einer Welt leben, in der die Kindestötung die einzig mögliche Form der Geburtenregelung darstellte, als ob man unversehens in die Seiten von Scotts *Das Herz von Midlothian* gestolpert wäre, eines Romans um ein schottisches Gesetz aus dem achtzehnten Jahrhundert, das die Verheimlichung einer Geburt mit der Todesstrafe bedrohte. Im nächsten Moment konnte man mit Hilfe des Fernsehens in eine Welt von Crackdealern, Pastrami-Sandwiches und Rap hinüberwechseln. Durch die Fälle von Anne Lovett und Joanne Hayes wurde Irland sich bewußt, daß es trotz seiner Gesetze eine sexuelle Revolution gehabt hatte. »Wir leben in einer promiskuösen Gesellschaft«, sagte ein Kriminalbeamter, der den Hayes-Fall bearbeitete (und während der ganzen Untersuchung eine Ausgabe von Germaine Greers Kritik der Reproduktionstechnik, *Die heimliche Kastration*, in der Tasche trug). »Es hat unzählige Fälle gegeben, in denen Frauen von ihrem nächsten Nachbarn schwanger wurden. Es geschieht, es ist früher geschehen, und es wird weiterhin geschehen.«[4]

In den zehn Jahren, die auf den Freispruch von Joanne Hayes folgten, blieb es ruhig in Irland. Man fügte sich in das Märchen von dem Land, in dem es keinen Sex gab. 1983 kam es zu einem traumatischen Referendum zur Abtreibung. Infolge dieses Referendums wurde in der Verfassung verankert, daß das Leben der Mutter und des ungeborenen Kindes grundsätzlich gleichwertig sind. Eine Ehefrau, die ihrem Mann einen Haufen Kinder geschenkt, ihre Nasen geputzt, ihren Tee zubereitet, sein Essen gekocht und seine Socken gestopft hatte, wurde also auf dieselbe geistige und physiologische Stufe gestellt wie ein Zellklumpen. Resigniert zogen die Kämpferinnen für sexuelle Selbstbestimmung sich zurück und betrieben fortan heimliche Netzwerke, um schwangeren Frauen zu einer Abtreibung in Großbritannien zu verhelfen, der früheren Kolonialmacht, in die Irland jetzt seine gesamten moralischen Probleme exportierte: schwangere Teenager, ledige Mütter, Schwule und Lesben.

Aber im Februar 1992 riß die warme, schützende Nebeldecke moralischer Selbstzufriedenheit erneut auf. Ein anonymes vierzehnjähriges Mädchen wurde schwanger. Das Mädchen lebte in Irlands Zukunftsstadt Tallagh, einer rapide wachsenden Betonsiedlung von 100000 Menschen an zwei Dorfstraßen. Tallagh schluckte das Land und die Menschen, die dort lebten, und lockte die Bewohner aus den Dubliner Slumräumungsprojekten in seine Mauern. Es gab keine Busse, Pubs, Geschäfte oder Kinos. Die Freizeitgestaltung beschränkte sich auf Spritztouren in gestohlenen Autos. Das Mädchen war ganz unschuldig, aber sie hatte ihre erste Regelblutung mit elf Jahren gehabt, und ihrer Mutter war aufgefallen, daß zwei Perioden ausgeblieben waren. Es stellte sich heraus, daß der Vater einer Freundin das Mädchen sexuell mißbraucht und zweimal penetriert hatte. Die Eltern des Mädchens sprachen mit der Polizei, bevor sie ihre Tochter zu einer Abtreibung nach England brachten. Sie wollten wissen, ob eine Gewebeprobe für einen DNA-Test helfen würde, den Vergewaltiger zu überführen. Als der Leiter der Strafverfolgungsbehörden das Mädchen zurück nach Irland beorderte, um sie von dem Schwangerschaftsabbruch abzuhalten, ging das Gerücht um, daß es gar keinen Vergewaltiger gegeben hätte, daß sie von einem Freund, einem irakischen Studenten, schwanger sei. Ein Priester sagte im Fernsehen, daß man sich den ganzen Fall nur ausgedacht hätte, um die Verfassung anzugreifen.

Während also der Mißbrauch des Mädchens weiterging, begann Tallagh sich zu verändern. Auf einem Hügel im Stadtkern, wie eine Burg, umringt von ihren Untertanen, entstand ein Einkaufskarree mit einem Kinocenter, einem McDonald's, einer kondomverkaufenden Nachtapotheke und den Niederlassungen englischer Warenhausketten, die alles feilboten, was das Herz begehrte. Die Neonreklame für den neuesten Film beleuchtete noch eine weitere, plötzlich weithin sichtbare Attraktion – eine Klinik für Familienplanung. Hierher kamen Frauen, um ihr Herz auszuschütten – Frauen, die seit zehn Jahren nicht mehr richtig mit ihren Männern geschlafen hatten, weil sie Angst vor einem weiteren Kind hatten, und die sich jetzt Sorgen machten, weil sie letzte Nacht weich geworden waren und ihn gelassen hatten.

Warum haben die Iren solche Probleme mit dem Sex, während die genauso katholischen Franzosen, Italiener und Spanier es geschafft haben, Kirche und Staat voneinander zu trennen? Das war nicht immer so. Bis ins Mittelalter wurde Irland vom übrigen Europa als rückständige Provinz und moralisches Notstandsgebiet betrachtet, weil Scheidungen und Wiederverheiratungen üblich waren und die oberen Schichten polygamen Ausschweifungen frönten. Irland war abgeschnitten vom Kontinent und noch immer stark vom voraugustinischen Christentum der frühen Missionare geprägt. Diese Situation änderte sich erst im siebzehnten Jahrhundert, als England begann, die Regierung seines Kolonialstaats mit eiserner Hand zu führen.[5] Nach Ansicht des Kritikers J. Middleton Murry beschreibt James Joyces *Ulysses* »den Durchbruch der verdrängten Gefühle eines erwachsenen Mannes, der unter dem Schatten der römisch-katholischen Kirche gelebt hat, in einem Land, wo diese Kirche am wenigsten europäisch ist und lediglich eine gewaltige Bekräftigung des Puritanismus darstellt«.[6] Die Kirche war der gemeinsame Nenner im antikolonialen Bewußtsein. Sie webte sich selbst in das Muster des neuen Staates mit ein. Sie war die Religion der Unterdrückten und versprach ein Leben im Jenseits, das für die schlimmen Entbehrungen des großen Hungers entschädigen würde.

Die Briten haben nie zugelassen, daß sich in Irland die nonkonformistische Lehre ausbreitete, die seit dem siebzehnten Jahrhundert für das Recht des Individuums plädierte, in Fragen des Gewissens selbst zu entscheiden. Sie unterdrückten die millenarische Vision, die in diesem Jahrhundert entscheidend dazu beigetragen hat, daß in Großbritannien Kliniken für die Familienplanung gegründet und die Gesetze zur Homosexualität liberalisiert wurden. Die Iren lernten statt dessen, sich meisterhaft zu verstellen und Reden und Handeln voneinander zu trennen. Zwei Monate nach dem aufsehenerregenden Fall des vierzehnjährigen Mädchens vernichtete ein weiterer Skandal die letzten verbliebenen Hoffnungen, daß Irland die trotzige Beharrlichkeit seiner eigenen sexuellen Begierden totschweigen könnte. Die geschiedene Amerikanerin Annie Murphy präsentierte einen achtzehnjährigen Jungen und stellte ihn als den Sohn von Eaon Casey, Bischof von Galway, vor. Casey, dem vorgeworfen wurde, mehr als 100000 Pfund an Kirchengeldern ausgegeben zu haben, um Mutter und Kind zu unterstützen, nahm sofort seinen Abschied. Die Presse war voll von Gerüchten über die Existenz eines geheimen Schmiergeldfonds, aus dem der Vatikan schwangere Priesterfreundinnen abfand. Annie schilderte ihre Liebesbeziehung im irischen Rundfunk. Es war der größte katholische Sexskandal seit jener Szene aus den *Dornenvögeln*, in der die Heldin und ihr Priester miteinander geschlafen und beinahe die nationale Stromversorgung lahmgelegt hatten, weil ganz Irland die Werbepause nutzte, um sich einen Tee für seine aufgewühlten Nerven zu kochen.

Der Zusammenbruch der privilegierten Machtstellung der Kirche als Wächterin der irischen Moral muß in Rom mit tiefer Verzweiflung registriert worden sein. Nach Ansicht des irischen Journalisten Peter Lennon hatten die meisten Bürger der Republik jahrzehntelang »mit wechselnden Graden von Ruhelosigkeit und Rebellion die zutiefst grotesken Strukturen und mitleidlosen Edikte der Hierarchie toleriert. Die große Mehrheit akzeptiert, daß ihr Leben von Leuten überwacht und bespitzelt wird, die häufig von niederer Intelligenz sind und eigensinnig auf normale Beziehungen für sich selbst verzichten, aber ihr bizarres und verklemmtes Verständnis von Sexualität anderen Menschen aufzwingen.«[7] Es ist die sexuelle Revolution, mehr als jede andere soziale oder wirtschaftliche Veränderung, die Irland allmählich in einen modernen säkularen Staat verwandelt.

Ein Priester ist nichts anderes als ein Mann in Frauenkleidern, und die Priesterschaft nicht mehr als eine Art Bruderschaft sexualfeindlicher Transvestiten. In der zweiten Reihe steht eine weibliche Dienstbotenklasse von Nonnen, die dieser Elite aufwartet und eingehüllt in mittelalterliche Leichentücher die Wäsche entgegennimmt und sich um die Erziehung der jungen Mädchen kümmert. Eine zölibatäre Bruderschaft wirft sich zum Wächter der Moral auf und gibt sich keineswegs damit zufrieden, die sexuelle Lust unter eine biblische Knute zu zwingen, sondern will das erotische Leben der Menschen in einen riesigen, antiquierten, rostigen, staubigen, miefigen Machtapparat einzwängen, der sich aus den verschrobensten aller unausgegorenen Theorien zusammensetzt. Diese mittelalterliche Unterdrückungsmaschine holperte durchs zwanzigste Jahrhundert und beförderte ihre Fahrgäste, Millionen von Gläubigen auf der ganzen Welt, arg durchgeschüttelt, aber sicher durchs Leben. Aber 1968 kollidierte sie mit einem großen Hindernis, dessen Auftauchen sie nicht vorausgesehen hatte. Sie reagierte darauf mit derselben Begeisterung wie auf Galileos Behauptung, daß die Erde sich um die Sonne dreht. Die Kirche überlebte ihren Zusammenprall mit der Pille, aber sie war so angeschlagen, zerbeult und reparaturbedürftig, daß viele Reisende absprangen. Sex ließ den Katholizismus erfolgreich entgleisen, jene Religion, die so große Probleme mit der fleischlichen Lust hat, daß ihr Gründer sogar seiner eigenen Mutter die Sinnesfreude untersagte.[8]

Die Welt der Antike schreckte angstvoll und angewidert vor den sichtbaren Zeichen der weiblichen Sexualität zurück. Man glaubte, daß das Menstruationsblut den Samen verunreinigen könnte, und Geschlechtsverkehr mit einer Frau, die ihre Regelblutung hatte, galt als besonderes Tabu.[9] Isidor von Sevilla, der im Jahre 636 nach Christus starb, verbreitete die Lehre, daß der Kontakt mit Menstruationsblut mehrere unangenehme Folgen heraufbeschwor: »Nach der Berührung mit ihm können Früchte nicht keimen, Blüten verwelken, Gräser sterben ab, ... Eisen rostet, Erz wird schwarz, Hunde, die davon nehmen, bekommen Tollwut.«[10] Die frühen Christen legten als erste nieder, daß der Sinn und Zweck der Ehe in der Zeugung bestände, obwohl es viele Belege dafür gibt, daß empfängnisverhütende Maßnahmen in der Antike weit verbreitet waren und selbst die Kindestötung als eine natürliche Methode zur Aussonderung von nicht gewollten oder behinderten Säuglingen betrachtet wurde. Tacitus schmähte die Juden in einer antisemitischen Polemik, weil sie ihre überzähligen Neugeborenen nicht töteten. Das Christentum scheint seine engere Sichtweise der Familienplanung vom Judaismus übernommen zu haben.[11] Um diese nützliche Vorstellung vom Zweck der sexuellen Lust durchzusetzen, verbreitete die frühe Kirche die Theorie, daß Frauen am fruchtbarsten seien, wenn ihre Libido sich auf dem Höhepunkt befand, woraus logischerweise folgerte, daß Gott die Lust einzig zum Zwecke der erfolgreichen Empfängnis erschaffen hätte. Diese Theorie hatte einen Schwachpunkt. Es lagen noch keine gesicherten Erkenntnisse über den genauen Zeitpunkt des Eisprungs vor, und das angeblich naturgesteuerte Libidomaximum schwankte je nach dem gegenwärtigen Stand der Wissenschaft. Die Priester mußten den Frauen wiederholt mitteilen, daß ihre Libido inzwischen in einer anderen Phase des Zyklus ihren Gipfel erreichte, als man ihnen bislang gepredigt hatte.[12]

Nach Ansicht der feministischen Theologin Uta Ranke-Heinemann geht die Lustfeindlichkeit der Kirche auf Augustinus und seine willkürliche Umkehrung der manichäischen Lehre zurück. Er war derjenige, so Heinemann, »der die Lust- und Sexualfeindlichkeit mit dem Christentum zu einer systematischen Einheit verschmolz ... der theologische Denker ... der den Weg für die nachfolgenden nicht nur Jahrhunderte, sondern Jahrtausende einleitete«.[13] Der von dem persischen Religionsstifter Mani begründete Manichäismus ging davon aus, daß die Erde ein vom Teufel geschaffenes Reich grenzenloser Finsternis war, und hielt die Zeugung für einen »Teufelsakt, denn der Mensch ist ein Lichtteilchen, das in einem von Dämonen gezeugten Leib gefangengehalten wird«.[14] Deshalb plädierten die Manichäer für kinderlose Ehen. Sie tolerierten die sexuelle Lust, verdammten aber die Zeugung. Diese Theorie wurde von Augustinus auf den Kopf gestellt. Er war der Ansicht, daß es vor dem Sündenfall Sex ohne jegliche Begierde gegeben hätte; daß Adam in der Lage gewesen wäre, seine Erektionen mit dem Willen zu steuern, so wie manche Leute mit den Ohren wackeln können. Die Strafe für Evas Sünde bestand darin, daß der Körper dem Geist nicht mehr gehorchte, sozusagen als dauerhafte Gedächtnisstütze für jenen ersten Ungehorsam.[15] Augustinus' Frauenverachtung ging so weit, daß er niemals mit einer Frau sprach, höchstens über Vermittlung durch Dritte, und niemals eine Frau in sein Haus ließ, nicht einmal Verwandte.[16] Im kirchlichen Bußsystem wurde die Wollust über die Gewalt erhoben. Das angelsächsische Bußbuch des Pseudo-Egbert (um 800) legte folgende Bußen fest: für oralen Sex sieben Jahre bis lebenslänglich, für Analverkehr zehn Jahre, für Abtreibung sieben bis zehn Jahre, für vorsätzlichen Mord sieben Jahre. Und es gab ein komplexes Bußsystem für kleinere Vergehen, wie zum Beispiel zwanzig Tage bei Wasser und Brot für einen Mann, der Geschlechtsverkehr mit seiner schwangeren Ehefrau hatte.

Erst als K. E. von Baer 1827 das weibliche Ei entdeckte, begann die Wissenschaft, die Sexauffassung des Mittelalters in Frage zu stellen. Baers Entdeckung hatte einschneidende Folgen für das Ideal der Jungfrauengeburt, wie Uta Ranke-Heinemann ausführt: »Akzeptiert man es ... so würde man die Alleinwirksamkeit Gottes leugnen, und die Empfängnis vom Hl. Geist wäre dann eine Empfängnis nur noch zu fünfzig Prozent.«[17] Darwins Entdeckungen, die im neunzehnten Jahrhundert alle Religionen in Frage stellten, schufen eine paradoxe Figur des zwanzigsten Jahrhunderts – den katholischen Wissenschaftler. Als

John Rock in den dreißiger Jahren Diaphragmen im Staat Massachusetts anpaßte, wo die Empfängsnisverhütung gesetzlich verboten war, wollte eine Gruppe von katholischen Ärzten ihn exkommunizieren lassen.[18] Rock hatte sich erstmals 1931 öffentlich zur Empfängnisverhütung geäußert und in einem Artikel die Ansicht vertreten, daß Kinder eine unabdingbare Voraussetzung für ein glückliches Familienleben seien. Aber er sah sich auch als Humanist, für den der Sinn des Lebens im Dienst am Mitmenschen bestand. Er glaubte, daß sexuelle Erfüllung ein integraler Bestandteil des Ehelebens sein sollte und daß man von keinem Menschen fordern dürfte, dieses vitale Bedürfnis als »sexuelles Märtyrertum« zu sublimieren.

Bei Kriegsende war Rock überzeugt, daß ein unkontrolliertes Bevölkerungswachstum eine Gefahr für jede geordnete Gesellschaft darstellte, und wurde zu einem Befürworter der Kleinfamilie.[19] In den frühen fünfziger Jahren begann er, große Mengen Progesteron an den Fortpflanzungsorganen unfruchtbarer Frauen auszutesten. Während der Behandlung, die drei bis fünf Monate dauerte, hatten die Frauen keinen Eisprung, aber nach Absetzen des Progesterons wurden fast fünfzehn Prozent aufgrund des sogenannten Rock-Rebound-Effekts sofort schwanger. 1953 trat Pincus an Rock heran und fragte ihn, ob er an einer Studie über die Verwendung von Progesteron als empfängnisverhütendem Mittel teilnehmen wollte. Rock stimmte zu, weil er hoffte, daß diese Methode der Geburtenregelung die Zustimmung des Vatikans finden würde.

Mehrere Jahre lang, zwischen 1960, als die Pille in Amerika als verschreibungspflichtiges Medikament erhältlich wurde, und der *Humanae-Vitae*-Enzyklika von 1968 schien es durchaus im Bereich des Möglichen zu liegen, daß die katholische Kirche ihre Gläubigen von der Bürde kinderreicher Familien erlösen und das lustvolle Vergnügen der heiligen Väter an gutem Essen, edlem Wein und schöner Kunst auf die Freuden der Erotik erweitern würde. Auch die katholische Kirche machte sich Sorgen über die Bevölkerungsexplosion, und Papst Pius XII. hatte 1953 sogar einige Abgesandte zur Weltbevölkerungskonferenz nach Rom geschickt. Die anfängliche Reaktion auf die Pille war durch einen vorsichtigen Optimismus gekennzeichnet. 1962 führten holländische Bischöfe eine Meinungsumfrage zur Ehe in den Niederlanden durch. Die Mehrheit der befragten Katholiken fand die Kirchenlehren zu diesem Thema völlig lebensfremd. Von den zwanzig Theologen, die an der Umfrage teilgenommen hatten, hielten achtzehn die Pille für akzeptabel. Den Priestern wurde angeraten, ihren Gemeinden zu erklären, daß die Kirche in dieser Frage gespalten sei, daß die Kritik an der Pille in die Kategorie »zweifelhaftes Gesetz« fiele und daß ein »zweifelhaftes Gesetz nach jesuitischer Tradition nicht bindend« sei.

Am 19. April 1964 brachte die *Times* einen Artikel über den aus Liverpool stammenden Jesuitenbischof von Bombay, Thomas d'Esterre Roberts. Der Querdenker Roberts hatte früher mit Bertrand Russel und dem Sexbuchguru Alex Comfort an den Protestmärschen gegen die Atombombe teilgenommen. Einige Jahre in Bombay hatten ihn vom modernen Ideal der Bevölkerungskontrolle überzeugt. Die *Times* zitierte ihn mit den Worten: »Der Sinn der Ehe liegt nicht darin, so viele Kinder wie möglich zu bekommen, sondern so viele, wie man im Rahmen des Möglichen zu glücklichen und nützlichen Menschen erziehen kann. Ein Inder lebt mit seiner Frau und mehreren Kindern in einer Lehmhütte. Er ist zu arm, um sich Licht oder Strom leisten zu können. Jede Nacht liegt er zwölf Stunden mit seiner Frau im Dunkeln und hat nichts anderes als ihre Liebe.« Am 7. Mai antwortete ihm Kardinal Heenan, früher Gemeindepfarrer in Liverpool. Geschlechtsverkehr, so Heenan, sei verboten und verwerflich, wenn die Zeugung verhindert werde. Gottes Gebot könne nicht umgestoßen werden. Am selben Abend bat die BBC das katholische Parlamentsmitglied Norman St. John-Stevas (später Lord St. John of Fawsley) um einen Kommentar. Er erklärte, daß die kategorischen Ausführungen von Kardinal Heenan die Debatte beenden sollten.[20] St. John-Stevas war nicht daran gewöhnt, katholische Glaubenslehren öffentlich zu hinterfragen. Derartige Erörterungen sollten sich seiner Ansicht nach auf theologische Diskussionen in katholischen Fachzeitschriften beschränken. Aber abtrünnige Katholiken benutzten die weltliche Presse, das Fernsehen und den Rundfunk als Mittel der Massenkommunikation, um religiöse Fragen zu erörtern und sie weit über den begrenzten Kreis von Gelehrten, Theologen und Priestern hinauszutragen, die in der Lage wären, den Massen den Sinn solcher Diskussionen zu erklären.

Die Pille brach das Schweigen. Sie löste nicht nur öffentliche Diskussionen über Sexualität aus, sondern stellte auch die Rolle der Kirche in einer modernen Gesellschaft in Frage. Kardinal Leo Josef Suenens aus Brüssel vertrat später im selben Jahr folgende Ansicht:

> Wir müssen uns zur Realität des menschlichen Lebens äußern, zur Unverletzlichkeit dieses Lebens, zu seiner Zeugung und Ausbreitung in der sogenannten Bevölkerungsexplosion. Die Kirche muß über soziale Gerechtigkeit sprechen. Worin liegt die theologische und praktische Verantwortung reicher Nationen gegenüber der dritten Welt oder gegenüber jenen Ländern, in denen Hunger herrscht? Die Kirche muß darüber sprechen, wie sie den Armen das Evangelium verkünden will und welche Voraussetzungen die Kir-

che erfüllen muß, damit die Botschaft des Evangeliums verstanden wird. Die Kirche muß sich zu den Problemen von Krieg und Frieden äußern, und zwar auf eine Weise, die zur Aufklärung der Menschen beiträgt.[21]

Ihm widersprach Ernesto Ruffini, Erzbischof von Palermo, mit der inständigen Bitte: »Laßt uns dem Vorbild des heiligen Augustinus folgen, der ohne Zögern aussprach, daß Eltern, die den Zweck der christlichen Ehe mißachten, die Sünde der Ausschweifung und Prostitution begehen. Laßt uns keine Angst haben, die Wahrheit auszusprechen.«[22]

Diese konträren Ansichten spiegelten zwei Kulturen wider. Die nordeuropäischen Katholiken lebten in mehrheitlich protestantischen Ländern, die von der nonkonformistischen Tradition des Millenarismus mit seiner Hervorhebung des individuellen Gewissens und der Vision sozialer Gerechtigkeit geprägt waren. Palermo dagegen war die Hauptstadt einer mit Füßen getretenen Insel von Kleinbauern, die sozialen Fortschritt für eine lebensfremde Idee hielten; Sizilien war tief durchdrungen von der *omerta* oder Klanloyalität, von der langgehegten Verbitterung über wechselnde Kolonialmächte und von der pessimistischen Überzeugung, daß das Leben sich niemals zum Besseren wenden würde. Aber die Kirche war eine weltumspannende Bewegung, die den Versuch machte, Menschen aus heterodoxen Kulturen unter einer zentralen Doktrin zusammenzubinden. Der Vatikan beschloß, eine Studie durchzuführen, und gründete die päpstliche Studienkommission zu den Problemen der Bevölkerung, der Familie und der Geburten. Die Kommission umfaßte acht Repräsentanten aus Belgien und Frankreich, sieben aus den USA, fünf Deutsche, fünf Italiener, drei Spanier und einige Teilnehmer aus der dritten Welt. John Rock wurde nicht dazugebeten.

Doch einen historischen Schritt tat die Kommission. Zu den amerikanischen Teilnehmern gehörten Patrick und Patty Crowley, die eine Organisation mit dem Namen *Christian Family Movement* leiteten. Petty war sechsmal schwanger gewesen, hatte vier Kinder bekommen und war schließlich bei einer lebensnotwendigen Operation sterilisiert worden. Es war das erste Mal, daß Laien um ihre Meinung gebeten wurden.[23] Als die beiden in Rom eintrafen, wurde ihnen mitgeteilt, daß die fünf Frauen der Kommission in einem Nonnenkloster untergebracht waren. Den Zölibaten des Vatikans schien nicht in den Sinn zu kommen, daß Eheleute den Wunsch haben könnten, zusammen zu schlafen. Für die Dauer der Ausschußarbeit lebten die Crowleys zölibatär. Anfangs stand die Kommission der Pille vorsichtig positiv gegenüber. Die Crowleys berichteten von ihren schlechten Erfahrungen mit Knaus-Ogino. Ihrer Ansicht nach wurde die geistige und körperliche Liebe durch die Rhythmusmethode zur sexuellen Triebabfuhr degradiert. Sie mache Paare besessen vom Sex und die Ehe zu einer Art lizensierten Prostitution.[24]

Die Kommission schloß ihre Arbeit mit einem Bericht ab, der sich auf eine meterdicke Dokumentation stützte. Der Text griff nicht nur die Frage der Pille auf, sondern berührte den Kern der mittelalterlichen Glaubenstradition. Es wurde argumentiert, daß die Natur nicht unveränderlich sei, daß Wahrheit etwas sein könne, das »für den Moment« Gültigkeit habe, daß die Kirche sich offen und zukunftsorientiert geben müsse und daß man Verhalten nicht diktieren könne. Man drängte den Papst, die Frage der Geburtenregelung nicht abschließend zu beantworten, sondern den Gläubigen zu sagen, daß sie diese Frage für sich selbst entscheiden sollten. Wie eine Cartoonfigur, die mit baumelnden Beinen am Rande einer Klippe hängt, sah die Kirche plötzlich nach unten und blickte in einen gähnenden Abgrund. Die Debatte über die Geburtenregelung hatte grundsätzliche Fragen über die Kirche und ihre Autorität aufgeworfen, und die Beantwortung dieser Frage erforderte »eine radikale Revision der Grundsätze, nach denen Rom seit einem Jahrhundert seine Macht ausgeübt hatte«.[25]

Der Papst war verwirrt. Im Oktober 1965 hielt er seine als »Antikriegsrede« bekanntgewordene Ansprache vor der UN. Hinterher wurde er von Alberto Cavallari vom Mailänder *Corriere della Sera* interviewt:

> So viele Probleme! Es gibt so viele Fragen, auf die wir eine Antwort finden müssen. Wir wollen die Welt offener machen, und jeden Tag müssen wir Entscheidungen treffen, die noch jahrhundertelange Auswirkungen haben werden... Nehmen Sie zum Beispiel die Geburtenregelung. Die Welt fragt uns, was wir darüber denken, und wir versuchen, eine Antwort zu geben. Aber welche Antwort? Wir können nicht schweigen. Wir müssen etwas dazu sagen, auch wenn es schwierig ist. Aber was? Die Kirche hat niemals in ihrer Geschichte vor einem solchen Problem gestanden. Es ist ein merkwürdiges Thema für eine Diskussion unter Kirchenmännern. Sogar ein persönlich peinliches Thema... Wir müssen etwas sagen. Aber was?[26]

Die politische Rechte formierte ihre Truppen, um das Vakuum der pontifikalen Unsicherheit mit schlagkräftigen Argumenten zu füllen. Aber selbst bei diesem Feldzug stolperte sie immer wieder über verborgene Fallstricke. So wollte sie zum Beispiel das Argument ins Feld führen, daß der koitale Akt ein einzigartiger Ausdruck der Liebe zwischen Mann und Frau sei. Doch dadurch hatte man plötzlich auch den Sex zum zentralen Dreh- und Angelpunkt der Ehe befördert. In der

Zwischenzeit hatten die Crowleys eine Umfrage bei 3000 Katholiken aus achtzehn Ländern durchgeführt. Die Befragten bestätigten, daß Knaus-Ogino sexuelle Frustration auslöste, zu Reizbarkeit und Angst vor Schwangerschaft führte und die eheliche Beziehung stark belastete. Und was war mit der Menopause, wenn die Blutungen unregelmäßig wurden? Plötzlich wurden Ehepaare in Rom gehört, und ihr Einfluß versetzte die Konservativen zunehmend in Angst und Schrecken. Sie meinten, daß das Auftauchen dieser Artfremden in der abgeschlossenen Welt des Klerus die Geistlichkeit so verwirrt hätte, daß sie Gott vergaßen.[27]

Bis jetzt schien es eine positive Strömung für die Reformer zu geben. Die Crowleys waren optimistisch, und in Großbritannien beschloß Kardinal Heeman, sich in das scheinbar Unvermeidliche zu fügen, und entwarf einen Hirtenbrief, in dem er einräumte, daß Vorstellungen von Gut und Böse sich wandeln konnten. Katholiken, vor allem in den USA, warteten nicht länger auf die Zustimmung von Rom. Ein Hilfsbischof flog mit einer gecharterten Cessna 180 durch Minnesota und erzählte den Gläubigen, daß die Frage geklärt sei und sie auf ihre eigene Urteilskraft vertrauen sollten.[28] John F. Kennedy hatte das neue Gesicht des Katholizismus repräsentiert – jugendlich, attraktiv, fortschrittlich und humanitär. Für die Liberalen war Kennedy eine Art bedeutender Prophet, der eine bestehende Glaubenslehre reformiert, sie mit neuem Leben erfüllt und ihr eine neue Richtung gibt. Vielen erschien sein Ende vielleicht sogar als Märtyrertod eines Mannes, dessen weltliche Inspiration so groß war, daß sie auf der Schwelle zum Heiligen stand.

Aber hinter den Kulissen schmiedeten die Konservativen ihre Ränke. Kardinal Alfredo Ottaviani, Präfekt des Heiligen Offiziums, nahm den Papst beiseite. Er erzählte ihm, daß die ganze westliche Welt von einer sexuellen Revolution erschüttert werde, daß die Freigabe der Geburtenregelung einer hedonistischen Flutwelle Tür und Tor öffnen würde, daß die Regierungen staatlich geführte Kliniken zur Familienplanung betreiben würden. Der Papst entließ ihn mit dem Auftrag, einen neuen Bericht zu erstellen. Die Abfassung der *Humanae Vitae* dauerte sechs Monate. Am 29. Juli 1968 waren alle Spekulationen beendet. Die Enzyklika machte sich nicht die Mühe, das Pro und Contra abzuwägen. Sie stützte sich im wesentlichen auf ein Hauptargument, das in den Paragraphen 12 bis 14 enthalten ist:

> Jeder eheliche Akt muß offen bleiben für die Weitergabe von Leben … Der Gebrauch dieses göttlichen Geschenkes, der, wenn auch nur teilweise, dessen Sinngehalt und Zielsetzung aufhebt, besagt nichts anderes, als daß man sich dadurch in Widerspruch zum We-

sen des Mannes und der Frau sowie ihrer innigsten Beziehung setzt und damit auch in Widerspruch zum göttlichen Schöpfungsplan und Willen... außerdem ist auch jede Handlung davon ausgeschlossen, die sich entweder in Voraussicht oder während des Vollzugs des ehelichen Aktes oder darauffolgend beim Ablauf seiner natürlichen Auswirkungen, die Verhinderung der Fortpflanzung zum Ziel oder Mittel zum Ziel setzt.[29]

Damit hatte die Kirche den Sex als Ausdruck der Lebensfreude, der Lust oder Intimität zu etwas Verwerflichem erklärt. Sex sollte nichts anderes sein als eine rein mechanische Methode zur Zeugung von Leben. Viele Katholiken können sich noch genau daran erinnern, was sie in dem Moment taten, als ihnen die Nachricht von der Enzyklika zu Ohren kam. Es war ein wenig wie bei der Ermordung von Präsident Kennedy.

Jim Brandes, ein texanischer Priester, saß gerade beim Frühstück, als einer seiner Laienprediger mit der Zeitung hereinkam, in der die Nachricht von der päpstlichen Enzyklika stand. »Meine ersten Worte bei der Lektüre waren ›Oh, Scheiße!‹«, erzählte er David Rice, einem irischen Ex-Priester und Autor von *Kirche ohne Priester*, einer scharfen Kritik am Zölibat. »Ich war einfach am Boden zerstört. Alle meine Bauchmuskeln verkrampften sich, und dieser Zustand hielt wochenlang an«, berichtete Brandes. Wochen später, wieder am Frühstückstisch, beschloß er, sein Priesteramt aufzugeben.[30] Mehr als 2500 amerikanische Wissenschaftler unterzeichnetene einen offenen Brief, in dem sie die Entscheidung des Papstes bedauerten. Fast zwei Dutzend Theologen von der Katholischen Universität Amerikas, unterstützt von sechzig anderen Geistlichen aus dem ganzen Land, warfen der Enzyklika vor, daß sie »der Bedeutung der modernen Wissenschaft im ethischen Bereich nicht genügend Aufmerksamkeit« gewidmet habe.[31]

In Großbritannien fingen führende Laienkatholiken an, sich vom Vatikan zu lösen. Auberon Waugh, Vater von vier Kindern und regelmäßiger Kirchgänger, der damals für den *Spectator* arbeitete, wurde 1970 vom *Observer* gefragt, was er tun würde, wenn er der Papst wäre: »Ich würde mit Sicherheit dieses Theater um die Empfängnisverhütung beenden«, entgegnete er. »Ich weiß noch, daß ich das Thema mit einem bekannten Jesuiten besprach – der hier ungenannt bleiben soll –, und wir entwickelten unsere private Enzyklika, die deutlich machte, daß wir Gottes Weisheit als lebendige Entwicklung verstehen... Angesichts einer Bevölkerungsexplosion von gefährlichen Ausmaßen hat uns Gott in seiner Weisheit diese nützliche Methode gegeben, damit wir das Problem lösen können.« Shirley Williams, damals Staatssekretärin im Innenministerium, eine Parlamentsabgeordnete, die 1967 gegen das Abtreibungsgesetz gestimmt hatte, plädierte für einen Reformansatz: »Erstens würde ich eine scharfe Trennlinie zwischen Dogma und der ganzen restlichen Kirchenpraxis ziehen. Die Haltung zur Geburtenregelung ist zum Beispiel niemals ein *ex-cathedra*-Postulat gewesen. Meiner Ansicht nach ist dieses Thema eines der vielen, das die Kirche, ohne Schaden zu nehmen, relativ öffentlich diskutieren könnte.«[32]

In Amerika wollte man sich der Doktrin des Vatikans nicht stillschweigend beugen. *Humanae Vitae* vertrat eine augustinische Auffassung von Sexualität und verpflichtete die Frau zur Mutterschaft. Aber eine Überflußgesellschaft und die entstehende Frauenbewegung hatten dazu geführt, daß Amerikas Frauen gegen die engen Grenzen der Mutterrolle aufbegehrten. Selbst Teile der zölibatären Priesterschaft betrachteten *Humanae Vitae* als mittelalterliche Verkündigung einer statischen Weltordnung. Sie fühlten sich von der Kirche entrechtet. Ihrer Ansicht nach brauchte der Katholizismus eine zweite Reformation, die den Glauben nicht durch einen neuen ersetzte, sondern ihn transformierte. Sie forderten eine Theologie des Dissens. Am 1. Oktober sprach Bischof John Noonan im Namen der amerikanischen Vertretung mit der Kommission. Er erklärte, daß die Meinung des Papstes nicht mehr sei als das, die Meinung eines einzelnen. Und es waren diese scheinbar harmlosen Worte, die das Glas der päpstlichen Unfehlbarkeit zerbrachen.

Vater Andrew Greeleys explosive Romane über die soziale und sexuelle Unterdrückung der modernen Priesterschaft und sein Engagement für eine kritische Theologie haben ihn zu Amerikas bekanntestem Priester gemacht.

> Es war ein einmaliges historisches Ereignis. Die Pille kam, und die Kirche reagierte zögernd und unschlüssig, während die Menschen sich ihre eigene Meinung bildeten. Hätte die Kirche schneller gehandelt, hätten die Dinge sich vielleicht anders entwickelt. Aber so wie es war, sagten die Menschen, ihr irrt bei der Pille, vielleicht irrt ihr auch in vielen anderen Fragen ...[33] Die Katholiken haben sich ernsthaft mit den kirchlichen Positionen auseinandergesetzt, und sie haben sie abgelehnt. Wobei es bei der ganzen Sache im Grunde geht, ist Sex. Die päpstliche Entscheidung sagt, du kannst aufhören, Kinder zu kriegen, aber du darfst keinen Sex machen. Es mag sein, daß einige verknöcherte Bürokraten in der römischen Kurie, die wahrscheinlich keine wie immer gearteten sexuellen Bedürfnisse kennen, diese Entscheidung durchdrücken möchten, aber die meisten Gemeindepriester teilen diese Ansicht nicht... Die Kirche hat einfach ihre Glaubwürdigkeit in sexuellen Fragen vollständig verspielt. Sie

hat es beim vorehelichen Sex getan, bei der Abtreibung, bei allen anderen Fragen der Sexualität... John Rock hat den Papst besiegt.[34]

Die Pille und die sexuelle Revolution haben auch andere Religionen, andere Institutionen, nachhaltig beeinflußt, aber nirgends hat dieser Einfluß so tiefgreifende Folgen gehabt wie in der katholischen Kirche. In keiner anderen Religion hat der Sex die Grundfeste des Glaubensgebäudes derart erschüttert. 1977 führte ein konservatives deutsches Kirchenblatt den Niedergang der Kirche direkt auf John Rocks Erfindung zurück:

> Tatsächlich knickt die »Pille« das Wachstum der Kirche mit allen seinen Folgen für den Priester- und Ordensnachwuchs sowie für das Kirchensteueraufkommen ganz sicher in zehn bis zwanzig Jahren. Es werden keine Kirchenneubauten mehr nötig sein... Es wird genau das eintreten..., weshalb vor einer Propagierung der »Pille« gewarnt worden war, nämlich: bedrohlicher Geburtenschwund, Demoralisierung der Gesellschaft, Versexualisierung des öffentlichen Lebens, offene Propaganda für Pornographie und Nacktkultur... öffentliche Verhöhnung der Keuschheit mit der Folge eines Absinkens des Sozialprestiges des Priester- und Ordensstandes... alles in allem eine geistige Umweltverschmutzung von bisher nicht gekannten Ausmaßen.[35]

Im großen und ganzen haben diese Voraussagen sich erfüllt, wenn auch in anderer Form, als der Autor vermutete. Fast 100 000 Priester haben die Kirche verlassen, um zu heiraten. Bei einigen war es die Scham darüber, daß sie den Frauen eine wirksame Empfängnisverhütung verbieten sollten, die sie aus dem Amt trieb.

Als David Rice als junger Dominikanerprieser im irischen Kilkenny tätig war, wurde er einmal von einer Frau gefragt, ob sie die Pille nehmen dürfe, weil ihr Mann sie verprügelte, wenn sie nicht mit ihm schlief. Wenn sie sich trotzdem weigerte, trieb er es mit dem Hund.[36] Irland hatte seine sexuelle Revolution. Frauengruppen schmuggelten die Pille heimlich über die Grenze und brachten mit ihrem Pillenzug die Empfängnisverhütung zu den irischen Frauen. Ein Mitglied der irischen Family Planning Association wurde vom Zoll mit einem Paket angehalten, das 200 Diaphragmen enthielt. Zur Rede gestellt, dachte sie blitzschnell nach und erklärte, daß es Einmachdeckel für Marmeladengläser wären. Die Seite der *Cosmopolitan*, auf der in der britischen Ausgabe die Adressen von Abtreibungskliniken stehen, wird in Irland von der Zensur entfernt. Aber die Telefonnummern finden sich in den Toiletten der Dubliner Pubs, wo sie anstelle von Graffities auf die Innenseite der Klotür gekritzelt sind.

Hätte Irland noch länger durchhalten können? De Valera hatte immer von einem ebenso ländlichen wie gottesfürchtigen Staat geträumt. Er teilte nicht die futuristische Vision der beiden Länder, von denen Irland durch das Meer getrennt war, Großbritannien und Amerika. Aber Irland war nicht in der Lage, sich der technischen Entwicklung und der damit verbundenen Massenkommunikation auf Dauer zu widersetzen. Der BBC-Sender in Nordirland schickte Bilder von einem anderen Leben über den Äther, und später kamen noch Satellitenkanäle hinzu. Irland sah *Denver* und *Dallas*. Selbst die Filme, die von der Zensur verboten wurden, kamen als Videofilme ins Land. John Rock hatte den Papst besiegt, und der Sex besiegte die irische Regierung. In einer praktischen Hinsicht war es der Ideologie der Kolonialmacht tatsächlich gelungen, Irlands Bemühungen um Selbstbestimmung zunichte zu machen. Die nonkonformistische Religionstradition des siebzehnten Jahrhunderts, die die Einmischung der Kirche und des Staates in persönliche Angelegenheiten ablehnte, hielt 400 Jahre später auch Einzug in Irland. Der Katholizismus sollte seine Rache bekommen, in Gestalt zweier italienischer Katholikinnen, Camille Paglia und Madonna, und ihrer postmodernen Doktrin einer libertinen Sexualität. Doch bevor es soweit war, sollten noch fünfundzwanzig Jahre und eine sexuelle Revolution ins Land gehen.

Eine Zeitzeugin

Anatomie eines Dollybirds

Ich muß etwa elf gewesen sein, als der Profumo-Skandal sich ereignete. Meine Mutter hatte mir diesen schwarzweißen PVC-Regenmantel geschenkt. Als ich damit die Straße entlangging, sagte jemand: »Da geht Christine Keeler«, und ich hielt das für ein Kompliment. Ich wußte nur, daß sie ziemlich bekannt war. Sie hatten im Fernsehen von dem Skandal berichtet. Mir wurde zum erstenmal bewußt, daß man sich hinterher mit keinem Mann unterhalten darf. Ich war auf einer Party und ging allein nach Hause, ich identifizierte mich mit Christine Keeler. Sie war normal. Frauen verhalten sich so, und die meisten Männer können das nicht leiden. Sie wußte gar nicht, was mit ihr passierte. Sie folgte einfach ihren sexuellen Bedürfnissen und wurde von all diesen gräßlichen Männern reingelegt. Sie wurde verfolgt, weil sie einfach sie selbst war, sie wurde reingelegt von der bürgerlichen Gesellschaft, von allen. Ich hatte das Gefühl, daß mir dasselbe passierte. Ich hatte einfach unheimlichen Spaß am Sex.

Als wir in Leicester lebten, war ich zuerst ein Rocker. Später sind wird dann nach Manchester gezogen, und ich wurde ein Mod. Damit hat alles angefangen. Ich trug die Mary-Quant-Frisur, den weißen Lippenstift. Wir waren alle ein bißchen androgyn, flachbrüstig mit langen Hosen und kurzem Haar. Echt problematisch wurde es, als sie die Helmpflicht für Motorroller einführten. Der Helm drückte mein Haar völlig platt, nachdem ich Stunden damit verbracht hatte, es hochzupuffen. Später kam dann eine Frisur auf, bei der ich mein Haar normalerweise nur alle drei Wochen waschen mußte. Ich sprühte es mit Festiger ein, bis es steinhart war. Einmal vergaß ich zwei Lockenwickler, die dann für ewige Zeiten unter dem Haarberg lagerten. Ich weiß nicht, wie lange sie dort schon begraben waren, als ich sie fand. Wenn es regnete, wurde mein Haar kraus. Dann teilte ich es in der Mitte, klappte es vorn runter und drehte oben einen Wickler rein, um es aufzuplustern. Anschließend kämmte ich den vorderen Teil wieder nach hinten. Ich mußte mit dem Fahrrad zur Bahnstation fahren. Wenn es regnete, hatte ich einen wasserdichten Schal, an dem ich das Haar mit Klammern feststeckte. Ich konnte immer nur mit einer Hand fahren, weil ich mit der anderen den Pony festhalten mußte. Einmal bin ich auf ein Auto geknallt und vom Fahrrad geflogen.

Und dann die Plateauschuhe! Ich hatte Schuhe mit fünfzehn Zentimeter hohen Absätzen. Ich konnte nicht damit laufen, und wenn wir zu unserem Club wollten, der in einer Straße mit Kopfsteinpflaster lag, brauchte ich immer zwei Leute, die mich stützten, um heil anzukommen. Ich fuhr regelmäßig zum Zelten nach Abersoch, im Gepäck lauter Haarteile und Plateauschuhe. Es war echt zum Schreien. Ich hab das Haus nie ohne Make-up verlassen. Ich bin praktisch nicht mehr ins College gegangen, weil man in Sturm und Regen diesen Berg hochkraxeln mußte, so daß mein Haar völlig aufgelöst war, wenn ich oben ankam. Aussehen war alles – Aussehen, Aussehen, Aussehen. Ich hatte totale Komplexe wegen meiner Figur. Das war in den Sechzigern, als man wie Twiggy aussehen mußte. Meine Freunde haben mich dauernd aufgezogen, Witze über meine Beine gemacht. Heute würde ich jeden verkloppen, der so was sagt. Einer dieser Kerle quatschte pausenlos von meinem Gewicht und meinem Sextrieb. Wenn ich ausging, trug ich einen kleinen weißen Minirock, eine weiße Jacke und einen großen Reifen im Haar. Dieser Minirock zog immer. Mit dreizehn hatte ich beschlossen, daß ich niemals heiraten würde und daß Sex nichts mit Liebe zu tun hatte. Vielleicht ist das bei mir angeboren. Ich habe eine ziemlich männliche Einstellung zum Sex. Ich kam genau zum richtigen Zeitpunkt zur Welt. Ich wollte keine Beziehung anfangen, um meine Unschuld zu verlieren. Ich ging auf eine Party. Es war im Badezimmer, und er hatte keine Ahnung, daß ich noch Jungfrau war. Ich hatte Lagen von Make-up im Gesicht, und er hat mich wahrscheinlich sowieso für älter gehalten. Ich weiß nicht mehr, wie es war. Ich war einfach froh, daß dieses Hindernis aus dem Weg geräumt war. Ich wußte, daß ich nie in die Falle gehen wollte, mich zu verlieben.

Bis ich siebzehn war, habe ich nicht verhütet. Einige der Jungs benutzten ab und zu ein Kondom. Ich wußte, daß ich nicht schwanger werden würde. Als ich diesen Typ kennenlernte, fing ich an, die Pille zu nehmen. Danach haben wir uns getrennt. Die Sache hat mich völlig aus der Bahn geworfen, außer in Englisch sackten meine Noten total in den Keller. Drei Jahre lang schlief ich wie wild in der Gegend herum. Dann lernte ich einen ähnlichen Typ kennen. Es war eine Art Selbstbestrafung, ich mußte mich dafür bestrafen, daß ich so einen ausgeprägten Sextrieb hatte. Diese ätzende Doppelmoral hat mich echt um den Verstand gebracht. Ich wurde ganz selbstverständlich mit einem anderen Maß gemessen als ein Mann. Sie wollten eine Frau, die sexuell wahnsinnig erfahren war, aber wehe, die Frau hatte lauter oberflächliche Beziehungen gehabt.

Als ich siebzehn war, hatte ich etwa mit sieben Männern geschlafen. Wir fuhren immer per Anhalter in unseren Lieblingspub. Dort blieben wir den ganzen Abend und versuchten, jemanden aufzugabeln, der uns nach Hause fahren würde. Das hatte natürlich seinen Preis. Ich kannte zwei Mädchen, die darum gewettet hatten, wer zuerst die Hundert voll hätte. In den Sechzigern konnte man das machen, man holte sich nichts weg. Ich habe nie irgendwelche Krankheiten gekriegt. Nicht mal Soor. Ich hab eine Theorie über Leute, die sich mit solchen Sachen anstecken. Ich denke, es sind die Schuldgefühle, die den Körper so reagieren lassen. Dasselbe gilt für Schwangerschaften. Sobald ich Sex hatte, hatte ich auch Orgasmen. Ich habe oft Cosmopolitan *gelesen und mich immer gefragt, worüber die sich eigentlich so aufregen. Wenn ich zehn Jahre früher auf die Welt gekommen wäre, hätte ich heiraten müssen, weil es keine Verhütungsmittel gab. Mit einer Horde Kinder hätte ich mich echt abschreiben können. Die Pille war die beste Erfindung aller Zeiten. Sie hat den Frauen die wundervollste Freiheit gegeben, die man sich überhaupt nur vorstellen kann. Sie bedeutete, daß du dich wie ein Mann benehmen konntest, wenn du wolltest, und dafür werde ich ewig dankbar sein. Ich habe immer die Pille genommen. Jetzt habe ich sie vor kurzem abgesetzt, und es ist die Hölle. Es hat meine Haut völlig ruiniert. Ich habe wieder Pickel gekriegt. Ich hasse es, die Pille nicht zu nehmen, es ist ganz schrecklich. Die Pille war das Beste, was mir je passiert ist. Abgesehen davon, daß sie mich sexuell befreite, hat sie Wunder für meine Brüste bewirkt, die ihre Form zum Glück behalten haben. Sie bescherte mir eine phantastische Haut und absolute Freiheit, ich konnte machen, was ich wollte. Aber das war natürlich alles vor Aids.*

Mit Mitte zwanzig hatte ich die Nase allmählich gestrichen voll von dem Mistkerl, mit dem ich zusammenlebte. Ich fing heimliche Affären mit anderen Männern an. Ich fand es faszinierend, wie ich all diese Männer um den Finger wickeln und manipulieren konnte, weil ich so viel von Sex verstand. Es war so herrlich verdorben. Als ich dreißig war, trennte ich mich von meinem Freund und lebte wieder so wie früher in meiner Teenagerzeit. Ich sah viel jünger aus, als ich war, und wenn ich ausging, zog ich mich an wie ein Dollybird. Ich habe ihr Spiel mitgespielt und die Männer mit ihren eigenen Waffen geschlagen, was ziemlich kindisch war, aber tierischen Spaß gemacht hat. Ich denke, es geht immer um Macht, wenn man den Sex so benutzt wie die Männer. Dann lernte ich den damaligen Chef der Firma kennen, in der ich arbeitete. Er war wie ein Gott, viel älter als ich, und ich hab mich wahnsinnig in ihn verknallt. Er hat immer noch ziemlich viel Einfluß in der Stadt, und er mochte meinen Sextrieb, er fand ihn toll. Und da hatte ich plötzlich das Gefühl, ganz in Ordnung zu sein. Mein Mann und ich haben mal versucht auszurechnen, mit wie vielen Männern ich geschlafen habe.

Seitdem ich den Typ verlassen hatte, mit dem ich zusammenlebte, bis ich dreißig wurde, müssen es ungefähr zwölf gewesen sein. Aber wie viele es in der promiskuösen Phase waren, weiß ich nicht, es könnten zwischen fünfzig und hundert gewesen sein, ich habe keine Ahnung.

Ich liebte die Sechziger, haßte die Siebziger und liebte die Achtziger, weil ich wieder frei war. Die Musik in den Siebzigern war ziemlich beschissen. Sogar Tamla Motown verschwand. Clubs waren immer das Größte für mich. Ich geh heute noch gern hin. In den Siebzigern saß ich bei jemandem in der Falle, der sich für einen alten Mann hielt, weil er achtundzwanzig war, und mich auf Dinnerpartys schleifte. Ich war nicht mal in einem Club, als die ganze aufregende Sache in Manchester lief.

Von Politik wollte ich nichts wissen. Die Labour Party war für mich absolut das Letzte. Und die Gewerkschaften hätte ich am liebsten auf den Mond geschossen. Ich wollte nichts anderes, als meinen Spaß haben und mich amüsieren. Dann kam der Falklandkrieg, ich wurde arbeitslos, meine Eltern hatten eine winzige Rente, und plötzlich sah ich überall die soziale Ungerechtigkeit, die mir vorher nie aufgefallen war. Also wählte ich 1983 zum erstenmal Labour. Ich mag die Mittelschicht nicht, ich hab irgendwie das Gefühl, nicht dazuzugehören; deshalb hab ich auch so gut in die Sechziger gepaßt, weil die Klassengesellschaft völlig zusammenbrach. Ich hatte nie viele Freundinnen. Frauen in Gruppen bereiten mir Unbehagen. Ich bin nicht wirklich feministisch im feministischen Sinn. Ich bin eher feministisch in meinem eigenen Sinn: Ich bin genauso wichtig wie ein Mann, und meine Eltern haben mich auch immer so behandelt. Zum Glück hatte ich keine Brüder. Das hat wahrscheinlich viel ausgemacht.

Ich lernte meinen Mann in einem Kursus für literarisches Schreiben kennen, und er verliebte sich in eine Freundin von mir, aber drei Jahre später haben wir uns wiedergetroffen. Er ist sehr klug. Bei allen Männern, mit denen ich vorher zusammen war, hatte ich immer das Gefühl, klüger zu sein als sie. Er ist überhaupt nicht besitzergreifend. Am Anfang unserer Beziehung ging ich viel mit meinen Freundinnen aus und knutschte mit anderen Männern herum. Es war Teil meiner Eitelkeit, daß ich sie rumkriegen mußte. Hinterher ging ich nach Hause und erzählte ihm davon. Das würde ich heute wohl nicht mehr tun. Ich glaube wirklich, daß ich mit keinem anderen Mann mehr schlafen würde. Ich sage nicht, daß es mir leichtfällt. Aber weil ich so viele sexuelle Erfahrungen habe, kann ich mir ganz gut vorstellen, wie es sexuell ablaufen würde, wenn ich jemanden attraktiv finde. Und dann weiß ich immer ganz genau, daß es sich nicht lohnt, dafür unsere Beziehung zu gefährden. Wir haben darüber gesprochen, was wir empfinden würden, wenn der andere fremdgehen würde, und wir hätten beide ziemlich daran zu knapsen. Ich könnte überhaupt nicht damit umgehen. Ich habe keine Besitzansprüche, aber ich bin eifersüchtig. Er hat vor mir nur mit etwa einem Dutzend Frauen geschlafen, weil er immer in festen Beziehungen war. Ich bin nicht mehr so stark an Sex interessiert wie früher, was irgendwie ganz gut ist. Ich bin keine große Eroberin, weil ich daran gewöhnt bin, daß die Männer mir den Hof machen. Ich würde nie die Initiative ergreifen und einen Mann direkt fragen, ob er mit mir schlafen will. Ich würde ihm immer das Gefühl geben, daß er mich verführt.

Ich wollte nie Kinder. Ich mochte Kinder nie besonders gern, und ich habe nie jemanden kennengelernt, von dem ich eins gewollt hätte, bis ich meinen Mann getroffen habe. Ich denke, daß ein Kind eine große Verantwortung bedeutet, die ich früher nie auf mich nehmen wollte. Ich habe nur ein paar Katzen, und die hätte ich wahrscheinlich auch nicht, wenn ich immer noch allein leben würde. Aber mit meinem Mann verbindet mich so viel, daß ein Kind fast schon eine physische Manifestation unserer Beziehung wäre. Hinzu kommt, daß ich ein Stadium erreicht habe, wo mich dieser ganze Karrierekram langweilt und ich einfach das Interesse daran verloren habe. Ich könnte mir gut vorstellen, einfach zu Hause zu bleiben. Aber das wird aus finanziellen Gründen wohl nicht möglich sein. Ich hätte früher nie ein Kind bekommen dürfen, ich war einfach nicht erwachsen genug. Aber nächstes Jahr will ich eins haben. Einen Sohn. Ich weiß, daß es ein Sohn wird. Eine Tochter würde ich schwieriger finden, ich wüßte nicht, was ich mit ihr anfangen sollte. Vorausgesetzt, es gibt kein Aids mehr, würde ich meinen Kindern beibringen, Sex und Liebe auseinanderzuhalten und eine unverklemmte Einstellung zu entwickeln. Behalte deine Würde und deine Selbstachtung, tu, wozu du Lust hast, und werde nicht schwanger.

Ich wollte immer so aussehen wie Julie Christie, Susan Sarandon oder Diane Keaton. Das sind selbstbewußte Frauen, die ihren Kopf durchsetzen, sich aber trotzdem etwas von diesem weiblichen Geheimnis oder Zauber bewahren, was ich sehr wichtig finde. Für diesen emanzipierten Frauentyp, der sich nicht schminkt und kein Make-up trägt, konnte ich mich nie erwärmen. Ich selbst benutze heute nicht mehr soviel Make-up. Es setzt sich in den Falten fest, wenn du älter wirst, aber als ich jünger war, habe ich mich immer dick geschminkt. Ich mochte auch gern Männer mit Make-up, ich mag feminine Männer, hübsche Männer; das ist auch so ein Fimmel aus den Sechzigern. Ich denke, ich bin wirklich eine typische Sechziger-Jahre-Frau. Ich glaube nicht, daß ich mich seither sehr verändert habe. Den Stil der Sechziger habe ich irgendwie verinnerlicht. Ich habe mal den Film Darling *mit Julie Christie gesehen. In einer Szene trifft sie sich mit Dirk Bogarde und trägt nur einen Pelzmantel über ihrem Nachthemd. Das fand ich einfach toll. Ich bin dann selbst mal zu einer Verabredung gegangen, bei der ich nur einen Mantel über meiner Unterwäsche anhatte.*

Unser Zeitalter kauft sich einen Spaßpelz

Wir wollen dafür kämpfen, daß Menschen die Freiheit haben, ihr eigenes Leben zu führen, ihre eigenen Fehler zu machen und selbst zu entscheiden – als erwachsene Menschen und ohne die Rechte anderer zu verletzen –, welche Grundsätze für ihr Leben gelten sollen; und wir wollen für die Lust am Experimentieren und für den Optimismus kämpfen, für bessere Wohnungen und bessere Lebensmittel, für bessere Musik (Jazz genauso wie Bach) und bessere Bücher, für ein erfüllteres Leben und größere Freiheit. Auf lange Sicht werden diese Dinge wichtiger sein als die allervollkommenste Wirtschaftspolitik.

Roy Jenkins, *The Labour Case* (1959)

Der erste Biß in den Apfel brachte das Wissen von Gut und Böse. Jetzt, hundert Millionen Kerngehäuse später, umfaßt dieses Wissen die Atomenergie und die Geburtenregelung. Der Liebesakt führt nicht länger zwangsläufig – oder auch nur wahrscheinlich – zu einem Kind. Kinder zu bekommen ist also nicht länger das unausweichliche Schicksal der Frauen. Die Frau hat die Freiheit der Wahl und damit die Verantwortung, die vorher das Monopol der Götter war.

Catherine Storr, »Why Have Babies?« *Nova*, Mai 1967

Zwischen Profumo und Swinging London lagen nur drei Jahre. 1963 hatte John Profumo, damals Verteidigungsminister in Harold Macmillans Tory-Regierung, eine Affäre mit einem Callgirl, das auch mit dem sowjetischen Verteidigungsattaché schlief. Profumo belog das Unterhaus und mußte später zurücktreten. Stephen Ward, der Christine Keeler mit Profumo und anderen bekannt gemacht hatte, wurde wegen

Spionage vor Gericht gestellt und beging während des Prozesses Selbstmord. Ich war ein Kind, als all das geschah, und hielt mich gerade mit meinen Eltern in London auf, wo wir im Cumberland Hotel an der Marble Arch abgestiegen waren. Während man eifrig gegen Ward ermittelte, wurde Christine Keeler in einer Wohnung am Cumberland Place einquartiert. Unser Hotelzimmer lag gegenüber ihrem Schlupfloch, und ich beobachtete aus dem Fenster, wie die Presse ihre Haustür belagerte. In den Nachrichten wurde bekanntgegeben, daß Ward sich umgebracht hatte, und sie zeigten eine Großaufnahme von dem Wohnblock am Cumberland Square. Wenn ich zum Fenster hinaussah, konnte ich die Wohnung sehen, und wenn ich mich zum Fernseher umdrehte, konnte ich sie auch sehen. Ich fragte meine Mutter, zum x-tenmal: »Aber was hat Christine Keeler *getan*, Mama?« Ich bekam nie eine Antwort.

Kinder tappen jahrelang durch einen Nebel. Alle anderen wissen, daß etwas Bedeutsames in der Öffentlichkeit geschieht, aber *wir* können es nicht sehen. Wir hören nur den gedämpften Tumult und erhaschen einen Blick auf schemenhafte Gestalten. So habe ich die Profumo-Jahre erlebt. Drei Jahre später wußte ich, was Sex ist. Ich verstand Swinging London besser als meine Eltern, wenn auch nicht so gut wie heute. Während des Ward-Prozesses führte die Labour Party bei Meinungsumfragen mit zwanzig Prozent, das höchste Ergebnis, das je erreicht wurde, seit es Meinungsumfragen gab. Die Börsennotierung der *Financial Times* fiel um sieben Punkte. Auf dem Oktober-Parteitag der Labour Party in Scarborough würde der Parteiführer Harold Wilson seine Botschaft für die Sechziger verkünden und von einer sozialistisch inspirierten wissenschaftlichen und technischen Revolution sprechen, die Energien riesigen Ausmaßes freisetzen würde. Labour zwang sich selbst mit Gewalt in die Zukunft, in den neuen Utopismus von rücksichtsloser Konkurrenz, Forschung, Investition, Jugend, klassenloser Gesellschaft – in ein Großbritannien der Autobahnen und Schienenwege, Hochhäuser und Verkehrsknotenpunkte. Macmillan in seinem steifen edwardianischen Überzieher mit Samtkragen schien einer Regierung vorzustehen, die durch Trägheit, Korruption, Intrigen, Adelsprivilegien und Dekadenz gekennzeichnet war, so als hätte man einen herabgefallenen Ast umgedreht und darunter lauter krabbelnde Maden entdeckt. Ein Jahr später waren die Tories weg.

Ich wußte jetzt, was Christine Keeler getan hatte. Sie hatte den Sex zum legitimen Plauderstoff von Dinnerpartys gemacht. Aber auf einer tieferen Ebene wurde sie zum Symbol einer verklemmten und verschämten Sexualität. Vor der sexuellen Revolution, so schien es mir als Teenager, hatte es eine lüsterne Welt heimlicher Begegnungen gegeben, ein Heer von werktätigen jungen Frauen, die es mit besseren Herren trieben und ihnen ein Kind andrehten. Sex war das einzige Terrain, auf dem die Klassen sich trafen: das leichte Mädchen und der Kabinettsminister, der Marquis und die Prostituierte. Einer von Christine Keelers Liebhabern, für den sie es umsonst machte, war Lucky Gordon, ein aus Westindien stammender Rauschgifthändler in Notting Hill. Sex war wie ein Messer, das die Torte der englischen Gesellschaft aufschnitt und zeigte, wie die einzelnen Schichten miteinander verbunden waren. Es gab heimliche und unaussprechliche Perversionen, die anscheinend vor allem von Adligen und Juristen begangen wurden. Man munkelte, daß auf einer von Wards Partys ein Mann mit Ledermaske den Gästen die gedruckte Anweisung gegeben hätte, ihn zu schlagen, falls sie mit seinen Diensten nicht zufrieden wären. Die Profumo-Affäre machte die Öffentlichkeit zum erstenmal mit der libertinen Tradition des »abartigen Sexes vertraut, und »abartige Stiefel« kamen groß in Mode. Das Wort für Sex in den Fünfzigern und frühen Sechzigern (für die Art von Sex, die es bei Eheleuten nicht gab, weil Eheleute ordentlich aufeinanderlagen und Penis und Lippen ordentlich positionierten) war »Laster«. Der Profumo-Skandal stand für die Korruption und Heuchelei des Nachkriegskonservatismus mit seinen libertinen Granden, die sich selbst die sexuellen Ausschweifungen erlaubten, die sie der Arbeiterklasse untersagten. Danach sank der Sensationswert von Christine Keeler rapide ab. In der Zeit, die ich brauchte, um von der Vorpubertät in die Adoleszenz zu kommen, waren die miniberockten Dollybirds auf der Bildfläche erschienen, die den Sex kostenlos verteilten. Keeler wurde zu einer anachronistischen Figur im Swinging London, einer Stadt, die das Wort Laster nicht mehr kannte.

Drei Jahre später, am 13. April 1966, brachte die Zeitschrift *Time* ihren Swinging-London-Titel. Es waren die Leute vom New Yorker *Time*-Büro, die London mit dem Beinamen »swinging« belegten. Der Begriff war in Mode gekommen, um die Partys in Amerikas sexuellem Untergrund zu beschreiben. Nach Ansicht der *Time* befand sich Großbritannien »mitten in einer unblutigen Revolution«[1] unter der Führung des jüngsten Premierministers des Jahrhunderts, Harold Wilson, der damals gerade Anfang fünfzig war. New York war ruhig und gesetzt, Paris verkalkt. Wie Barcelona drei Jahrzehnte später verkörperte London die klassenlose Gesellschaft, Verve, Stil, Respektlosigkeit und vor allem – so die Hoffnung des New Yorker *Time*-Büros – Sex. Andrea Adam gehörte zum Redaktionsteam der Swinging-London-*Time* und gab später die britische Ausgabe von *Oui*, Hugh Hefners klassischem Pornomagazin, heraus:

Wir waren alle von London fasziniert. London war etwas Besonderes, es hatte etwas Mystisches. Doch was diese Titelstory auslöste, war nicht die Faszination von einem soziokulturellen Phänomen, sondern die Begeisterung der Chefredakteure für den Minirock. Eine tiefere Emotion gab es nicht. Diese Pseudointellektuellen waren die schlimmste Horde geiler Böcke, die einem unglücklichen Menschen über den Weg laufen konnten. Sie nutzten jede nur erdenkliche Gelegenheit, um Beine, Titten oder Ärsche in die Zeitschrift zu bringen. Das und nichts anderes hat diesen Titel zur Realität werden lassen. Wir wußten, daß es in London tatsächlich eine Entwicklung gab, die irgendwie anders war als das, was in den Staaten ablief. Ich glaube nicht, daß wir dieses Phänomen verstanden haben. Wir hatten das Gefühl, daß in England die Übernahme dieser neuen Sitten etwas mit kultureller Reife zu tun hätte, schließlich war England eine alte Kultur, während dasselbe Verhalten in Amerika nur eine von vielen modischen Verrücktheiten war. Wir dachten, daß es in London irgendwie legitim wäre, was wir in Amerika bezweifelten ... Damals genoß alles Englische großes Ansehen in New York.[2]

Zehn Jahre früher hätten die jungen Männer und Frauen, die zu den Stars einer klassenlosen Gesellschaft aufsteigen sollten, eine solche Sichtweise Englands kaum für möglich gehalten. Das Bild, das die Werbung in den achtziger Jahren von den Fünfzigern erstehen ließ – Pferdeschwänze und Bubiköpfe, James Dean und Röhrenjeans, Ruth Ellis in schwüler Nachtclubatmosphäre, rote Lippen und Pistolen –, hatte wenig Wiedererkennungswert für die sogenannten jungen Meteore, die sich eine Tüte Pommes im Regen geteilt und um rationierte Nylons gekämpft hatten. Margaret Forster, die Autorin von *Georgy Girl*, das zu einem der wichtigsten Filme des Swinging London und eines sich verändernden sexuellen Klimas werden sollte, zog 1960 aus Carlisle nach London, zusammen mit ihrem Mann, dem Journalisten Hunter Davies, der später ein enger Freund der Beatles wurde. Sie hatten geheiratet, weil es damals für unverheiratete Paare unmöglich war, eine Wohnung zu bekommen:

Die Fünfziger waren grauenvoll. Wir waren eine völlig ausgehungerte Teenagergeneration. Für Mädchen waren die Fünfziger besonders schrecklich. Es war schlimm, und in einem Ort wie Carlisle war es noch schlimmer. Wir waren so ausgehungert, daß wir in sechs Schlangen für jeden Hollywoodfilm anstanden, für den Glamour, für das Leben, das wir uns erträumten und nur im Kino zu sehen bekamen. Wir hatten so wenig, es war so karg und dürftig, selbst im Vergleich zu unseren Eltern, die die Zeit vor der Rationierung gekannt hatten und uns dauernd von den wundervollen Ostereiern vorschwärmten, die sie vor dem Krieg gehabt hätten. Dein einziges

Lebensziel war Gier, wir waren gierig nach kulturellen Dingen, gierig nach materiellen Dingen, wir waren erfüllt von Gier.

Mehrere Faktoren spielten zusammen und bewirkten den kurzen Aufstieg Großbritanniens: die Überflußphase ab Mitte der fünfziger Jahre, der technische Wandel und die Ausbreitung der Massenkommunikation, die zu Beginn der Sechziger das Fernsehen in die meisten britischen Haushalte brachte, ferner die Erosion der Klassengesellschaft und die Möglichkeit, durch persönliche Leistung zum Erfolg zu kommen. Der Schulterschluß der Klassen im Swinging London war ein nie dagewesenes und bislang wohl auch einmaliges Phänomen. Es kam zu einer bewußten Umwerbung der Arbeiterklasse, die durch Figuren wie John Lennon, Joe Orton und David Bailey repräsentiert wurde. Die sexuellen Ambitionen der unteren Schichten zeichneten sich bereits in den fünfziger Jahren ab. Der Chronist der sechziger Jahre, Christopher Booker, weist darauf hin, daß sie sich zum Beispiel emblematisch an der Gestalt der Alison zeigten, der bügelnden Hausfrau aus *Blick zurück im Zorn*: »Die Art und Weise, wie Osborne die zentrale Gestalt der Alison zum Sinnbild eines universellen Ordnungsprinzips erhöhte, zum Symbol für die Oberschichtsgesellschaft... war wegweisend... denn diese Konstellation – der Unterschichtsjunge, der das Oberschichtsmädchen beherrscht – sollte zu einem wiederkehrenden Erzählmuster bei den zeitgenössischen Schriftstellern der Unterschicht werden.«[3] In Kingsley Amis' *Glück für Jim*, John Braines' *Der Weg nach oben* und D. H. Lawrences *Lady Chatterley* vögelten die Unterschichtshelden die herrschende Klasse und nahmen sie über ihre Frauen in Besitz. Großbritannien befand sich in einem Auflösungs- und Neubildungsprozeß. Ein Jahrzehnt später hatte es seine kolonialen Besitztümer verloren, und alle Träume von einer nüchternen, pflichtbewußten, autoritären Imperialmacht waren ausgeträumt. Großbritannien stand dem Meistbietenden zum Verkauf.

Zu den Nachwirkungen des Profumo-Skandals gehörte ein fast zwanghaftes Interesse an exzentrischem Sex. »Nie zuvor war London eine Stadt gewesen, die derart modisch besessen von Exzentrikern, sexuellen Abartigkeiten und dem Schein von Gewalt war«,[4] schrieb Christopher Booker rückblickend im Jahre 1970. Zur beliebtesten Kultserie der sechziger Jahre wurde *Mit Schirm, Charme und Melone*. Eine emanzipierte Heldin – zunächst Cathy Gale, gespielt von Honor Blackman, und später Emma Peel, verkörpert von Diana Rigg – demonstrierte männliche Härte gemischt mit einem exotischen Sex-Appeal. Die Rolle war ursprünglich für einen Mann geschrieben worden. Die Produzenten ließen maßgeschneiderte schwarze Lederoveralls anfertigen, die den bekannten Uniformen der Dominas von Soho nachempfunden waren. In einer Folge, *A Touch of Brimstone*, die von der amerikanischen ABC zensiert wurde, schlich sich Diana Rigg als Sündenkönigin in den Hellfire Club ein, trat in einer stachelbesetzten Halskrause auf und wurde viermal von einem Regency-Schurken, gespielt von Peer Wyngarde, ausgepeitscht.[5] Der Bowler von John Steed, der Lederoverall und die Champagnerkelche, die am Ende jedes erfolgreich bewältigten Fernsehabenteuers standen, faßten symbolisch zusammen, wie Swinging London die Vorstellungen von Klasse, Überfluß und verbotenem Sex in einen erotischen, machtvollen und ausgesprochen vermarktbaren Ersatz für die Tristesse der fünfziger Jahre umfunktionierte.

Die Zuschauer von *Mit Schirm, Charme und Melone* waren auch brennend daran interessiert, ob Mrs. Peel und Mr. Steed »es« je getan hatten. Man ging davon aus, daß Emma Peel geschieden war, und John Steed galt als »Mann von Welt«, etwa im Stil von John Aspinall, dem Besitzer von Londons populärstem Spielclub. Fakt ist, daß es nie irgendwelche Sexszenen in *Schirm, Charme und Melone* gab. Honor Blackman verließ die Serie, um eine Rolle im zweiten James-Bond-Film anzunehmen. *Goldfinger* schuf eines der aufsehenerregendsten sexuellen Bilder der sechziger Jahre, eine Frau, die ermordet wird, indem man ihren nackten Körper mit Goldfarbe überzieht und dadurch die Haut am »Atmen« hindert. Die Bondfilme setzten auf Sex, zogen aber aufgrund ihrer ausgedehnten Technikspielereien vorwiegend ein männliches Publikum an. Nach Ansicht von Christopher Booker ging es bei der erotischen Besessenheit der Sechziger weniger um die Realität des Sexes als um »die Vorstellung von Sex, das Bild von Sex, das literarische Bild, das visuelle Bild, das Bild, das in der Werbung verbreitet wurde, in immer ›gewagteren‹ Filmen, in ›kontroversen‹ Zeitungsartikeln und ›freizügigen‹ Romanen; das Bild, das von den aufblühenden Striptease-Clubs und Pornobuchläden in Soho und den Provinzstädten geliefert wurde, und das Bild, das zusammen mit dem Bild von Gewalt für den enormen Boom von Ian Flemings James-Bond-Heftchen verantwortlich war.«[6]

Diese Vorstellung vom Sex als Idee und Bild kam sehr deutlich zum Ausdruck, als die ersten Oben-ohne-Kleider auf den Straßen Londons auftauchten. Alexander Plunkett Greene, Ehemann und Manager von Mary Quant, äußerte sich folgendermaßen: »Die armen Dinger sind drauf reingefallen. Niemand sollte wirklich ein Oben-ohne-Kleid tragen... es ist einfach eine symbolische Karikatur der Tatsache, daß Büsten ›in‹ sind.«[7] Seine Frau ließ sich später das Schamhaar herzförmig rasieren und pink färben. Die Meinungsumfrage einer Illustrierten ergab, daß die Mehrheit der jungen Mädchen Schamhaar häßlich fand.

Oben-ohne-Kleider, Miniröcke, Hot pants, eßbare Slips, durchsichtige Blusen, Nacktheit auf der Bühne, Flitzer, die Premiere des Wortes »fuck« im britischen Fernsehen – die ganzen kurzlebigen Symbole des Swinging London besagten, daß Britannien seine konventionelle Moral abgelegt und durch einen hochfrivolen Hedonismus ersetzt hatte. Die Vergnügungskultur verdichtete sich in der Figur des Dollybirds. Sie symbolisierte alles, was neu, befreit, gewagt, unverklemmt, unabhängig und unkonventionell war. Und doch ist der Dollybird eine sehr widersprüchliche Figur. Twiggy repräsentierte den Dollybirds in Reinkultur – ein Unisex-Körper, Vorhänge blonden Haars, große leere Augen, umrahmt von falschen Wimpern, und blasse, aufgeworfene Lippen. Sie war die absolute Antithese zu den eleganten, mondänen Fotomodellen der fünfziger Jahre, die dreiundzwanzig waren und wie zweiunddreißig aussahen. Es war ein Look, der im wesentlichen von Mary Quant kreiert wurde, die gegen das Erwachsenwerden rebelliert hatte, gegen die engen Konventionen der traditionellen Couture.

In ihrem Op-art-Kleid, abgerundeten Schuhspitzen und aufgemalten Unterlidwimpern erschien der Dollybird wie ein Inbegriff des Neuen und Modernen, aber für die Leute, die die Sechzig überschritten hatten, war er nur die zweite Auflage eines Prototyps, den es vierzig Jahre zuvor schon einmal in Gestalt des »Flappers« gegeben hatte. In den zwanziger Jahren kam als Gegenreaktion auf die alten Männer, die eine ganze Generation in den Tod der Schützengräben geführt hatte, die Jugend in Mode. Die Klassenhierarchie, an deren Spitze die reichen Matronen mittleren Alters gethront hatten, war zerbröckelt. Die Mode reduzierte die Brüste, die Assoziationen mit Mutterschaft weckten, auf ein Minimum, und betonte die langen, wohlgeformten Beine der Adoleszenz. »Eine Frau, die ein Zwanziger-Jahre-Kleid trug, war viel mehr *zum Anfassen* als eine Frau in einem viktorianischen oder edwardianischen Kleid«, sagt die Mode- und Erotikchronistin Valerie Steele. »Die Kleider wogen nur noch einen Bruchteil von dem, was sie vorher gewogen hatten, und man trug kaum noch Unterwäsche.«[8] Der Minirock und die Plättbrettfigur der Sechziger waren eine lebende Werbung für die Pille, die nichts mit Mutterschaft und alles mit Sex zu tun hatte. Der Jugendkult der Zwanziger und der Sechziger stellte enorme Anforderungen an den Körper. Die Betonung der »Natürlichkeit« reduzierte Frauen nicht nur zu Sexobjekten, sondern nahm ihnen auch jede Möglichkeit, ihre Attraktivität und erotische Ausstrahlung durch künstliche Hilfsmittel oder Fetische zu manipulieren. Die neue Mode der Zwanziger und Sechziger, die von den Frauen forderte, daß sie dem Ideal eines schlichten und naturbelassenen Zustands so nah wie möglich kommen sollten, löste gewaltige Booms sowohl in der Diätbranche als auch in der plastischen Chirurgie aus.[9]

Fasziniert vom Dollybird beteiligte Amerika sich weiterhin an der Legendenbildung vom Swinging London. Der amerikanische Soziologe Vance Packard, dessen Buch *Die heimlichen Verführer* die Welt auf die subtilen Manipulationen der Werbung aufmerksam gemacht hatte, veröffentlichte 1968 eine 557 Seiten umfassende Studie mit dem Titel *Die sexuelle Verwirrung*. Packard bestritt, daß eine sexuelle Revolution stattgefunden hatte. »Was wirklich geschieht, scheint zu chaotisch und mannigfaltig, als daß man es schon als Revolution beschreiben könnte.« Eine Revolution setzte seiner Ansicht nach »eine klare Bewegung in eine verstandene, allgemein unterstützte Richtung voraus«. Er meinte, daß sich die Situation dieser verlorenen Generation besser unter dem Begriff »sexuelle Verwirrung« zusammenfassen ließe.[10] Packard stützte seine Thesen auf Trendforschungen zur »vorehelichen Intimität« bei 2259 Studenten, einschließlich 806 Teilnehmern aus Großbritannien, Deutschland, Kanada und Norwegen. Von diesen 806 Probanden kamen 245 aus England. Die größte Überraschung bei dieser Untersuchung war nach Packards Aussage »die extreme Freiheit des Verhaltens und die Toleranz der Einstellungen, die sowohl männliche als auch weibliche englische Studenten offenbarten. In praktisch allen nationalen Querschnittsvergleichen lagen sie an erster Stelle. Unsere Feststellungen unterstützen die Behauptung, die der englische politische Kommentator Henry Fairlie 1966, im Jahr unserer Stichprobe, machte: ›Großbritannien ist heute in seinem öffentlichen Verhalten und seinen öffentlichen Zurschaustellungen, das unmoralischste Land des Westens.‹«[11] Doch wenn man die jugendlichen Subkulturen jener Epoche, die Packard untersuchte, genauer betrachtet, wirken sie merkwürdig asexuell. Die Mods, die Anfang der sechziger Jahre aufkamen, waren eine Art Männerbund, eine asexuelle Reaktion *gegen* jede Art von Beziehungskultur, wie die Punks über ein Jahrzehnt später. Die Jungen waren adrett und ordentlich; sie trugen kleine Anzüge, Hemden mit runden Kragen, spitze Stiefel, gestrickte Krawatten, Hosenträger, und wenn sie sich auf ihre Motorroller setzten, zogen sie sich Parkas über – ausgesonderte Armeeanoraks mit einem ausgefransten Fuchspelz an der Kapuze. Frühe Aufnahmen von den *Who* und Pete Townshend, der die Mod-Hymne »My Generation« verfaßte, zeigen diesen Look sehr deutlich. 1967, als die Mods ziemlich am Ende waren, dokumentierte Nik Cohn, Rockjournalist und Sohn von Norman Cohn, dem Autor von *Das neue irdische Paradies*, ihren Niedergang im *Observer Magazine*. Er interviewte Geoff McGill, einen siebzehnjährigen Jungen aus Shepherd's Bush:

Jeden Freitagabend hau ich auf den Putz. Ich gehe in einen Club und bleibe da, bis er schließt. Danach besuche ich noch ein paar andere Clubs, bis alle dichtmachen. Dann geh ich nach Hause. Den nächsten Freitag geh ich wieder hin und mach dasselbe. Ich habe keine feste Freundin, aber ich bin schon öfter vier Wochen mit demselben Mädchen ausgegangen. Ich hab dann immer Schluß gemacht, weil sie mir auf die Nerven gingen. Ich habe nichts gegen Mädchen, aber Männer sind intelligenter. Ich glaube, sie sind dafür bestimmt, die Überlegenen zu sein.

Ich möchte gern ein anständiges Mädchen kennenlernen, keine Schlampe. Ich würde trotzdem versuchen, sie rumzukriegen, aber ich hätte mehr Respekt vor ihr, wenn sie noch Jungfrau wäre und mich nicht ranlassen würde. Das würde ich gut finden.

Ich habe nicht genug Energie – ich möchte irgendwas machen und berühmt werden, aber ich weiß nicht was, und die meisten Dinge langweilen mich schon wieder, bevor ich überhaupt angefangen hab. Vor allem möchte ich nie alt werden. Ich hab 'ne starke Abneigung gegen alle alten Leute über dreißig. Ich würd sagen, sie sind zu nichts zu gebrauchen.[12]

Wenn dies ein typischer Modjunge war, so waren die Aussichten für ein sexuell befreites Modmädchen nicht besonders rosig. Es gab weibliche Mods, wie Cohn ausführt: »Die Mädchen, die sich ihnen mittlerweile angeschlossen hatten, schlenderten mit langen kunstledernen Mänteln, Wildlederschuhen und kurzgeschnittenen Haaren zwischen den Jungen umher und wurden völlig ignoriert. Sie sahen kreuzunglücklich aus.«[13]

Entweder die Mods waren hauptsächlich asexuell, oder sie waren schwul. Sie bestritten das letztere, aber schwule Männer, die ihr Coming-out in der Schwulenbewegung der frühen siebziger Jahre hatten, empfanden die Mods immer als extrem angenehme Subkultur. Sie war männlich geprägt, und es gab keinerlei Druck, sich eine Freundin zuzulegen. Nach Ansicht Cohns hatte das neue Selbstbewußtsein der Mädchen, die ihr eigenes Geld verdienten und ausgaben und eigene Trendrichtungen begründeten, eine defensive männliche Reaktion ausgelöst, einen Rückzug in eine reine Jungenwelt.[14] Die Jungen waren »auf eine sonderbare Weise autark. Sie hatten häufig kein Interesse an Mädchen oder überhaupt an sozialen Kontakten. In den Clubs tanzten sie für sich allein, versunken in narzißtische Träume, und wo immer sie auf einen Spiegel stießen, standen sie Schlange. Sie trugen häufig Makeup – Eyeliner und Mascara – aber das bedeutete nicht – oder nicht zwangsläufig –, daß sie schwul waren. Es war einfach ein Symbol für ihr Anderssein.«[15] Die sechziger Jahre schufen den Dollybird nach männlichen Wunschvorstellungen, aber sie verwandelten auch das Bild des Mannes auf eine Weise, die wir heute vergessen haben. Zum erstenmal seit dem achtzehnten Jahrhundert veränderten die Männer ihren Kleidungsstil, eine Mauser, die nach dem Vogel mit dem prächtigsten männlichen Federkleid als »Pfauenrevolution« bezeichnet wurde. Für den Modehistoriker James Laver waren die Gründe 1964 klar: »Frauen können es sich heute leisten, einen Ehemann zu wählen, den sie als Mann, nicht als Ernährer attraktiv finden.«[16]

Irgendwann 1965 kaufte meine Mutter meinem Vater ein rosa Hemd bei Marks & Spencer. Mein Vater war entsetzt. Das würde er auf keinen Fall anziehen, erklärte er. Nur Schwuchteln trügen rosa Hemden. Meine Mutter und ich protestierten. Wir wußten nichts von Schwuchteln. Wir wußten, daß rosa Hemden der letzte Schrei waren, und mein Vater sollte endlich seine weißen Hemden wegwerfen und sich ein bißchen jugendlicher kleiden. Wie sich herausstellte, hatte mein Vater recht. Bis in die frühen sechziger Jahre hatten nur Homosexuelle rosa Hemden getragen. Der Unterschied war, daß die Geheimsprache einer sexuellen Subkultur vom Untergrund in den Mainstream durchgebrochen war. Das Epizentrum lag in der Carnaby Street, am Rande von Soho.

Schon bevor es die Carnaby Street gab, gab es Bill Green, einen Fotografen mit lebhaftem Interesse an Muskelmännern. Nach dem Krieg fing er an, Slips und Hosen in einem kleinen Geschäft in der Carnaby Street zu entwerfen, die er über den Versandhandel verkaufte. Der Katalog muß in jenen Tagen, als die Homosexualität strafbar war, ungeheuer populär gewesen sein. Er gab verheirateten Männern die Möglichkeit, die attraktiven jungen Models zu beäugen, und fungierte wahrscheinlich als milde Form von Pornographie. Aber auch die Kleidung selbst spielte eine wichtige Rolle. Wer in der prä-Greenschen Zeit modische Kleidung wollte, hatte Cecil Gee und sonst gar nichts. Gee-Anzüge waren italienisch, elegant, eng, mit schmal geschnittenen Hosen, und diese Mode hielt sich über Jahre. Greens Kreationen waren nicht besonders originell, aber sie waren fröhlich, auffällig und bunt: »Ich habe immer mehr Gewicht auf den Druck als auf die Machart gelegt«, erzählte er Nik Cohn in den frühen Siebzigern. »Ich habe Stoffe benutzt, die man nie zuvor benutzt hatte – viel Samt und Seide, Hosen aus Bett-Inletts, und ich war der erste, der vorgewaschene Jeans anbot.«[17]

Und rosa Hemden. Greens Kundschaft bestand fast ausschließlich aus schwulen Männern. Wie Polari, die schwule Geheimsprache, enthielten bestimmte Kleidungsstücke verschlüsselte Botschaften. Heterosexuelle konnten sich damit nur auf die Straße wagen, wenn sie eine absolut gesicherte soziale Stellung hatten oder zur Boheme gehörten: Lord Snowdon soll seine gesamte Aussteuer bei Green bezogen haben. Aber es ist ein gewaltiger Unterschied, ob vereinzelte Bürger einen Spaß mitmachen oder ob ein ganzes Land eine Mode übernimmt. Als die sechziger Jahre anbrachen, war Green Mitte Fünfzig und hatte den Draht zur jungen Generation verloren. Einem seiner Angestellten blieb es vorbehalten, die Modekonventionen einer Subkultur in die Anfänge der Pfauenrevolution zu verwandeln.

Das zweite Herrengeschäft in der Carnaby Street wurde 1957 von John Stephen eröffnet. Stephen war ein Arbeitersohn aus Glasgow, der nach London kam, nachdem er sich bereits einige Jahre in einem metallverarbeitenden Betrieb abgerackert hatte. Stephen war knapp dreißig, als er sein erstes Geschäft eröffnete, und wußte im Gegensatz zu Green, was die Kids wollten. Stephens Geschäfte, die sich einmal zu einer riesigen Ladenkette mit Niederlassungen in der Carnaby Street, New York und Europa entwickeln sollten, waren die ersten wirklichen Boutiquen in London. Läden wie Spielsalons, wie Cohn schrieb, »mit dröhnender Musik aus vollaufgedrehten Lautsprechern, kaleidoskopischen Schaufensterdekorationen, Kleidern im offenen Türrahmen und auf dem Fußgängerweg, wie in den Straßen von St. Tropez«.[18] Stephen erweiterte die schrille Schwulenmode der fünfziger Jahre zu *der* Kleiderkonvention des Swinging London: Er überredete den britischen Boxer Billy Walker, für seine Kreationen Modell zu stehen. Riesenposter von Walker in rosa Jeans tauchten in den Schaufenstern von Stephens Geschäften auf. Die Beatlesmanie der folgenden Jahre verwandelte die Carnaby Street in den weltweiten Kultort, zu dem eine ganze Generation amerikanischer Teenager pilgerte (und merkwürdigerweise noch immer pilgert), um sich einzukleiden, häufig mit ihren verlegenen Eltern im Schlepptau. »Ich habe keinen Schimmer, wann ich diese Lamé-Pyjamas jemals tragen soll«, klagte 1967 ein glatzköpfiger Amerikaner mit John-Stephen-Tüte unterm Arm gegenüber einem Reporter der *Daily Mail*. Gleich daneben stand ein junger Mann in blaßblauem, durchsichtigem Organdyhemd und blauer Taftkrawatte, der seine Männlichkeit bekräftigte: »Weißt du, mein Süßer, in einem Schottenrock würde ich nie im Leben rumlaufen.«[19]

Man kann sich des Verdachts nicht erwehren, daß Stephens wahres Interesse weniger der Mode als dem Profit galt. Er war ein Mann, der über das richtige Fingerspitzengefühl für den ganz großen Wurf verfügte und den Ehrgeiz hatte, zu einem Handelsriesen aufzusteigen – ähnlich wie George Davies in den Achtzigern. Nach zeitgenössischen Fotos zu urteilen, zog er selbst die Wendejacken der Jermyn Street den grellen Wegwerfklamotten seiner eigenen Kollektion vor. In bezug auf das revolutionäre Potential, das die Mode für die Auflösung von Rollenbildern bietet, war der nächste große Herrencouturier zweifellos der Mann mit dem stärksten politischen Bewußtsein. Und so wie Stephen kurz für Green gearbeitet hatte, diente auch Michael Fish, der Mann, der den breiten Kipperschlips erfand, kurze Zeit als Geschäftsführer bei Stephen. Fish, geboren 1940, wuchs nördlich von London in Wood Green auf und war wahrscheinlich ebenso wie John Stephen für ein Leben in der Fabrik bestimmt, bis ein Großonkel, »der irgendwie mit der königlichen Familie verbandelt war – um die Jahrhundertwende hatte er jemanden zu Chopinabenden begleitet, und er redete viel von der Gartenausstellung in Chelsea« –, den Fünfzehnjährigen mit nach Südfrankreich nahm. »Und plötzlich sah ich zum erstenmal klare, leuchtende Farben und strahlendes Weiß. Er hätte mich nicht mitgenommen, wenn ich nicht schwul gewesen wäre und wenn er nicht etwas in mir gesehen hätte, das ihn an seine eigene Jugend erinnerte.« Bei ihrer Rückkehr verschafften ihm die Beziehungen des Großonkels eine Anstellung bei Collett, einem Herrenausstatter in der Shaftesbury Avenue. In jenen Tagen war Soho ein reiner Unterweltbezirk – dort wetzten Albert Dimes und Jack Spot ihre Messer aneinander, dort war Neatawear, wo die Prostituierten ihre Höschen erstanden, und dort war Fish, der steife Kragen an alte Lustmolche verkaufte. Er selbst trug einen Plastikkragen, den er allabendlich mit Vim abschrubbte, nachdem er bei einem schaumigen Kaffee oder ordentlichen Drink in einem ordentlichen Club gesessen und eine Runde geflirtet hatte: »Die Männer standen in ihren steifen Kragen, geputzt und geschniegelt, wie Spazierstöcke in Anzügen, und hielten mit ihren steifen Hälsen nach jemandem Ausschau, der für dreißig Schilling zu haben war«, erinnert sich Fish.

Auf seinem Weg durch die zugeknöpfte Welt der Hemdenmacher von Jermyn Street entwickelte Fish ein politisches Bewußtsein: »Dauernd kamen irgendwelche Männer herein und verlangten nach einem marineblauen Schlips mit weißen Punkten. Wir hatten Punkte in sechzehn verschiedenen Größen, aber sie jammerten herum, daß Daddy sie ohne einen Pfennig auf die Straße setzen würde, wenn sie sich *so* einen Schlips kaufen würden. Ich hatte einen schwarzen Liebhaber, ging auf die Protestmärsche von Aldermaston, machte mir Sorgen über die sogenannten Rassenunruhen in Notting Hill, und dann sagt dir jemand, daß er unmöglich eine bestimmte Krawatte tragen kann, weil sie zu große Punkte hat. Und plötzlich dachte ich: O mein Gott, ich hab das alles so satt.« Fish beschloß, sich selbständig zu machen. Mit der finanziellen Hilfe von Barry Sainsbury, einem Mitglied der Supermarktfamilie, eröffnete er 1966 seinen ersten Laden und taufte ihn auf den ungewöhnlichen Namen »Peculiar to Mr Fish«. Ähnlich wie bei Vivienne Westwood zehn Jahre später trugen nur wirkliche Modeopfer seine wildesten Kreationen wie den Minikilt, aber seine seidenen Rollkragenhemden und ledernen Maximäntel waren schon bald zu Klassikern auf Londons Straßen geworden. Fish wurde ein junger Meteor: »Für mich als einfachen Jungen war es interessant, von den Reichen hofiert zu werden«, sagte er. »In einem Buch von Jilly Cooper sagt jemand, daß es inzwischen die neueste Mode sei, seinen Hemdenschneider zum Dinner einzuladen, was auf mich gemünzt war.« Für Michael Fish war Mode eine Form von Anarchie, eine Revolte gegen die Klassengesellschaft. Er entwarf einen Bademantel, den Muhammed Ali bei seinen Boxkämpfen trug und der jetzt im Smithsonian Institute hängt, einige der Kostüme für den Film *Performance* und das berühmte Kleidungsstück, das Mick Jagger bei seinem Hyde-Park-Konzert nach dem Tod von Brian Jones trug. (Das Kleid war ursprünglich für den Fotografen Patrick Lichfield bestimmt gewesen. Er wollte es auf einer Modenschau tragen, die von Lady Arabella Churchill zugunsten der Biafrahilfe im Planetarium veranstaltet wurde; Lichfield machte im letzten Moment einen Rückzieher, weil er den Eindruck hatte, zu mädchenhaft darin auszusehen.) Nach Ansicht von Nik Cohn war der Laden »ein einziges Chaos von durchsichtigem Voile, Brokat und Flitter, mit Miniröcken für Männer, leuchtenden Seidenstoffen und blumenbedruckten Hüten ... Fish paßte die ersten Eruptionen perfekt ab, entwickelte sich Seite an Seite mit den Ufos und der Flower-Power und fing die Stimmung ein. Es war eine Zeit, als die jungen Reichen vor allem wild und exhibitionistisch und verrückt sein wollten, und er verkörperte all dies in Vollendung.«[20] Doch Fish kümmerte sich wenig um den Erfolg, obwohl er ihn genoß. Ihm ging es vor allem um Ideen, und auch in dieser Hinsicht ähnelt er Vivienne Westwood: »Geschmack ist mir egal«, erzählte er Cohn. »Ich denke, Geschmack ist einfach ein Wort wie Liebe; man sollte es fünfzig Jahre lang vergessen. Ich weiß nicht mal, was es bedeutet. Ich denke, daß ich tatsächlich ziemlich vulgär bin. Revolutionäre müssen vulgär sein.«[21]

Man muß kein Archäologe sein, um die sexuellen Bilder der Sechziger auszugraben; sie beeinflussen unsere Kultur noch heute in endloser Wiederaufbereitung. Schwieriger wird es, wenn man nach den dahinterliegenden Motiven fragt. Auch wenn die Spaßhaftigkeit dieser Bilder auf den ersten Blick fast postmodern anmutet (wie zum Beispiel die Pop-art-Ikone des kurvenreichen Cartoongirls Barbarella), haben die sexuellen Werte jener Periode doch etwas von einer tiefen Ernsthaftigkeit und liebenswerten Einfachheit. Wir können diese Bilder aus ihrem historischen Zusammenhang herauslösen, aber die Fotomodelle, die

Rockstars und die Fotografen waren von ihrer Zeit zutiefst geprägt. Und so sehr es auch den Anschein haben mag, daß der allzeit bereite Dollybird, das Minimädchen mit seiner Pillenpackung, diese Freiheit verkörperte, hätte es sie niemals geben können, wenn sich nicht auch das gesetzliche Rahmenwerk der britischen Moral drastisch verändert hätte. Die Dollybirds hatten darauf keinerlei Einfluß. Sie waren noch nicht mal wahlberechtigt. Die Befreiung des Sexes erforderte staatliche Eingriffe und den Konsens der Mächtigen, vor allem der gebildeten Mittelschicht. Es bedurfte solcher Männer wie George Carstairs, der 1962 eine Vorlesungsreihe unter dem Titel *The Island Now* hielt und anmerkte: »Die allgemeine Moral ist heute Brachland. Sie ist übersät mit den Überresten zerbrochener Überzeugungen. Ein neues Konzept beginnt sich abzuzeichnen, die Vorstellung, daß sexuelle Beziehungen vor allem Spaß machen sollen.«[22] Damit war die millenarische Vision, die schon in den dreißiger Jahren neu belebt worden war, zum drittenmal in diesem Jahrhundert auferstanden.

Die Männer und Frauen, die die Macht hatten, Großbritannien in den sechziger Jahren zu hedonisieren, sind von Lord Annan als die *Our-Age*-Generation bezeichnet worden. Die Angehörigen »unserer Zeit« hatten in den dreißiger und vierziger Jahren an den Universitäten studiert und nach ihrer Rückkehr aus dem Krieg die radikalste, fortschrittlichste Regierung dieses Jahrhunderts gewählt. Das Ende des Krieges stellte einen Wendepunkt in der britischen Gesellschaft dar: Eine hoffnungsvolle Nation richtete den Blick auf ein zukünftiges sozialistisches Utopia – auf einen Wohlfahrtsstaat, eine nationale Gesundheitsversorgung und eine Ausweitung des Bildungswesens. Annans Generation wurde »von einem lobenswerten Ehrgeiz getrieben. Sie plädierten für einen Waffenstillstand im Klassenkampf. Deshalb legten sie soviel Wert auf Vollbeschäftigung und großzügige Sozialleistungen, die nicht an behördliche Einkommensermittlungen geknüpft sein sollten.«[23] In Oxford oder Cambridge hatten sie Russell gelesen: »Er haßte und mißtraute jeder Autorität: dem Feind in Gestalt von Lehrern, Polizisten, Staatsdienern und den ganzen ›überheblichen Amts- und Würdenträgern des Geld- und Machtadels«, schrieb Annan. »Er kritisierte das ›System‹, das von uns forderte, loyal zu unserem Land zu stehen, unsere Kinder zur Disziplin zu erziehen und unseren Geschlechtstrieb zu verdrängen.«[24]

Die Neugestaltung der Moral in den Sechzigern ist als anarchischer Akt beschrieben worden, als gewaltsamer Umsturz etablierter Sitten und Traditionen oder sogar als Form von Soziopathie, als Besessenheit von allem Neuem, die Christopher Booker in seiner Untersuchung gleichen Namens als »Neophilia« bezeichnete. Aber die Ideen, die Annans Zeitgenossen beeinflußten, drängten eher zur Umgestaltung als zur Sprengung. Russell glaubte, daß »die Politik von denselben Grundsätzen beherrscht sein sollte, die auch die Beziehungen zwischen anständigen Menschen bestimmen, und lehnte den Syndikalismus und Klassenkampf der Labourpolitik ab.«[25] Es war eine reizvolle Doktrin für die liberalen Mittelschichten. Die Vertreter von Annans Generation – im Parlament, in der Justiz, in leitender Funktion an Universitäten und pädagogischen Hochschulen, in königlichen Ausschüssen und als Zeitungsherausgeber – waren begeisterte Anhänger des Schriftstellers E. M. Forster, der seine Homosexualität verbarg und Romane über persönliche Beziehungen schrieb: »Jeder Roman war ein Traktat«, berichtet Annan. »So sagt zum Beispiel *Zimmer mit Aussicht*: Lüge nicht über deine Gefühle: vertraue deinen sexuellen Wünschen, auch wenn du ein wohlerzogenes junges Mädchen bist, das mit Ratschlägen von wohlerzogenen Damen überschüttet wird... Denke klar, nicht konventionell, und handle nach deinen Gefühlen: eine aufrichtige Leidenschaft kann weder falsch noch gefährlich sein. Höre nicht auf Religion, dogmatischen Atheismus, Klasse oder Ansehen, und du bist gerettet: Agape, die spirituelle Liebe, kannst du nur erlangen, wenn du zuvor Eros, das sexuelle Verlangen, gestillt hast.«[26] Bloomsbury, das seine Blütezeit in den zwanziger und dreißiger Jahren hatte, prägte die Generation von *Our Age*. Sie spürte den verschlungenen sexuellen Pfaden der Bloomsbury-Gruppe nach, die ihrerseits von dem sexuellen Sozialismus Edward Carpenters beeinflußt worden war. Anders als die Vertreter der amerikanischen Moderne – die ihre Seele für einen guten Fick verkauften – ging es Annans Generation weniger um die Suche nach sexueller Authentizität als um die richtigen Regeln für neue sexuelle Beziehungsmodelle. »Meine Generation lernte von Bloomsbury, daß die Überwindung der Eifersucht der Inbegriff zivilisierten Verhaltens war«, schreibt Annan.[27]

Die Frauen und Männer »unserer Zeit« glaubten nicht an sexuelle Zügellosigkeit, sondern an Toleranz: »Warum eine Minderheit davon abhalten, das zu tun, was ihr Spaß macht? Es gibt genug Leid im Privatleben – warum es nicht verringern? Wenn eine Ehe scheitert, warum nach einer schuldigen Partei suchen? Warum so tun, als würde die Todesstrafe weitere Mörder abschrecken, wenn die Statistiken das Gegenteil beweisen und man Gefahr läuft, den Falschen zu hängen? Toleranz, vor allem gegenüber Homosexuellen: War es nicht das Kennzeichen totalitärer Staaten, daß sie diese Männer grausam behandeln?«[28] Die Romanschriftstellerin und Journalistin Brigid Brophy brachte ihre Meinung in einem Artikel zum Ausdruck, der den Titel »Die Unsterblichkeit der Ehe« trug und 1965 in der *Sunday Times* erschien:

Nach allen rationalen Kriterien bedeutet jeder Anstieg von *Freiwilligkeit* in unserem Verhalten einen zivilisatorischen Fortschritt. Es ist das Merkmal des abhängigen Kleinbauern, daß er an sein Land gekettet ist. Der zivilisierte Mensch zeichnet sich dadurch aus, daß er wählen kann – und er kann sich natürlich dafür entscheiden, »zurück aufs Land« zu gehen. Genauso haben auch moderne Ehepaare die freie Wahl und können sich dafür entscheiden, zur »natürlichen« Rollenverteilung zwischen den Geschlechtern zurückzukehren – vorausgesetzt, sie haben eine Vorstellung davon, was um Himmels willen das sein soll. Der Mensch unterscheidet sich von anderen Spezies, weil seine Instinkte ihm nicht ein einziges, blindes Muster für die Ehe oder Gesellschaft aufzwingen; und es gibt nur eine Sache, die auf Dauer in der Natur des Menschen liegt, daß er nämlich durch Intelligenz und Phantasie die Gesellschaft zu verbessern sucht.[29]

Ich habe Brigid Brophy nie sprechen hören, aber wenn ich diese Worte lese, höre ich die selbstbewußte Stimme der englischen Mittelschicht jener Periode. Wenn Brophy davon spricht, zurück aufs Land zu gehen, denke ich nicht an Hippies und Kommunen, sondern an eine alte Herberge in der Dordogne, einen nackten Pinientisch und *bœuf en daube* zum Dinner.

Manchem mag dieser Wunsch nach Toleranz und Zivilisation wie wäßriger Haferschleim anmuten, ein dürftiger Ersatz für die dickflüssigen, sämigen Leidenschaften der anarchoerotischen Sekten des 17. Jahrhunderts mit ihrer ekstatischen, visionären Sicht der Zukunft, ihrem mystischen Glauben an eine bevorstehende Vollkommenheit. Im millenarischen Utopia war die Sünde ein schwarzer Riese mit knorrigen Muskeln, den man mit roher Gewalt aus dem Garten Eden herausprügeln mußte. Es gab Leidenschaft, Aufruhr und Ausschweifung. An ihre Stelle setzte Annans Generation das Mitgefühl, das Urteil des Herzens, den impotenten, klebrigen Jesussirup der »Barmherzigkeit«. Dieses Nachkriegsideal der anglikanischen Kirche ließ keinen Raum für einen kämpferischen Geist. Das Mitgefühl bewahrte den Status quo. Es hielt die Menschen in ihren Opferrollen fest und gab ihnen lediglich etwas mehr Spielraum. Es fehlte der politische Aspekt der Gerechtigkeit, jene kommunistische Ader, die sich aus Sicht von Annans Generation wie ein verhängnisvoller Irrweg durch die dreißiger Jahre gezogen hatte. Doch was hätte Abiezer Coppe für die Freiheiten gegeben, die *Our Age* bewirkte: den Family Planning Act von 1967, der den Kommunen erlaubte, Kliniken zur Geburtenplanung zu gründen oder finanziell zu fördern und die Gleichbehandlung von verheirateten und ledigen Frauen gestattete im selben Jahr die Legalisierung der Abtreibung bis zur 28. Schwangerschaftswoche; 1968 dann die teilweise Entkriminalisierung der Homosexualität, die einvernehmlichen Sex zwischen Erwachsenen in privaten Räumen erlaubte (obwohl Küsse oder Händchenhalten in der Öffentlichkeit nach wie vor verboten sind); die Abschaffung des Amtes des Lord Chamberlain im selben Jahr, die die staatliche Zensur des Theaterbetriebes beendete; das Scheidungsgesetz von 1971, das Scheidungen nach dem Zerrüttungsprinzip und zweijähriger Trennung erlaubte.

Our Age ging nach Oxford, nach Cambridge oder zur London School of Economics. In Oxbridge vergab man bis in die siebziger Jahre nur einen Bruchteil der Studienplätze an Frauen. Und wer einen bekam, heiratete in Windeseile. Die Männer machten die Gesetze, die Frauen ließen ihren Einfluß spielen. »Wir waren ausgesprochen bürgerlich. Wir wurden von unseren Ehemännern finanziell unterstützt«, sagte Dilys Cossey, die in den Sechzigern als Sekretärin bei der Abortion Law Reform Society arbeitete, anläßlich der Verabschiedung des neuen Abtreibungsgesetzes von 1967. »Mittelschichtsfrauen waren die treibende Kraft im Kampf um soziale Reformen. Sie arbeiteten zum Beispiel als ehrenamtliche Leiterinnen der Kliniken zur Familienplanung, weil sie keiner bezahlten Arbeit nachgingen.« Frauen waren bei allen Aktionen dabei: Sie klebten Briefumschläge, gaben Rundbriefe heraus, lernten zögernd, Klinken zu putzen und auf Politiker einzureden, sprachen auf öffentlichen Veranstaltungen, wurden in Ausschüsse beordert und zu Vorsitzenden von allen möglichen Komitees ernannt; sie ließen sich öffentlich ehren, einige gingen sogar ins Parlament und fragten sich schließlich, ob sie sich vielleicht nicht länger als »Nur-Hausfrauen« betrachten sollten. Diese liberalen Mittelschichtsfrauen, die heute in ihren Fünfzigern, Sechzigern und Siebzigern sind, waren das Fußvolk der sexuellen Revolution.

Dilys Cossey kam 1957 nach London, nachdem sie Romanistik an der Universität von Manchester studiert hatte. Ihre Eltern waren progressive, walisische Nonkonformisten und aktive Mitglieder der Labour Party im stockkonservativen Wahlkreis von Circensester und Tewkesbury, wo man sagte, daß die Leute auch einen Besenstiel ins Parlament wählen würden, wenn er sich als Tory-Abgeordneter aufstellen ließe. Doch trotz der politischen Erziehung in ihrem Elternhaus, war Cossey eine typische Vertreterin der unzähligen gebildeten Mittelschichtsfrauen, die häufig den Arbeitsplatz wechselten, weil sie nach einer befriedigenden und erfüllenden Aufgabe suchten:

> Wir redeten nicht viel über Sex. Wir waren alle ziemlich naiv und unaufgeklärt, aber wir hielten uns für wahnsinnig progressiv, weil wir mit unseren Freunden schliefen. Ich hatte ein paar Beziehungen, bevor ich heiratete. Ich habe endlos darüber nachgedacht, bevor ich

das erste Mal mit einem Mann ins Bett ging. Ich weiß noch, daß ich mit ihm im Zimmer stand und entschlossen sagte: Ja, ich tu's. Da war ich dreiundzwanzig. Es ist nicht zu fassen.

Als ich heiratete, hatte ich gerade mein Examen in Pädagogik gemacht, aber ich ging davon aus, daß wir bald eine Familie gründen würden, deshalb hatte ich keine besonderen Ambitionen. Ich hatte zwei Qualifikationen – ich war eine voll ausgebildete Lehrerin und eine voll ausgebildete Sekretärin, und ich habe weder das eine noch das andere wirklich genutzt. Ich glaube, keine Frau mit meiner Erziehung und Ausbildung würde heute mit sechsundzwanzig heiraten, einen Teilzeitjob bei der Abortion Law Reform Society annehmen, sich mit der fürstlichen Summe von zwei Pfund die Woche zufriedengeben und sich ansonsten von ihrem Ehemann unterstützen lassen. Heute gehen Frauen nicht mehr davon aus, daß die Ehe ein Leben lang hält und eine Versorgungsgarantie darstellt.

Anfang der sechziger Jahre war diese Frauengeneration verheiratet. Die Pille befreite sie zwar innerhalb der Ehe, aber sie kam zu spät, um ihr Singleleben auszuweiten. Sie waren intelligent, und ihre Intelligenz wurde vergeudet. Sie hatten die sozialen und intellektuellen Grundsätze einer früheren Generation übernommen, aber nicht deren Vision. Sie wuchsen in den Überfluß der Nachkriegsjahre und in den allmählichen Niedergang Großbritanniens als Imperialmacht hinein. Sie waren tödlich gelangweilt und konnten ihre Fähigkeiten nicht nutzen. Sie waren auch Teil eines gesellschaftlichen Trends. Seit den zwanziger Jahren hatten Frauen immer dieselben Zeitschriften gekauft – *Women's Realm, Woman's Own, Woman, Good Housekeeping*. Diese Zeitschriften verdankten ihre Entstehung und wachsende Popularität der Dienstbotenverknappung nach dem Ersten Weltkrieg. Sie unterrichteten frischgebackene Ehefrauen im Kochen, Nähen und in der Kindererziehung. Sie gaben praktische Tips und zielten ohne Ausnahme auf die Hausfrau. Aber in den frühen Sechzigern bekamen die Herausgeber das vage Gefühl, daß der Markt sich veränderte. Frauen waren besser ausgebildet und besser bezahlt, komfortabler möbliert und weiter gereist. Sie legten die Hausfrauenmagazine beiseite und schalteten den Fernseher ein, der sie nicht nur in eine Welt seichter Unterhaltung führte, sondern auch Dokumentarfilme und Nachrichtensendungen bot.

1964 war das Verlegerkonglomerat von IPC überzeugt, daß es eine »neue Frau« gab. Man beauftragte Dr. Ernest Dichter vom New Yorker Institut für Motivationsforschung, eine Untersuchung über die Zukunft von *Woman's Own* durchzuführen. Sein umfangreicher Bericht diagnostizierte eine neue soziale und sexuelle Revolution im Leben der Frauen, der die Zeitschriftenindustrie Rechnung tragen müßte, wenn sie überleben wollte. Dichters Studie wurde zur Verlegerbibel. Alter und Schicht sollten nicht länger die Grundlage der Leserklassifizierung sein; die Frauenmagazine mußten revolutioniert werden.[30] Im März 1965 brachte Newnes die Zeitschrift *Nova* heraus, die sich auf die Fahne geschrieben hatte, »die neue Zeitschrift für die neue Frau« zu werden. *Nova* war eine Sensation. Sie war eine exzentrische, skandalöse, freche und moderne Herausforderung des Establishments. Sie brach alle journalistischen Regeln für Frauenzeitschriften, weil sie die Frauen aufforderte, aus ihren traditionellen Rollen auszubrechen und jeden Aspekt ihres Lebens und ihrer Wertvorstellungen zu hinterfragen. Sie war das Vorbild für die farbigen Sonntagsbeilagen von heute, und sie bildete eine Generation von Journalisten und Fotografen aus, die heute zu den besten Großbritanniens gehören.

Aber *Nova* hatte nicht nur enormen Einfluß auf die Presselandschaft, wo man ihr noch immer ein ehrenvolles Andenken bewahrt. Sie hat auch entscheidend dazu beigetragen, das Bild jener »neuen Frau« und ihrer Welt zu formen und zu verbreiten. Vor allem hat *Nova* eine weitere Frauenzeitschrift nachhaltig geprägt, nämlich die amerikanische *Cosmopolitan*. Und *Cosmopolitan* sollte zu einem der wichtigsten Sprachrohre der neuen sexuellen Freiheit der Frauen werden. Die Ursprünge der *Nova* liegen im Dunkeln. Jeder, der an ihrem frühen Erfolg beteiligt war, nimmt ihn für sich in Anspruch, und es stimmt wahrscheinlich, daß die Idee damals in verschiedener, leicht abgewandelter Form in der ganzen Zeitschriftenbranche kursierte. Eine der Urheberinnen war zweifellos Alma Birk, eine Vertreterin von *Our Age*. Sie war zwar keine professionelle Journalistin, aber eine typische Repräsentantin der Labourpolitik, die auf Bloomsbury folgte und das Jahrzehnt so nachhaltig prägte. Obwohl sie etwas älter war als die typische *Nova*-Leserin (die zwischen 25 und 35 war), verkörperte sie den Zeitgeist der neuen Frau – sie war gebildet, hatte jung geheiratet, wurde finanziell von ihrem Mann unterstützt und war doch gleichzeitig eine intelligente, unermüdliche und unerschrockene Kritikerin der konventionellen Moral.

Ihre ganze Erziehung in einer zu Wohlstand gelangten jüdischen Familie hatte ihr eingehämmert, daß eine gute Ausbildung eine unabdingbare Voraussetzung für wirtschaftliche Sicherheit und gesellschaftliches Fortkommen bedeutete, eine Überzeugung, die durch den traditionellen jüdischen Respekt für Gelehrsamkeit weiter verstärkt wurde. Sie wurde in den zwanziger Jahren in London geboren. Ihr Vater war ein jüdischer Emigrant aus der Ukraine, der anfangs Notenblätter in Irland verkaufte, dann Zigaretten für einen Penny pro Stück in London feilbot und schließlich ein Grußkartenunternehmen aufbaute. »Er war sehr ehrgeizig und entschlossen, sich selbst zu bilden. Er besuchte die Abendschule und verschlang ein Buch nach dem anderen«, schrieb sie 1965 über ihre Kindheit. »Bildung war immer seine große Leidenschaft, und er wollte, daß seine Kinder all das bekamen, was er entbehrt hatte. Er hat mir unablässig eingeimpft, daß Bildung nicht nur etwas Notwendiges, sondern auch etwas Wunderschönes ist. Er hielt Ausbildung und Beruf nicht für ein Monopol der Männer, sondern meinte, daß auch Frauen Anspruch darauf hätten.«[31]

Aber ihr Vater starb mit 46 Jahren an Krebs. Ihre Mutter verwarf die Empfehlung der Lehrer, daß Alma sich in Oxford bewerben sollte, und bestand auf einer konventionellen Ausbildung an einer Sekretärinnenschule. Alma schrieb sich heimlich für einen Studiengang an der London School of Economics ein. Mit zweiundzwanzig war sie verheiratet und bekam bald darauf zwei Kinder. Sie trat der Labour Party bei, kandidierte dreimal fürs Parlament, saß von 1950 bis 1953 im Finchley Council, besuchte als Friedensrichterin häufig Gefängnisse, und Anfang der sechziger Jahre schrieb sie eine Kolumne für den *Daily Herald*. Ihr Ehemann, der Rechtsanwalt Ellis Birk, war Vorstandsmitglied bei IPC, und das Paar hatte ausgedehnte Kontakte im Verlagswesen. Alma las regelmäßig den *New Statesman* und den *Spectator*, aber kaum Frauenzeitschriften, die sie gräßlich fand. Eines Tages wurde sie gebeten, ein Konzept für eine neue Firmenzeitschrift für L'Oreal zu entwickeln. Einer der Verantwortlichen entschied, daß Almas Konzept zu gut war, um an eine Hauspostille verschwendet zu werden, und so wurde der Entwurf zu einer frühen Vorlage von *Nova*. Birk hatte erkannt, daß zwischen den Seufzerspalten von *Woman* und den Modeseiten von *Vogue* Tausende von verzweifelten Frauen standen, die die Ehe nicht als Happy-End-Geschichte erlebten. Das waren Frauen, die eine qualifizierte Ausbildung hatten und jetzt in ihrer Familienrolle erstickten, und das waren Frauen, die nie erkannt hatten, daß sie überhaupt eigene Fähigkeiten besaßen. Diesen Frauen sollte *Nova* nach den Vorstellungen von Alma Birk gewidmet sein.

»Ich hatte kein Interesse daran, als Redakteurin zu arbeiten, keine Lust, mich mit Werbung abzugeben und über den Satz zu streiten«, erklärt sie. Ihr fehlten auch die entsprechenden Erfahrungen in der Zeitschriftenproduktion, um diesen Job zu übernehmen. Sie wurde im Impressum als »redaktionelle Beraterin« bezeichnet. Nach einem schlechten Start mit dem ersten Chefredakteur Harry Fieldhouse, übernahm Dennis Hackett den Posten. Hackett war ein schillernder Charakter, das *enfant terrible* der Zeitschriftenwelt. Er war ein praktizierender Katholik, der bereit war, moralische Fragen kritisch aufzugreifen, unabhängig von seiner persönlichen Einstellung. Aber vor allem hatte er ein geniales Talent dafür, die Zeitschrift durch provokative und aufsehenerregende Schlagzeilen von den Zeitungsständen in die Hände der Leser zu befördern, eine Strategie, die auch nach Beendigung seiner fünfjährigen Tätigkeit als Chefredakteur weitergepflegt wurde. Weil die Zeitschrift keine eindeutige Zielgruppe ansprach, mußten die Leute zu Spontankäufen angeregt werden. Die Cover sorgten für immer neue Überraschungen. Ein Titelblatt, das anläßlich der Einführung des Reformgesetzes zur Homosexualität erscheinen sollte, zeigte ein holländisches Schwulenpaar und war nach zwei Tagen ausverkauft, trotz eines Anzeigenboykotts durch alle nationalen Zeitungen, mit Ausnahme des *Guardian* und des *Observer*. Aber die Stammkunden boykottierten den Boykott. Der Redaktionsstab scheute sich auch nicht vor höchst doppelzüngigen Argumenten, um die Titel an der Geschäftsleitung vorbeizumogeln: »Der geschäftsführende Herausgeber rief Dennis Hackett zu sich, und Dennis kam zu mir gestürzt und fragte, was er ihm sagen sollte«, erinnert sich Alma Birk. »Ich sagte, erzähl ihm, daß unzählige Frauen homosexuelle Friseure und Schneider haben, sie sie alle sehr *sympathique* finden. Sag ihm, wir würden nicht im Traum daran denken, es mit Lesben zu machen. ›Wieso nicht?‹, fragte er, und ich entgegnete: ›Weil ich jetzt nur davon rede, was du ihm heute, an diesem Nachmittag, sagen sollst.‹«

Die Titelblätter deckten alle Themen der Sechziger ab – Rassismus, Geburten (mit dem Bild eines Säuglings, der sich gerade aus dem Mutterschoß befreit), Ehebruch, die Krise der katholischen Kirche, den Vietnamkrieg, Obdachlosigkeit, wilde Ehen, Flüche, Einwanderer. 1968 tobte Hackett wie ein Wirbelsturm durch die Monate und fesselte und spaltete die Leserschaft mit seinen Titeln. Im Februar 1968 lautete die Schlagzeile: »Prinzessin Pignatelli zupft sich mit einer Pinzette jedes Haar einzeln von den Beinen. Wenn auch Sie diese Hingabe und 5348 Pfund übrig haben, können Sie ebenfalls Platz neun auf der Liste der bestangezogenen Frauen belegen. Teilen Sie den Schmerz – auf Seite 60.« Im Mai 1968 stand unter dem Bild von drei glutäugigen, kämpferischen Schönheiten, deren schwarzbelederte Fäuste an das Geländer des Parlamentsgebäudes gefesselt waren: »Fünfzig Jahre Frauenwahlrecht: Nur die Ketten haben sich verändert.« Im August 1968 folgte ein Porträt von zwei Paaren und ihren Kindern: »Michael Halsey and Geoffrey Hull meinen, dass ihre Frauen sich genug Sorgen um die Verhütung gemacht haben. Sie sind selbst aktiv geworden: Sie haben sich sterilisieren lassen.« Im Oktober 1968 erschien eine Zeichnung von Twiggy, die sich die Achselhaare rasiert: »PROMINENTE GANZ PRIVAT – TWIGGY, DIE QEEN, PRINZ PHILIP, DER PAPST, FROST ETC. – SEITE 60.« Im Dezember desselben Jahres zeigte das Titelblatt ein Ehepaar mittleren Alters, das vor dem Fernseher sitzt und durch die miniberockten eine der Tochter sichtbar wird. Darunter die Schlagzeile: »WARUM KINDER REBELLIEREN, ZU DROGEN GREIFEN, AUSSTEIGEN, GRUPPENSEX WOLLEN UND IHRE ELTERN NICHT MEHR VERSTEHEN.« Und in demselben atemlosen Jahr jenes Titelblatt, das den Zusammenbruch des konventionellen Frauenlebens in den Sechzigern zusammenfaßte:

Ich habe die Pille genommen
Ich habe
meinen Rocksaum hochgezogen
bis übers Knie
ihn wieder fallenlassen
bis zu den Fesseln
an der Universität rebelliert
vor der amerikanischen Botschaft
demonstriert
mit zwei Männern gelebt
einen geheiratet
mein eigenes Geld verdient
meine Identität bewahrt
und ehrlich gesagt...
mich selbst verloren
Finden Sie sich wieder – auf Seite 38
(September 1969)

Diese kontroverse Berichterstattung war nur durch hohe Anzeigen- und Werbeeinnahmen aufrechtzuerhalten, die die fallenden Erlöse ausgleichen mußten, wenn ein Titel die Leute vor den Kopf stieß. *Nova* war der Traum jedes Werbefachmanns, »die Showbühne jedes künstlerischen Direktors, ein lebendes, atmendes Dossier seiner künstlerischen Arbeit, das seine Künstlerfreunde bei NW2 amüsieren und beeindrucken und vielleicht seine Karriere vorantreiben würde«[32], meint der Zeitungsfachmann Brian Braithwaite, der seine Karriere in den Sechzigern begann.

In der Werbung war eine bunte Südseewooge im Anrollen, die durch massive Farbkampagnen für synthetische Stoffe wie Nylon, Terylene, Dacron und Acryl eingeleitet wurde. Zwischen den Synthetik- und Naturfaserlagern des International Wool Secretariat und des Cotton Board brach der Krieg aus. Synthetik stand für Modernität, für Pop-art Plexiglasperlen, PVC-Regenmäntel, weiße Courrèges-Plastikstiefel, für die Oberflächenstruktur der Technik. Im März 1967 waren die Erdölprodukte allmählich überholt, die Mode ersetzte die Schwindelgefühle des Futurismus durch den Hippie-Stil. Courtaulds konterte mit einem Werbefeldzug für einen Stoff namens Vincel und plagiierte dafür *Novas* Formulierungen über die Revolution der Frauen:

> FRAUEN REVOLTIEREN ... gegen die geometrischen Formen von Op und Pop. Gegen überholte Schrittmacher und überimitierte Trendsetter. Nieder mit dem Establishment der überspannten Modespinner! Her mit dem neuen Stoff für Frauenträume! Ein Stoff so weich wie Schneeflocken und so zart wie ein Morgennebel. In strahlenden, leuchtenden Farben. Frauen haben einen unbesiegbaren Verbündeten – Vincel. Vive La Revolution!

Im Vergleich zu den farbigen Sonntagsbeilagen mit ihren Endlosserien über Churchill und Stalin, ihrer Besessenheit von Heinrich VIII. und den Wurzeln des Englischen, rüttelte *Nova* an den Grundfesten der Ordnung, um das Leben der Mittelschichtsfrauen radikal umzugestalten. Alma Birk wollte dafür sorgen, daß der Verstand einer verheirateten Frau sich nicht in Matsch auflöste. Kurz nachdem *Nova* aus der Taufe gehoben war, schuf sie eine Serie mit dem Titel: »Ein kleiner Ismen-Führer für Frauen«, in dem unter anderem solche Begriffe erklärt wurden wie Freudianismus, Marxismus, logischer Positivismus und Existentialismus. Unter der Anleitung des jungen Literaturredakteurs A. S. Byatt gab es eine Artikelserie über »Das Saigon des Geschlechterkampfes«, bestritten von Londons »reicher Ernte an eloquenten, witzigen Schriftstellerinnen«. In *Nova* war auch folgendes zu lesen: »Der Spruch ›Ich liebe dich‹, geäußert aus weiblichem Munde gegenüber einem Mann, unterliegt offenbar einer zunehmenden Tabuisierung. Vielleicht ist dieser Satz der Inbegriff der Identitätsauflösung, eine irreale Abtretung jeder Verantwortung an einen anderen Menschen, die nicht länger im Einklang mit der neuen weiblichen Stärke und Unabhängigkeit steht.« [33]

Man sichtete auch einen neuen Mann für das »Mädchen mit Quantkleid, Sassoonfrisur, Courrèges-Stiefeln und Oliver-Goldsmith-Brille... maßgefertigt, kühl und funktionell«. Es wurde diskutiert, ob sich nicht ein neues Wertemuster abzuzeichnen begann, nach dem »Leistungsfähigkeit und Übereinstimmung erstrebenswerter erscheinen als die Schmerzen, die Leidenschaft und das Geben und Nehmen des Geschlechterkampfes, wie wir ihn bislang kennen. Der Kampf ist zu Ende, und das Land, auf das wir zumarschieren, muß computergeeignet sein. Warum sollte es mit persönlichen Beziehungen nicht dasselbe sein? Warum sollte das neue Ideal nicht eine Art drittes Geschlecht sein – leidenschaftslos, unverwundbar und leistungsfähig?«[34] Zwei Monate später griff Alma Birk das Klischee der Witwe und ihrer sexuellen Entsagungspflicht auf: »Ich habe einige erschütternde Briefe von Frauen erhalten, die sich schrecklich schuldig fühlen, weil sie das Gefühl haben, ihre toten Ehemänner zu betrügen. Cruse (die Witwenorganisation) schrieb und erklärte, daß man sich davon zutiefst abgestoßen fühle und viele Leute empört seien. Es ist mir nicht schwergefallen, gegen derartige Überzeugungen zu verstoßen.«

Im Oktober 1966 sah Irma Kurtz weit über die Sechziger hinaus und beschrieb die neue Generation von Frauen, die durch eine bessere Ausbildung und durch die Pille entstehen würde. Sie nannte ihren Artikel »Die neue alte Jungfer«, und es war vielleicht das letzte Mal, daß dieser Begriff für alleinstehende Frauen verwendet werden sollte:

> Altjüngferliche Tanten, die nicht trinken, nicht rauchen, selten ihren eigenen Lebensunterhalt verdienen und die, wenn sie denn keine Jungfrauen sind, die Erinnerung an ihre Defloration unter den Begriffen »häßlich« oder »wahre Liebe« abgelegt haben, werden allmählich zu reinen Romangestalten. Wir neuen alten Jungfern sind real und ähneln unseren altjüngferlichen Tanten nur noch oberflächlich: Wir lesen ordentliche Sonntagszeitungen, einige von uns leeren Aschenbecher aus, und unsere Wohnungen, die vor zehn Jahren den Charme des Chaos hatten, schlucken allmählich genausoviel Möbelpolitur wie die Einfamilienhäuser unserer verheirateten Schwestern... Natürlich gehen wir mit den Männern anderer Frauen ins Bett. Untreue versorgt uns mit den meisten unserer Liebhaber, und obwohl untreue Ehemänner das Problem der fehlenden männlichen Begleitung nur in dunklen Restaurants lösen, bewahren sie uns vor einer ganz bestimmten Art von Frustration... Die meisten von uns haben gelernt, kein Aufhebens und kein Theater um den Sex zu machen – ein Geschäftstreffen mit dem Mann, dem wir morgens seinen Tee aufgebrüht haben... Egal, was wir als Teens und Twens gedacht haben, je länger wir alte Jungfern sind, desto weniger wollen wir damit aufhören... Da wir in der großen Männerwelt gezwungen waren, mehr zu beweisen als reine Überlebensfähigkeit, sind wir unabhängig und durchsetzungsfähig geworden; dies bezeichnet man als »männliche« Eigenschaften. Nur wenige von uns sind Lesben, obwohl Männer, deren Annäherungsversuche wir zurückweisen, uns mit diesem Etikett belegen, weil es für sie die einzige Erklärung ist, wenn eine Frau allein leben will... Wir hatten nicht die Absicht, alte Jungfern zu werden. Wir machten anfangs dieselben Schritte wie andere Frauen, aber einer dieser Schritte trug uns über die Schwelle des Spiegels hinaus und führte uns auf einen Weg, den

wir nicht erwartet hatten und der uns von dem entfernte, was wir immer gewollt hatten.[35]

Alle diese frühen *Nova*-Artikel betonten immer wieder die Effizienz von Beziehungen, die stromlinienförmige Liebhaberin und ihre unsentimentale Einstellung zum sexuellen Akt. Das »zivilisierte« Verhalten »anständiger« Menschen, für das Russell und seine Jünger plädiert hatten, war unter der Labourregierung der sechziger Jahre von der technischen Revolution des Computerzeitalters erfaßt worden. Doch 1968 schrieb Catherine Storr einen Artikel mit dem ominösen Titel »Lost« und bezweifelte die Fähigkeit der Gesellschaft, das Leben der Frauen durch angewandte Sozialwissenschaften zu verändern. »Was um Himmels willen ist mit der modernen Frau geschehen?« fragte sie. »Es ist nicht mehr allein die archetypische Vorstadthausfrau, die nach einem Fluchtweg sucht. Wenn das Frauenwahlrecht nur der Anfang war, so war die Pille doch keineswegs das Ende auf dem Weg in ein neues Leben. Bedeutet die neue Freiheit denn nur eine neue und perfektioniertere Art des Leidens?« Gegen Ende der Sechziger entwickelten die Frauen, die nach dem Krieg für Labour votiert und für eine fortschrittliche Sozialgesetzgebung gekämpft hatten, allmählich die Befürchtung, daß die moralische Planung außer Kontrolle geriet. »Es ist nicht überraschend, daß wir im Moment ein ratloses, zögerndes, verwirrtes, zerstreutes Geschlecht sind. Es ist etwas völlig anderes, ob man dir sagt, daß du emanzipiert bist, oder ob du weißt, daß du innerlich wahrhaft frei bist«, meinte Catherine Storr. Das wissenschaftliche Modell war im Begriff zu scheitern:

Das Problem mit unserer neuen Freiheit ist, daß sie zu theoretisch ist, zu wettbewerbsgeprägt, daß sie in viel zu absoluten Begriffen definiert wird. Ihre theoretische Natur ist gefährlich, weil wir im Überschwang eines erfolgreichen Wissenschaftszeitalters zu der Überzeugung neigen, daß sich alle Probleme lösen lassen, wenn wir sie nur zum Gegenstand wissenschaftlicher Foschung machen. Wir vergessen, daß der Wert wissenschaftlicher Experimente und ihrer Ergebnisse davon abhängt, daß man möglichst alle äußeren Faktoren ausschließt und daß wir dies im normalen Leben nicht tun können – zum Glück, denn sonst hätten wir ein ziemlich trostloses Leben. Die Schlußfolgerungen der experimentierenden Wissenschaftler gelten also nicht notwendigerweise für irgendeine Situation außerhalb des Laboratoriums.[36]

Von den späten Sechzigern an verlor *Nova* etwas an Selbstvertrauen und gewann etwas an Weisheit, aber mittlerweile hatten auch andere aus ihren Erfahrungen gelernt. Dennis Hackett wurde zum Leitartikelchef aller Newnes-Titel befördert, die er fortan im Stil von *Nova* gestaltete. *Nova* unterschied sich nicht länger auf so drastische Weise von allen anderen Zeitschriften wie früher. [37] In den frühen Sechzigern gab es keine heilige Kuh, die *Nova* nicht geschlachtet, kein Tabu, das sie nicht gebrochen hätte. Aber wenn ein Massenblatt einmal das Undenkbare getan und Homosexuelle auf die Titelseite gebracht hat, wenn es einmal der explosivste Gesprächsstoff aller Dinnerpartys gewesen ist, muß es sich weiterentwickeln. *Nova* hatte bereits mehr Informationen über Homosexuelle, Abtreibung, die schönsten Flüche oder das Sexleben von Witwen angeboten, als die meisten Leser wissen wollten. Ihr gingen die Themen aus. Sie verlor nie ihre radikale Vision, aber sie wurde seriöser. Sie setzte sich weiterhin für den sozialen Wandel ein, widmete sich jetzt aber der mühseligen Kleinarbeit, die notwendig war, um die Situation der Frauen zu verbessern. In den frühen Siebzigern war *Nova* nicht länger der Inbegriff der provokativen Zeitschrift, die das Unerhörte und Unsagbare aussprach. Sie untersuchte die neuen Themen der Geschlechterpolitik und brachte Berichte über Selbsthilfe, Brustkrebs und Pornographie. In der Zeitungs- und Zeitschriftenwelt gibt es ein Wort, das den Tod einer Zeitungsidee umschreibt, und zwar »wertvoll« im Sinn von »Ich weiß, dies ist sehr wichtig, aber ich möchte lieber an was anderes denken«. *Nova* wurde ein früher Vorläufer von *MS*, nur daß ihr die Unterstützung der amerikanischen Frauenbewegung fehlte. Aber *Nova* war nie eine reine Frauenzeitschrift. Männliche Journalisten wollten für sie schreiben, Männer gaben sie heraus, und Männer lasen sie in aller Öffentlichkeit, so wie sie heute *Vanity Fair* lesen.

Das Management hatte nie voll und ganz hinter *Nova* gestanden. »Es war ein dauernder Kampf, weil es zuwenig Leute im Unternehmen gab, die wirklich an die Sache glaubten«, sagt Alma Birk. Sie und andere Mitglieder des Redaktionsstabs mußten sich ständig gegen die hypothetischen Meinungen der Direktorengattinnen wehren: »Der geschäftsführende Herausgeber begann jeden zweiten Satz mit der Formulierung: ›Aber meine Frau meint...‹ Es war die Hölle. Wenn du ein Ingenieur oder Arzt bist, erzählt dir niemand, was seine Frau meint. Es war, als ob die Arbeit an einer Zeitschrift keine besonderen Fähigkeiten erforderte. Jeder hergelaufene Laie durfte seinen Senf dazu geben und zählte genausoviel wie wir. Ich hatte es wirklich satt, was irgend jemandes Frau von *Nova* dachte. Jahre später entschuldigten sie sich und erzählten mir, daß ich eben meiner Zeit vorausgewesen wäre.«

1967 versuchte Harold Wilson eine neue Generation von Peers ins Oberhaus zu bringen, vor allem Frauen. Eine dieser Frauen war Alma Birk, die zur Baronesse ernannt wurde. Sie schrieb weiterhin für *Nova*, und bevor sie ins Oberhaus einzog, entwickelte sie die Idee für ein berufliches Wiedereinstiegsprogramm. Es sollte frustrierten Ehefrauen, die aufgrund einer frühen Heirat ihre Ausbildung abgebrochen oder wenig Berufserfahrung hatten, bei der Überwindung dieser Probleme helfen. »Ein Teil von ihr ist noch immer unerfüllt, ein Teil, der von den Aufgaben einer Ehefrau und Mutter nicht völlig abgedeckt wird, und dieser Teil verlangt verzweifelt nach Befriedigung. Mit anderen Worten, sie möchte eine Aufgabe, die außerhalb ihrer häuslichen, ehelichen und mütterlichen Routine liegt«[38], schrieb Birk. Unter der Leitung von Carolyn Faulder versuchte dieser Beratungsservice nationale und kommunale Institutionen dafür zu gewinnen, verheiratete Frauen wieder in die Arbeitswelt einzugliedern. Man wollte einen Werbefeldzug starten, staatliche Stellen überzeugen und die Politik beeinflussen. 1969 wurde Alma Birk zur Vorsitzenden des Health Education Council gewählt und beauftragte die jungen Saatchi-Brüder mit dem Werbefeldzug, der sich als Sprungbrett ihrer Karriere erweisen sollte: Sie entwarfen das Bild eines schwangeren Mannes, der eine Hand auf seinen durchgedrückten Rücken hält und fragt: »Wären Sie gern schwanger?« Richard Crossman, der Labourminister, rief Birk an, um ihr mitzuteilen, daß er das Bild scheußlich fand. »Sie sollen es sich ja nicht ins Wohnzimmer hängen«, war ihre lakonische Antwort. Es war ein klassisches *Nova*-Titelblatt. Dennis Hackett blieb sein ganzes Berufsleben hindurch ein unerschrockener Kritiker von Mißständen. Alma Birk saß in Ausschüssen und wurde in den Siebzigern Ministerin im Umweltministerium, verantwortlich für das nationale Erbe. Heute ist sie in ihren Sechzigern und noch immer eine engagierte Politikerin und führendes Fraktionsmitglied.

Der Leitartikel der zweiten *Nova*-Ausgabe war dem Namen der Zeitschrift gewidmet. Die strahlende Helligkeit einer Nova ist nur von kurzer Dauer. Dem wurde entgegengehalten, daß Zeit im Universum etwas Relatives sei. Doch es war nicht nur die einzigartige Leuchtkraft einer Nova, die den Ausschlag für den Namen gab: »Sie heißt *Nova*, weil dieses Wort auf der ganzen Welt ›neu‹ bedeutet – und das erschien uns Grund genug. Außerdem finden wir den Namen einfach schön. Sie nicht? Es ist nur ein ermutigender Zufall, daß der Name des neuen Weltraumprojekts, das die Saturnrakete in der Mondforschung ablösen wird, ebenfalls – Sie haben es erraten – Nova lautet.«[39]

Die wirtschaftliche Rezession der frühen Siebziger, die Ölkrise und die Dreitagewoche brachte den Konsumboom der Sechziger abrupt zum Stillstand. In der ganzen Verlagswelt fielen die Anzeigeneinnahmen in den Keller. Die Auflage, die einmal bei über 120000 gelegen hatte, erreichte den absoluten Tiefststand von 86000 (was immer noch erheblich mehr ist, als heutzutage Zeitschriften wie *Esquire* und *Tatler* oder die britische Ausgabe von *Vanity Fair* erreichen). Der IPC-Konzern, der Newnes einige Jahre zuvor übernommen hatte, reduzierte das Zeitschriftenformat von 33,02 × 25,4 cm auf 25,4 × 20,32 cm. Die letzte Ausgabe von *Nova* vom Oktober 1975 zeigte auf dem Titelbild das Komikerpaar Morecamble und Wise, um auf einen Beitrag zur Glatzenbildung aufmerksam zu machen. Eine weitere Titelschlagzeile fragte: »Heiratet Ihr Waldi in Weiß?« Es wirkte wie eine etwas größere Version der amerikanischen Fernsehzeitung *TV-Guide*. Es war ein unrühmliches Ende für einen einst leuchtenden Stern.

Aber es war nicht nur die Wirtschaft, die *Nova* in die Knie zwang. *Nova* war ein Kind ihrer Zeit, schillernd, frech und rastlos. Sie drängte stürmisch in eine wundervolle Zukunft, in der künstliche Oberflächen nie ihren Glanz verlieren, nie verwelken oder altern. Doch die Zeiten änderten sich. Die Menschen standen dichtgedrängt um ein Kohlenfeuer, während allabendlich auf staatliche Anweisung der Strom abgeschaltet wurde und die Dreitagewoche Einzug hielt. London hörte auf zu swingen. Zur neuen erotischen Hauptstadt würde man bald darauf San Francisco küren. Nachdem Großbritannien die Vision von sexueller Freiheit an Amerika abgetreten hatte, kehrte London zu dem tristen, provinziellen Leben zurück, das es heute noch führt. Im April 1972 kam in Großbritannien eine neue Zeitschrift auf den Markt. Und dieses Ereignis war es, das *Nova* den endgültigen Todesstoß versetzte. Wirklich erstaunlich daran war, daß die neue Zeitschrift zuvor noch mühelos die Politik von *Our Age* ausschlachtete.

Spaß, Spaß, Spaß

Ich muß gestehen, daß ich in der ersten Hälfte meines Lebens eine willfährige Sklavin des Cosmo-Zeitgeistes war… Ich bildete mir eine Menge darauf ein, daß ich bei der Frage »Wie sinnlich sind Sie?« die höchste Punktzahl von allen meinen Freundinnen erreichte. Der Test maß die Sinnlichkeit anhand so aufschlußreicher Faktoren wie der Art und Weise, wie jemand Eiskugeln leckt. In der narzißtischen Fallgrube meines adoleszenten Egos war ich überzeugt, daß ich es mit dem richtigen Make-up, entsprechender Beleuchtung und einem tollen Designer-Nachthemd mit jedem der von Scavulla abgelichteten Starmodels aufnehmen könnte, die von den Titelblättern schmollten – ganz nach dem Motto (mit dem die Nepp-Agenturen für Models lockten) »Auch Sie können ein Model sein!« Genau! Ich war, um eine von Helen Gurley Browns frühen Leitidiotien zu gebrauchen, »ein erwachsenes Mädel… mit Interesse an allem, was ihr ein reicheres, aufregenderes Leben geben kann, erfüllt von Spaß, Freunden und der Liebe eines Mannes«.

Moira Farr

Ich habe mich selbst immer als überzeugte Feministin gesehen.

Helen Gurley Brown

Während Alma Birk die Gesetze im Labour-regierten Britannien zu verändern suchte, suchte – und fand – Helen Gurley Brown einen Ehemann. Welche politischen Ziele verfolgte Helen Gurley Brown? Niemand wird es je erfahren. In England konnte Alma Birk sich den Kopf an substantiellen Dingen einrennen – Klasse, Erziehung, Titel –, an den Mahagonimöbeln eines Staates, der in den Sechzigern als »das Establishment« bezeichnet wurde. Amerika ist ein großes Land. Helen Gurley Brown war das einfache Mädel aus Little Rock, Arkansas, das sich am Ende der Wirtschaftsdepression auf den Weg in die Großstadt machte, eine wurzellose Abenteurerin im Land der unbegrenzten Möglichkeiten, wo man seine Herkunft ablegen konnte wie einen alten Mantel, wenn der Erfolg einen Nerz verlangte. Sie war die vollendete Verkörperung, die unverwässerte Essenz des kommenden Frauenideals von selbstbewußten Titten, Zähnen und Wimpern, das zur Grundlage des *Cosmo*-Girls werden sollte.

Das *Cosmo*-Girl war die Männerphantasie von der befreiten Frau, die mit ellenlangen Beinen und eßbaren Höschen durch die Weltgeschichte stakste, die einen eigenen Beruf und eigenes Studio-Appartement hatte, die einem nachts göttlich den Schwanz leckte und morgens ein göttliches Frühstück servierte. Sie war finanziell unabhängig, nomimell feministisch und verachtete jene längst überholten Präsente wie Pelze und juwelenbesetzte Armbänder. Sie lebte in einer Wegwerfgesellschaft und freute sich, wenn man ihr gelegentlich einen Armreifen aus Plexiglas schenkte. Man schlief mit ihr, weil sie scharf darauf war, sie wollte es, sie war unersättlich. Ihre Familie lebte einen halben Kontinent entfernt, und in der Großstadt sah man sich vielleicht nie wieder.

Cosmo war eine Befreiung, aus der alles Politische herausgesaugt war. *Cosmo*, das waren Rätsel und Sextips und Populärpsychologie und Sensationen. Die Welt war ein interessanter Ort, und das Leben war Spaß, Spaß, Spaß. Die britische Ausgabe von *Cosmo*, die Mitte der achtziger Jahre herauskam, konzentrierte sich anfangs nicht ausschließlich auf Sex, sondern ging auch ernsthaft auf einige andere Themen ein. Eine Zeitlang wurde sie zu einem wichtigen Ratgeber für berufstätige Frauen und bot Informationen über Arbeitsplatzfragen und berufliche Fortbildungsmöglichkeiten. Aber die Redakteurin Linda Kelsey wechselte zur Zeitschrift *She*. Deren Zielgruppe waren »Frauen, die zwischen Beruf und Familie balancierten«, also die berufstätigen Mütter, zu denen die *Cosmo*-Girls einmal heranreifen würden. Unter der redaktionellen Leitung von Marcelle d'Arcy Smith bewies die britische *Cosmo*, daß Sex sich trotz Aids gut verkaufen läßt. Sie lockte mit Schlagzeilen wie »Die besten Sextips aller Zeiten (Wir erholen uns gerade)« oder »Frag ihn, ob er dich heiratet (Das Schlimmste, was dir passieren kann, ist, daß er ja sagt)«. Und doch ist *Cosmo* auf ihre Weise unverhohlen feministisch. Das zeigt sich zum Beispiel an den Beiträgen von Journalistinnen wie Melissa Benn, eher vertraut aus den Spalten des *Guardian* oder *New Statesman*, die uns vor dem konservativen Gegenschlag warnt. »Endlich zeigen Frauen

Leistung!« lautete der »Aufreißer« des Artikels. »Wir kommen beruflich tatsächlich voran und werden privat immer unabhängiger. Aber einige Männer fühlen sich unbehaglich, weil wir ihnen zu dicht auf die Pelle rücken. Wenn wir den Lügen glauben, ist Gleichheit schlecht für uns, und Freiheit macht uns unglücklich. Nur wenn wir die Propaganda erkennen, können wir sie bekämpfen und unseren Weg fortsetzen.« [1]

Wie real ist *Cosmos* Feminismus? Real genug für Tausende von Frauen, die auf ihren Seiten die Möglichkeiten eines anderen Lebens erspäht haben. Es gibt eine geplatzte Szene aus einer britischen Dramaserie, die in Newcastle spielt: Das Ehepaar liegt auf dem Bett, die Frau liest *Cosmo*, der Mann hört Radio. Als die Ehefrau darüber zu reden beginnt, daß die Frauen sich verändern, größere Erwartungen haben, verpaßt Kevin Whately, der Schauspieler, der den Ehemann spielt, sein Stichwort. Er entschuldigt sich beim Regisseur – er sei abgelenkt gewesen, weil er den Torstand von Newcastle United nicht verpassen wollte. *Cosmo* hat ihre Leserinnen immer dazu angeregt, ihren eigenen Weg zu gehen und ihre eigenen Bedürfnisse auszuleben. Sie verkörpert in gewisser Weise die Philosophie der alten Zigarettenwerbung von Virginia Slim – »You've come a long way, baby«. Das ist Feminismus, aber eine Form, die die meisten überzeugten Feministinnen längst hinter sich gelassen haben.

So wie einige der heute lebenden Tierarten eine frühe Phase der Evolution repräsentieren und sich hartnäckig und anachronistisch seit prähistorischen Zeiten behauptet haben, geht auch das *Cosmo*-Girl auf die Anfänge der zweiten Welle des Feminismus zurück. Doch für ein anachronistisches Fossil ist es zweifellos erstaunlich erfolgreich, so als ob die Evolution sich bei den anderen Spezies selbst überholt hätte. Das *Cosmo*-Girl versinnbildlichte, was mit der alleinstehenden Frau geschah, nachdem sie die Pille in die Finger bekommen hatte. Später erkannten frühe *Cosmo*-Redakteurinnen wie Gloria Steinem, daß die Machtverhältnisse zwischen Männern und Frauen komplexer waren, als sie ursprünglich angenommen hatten, und daß sexuelle Freiheit nur ein kleinerer Teilsieg in dem großen Kampf für gleiche Rechte und eine Neuordnung der Gesellscahft war. Aber sexuelle Befreiung, die Erotisierung des Lebens der Frau durch und für sie selbst war eine ungemein wichtige Aufgabe. Die Entfesselung der weiblichen Sexualität hat immer zu machtvollen Veränderungen geführt. Und *Cosmopolitan* hat die Frauen durchaus dazu ermutigt, wenn nicht ihre Seele, so doch ihre Lust zu befreien. Das *Cosmo*-Girl ist nicht wie Athene als fertiges Produkt aus dem Kopf eines gottgleichen Mannes entstiegen. Sie wurde auch nicht allein nach den Vorstellungen von Helen Gurley Brown, dem Dr. Frankenstein des Frauenlebens, zusammengenietet. Die Genesis des *Cosmo*-Girls ging, so unwahrscheinlich es klingen mag, auf den Einfluß der europäischen Sexualpioniere zurück.

Helen Gurley, wie sie ursprünglich hieß, zog während des Krieges nach Los Angeles und übernahm eine Reihe von Sekretärinnenposten, aus denen sie nacheinander gefeuert wurde, weil ihr Ehrgeiz eher den Vergnügungsstätten als der Büroarbeit galt. Sie war eine jener Frauen, die ihr Jungmädchengebaren auch mit dreißig noch erfolgreich bewahren und stündlich mit ihrem Traumprinzen rechnen. Und wie solche Mädel es tun, nahm sie mit 31 an einem Wettbewerb teil. Er wurde vom *Glamour*-Magazin ausgeschrieben, gesucht wurden »Zehn Mädchen mit Geschmack«. Sie gewann. Nun ja, sie gewann den Wettbewerb, aber nicht den Krieg; sie war noch immer unverheiratet. Es gab natürlich Männer in ihrem Leben. Einer war verheiratet, ein anderer ein Mistkerl. Infolge des Wettbewerbs erhielt sie eine Stellung als Werbetexterin für Max-Factor-Produkte. Sie schickte regelmäßig Geld an ihre armen, kranken Eltern in Little Rock und sparte trotzdem noch etwas nebenbei. 1958 hatte sie genug Geld zusammen, um in einen Mercedesladen in Berverley Hills zu marschieren. Für 5000 Dollar in bar erstand sie ein gebrauchtes rauchblaues Coupé mit silbergrauen Ledersitzen. Das war natürlich der helle Wahnsinn und völlig verrückt, aber es war ein Köder. Ein Riesenfisch ging an die Angel.

David Brown war im Vorstand der Twentieth Century Fox, attraktiv, charmant, reich, ehrgeizig und 42 Jahre alt. Er fiel immer auf die falschen Frauen herein, die Sorte, die einen wieder fallenließ. Helen Gurley war 37 und mußte dringend unter die Haube. Das Auto brachte den Durchbruch. Hier war eine Frau, die nicht nur eine treue Seele war, sondern sich ihr Auto selbst kaufte und bezahlte. In bar. Es klappte – sie kriegte ihn. Sie heirateten 1959. Helen zog in eine weiße italienische Villa in der Nähe von San Francisco mit Blick auf den Pazifik und auf hundert Hektar unberührter Waldfläche und herrschte fortan über zwei Mercedeslimousinen, eine ganztägige Haushaltshilfe und Luxus in Hülle und Fülle. Aus ihrem Singleleben brachte sie ein paar Schrankkoffer mit: Drei-Kilo-Hanteln, ein schiefes Bügelbrett, ein Elektrogerät zur Faltenbekämpfung, mehrere Pfund Soyalecithin, Kalziumpulver, ein Hefe-Leberkonzentrat für stimmungsaufhellende Cocktails »und genug hochdosierte Vitamintabletten, um eine Statue zum Leben zu erwecken«.[2] Aber damit war das Märchen noch nicht zu Ende. Die Ehe erfüllte nicht alle ihre Bedürfnisse. Sie und David machten gerade ihren Sonntagsspaziergang im Will Rogers State Park in Los Angeles, als sie ihm anvertraute, daß ihr berufliche Anerkennung fehlte, obwohl sie seit zwanzig Jahren arbeitete. David riet ihr, ein

Buch zu schreiben. Als Titel schlug er vor: »Wie man eine Affäre hat«. Helen schrieb es unter der Trockenhaube und bei der Arbeit, und es war ihre eigene Geschichte.

Sex and the Single Girl wurde 1962 veröffentlicht, und es ist eines der wichtigsten Bücher der sexuellen Revolution. Der folgende Auszug zeigt, was revolutionär daran war:

> *Reader's Digest* brachte einmal eine Geschichte über eine ledige Frau, die »schwach« geworden war, unter unsäglichen Schuldgefühlen und Demütigungen litt und schließlich entschied, daß sie die erniedrigende Beziehung nicht länger ertragen konnte. Sie zog in eine andere Stadt, um einen neuen Anfang zu machen. *Digest* ließ keinen Zweifel daran, daß sie das einzig Richtige getan hatte, was eine Frau unter diesen Umständen tun konnte...
>
> *Ladies' Home Journal* stellte vor kurzem die Frage »Ist die Doppelmoral überholt?« und kam zu dem Schluß, daß eine alleinstehende Frau nur zwei Möglichkeiten hat, wenn ein Mann darauf »besteht«: Sie kann ihn heiraten oder »nein« sagen.
>
> Ich weiß nichts über die Mädchen in Pleasantville und Philadelphia, wo diese Zeitschriften publiziert werden, aber ich weiß, daß es in Los Angeles, wo ich lebe, noch etwas anderes gibt, was ein Mädel sagen kann und häufig sagt, wenn ein Mann darauf »besteht«. Und das ist »ja«. Und was die Sache mit dem Umzug und dem neuen Anfang betrifft, kann ich nur sagen: Wenn alle ledigen Mädchen, die allein in meiner Stadt eine Affäre haben, umziehen würden, käme es zur größten Völkerwanderung seit dem Exodus.
>
> Anständige ledige Mädchen *haben* Affären, und sie sterben nicht notwendigerweise daran! Manchmal leiden sie ein wenig, manchmal auch viel. Doch eine ganze Menge »anständiger« lediger Mädchen haben Affären und leiden kein bißchen.[3]

Schwarz auf weiß hatte eine verheiratete Frau offenbart, daß sie vor der Ehe mit anderen Männern geschlafen hatte. Sie sagte noch mehr. Daß nichts besonders Anziehendes an einer 34jährigen Jungfrau sei.[4] Daß es völlig unsinnig wäre, im Bett die Unerfahrene zu spielen und daß viele Männer eine sexuell aktive Frau aufregend fänden. Daß eine Frau sich nicht mit einem Liebhaber begnügen müßte, daß es völlig in Ordnung sei, wenn sie zwei oder mehr hätte.[5] Daß der Sex für eine ledige Frau – und mit ihr – besser wäre, weil sie nicht aus Pflichtgefühl mit dem Mann ins Bett ging. Daß die Ehe die beste Absicherung gegen die schlimmsten Jahre im Leben einer Frau bildete, wenn die Männer ihr nicht mehr reihenweise zu Füßen lagen. Daß die ledige Frau sich als das neue Glamour-Girl der Epoche erweisen würde, als Siegerin, nicht als Verliererin. Die alleinstehende Frau hätte Zeit und Geld für die Pflege ihres Aussehens, und weil sie in der Welt des Mannes arbeitete (wenn auch nur als seine Sekretärin), könnte sie die Männer verstehen. Sie spreche ihre Sprache, die Sprache des Einzelhandels, der Werbung, des Im- und Exports und der Kinofilme, während eine Ehefrau die Sprache der Elternbeiräte, Kinderärzte und vollgestopfter Wäschetrockner spreche.[6]

Das ganze Jahrhundert hindurch hatte es in Amerika eine riesige Propagandaaktion gegeben. Ziel dieser Propaganda war es, die Sexualität der ledigen Frau zu vernichten. Der Refrain lautete, daß anständige Mädchen »es« nicht taten, daß Sex außerhalb der Ehe zwangsläufig in Verzweiflung, Krankheit, gesellschaftlicher Ächtung und Tod endete. Als junges Mädchen bezog ich meine Informationen über Sex aus einer Heftchenreihe mit dem Titel *True Confessions*, die aus Amerika importiert wurde. Es waren Geschichten über das Kleinstadtleben, moralische Gleichnisse über das gefallene Mädchen ohne Ring und Schleier, das von den rechtschaffenen Bürgern aus dem Paradies der Fachwerkhäuser vertrieben wurde. Sex vor der Ehe rächte sich unweigerlich durch Schwangerschaft und Schande. Die ganzen sechziger Jahre hindurch waren *True Confessions* eifrig bemüht, ihre moralische Weltanschauung der technischen Revolution anzupassen, die den Garten Eden überrollt und den Sex vom Sold der Sünde befreit hatte.

Hat die sexuelle Revolution überhaupt etwas verändert? Ja, denn sie führte zweifellos zu einem Wandel des weiblichen Sexualverhaltens. Wie Barbara Ehrenreich, Elizabeth Hess und Gloria Jacobs in ihrem Buch *Gesprengte Fesseln?* ausführen, hat man die Geschichte der sexuellen Revolution größtenteils als die Geschichte eines von Männern beherrschten sexuellen Marktes dargestellt, aber »wenn ein Geschlecht tatsächlich einen Wandel in seinem Sexualverhalten vollzogen hat, der die Bezeichnung revolutionär verdient, dann sind es die Frauen und keinesfalls die Männer«.[7] Vor der sexuellen Revolution schliefen Männer mit ein paar wenigen Frauen – mit Prostituierten, mit »lockeren« Mädchen, mit ihren Verlobten – dann heirateten sie. Sie prahlten mit ihren Eroberungen, sofern sie welche gemacht hatten, und erweckten gern den Eindruck, daß sie auch weiterhin außerehelichen Abenteuern nachgingen. Frauen standen unter dem enormen Druck, ihre Jungfräulichkeit bis zur Ehe zu bewahren. Sex war eine schmutzige Sache, eine Verunreinigung. Von Sex zu sprechen war unanständig. In den Siebzigern wurden in Amerika Dutzende von Romanen veröffentlicht, die vom Sexleben der Teenager in den Fünfzigern handelten und in denen die Autoren sich an die High-School-Unterscheidungen in »schlechte« und »gute« Mädchen erinnerten. Bevor diese Bücher erschienen, in den zehn Jahren nach Freigabe der Pille und der Veröffentlichung von *Sex and the Single Girl*, hatte das Muster des weiblichen Sexualverhaltens sich drastisch gewandelt. Mittlerweile vögelten auch die Frauen vor der Heirat fröhlich durch die Gegend, oder sie heirateten nicht und vögelten noch ein bißchen weiter.

Helen Gurley Brown hatte das Tabu gebrochen. Sie erhielt eine eigene Kolumne bei der *Los Angeles Times* und präsentierte sich als erfahrene ältere Schwester, die den Kleinstadtmädchen, zu denen sie einst selbst gehört hatte, heiße Sextips gab. Ihr Mann schlug ihr schließlich vor, daß sie eine eigene Zeitschrift herausgeben sollte. Nach dem finanziellen Desaster seiner *Cleopatra*-Produktion war er 1963 von Fox entlassen worden, und das Paar war nach New York übergesiedelt. Helen legte einen Entwurf bei Hearst vor, aber dort war man an einer neuen Publikation nicht interessiert. Man war allerdings bereit, ihr die redaktionelle Leitung von *Cosmopolitan* zu übertragen, einem kränkelnden »Familien«-Blatt, das im letzten Jahrhundert gegründet worden war und einst die Kurzgeschichten von P. G. Woodehouse veröffentlicht hatte.

Die erste Ausgabe von *Cosmo* unter der Regie von Helen Gurley Brown wurde von einem neckischen Briefchen der Herausgeberin selbst eingeleitet: »Kommen Sie in meinen Salon«, bat sie die Leserin, eine Aufforderung, die sie fortan in jeder folgenden Ausgabe wiederholen würde. Helen Gurley Brown arbeitet tatsächlich in einem Salon: ein tapeziertes Heiligtum mit Reihen von edwardianischen Porzellanpuppen auf den Fensterbrettern und niedlichen Polsterkissen, die mit Leitsprüchen über die guten Dinge des Lebens wie Sex und Champagner bestickt sind. Und inmitten all dieser Pracht sitzt die Herausgeberin selbst mit merkwürdig faltenlosem Gesicht und welken Armen, wie die netteste Spinne der Welt. »Die Geschichten und Artikel in dieser Ausgabe sind nach einem einzigen Kriterium ausgewählt worden«, schrieb sie. »Ich dachte, daß sie Ihr Interesse wecken würden... denn ich weiß, daß Sie ein erwachsenes Mädel sind, mit Interesse an allem, was Ihnen ein reicheres, aufregenderes Leben geben kann, erfüllt von Spaß, Freunden und der Liebe eines Mannes.«[8]

Die erste Ausgabe von *Cosmo* trug Helen Gurley Browns Stempel, aber die Zeitschrift war sich ihrer selbst noch nicht sicher. Sie zielte eindeutig auf die junge berufstätige Frau und erklärte, daß es genauso einfach war, einen reichen Mann zu lieben wie einen armen, daß Psychoanalyse nicht nur etwas für Neurotiker war, daß Scheidungen schmerzlos sein konnten und daß es möglich war, einen Job in der Werbung zu bekommen. Es gab keine ernsthaften Beiträge zur sozialen Gesetzgebung, keine Angriffe gegen moderne Butzemänner. Frauen waren in der Lage, ihr Leben selbst zu verändern, sofern sie die von männlichen Ärzten empfohlenen Pharmazeutika benutzten (in ihrer weiteren Entwicklung würde *Cosmo* regelmäßig Expertenratschläge von Männern mit akademischen Graden anbieten). Der Leitartikel der ersten Ausgabe vom Juli 1965 trug den Titel »Oh, was für eine wundervolle Pille!« Er handelt vom Östrogen, »dem Honig unter den Hormonen«, und beschrieb eine Wunderpille, ein Allheilmittel, das ewige Jugend und nie erlahmende sexuelle Leidenschaft verhieß, vorausgesetzt, man nahm es von der Pubertät bis zur Bahre. »Meine Haut ist zarter, mein Haar hat mehr Glanz; die Pille macht mich schön und gibt mir Selbstvertrauen«, wurde eine begeisterte Anhängerin zitiert. »Ich werde diese Pillen mein Leben lang nehmen«, schwärmte eine andere. »Ich würde nicht im Traum daran denken, sie abzusetzen. Auch nicht, wenn ich keine Verhütungspillen mehr brauche.«[9] Helen Gurley Brown war Mitte Vierzig. Was sie beschrieb, war HRT.

Das Alter der Herausgeberin machte sich bemerkbar. Das Magazin konzentrierte sich auf das Ghetto der New Yorker Singles, die in den Wohnblöcken der Upper East Side lebten. Ein früher Artikel begab sich auf eine anthropologische Expedition:

> Kein anderer Stadtteil von Manhattan paßt so perfekt zum rastlosen Lebenstempo der ledigen Frau wie jener Komplex, der von der Sixty-fifth Street im Süden bis zur Eighty-sixth Street im Norden und von der Park Avenue im Westen bis zum East River reicht. Hier, inmitten eines bunten Gemischs von Musikkneipen, Diskotheken, schrillen Boutiquen, Second-hand-Läden, rotbraunen Sandsteinhäusern ohne Fahrstuhl und luxuriösen Apartmentblocks liegt das Reich des weiblichen Singles. Abertausende von ledigen Mädchen scharen sich auf der Upper East Side zusammen, drängen in die kleinen Apartments, ernähren sich von einem Apfel und einem Viertel Diätselters am Tag, warten, daß das Telefon klingelt, und durchleben eine verrückte, wundervolle Zeit. Unweigerlich treffen sie irgendwann den Mann zum Heiraten, und ihr Ghettoleben endet ebenso plötzlich wie es begonnen hatte.[10]

Aber das New Yorker Singles-Ghetto gab es bereits seit den dreißiger Jahren. Jacqueline Susann, Autorin von *Im Tal der Puppen* und Freundin von Helen Gurley Brown, hatte hier in den vierziger Jahren genau diese Art Leben geführt, bevor sie heiratete. Es war das Thema von unzähligen Filmen in den Fünfzigern, wie zum Beispiel *Wie angelt man sich einen Millionär*, in dem drei Mitgiftjägerinnen, einschließlich Marilyn Monroe, zum Schein ein protziges Luxusapartment mieten, um reiche Männer anzulocken.

Ein weiterer früher Artikel, aus der Feder eines männlichen Journalisten, spiegelte die zwiespältigen Gefühle wider, die die Pille und ihre möglichen Folgen für die Familie in den bürgerlichen Schichten auslöste. »Was die Pille den Ehemännern antut« bildete den Auftakt zu einem jener erfundenen Trends, die sich im Zeitschriftensektor großer Beliebtheit erfreuen. Der Artikel diagnostizierte ein neues Syndrom: Die neuentdeckte sexuelle Freiheit der Ehefrauen machte die Männer impotent. Ein Heer von Ärzten zitierte aus Statistiken, um zu belegen, daß die Pille den Sexualtrieb der Frau und dessen »Befriedigung« erhöht hatte. Als Reaktion darauf seien die Ehemänner, denen man die Kontrolle über die Verhütung aus der Hand genommen hatte, von einer Krankheit befallen worden, an der Frauen seit Jahrhunderten gelitten hatten, ohne sie zum Syndrom zu stilisieren: Mangel an Selbstachtung. Ein Arzt vom Institute of Psychoanalysis in Chicago hatte einem Patienten empfohlen, daß er seine Frau jeden Abend an die Pille erinnern sollte. »Indem der Mann das Kontrazeptivum ›verabreichte‹, hatte er wieder den Eindruck, die Sache zu kontrollieren.« Eine andere Ehefrau hatte ihren Mann angeblich in »Sterilitätsängste« getrieben: »Weil seine Frau unmöglich von ihm schwanger werden konnte, hatte er das Gefühl, seine Männlichkeit zu verlieren.« Einige rechtsorientierte Ärzte betrachteten die Pille als gefährliches Werkzeug, mit dem ein schleichender Sozialismus und zunehmender Paternalismus an der Kastration Amerikas arbeiteten. Ein Gynäkologe aus Dallas verschrieb die Pille grundsätzlich nicht an seine Patientinnen, weil er darin eine Art Kastration der Ehemänner sah. Aber die Wissenschaft versprach wie immer Abhilfe: »Zum gegenwärtigen Zeitpunkt«, so der Autor Theodore Berland, »gibt es noch keinen Test, keine einfache Methode, um festzustellen, welche Ehemänner es nicht verkraften, wenn ihre Frauen die Pille nehmen. Auch die Ehefrauen selbst können es nicht vorhersagen. Aber gegenwärtig laufende Forschungen führen vielleicht schon bald zu einer Methode, mit der sich dieses Risiko prognostizieren läßt. Bis dahin, so der Rat der Experten, sollten Ärzte einfühlsam mit ihren Patienten reden und die Paare genau untersuchen, bevor sie Oralkontrazeptiva verschreiben.«[11]

Diese frühen *Cosmo*-Exemplare schienen auf ein mangelndes Gespür seitens der Herausgeberin hinzudeuten. Die Artikel berichteten verschämt und immer noch hypernervös über den offenen Ausdruck weiblicher Sexualität. *Cosmo* schien den konkreten Veränderungen im Leben der Leserinnen hinterherzuhinken, als ob jemand einen zeitlichen Verzögerungsschalter in der Zentrale an der siebenundfünfzigsten Straße angeknipst hätte. Doch das eigentliche Problem bestand darin, die richtigen Autoren zu finden. Helen Gurley Brown blickte ins Ausland, zu *Nova*, deren erste Ausgabe fünf Monate zuvor erschienen war. Über Alma Birk sagt sie: »Anfangs haben nur sehr wenige

Menschen meine Botschaft verstanden. Es gab einen Mann namens W. H. Manville, der mein Frauenbild besser verstand als irgend jemand sonst. Und dann war da natürlich noch Alma, Lady Birk, ziemlich spröde, nicht altjüngferlich, aber doch sehr korrekt, die genau wußte, wovon ich sprach. Ich griff die *Nova*-Themen auf und würde es nach wie vor tun, wenn es sie noch gäbe. Ich kenne nicht viele Zeitschriften, die brauchbares Material für *Cosmo* bieten. Alma Birk war mir eine unschätzbare Hilfe, und ihre Beiträge waren absolut originell. Sie war mein persönlicher Liebling.« In diesem Stadium kaufte *Cosmo* Alma Birks Artikel von der *Nova* und druckte sie nach. Als Alma ihren Mann auf eine Geschäftsreise nach New York begleitete, lud Helen Gurley Brown sie zu einem Treffen ein und bot ihr an, direkt für *Cosmo* zu schreiben. Alma war verblüfft. Zwischen Helen Gurley Browns Philosophie und ihrer eigenen schienen Welten zu liegen. Artikel, in denen Frauen empfohlen wurde, durch die Straßen zu schlendern und nach attraktiven Autofahrern Ausschau zu halten, stießen auf Almas Mißbilligung. Sie hielt das für eine äußerst gefährliche Praktik. Als Richterin, so erklärte sie, sei sie über derartige Ratschläge entsetzt. Ihrer Ansicht nach propagierte *Cosmopolitan* die kompromißlose Jagd nach Männern.

Wenn man in den Inhaltsverzeichnissen der frühen *Cosmos* blättert, stößt man oft auf einen herausragenden Artikel, der die zukünftige Philosophie von *Cosmo* vorwegzunehmen schien. Diese Beiträge waren wortreich, anspruchsvoll und sachlich. Sie hatten nichts von dem flotten, spritzigen Stil des typisch amerikanischen Journalismus. Sie waren politisch und philosophisch. Durch überzeugende Argumente und Erklärungen sollte den Lesern deutlich gemacht werden, daß das Unrecht, das den Frauen geschah, ein integraler Bestandteil der Gesellschaft und ihrer Institutionen war. Diese Artikel stammten ausnahmslos von Alma Birk.

Im Februar 1968 behandelte sie das Thema »Der Sexualtrieb der Frau (stärker, gleich oder geringer ausgeprägt als beim Mann?)«. Die These, daß Frauen weniger Sex bräuchten als Männer, sei ein von Männern erfundener Mythos, begann sie. Sex sei ein Hunger, der gestillt werden müsse, und der Geschlechtstrieb sei ein normaler Bestandteil unserer biologischen Natur. Beim Nahrungstrieb, so argumentierte sie, würde niemand behaupten, daß der Mann essen und die Frau verhungern sollte. Nur Männer, die sich weigerten, Frauen als gleichberechtigt anzuerkennen, flüchteten sich in das Klischee der sexuell dominierenden Frau. Ausgehend von diesem anschaulichen biologischen Vergleich ging sie zu einer Analyse über, die Carpenter und Russell vertraut geklungen hätte. Sie argumentierte, daß die Gesellschaft, um die Monogamie zu bewahren, Frauen bewußt verunsichere und ihnen gleichzeitig vorgaukele, daß sie sexuell frei wären. Die ledigen, verwitweten und geschiedenen Frauen würden in sexlose Ghettos verbannt; gleichzeitig würde man das Selbstvertrauen der verheirateten Frauen systematisch untergraben und ihnen beharrlich einreden, daß sie weder leistungsfähig noch begehrenswert seien. Birk beschrieb eine breite Palette an sexuellen Möglichkeiten, einschließlich der Masturbation, die sie aus dem Wandschrank heraushaben wollte, und plädierte für ein reichhaltiges Angebot an erotischer Literatur für Frauen. Sie sah den Bevölkerungstrends gelassen entgegen und schlug vor, daß man bei einem überproportionalen Frauenanteil ernsthaft über die Einrichtung von Männerbordellen nachdenken sollte: »Auf den ersten Blick vielleicht ein abstoßender Gedanke. Aber ist es wirklich schlimmer, als wenn Tausende von einsamen Frauen nach sexueller Zuwendung hungern, zu Kreuzfahrten aufbrechen, paarweise auf Männerfang gehen und verzweifelt versuchen, junge Burschen aufzugabeln oder anderen Frauen die Ehemänner abspenstig zu machen? Kann es schlimmer sein, als wenn Frauen bei jedem flüchtigen Vergnügen von Schuldgefühlen überwältigt werden?«

Abschließend stellte sie ihre Vision der befreiten Frau vor, wobei sie sich auf klassische Utopiegedanken stützte und ein sexuelles Millennium entwarf:

> Die freie Frau ist sich ihrer Sexualität bewußt, ohne Angst davor zu haben. Sie hat keine Hemmungen mehr, sexuell aktiv zu werden oder sich selbst zu stimulieren, weil Sex ein ganz selbstverständlicher Bestandteil ihres Lebens ist. Sie versteht sich selbst als ganzheitliche Persönlichkeit, die nicht länger in einen Menschen oberhalb und unterhalb der Gürtellinie unterteilt ist. Männer verlieren ihre Ängste und Befürchtungen, weil der Geschlechterkampf vorüber ist, weil Männer und Frauen zu wahrer Intimität fähig sind. Zusammengehörigkeit ist nicht länger ein leeres Wort. Sexuelle Monogamie ist außer für eine Minderheit ein Mythos. Aber da die falsche Ideologie der Zwangsmonogamie verschwunden ist, kann die Monogamie eine freiwillige und tragfähige Basis der Familie bilden. Ohne diesen Zwang können Männer und Frauen sich ihre Lebenspartner klüger auswählen, weil sie nicht länger vorgeben müssen, daß die erzwungene Treue die Grundlage einer erfolgreichen Ehe – oder Liebe – ist. Diese Freiheit kommt vielleicht etwas zu spät für die Mehrheit der jetzt erwachsenen Generation, aber wenn wir nicht den Mut haben, uns dafür einzusetzen, bringen wir auch die nächste Generation um diese Chance.[12]

Es gab Männer und Frauen in Amerika, die ebenso dachten, und wir werden ihnen später in diesem Kapitel begegnen. Aber niemand saß so nah am Mainstream, so nah an den Quellen der Macht, wie Alma Birk in England. Wie alle anderen amerikanischen Medien schwärmte auch *Cosmo* bald begeistert von Großbritannien. Amerika wurde sich plötzlich verzagt bewußt, daß seine suburbane Selbstgefälligkeit als Nachkriegsweltmacht überholt zu wirken begann. Das Bild der amerikanischen Ehefrau mit ihrem Bürstenschnitt-Ehemann, ihrer Traumküche und ihren gottesfürchtigen Sprößlingen, das in sonnendurchfluteten Pastelltönen von der Werbung gezeichnet wurde, war ein Witz auf Stelzen, ein Formica-Gefängnis für den Geist. »London ist lebendig. London swingt. London ist Jugend, Talent, Vitalität, Kreativität«, schrieb Elizabeth Downing 1965 in *Cosmo*. »Als Amerikanerin, die seit zehn Jahren regelmäßig nach England fährt, erscheint mir London wie ein attraktives junges Mädchen, gegen das New York plötzlich wie eine alte Matrone wirkt.« Die Autorin sammelte Beweise. Sie ging zu »Lady Q«, die ihr erklärte, daß man auf den feinen Londoner Dinnerpartys inzwischen einige Paare traf, die nicht verheiratet waren. Sie schlenderte die King's Road entlang und fand »Alice-im-Wunderland-Haare, Jungmädchenkleider und runde Schuhe. Letzten Herbst waren Kurzhaarfrisuren der letzte Schrei; in New York kommen sie jetzt gerade in Mode. Weitere Heuler waren Hemdchenkleider und superweiße Strümpfe.« Die Mädchen, so erzählte ihr der britische Journalist John Crosby, »sind so verrückt nach Sex, als ginge es um Eiskrem und Bonbons«.[13]

Was immer in den Universitäten, in den Kommunen oder bei den Anhängern der freien Liebe im kalifornischen Berkeley geschah, Cosmo würde seine Anregungen für das Modell des frühen *Cosmo*-Girls aus Großbritannien beziehen. Der Dollybird des Swinging London, der Inbegriff der sexuell befreiten, alleinstehenden Frau, wurde nach und nach in die sich abzeichnende *Cosmo*-Philosophie integriert und durch die Artikel von Alma Birk bestärkt, die bewiesen, daß das Verhalten des Dollybird eine intellektuelle Grundlage hatte. Doch Sex wurde weiterhin mit spitzen Fingern angefaßt. Noch 1969 stellte W. H. Manville ein zahmes Wörterbuch der »Perversionen« zusammen – er berichtete über »schmutzige Wörter«, Büstenhalterfetische, einen Klumpen Hersheys Schokoladensirup auf jedem Nippel, schmutzige Filme, Pornos, Spiegel an der Decke, One-Night-Stands und sexuelle Phantasien, wobei Manville den Leserinnen nachdrücklich versicherte: *»Sie verhalten sich nicht illoyal gegenüber ihrem Ehemann, wenn Sie solche Phantasien haben.«*[14] »Nacktheit als Psychotherapie?« fragte ein anderer Artikel.[15] Eine Singlesbar wurde diesbezüglich getestet, aber der Autor fand keinen Gefallen daran. *Cosmo* ging noch immer davon aus, daß solche Themen von gewissem anthropologischem Interesse waren. Das typische *Cosmo*-Girl war anders als ihre englischen Schwestern eine Großwildjägerin, und *Cosmo* war ihr Jagdführer. Die Zeitschrift veröffentlichte eine Landkarte von den Staaten, die Aufschluß über die besten Jagdgründe gab: Der heißeste Tip war Norfolk, Virginia, wo dreimal so viele Marinesoldaten, Schiffsbauer, Tiefseefischer und Autokonstrukteure herumliefen wie weibliche Einwohnerinnen. Chicago war ebenfalls ein lohnendes Pflaster, hier gab es potentielle Ehemänner in Gestalt von Collegeprofessoren, Eisenbahnern, Fleischpackern, Druckern, Milchmännern und Ex-Footballprofis, die sich in der Wirtschaftswelt versuchten.[16]

Es war ziemlich spät, die Sechziger waren schon fast vorbei, bevor der Dollybird des Swinging London, der Single aus dem Upper-East-Side-Ghetto und *Novas* polygame Ehefrau ihre letzte Metamorphose durchliefen und endgültig zum *Cosmo*-Girl verschmolzen wurden. Trotz des Großstadtflairs, den der ererbte Titel ihrer Zeitschrift ausstrahlte, fühlte Helen Gurley Brown sich stets den Kleinstadtmädchen verbunden, den »Mouseburgern«, wie sie sie nannte, und aus deren Reihen sie einst selbst hervorgegangen war. Ihre Leserinnen sollten sich kosmopolitisch fühlen, auch wenn sie nicht in New York oder Los Angeles lebten. Wie die Herausgeberin verfügten sie vielleicht nicht unbedingt über einen Collegeabschluß. Aber sie waren klug, verdienten ihr eigenes Geld und amüsierten sich, bis der richtige Mann an die Angel ging. Der britische Einfluß hatte zu einem Wandel der Moral geführt. Sexy zu sein war nicht länger etwas Flittchenhaftes, sondern etwas sehr Gescheites. Aber Großbritannien war ein kleines Land und London nur eine einzelne Stadt auf dem Weg zu neuen gesetzlichen Grundlagen der Moral. Das alles war weit entfernt von dem realen Leben einer berufstätigen jungen Frau in Tacoma, Washington. Das Modell für das *Cosmo*-Girl mußte apolitisch sein. *Cosmopolitan* hatte sich in der ganzen Welt umgesehen und über Dollybirds, Partnertausch, Friedensdemonstrantinnen und Surfen berichtet. Sie hatte ihren Leserinnen von der großen Welt jenseits ihrer Kleinstadtgrenzen erzählt. Jetzt mußte sie die Mosaiksteine des Zeitgeistes nur noch neu zusammenfügen und als brandneue Erfindung verkaufen.

1969 fand *Cosmopolitan* eine neue Autorin. Sie lieferte den Frauen neue Waffen für die Männerjagd. Zu den schwersten Geschützen gehörte das Schlagsahnehütchen:

> Wenn Sie eine süße Zunge haben, ist das etwas für Sie. Nehmen Sie frisch geschlagene Sahne, in die Sie eine Prise Vanillezucker und ein paar Löffel Puderzucker rühren, und dieses Gemisch streichen Sie gleichmäßig auf den Penis, so daß der ganze Bereich mit einer dicken

> Schicht Schlagsahne bedeckt ist. Um die Sache abzurunden, streuen Sie etwas geriebene Kokosnuß oder Schokolade obendrauf. Dann schlecken Sie alles mit der Zunge ab. Er wird sich ringeln vor Vergnügen, und Sie haben den Genuß eines Extranachtisches. Haben Sie Gewichtsprobleme, benutzen Sie eins von den vielen künstlichen Schlagsahneprodukten, die es heutzutage gibt (in Büchsen und Plastikbehältern), und verzichten Sie auf Kokosnuß und die Schokolade.[17]

Die sinnliche Frau von »J« erklärte den Amerikanerinnen, was sie beachten mußten, um kunstgerecht zu blasen. Es war die publizistische Sensation der ausgehenden Sechziger, der absolute Höhepunkt in dem jahrelangen Bemühen, ledige Frauen zu »befreien« und sie zu guten Betthasen auszubilden. In einem Kapitel mit der Überschrift »P/M – Penis/Mund-Technik« wurden mehrere orale Techniken erläutert; nicht nur »Das Schlagsahnen-Geringel«, sondern auch »Das Schmetterlingsflattern«, »Der seidene Strudel« und »Der Staubsauger«. Vom Knabbern wurde abgeraten: »Eine rauhe Behandlung könnte bei ihm auch zu einer leicht negativen Haltung Ihnen gegenüber als einer zukünftigen Bettpartnerin führen. Natürlich ist dies ein ausgezeichneter Weg, ihn für weitere Annäherungsversuche zu entmutigen, falls Sie ihn lossein möchten.«[18] Heute lacht man vielleicht über *Die sinnliche Frau*, aber es hat auf seine Weise tapfer versucht, das Leben der Frauen zu erotisieren, ihr Recht auf Orgasmen einzufordern und sie zur Erkundung ihrer eigenen sexuellen Geographie zu ermutigen. Ich denke, daß unzählige Amerikanerinnen heimlich in ihren Schlafzimmern vor dem aufgeschlagenen Buch gesessen haben, das sie an den empfohlenen Vaseline- oder Niveatopf gelehnt hatten, und nach seiner Anleitung zu masturbieren lernten. Daß es heute unsere Lachmuskeln reizt, liegt an der phantastischen Mischung aus *Good Housekeeping* und *Playboy*: ein Versuch, Sex in einer Sprache der Frauen zu erklären.

Das Buch wurde sofort zum Bestseller, und schon nach einem Jahr war die Autorin enttarnt. Sie hatte in der Einleitung selbst einige verräterische Hinweise gegeben:

> ...ich (bin) sexy, durch und durch Frau, jene vollkommene Mischung aus Salondame und wunderbarem Betthäschen, sinnlich und schön, eine moderne Aphrodite, aufregend zum Verrücktwerden, der Inbegriff der sinnlichen Frau.
>
> Einige der interessantesten Männer Amerikas haben sich in mich verliebt. So verschiedenartige Persönlichkeiten wie ein Konzertpianist, ein Bestsellerautor, Regisseur sehr beliebter Fernsehshows, ein Bombenexperte vom CIA, ein Staatsanwalt, ein Obstzüchter, ein Fernsehstar und ein Steuerberater haben mir Heiratsanträge ge-

macht. Doch liefen wir einander zufällig auf der Straße über den Weg, würden Sie es nicht glauben, denn ich bin nicht besonders hübsch. Ich habe kräftige Oberschenkel, plumpe Hüften, vorstehende Zähne, eine Himmelfahrtsnase, eine schlechte Haltung, Plattfüße und ungleiche Ohren.[19]

Nach dem Foto zu urteilen, das auf der Rückseite von »J«s 1984 erschienener Autobiographie abgebildet ist, war ihr Erfolg bei Männern weniger auf ihre körperlichen Mängel als auf ihr ausgesprochen kindliches Aussehen zurückzuführen. Sie strahlte etwas von der Hilflosigkeit eines jungen Kätzchens aus, was viele Männer sehr reizvoll finden, vor allem, wenn dieses Aussehen mit großer sexueller Erfahrung kombiniert ist und eine erlaubte Form der Pädophilie ermöglicht.

»J«s richtiger Name war Terry Garrity, und 1969, als ihr Buch veröffentlicht wurde, war sie etwa dreißig Jahre alt. Sie war in Missouri und Florida aufgewachsen und kam in den Fünfzigern nach Greenwich Village, um Schauspielerin zu werden. An ihrem einundzwanzigsten Geburtstag verlor sie ihre Unschuld, weil sie sich sagte, daß von Künstlern eine unkonventionelle Lebensführung erwartet wird. Ihr Liebhaber fragte, ob sie »gekommen« sei. »Wieso, ich bin doch da, oder?« hatte sie verwirrt entgegnet. Sie hatte noch nie etwas von einem Orgasmus gehört. Ihre sexuelle Aufklärung hatte aus der heimlichen Lektüre einer 1940 erschienenen Historienschnulze mit dem Titel *Forever Amber* bestanden, die in der Regierungszeit von Charles II. spielte. Orgasmen, so erfuhr sie, kamen von ganz allein. Sie wartete. Nichts geschah. Sie täuschte welche vor. Sie suchte mehrere Psychologen auf, die ihr erzählten, sie hätte einen unterentwickelten Sextrieb, und ihr rieten, sich durch ein Hobby abzulenken. Sie fragte einen der Psychologen, wie er sich fühlen würde, wenn er nie einen Orgasmus hätte. Er meinte, das wäre etwas anderes. Männer hätten Orgasmen. Als nächstes versuchte sie, einen Orgasmus in der New Yorker Leihbücherei aufzuspüren.

Ich erzählte den Bibliothekaren, daß ich nach einem Buch über »gynäkologische Probleme« suchte, denn »Sex« sagte man nicht... Die wenigen medizinischen Fachbücher, die sich mit Sex beschäftigten, waren in Glasschränken eingeschlossen und nur »Fachleuten« zugänglich... Aus meiner Sicht war der weibliche Orgasmus ein besser gehütetes Geheimnis als das der Wasserstoffbombe. William H. Masters und Virginia E. Johnston hatten ihr Buch *Die sexuelle Reaktion* noch nicht herausgebracht. Sie hatten einige Artikel in Fachzeitschriften wie dem *New England Journal of Medicine* veröffentlicht, aber das wußte ich nicht, und selbst wenn ich zufällig darauf gestoßen wäre, hätte ich wahrscheinlich kein Wort verstanden.[20]

Der Orgasmus wurde schließlich während eines Schuhkaufs in Gimbels Warenhaus aufgespürt. Terry Garrity beglückwünschte sich gerade dazu, wie gut sie die Kampfsportart des Schlußverkaufes erlernt hatte, als ihr plötzlich der Gedanke kam, daß man Sex vielleicht auch lernen mußte. Sie übte zwei Monate lang in ihrem Schlafzimmer, bis sie schließlich eines Abends ein siegreiches »Orgasmus!« ausstieß. Sie hatte ihr Ziel erreicht. Wie die meisten jungen Frauen in ihren Zwanzigern, die anfangen, offen über Sex zu reden, stellte Terry fest, daß auch keine ihrer Freundinnen Orgasmen hatte. Sie hatte die Schauspielerei aufgegeben und wollte jetzt Schriftstellerin werden, aber die Geschichten, die sie unaufgefordert beim *New Yorker* einreichte, kamen stets postwendend zurück. Sie ging in die Verlagswerbung, wo sie einige erfolgreiche Kampagnen durchführte, und bekam einen Job bei Lyle Stuart, einem Mainstream-Verleger, der auch eine Erotikreihe herausgab. Sie trennte sich später wieder von ihm, um eine eigene Werbeagentur zu eröffnen. Im Oktober 1968 meinte Stuart, daß die Zeit gekommen sei, um ein von einer Frau geschriebenes Sexbuch für Frauen herauszubringen.

Terry entschied sich, es im Stil eines Ratgebers abzufassen. Die Technik studierte sie am Beispiel von *Wie man in fünf Minuten Gitarre lernt* und *Wie Sie im Schlaf zum Millionär werden*. Lyle Stuart legte ihr einen Umschlagentwurf vor, der ein Frauengesicht mit einladend gerundetem Schmollmund vor einem schwarz und hellgrün gehaltenen Hintergrund zeigte. Terry Garrity war entsetzt und wies darauf hin, daß Frauen ein derart aufgemachtes Buch niemals kaufen würden. Sie führte Lyle in die Kosmetikabteilung von Bloomingdale und zeigte ihm »die Art von Verpackung, die Frauen kaufen: geschmackvolle, feminine, dezente Behälter in Pastellfarben mit eleganten Schriftzügen und weichen Fotos«.[21] Sie schlug vor, *Die sinnliche Frau* wie ein edles französisches Parfüm zu verpacken. Stuart hatte allerdings richtig getippt, daß die Zeit für ein solches Buch reif war. Es wurde ein Bestseller, und Dutzende von Werbetexten spielten auf den Titel an, ähnlich wie bei *Sex, Lügen und Videos* in den frühen Neunzigern. Datsun warb für sein 240-Z-Modell mit dem Slogan »Das sinnliche Auto« von »D«, Hilton pries »Das sinnliche Hotel« von »H«, und der *New Yorker* brachte eine Cartoon-Serie von Charles Addams, in dem ein Monster sich durch das »Das sinnliche Ding« schmökerte.

Was Terry Garrity danach erlebte, schildert sie in ihrer 1984 erschienenen Autobiographie *Story of J: The Author of* The Sensuous Woman *Tells the Bitter Price of Her Crazy Success*. Es ist die Geschichte zahlreicher Prozesse, einer frühen Hysterektomie, zwanghafter Eß- und Kaufsucht, klinischer Depressionen und einer extremen Abhängigkeit von Ärzten und Medikamenten. Das Buch schließt mit einem Nachwort ihres damaligen Hausarztes. Als man ihr vorgeschlagen hatte, *Die sinnliche Frau* zu schreiben, hatte sie eingewandt, daß sie keine »medizinische Expertin« sei. Während ihrer Fehde mit Lyle Stuart, den sie wegen nicht gezahlter Tantiemen verklagt hatte, entdeckte sie, was ihr Ex-Chef im *Screw*-Magazin über sie geschrieben hatte, als sie sich auf dem Gipfel ihres Erfolgs befand: »Aber der plötzliche Reichtum scheint die Kerle vertrieben zu haben, denen sie regelmäßig den Schwanz leckte. Jetzt ist sie hysterisch, weil sie nur noch an Bananen und wabbeligen Würstchen lutschen kann und ihre Kaninchenzähne auszufallen drohen.«[22]

Allein in ihrer Wohnung in Florida, umringt von aufgetürmten Reisetaschen und leeren Eistortenverpackungen, war Terry Garrity ein klassisches Opfer der sexuellen Revolution – eine Frau, die im Vertrauen auf die männliche Autorität einen Moment lang Hoffnung geschöpft hatte und wahrscheinlich von ihren zahlreichen Liebhabern, deren Bewußtsein ihrem eigenen hinterherhinkte, ausgenutzt wurde. Die Männer in ihrem Leben schienen tatsächlich verschwunden zu sein, und da sie keine Kinder bekommen konnte, wurde sie zum eingefrorenen Sinnbild der ewigen Swingerin. Sie betrachtete sich selbst als eine befreite Frau und als frühe Vorkämpferin des Feminismus. Sie pries ihr Buch als »eine Anleitung, die allen Frauen dazu verhelfen soll, ihre sexuellen Möglichkeiten voll auszuschöpfen«.[23] Feministinnen waren da durchaus anderer Meinung und warfen Garrity vor, daß sie den Frauen beibrachte, sich in Sexobjekte zu verwandeln. Aber sie hatte Helen Gurley Brown erfolgreich darin unterstützt, die Sexualisierung der amerikanischen Frau zu vollenden.

Ironischerweise ist *Cosmos* erfolgreiche Normalisierung des Sexes zu einem gängigen Thema populärer Frauenmagazine von Männer-Publikationen nicht kopiert worden. Warum lesen Männer so gern Frauenzeitschriften? Weil sie von Sex handeln. Während eine Frau sich bei einer Bus- oder Bahnfahrt genüßlich in einen Artikel über die zehn besten Anmachtechniken vertiefen kann, muß der Mann sich mit einem Beitrag über die zehn besten Autos begnügen. Kein Wunder, daß er ihr verstohlen über die Schulter schaut. Wenn man ihn mit *Penthouse* erwischt, wird er als Sexist gebrandmarkt. *Cosmo* machte den Sex für Frauen gesellschaftsfähig. Männer sind nach wie vor auf Pornohefte angewiesen.

Im Juli 1971 reagierte Alma Birk bestürzt auf die Entfesselung einer blinden sexuellen Ethik ohne jede übergreifende Fortschrittsvision. »Manchmal habe ich das Gefühl, daß ich einen Schreikrampf bekomme, wenn ich noch ein einziges Sexbuch sehe...«, schrieb sie. »Die Wahrheit ist, daß die sexuelle Revolution ein Mythos ist: Es hat nur eine halbe Revolution gegeben. Wenn es eine ganze, allumfassende sexuelle Revolution gegeben hätte, bestände kein Bedarf an solchen Büchern wie *Was Sie schon immer über Sex wissen wollten (und nie zu fragen wagten)* oder auch *Die sinnliche Frau*. In einer wahrhaft sexuell befreiten Gesellschaft würden diese Bestseller – und andere der gleichen Machart – als das angesehen werden, was sie sind: spießiger Schwachsinn im Quadrat.«[24] Aber als die Swinging Sixties ausklangen und London zur Tristesse der Fünfziger zurückkehrte, drängten amerikanische Produkte energisch auf den britischen Markt.

Hearst, der amerikanische Verlagsriese und größter Konkurrent von IPC, beschloß, die erste britische Ausgabe von *Cosmopolitan* im März 1972 herauszubringen. Großbritannien sollte auch zum Testgebiet für die neueste revolutionäre Idee von Helen Gurley Brown werden – das Faltblatt mit männlichem Akt. Der Erfolg war unabwendbar. Der geschäftsführende Redakteur Brian Braithwaite hatte sich bei anderen Magazinen umgesehen und festgestellt, daß keines mehr als 110000 Exemplare pro Monat verkaufte, *Nova* sogar noch weniger. Er schätzte, daß die britische *Cosmopolitan* mit 150000 verkauften Exemplaren rechnen konnte, und kalkulierte die Anzeigenpreise nach dieser geschätzten Absatzzahl. In Anbetracht der weltweiten Reputation von *Cosmopolitan*, ihrem Status und dem Starruhm ihrer amerikanischen Herausgeberin schlugen sich die großen Kosmetikfirmen um die scheinbar günstigen Anzeigenplätze. Von der ersten Ausgabe wurden 350000 Exemplare gedruckt, weil man aufgrund der großen Publicity im Vorfeld mit einer regen Nachfrage rechnete. Erstens dachten die Käuferinnen, daß die Zeitschrift ein männliches Aktbild enthalten würde. Das erschien allerdings erst in der nächsten Ausgabe. Zweitens hatte die BBC-Reihe *Man Alive* einen Dokumentarfilm über die Zeitschrift gedreht, »Wer hat Angst vor Helen Gurley Brown?«, der rechtzeitig zum Erscheinen der ersten Ausgabe ausgestrahlt wurde. Außerdem gab es noch eine Sendung des renommierten Kulturprogramms *Late Night Line-up*, in der Joyce Hopkirk, erste Chefredakteurin der britischen *Cosmo*, und der *Penthouse*-Eigentümer Bob Guccione als Studiogäste auftraten. Die schwachen Proteststimmen des frühen *Spare-Rib*-Kollektivs warnten vor einem drohenden Moloch. Die erste Ausgabe war am Mittwoch ausverkauft. Die zweite Ausgabe mit einer Auflage von 450000 war einen Tag nach der Auslieferung von den Kiosken verschwunden.

Paul de Feu, der unbekannte und kurzlebige Ehemann von Germaine Greer (der später Maya Angelou heiratete) war das erste Faltblattmodell, ein fader, einschläfender Nackter mit treudoofem Augenaufschlag, ausgepinseltem Nabel und einem gebeugten Knie vor den

Genitalien. Das erste amerikanische Modell war Burt Reynolds, der nackt mit einer großen Zigarre in der Hand auf einem Bärenfell posierte. Helen Gurley Brown stellte verblüfft fest, daß die Faltblätter die Phantasie ihrer Leserinnen nicht anzuregen schienen. Zeitungstechnisch gesehen, hielt sie nur sehr berühmte Männer für interessant, aber nur eine Handvoll dieser Männer war bereit, ihre Karriere zu riskieren. Trotzdem wurde die Idee von einem weiteren Zeitschriftenverleger übernommen, und so erschienen Mitte der siebziger Jahre *Playgirl* und weitere Softpornohefte für Frauen.

1980 führte *Cosmopolitan* eine große Meinungsumfrage über das Sexualverhalten ihrer Leserinnen durch. Es stellte sich heraus, daß 28 Prozent zwischen zwei und fünf Liebhabern gehabt hatten, 25 Prozent zwischen elf und fünfundzwanzig.[25] Eine zwanzigjährige Collegestudentin meinte: »Zum gegenwärtigen Zeitpunkt habe ich mit 134 Männern geschlafen, und ich kann stolz behaupten, daß ich mich an alle Namen erinnere.«[26] Eine vierzigjährige Frau erklärte: »Ich habe mit über hundert Männern geschlafen. Ich habe nie geheiratet oder mit einem Mann zusammengelebt und habe das auch in Zukunft nicht vor. Warum sollte ich? Warum sollte ich mich mit einem Mann belasten, mit seinen schlampigen Gewohnheiten, seinem Geschnarche, seinem Geiz, wenn ich das Beste haben kann: Sex, wann immer ich möchte, und ohne Verpflichtungen?«[27] Neunzehn Prozent der Frauen hatten Erfahrungen mit Gruppensex, die Mehrheit hatte mit zwei Männern geschlafen. 1962, als Helen Gurley Brown ihr schüchternes *Sex and the Single Girl* schrieb, wäre es unvorstellbar gewesen, daß irgendeine Frau, die nicht als professionelle Prostituierte arbeitete, von derartigen sexuellen Erfahrungen berichtete.

Als kleinen Nachtrag zu dieser Sexerhebung hatte *Cosmopolitan* die Leserinnen gefragt, was sie von der sexuellen Revolution hielten. Eine Leserin antwortete: »Es gibt Nächte, da verabschiede ich mich von einem Mann, den ich im Bett gerade in leidenschaftliche Ekstasen versetzt habe, und frage mich, warum ich hier allein in meinem gefährlichen Greenwich Village Apartment mit seinen Feuertreppen und dunklen Treppenhäusern sitze. Vielleicht wird diese Nacht jemand einbrechen und mich vergewaltigen. Oder töten. Wird dieser Mann, von dem ich mich eben verabschiedet habe, morgen früh auch nur einen einzigen Gedanken an mich verschwenden? Wird er sich fragen, wie es mir geht, hier anrufen und feststellen, daß ich nicht ans Telefon gehe? Wird er die Polizei benachrichtigen? Wahrscheinlich nicht. Das ist die sexuelle Revolution.«[29] 1975 stellte Judith Rossner in ihrem später auch verfilmten Roman eine neue Variante des *Cosmo*-Girls vor – die Frau als Opfer ihrer sexuellen Begierden. *Looking for Mr. Goodbar* war die Geschichte einer Frau, die einsam und zwanghaft durch Singlebars streift, um sich durch ein flüchtiges Abenteuer von ihrer inneren Leere abzulenken, und schließlich von einem der Männer ermordet wird.

Sieben Jahre später fragte *Cosmopolitan*: »Wie hat Aids Ihr Sexleben verändert?« Eine Leserin schrieb: »Ich bestehe eisern darauf, daß der Mann ein Kondom benutzt. Da gibt's keine Diskussionen oder Kompromisse. Als ich das erste Mal in einen Drugstore ging, um eine Pakkung Kondome zu kaufen, dachte ich, daß es mir bestimmt peinlich sein würde, aber sie waren ganz offen ausgestellt, Aberdutzende von verschiedenen Packungen. Ich wählte die Sorte, wo vorn ein Sonnenaufgang drauf ist und die Silhouette eines Pärchens, das über eine Wiese läuft. Es war genauso leicht, wie einen Film zu kaufen.«[30] Ich kann mir kein passenderes Symbol für das *Cosmo*-Girl vorstellen: Frei, offen, direkt und furchtlos kämpft sie für ihr Kondompaket, das nicht von Sex, sondern von romantisch-verklärter Zweisamkeit und der sanften Heilkraft der Natur kündet, und läuft auf ewig in eine sorgenfreie Zukunft.

Zeitzeuge

Jemand schüttet immer wieder Gift in den Brunnen

Richard Ogar wurde 1941 in Detroit, Michigan geboren. 1966 zog er nach Berkeley, Kalifornien, das im Gefolge der Free-Speech-Bewegung von 1964 zum Brennpunkt der radikalen Studentenpolitik in den USA werden sollte. Von 1967 bis 1970 schrieb er für den Berkeley Barb, eine der ersten Untergrundzeitungen in Amerika. Im Mai 1970 gründete er gemeinsam mit zwei anderen abtrünnigen Barb-Mitarbeitern den San Francisco BALL, eine Softsex-Illustrierte, die mit einem Fuß im Hippiemarkt und mit dem anderen im etablierten Buchmarkt stand. Bis 1973 publizierte er weiterhin Sexillustrierte. Zur Zeit ist er Leiter des Kopierdienstes an der Bancroft Bibliothek der Universität von Berkeley, Kalifornien.

Ich wurde im selben Jahr zum Teenager, als der Rock 'n' Roll aufkam: Darauf bin ich sehr stolz. Ich verbrachte meine ganze Kindheit in Detroit, Michigan. In der Welt, in der ich aufwuchs, war Sex einfach nicht existent, abgesehen von einigen vagen Masturbationsvorstellungen. Ich bin immer wieder völlig überrascht, wenn ich heute von jungen Frauen höre, daß sie ihren Freunden schon als Vierzehnjährige einen geblasen haben. Ich kann mir das überhaupt nicht vorstellen. Als ich vierzehn war, wäre das der größte Traum meines Lebens gewesen, ein Traum, der einfach unerfüllbar schien. Eine Brust unter drei Lagen Stoff zu spüren, reichte aus, um meine Phantasie drei Monate lang zu entflammen. Für Frauen schien der Sex nur als etwas zu existieren, gegen das sie sich verteidigen mußten. Bei den Jungen war es ein Thema, über das ständig gesprochen wurde, aber nie ernsthaft. Wir taten so – durch Übertreibungen oder glatte Lügen –, als ob wir Erfahrung damit hätten, aber niemand hatte wirklich Erfahrung (obwohl es immer die ängstliche Befürchtung gab, daß jemand, den man kannte, vielleicht doch schon mehr wußte). Unsere Bewußtheit von Homosexualität beschränkte sich auf die allgemeine Vorstellung, daß es irgendwo in der Welt Männer gab, die es mit Männern trieben und sich weibisch benahmen. Der Begriff Lesben war praktisch nicht existent. Was die Frauen im allgemeinen betraf, hielt ich es für wahrscheinlich, daß die einzigen, die mit einem ins Bett gehen würden, mit Krankheiten verseucht waren.

Ich weiß noch, wie ich als Teenager mit drei Freunden in die Hastings Street im Schwarzenviertel von Detroit ging, um eine Prostituierte aufzusuchen. Ich habe mir vor Angst fast in die Hosen gemacht und inständig gebetet, daß wir keine finden würden. Wir haben tatsächlich keine gefunden, die bereit gewesen wäre, uns alle vier für das bißchen Geld zu nehmen, das wir zusammengekratzt hatten. Ich war unglaublich erleichtert, denn ich war überzeugt, daß ich mir eine unheilbare Krankheit aufsacken würde, wenn ich mit einer schwarzen Prostituierten schlief. Selbst wenn die Krankheit heilbar wäre, würde ich schließlich daran sterben müssen, weil ich nicht in der Lage gewesen wäre, darüber zu sprechen. Der Grad meiner Unwissenheit war phänomenal. Es gab einfach keine Informationen über Sex, jedenfalls nicht für Männer. Einmal kriegte ich riesigen Ärger in der High School, weil ich eine Broschüre gestohlen hatte, die die Firma Kotex für junge Mädchen herausgab, angeblich, um sie über die Veränderungen in ihrem Körper aufzuklären, in Wahrheit aber, um die Vorzüge der Kotexbinden zu preisen. Ich hatte eine vage Vorstellung davon, was Menstruation war – Frauen bluteten einmal im Monat –, aber diese Broschüre schien mir wie eine Goldgrube an geheimen Informationen. Ein Freund und ich steckten uns je eine Kopie unters Hemd, aber als wir uns am Ende der Stunde vorn aufstellen mußten, erzählte er dem Wirtschaftslehrer, daß ich etwas versteckt hatte. Ich wurde durchsucht, die schweißbefleckte Broschüre wurde aus meiner Achselhöhle gezogen und hoch in die Luft gehalten. Ich sagte, daß mein Freund auch ein Heft hätte, aber er hatte keins. Er hatte mich ganz offensichtlich reingelegt. Ich wurde von der Schule suspendiert, weil ich in die verbotenen Geheimnisse der weiblichen Biologie eingedrungen war.

Als dann die Sechziger und die »sexuelle Revolution« kamen, wollte ich natürlich an vorderster Front kämpfen. Sogar in der High School war ich für eine Legalisierung der Abtreibung und Prostitution eingetreten und hatte mir viel Ärger deswegen eingehandelt. Mein Vater war Gewerkschaftsjournalist, also wurde ich zu einem orthodoxen Liberalen erzogen, streng auf Gewerkschaftskurs. Einmal begegnete ich Harry Truman, als ich mich als junger Mann für die Demokraten und die Arbeiterbewegung engagierte. Aber das war mir natürlich nicht radikal genug, und ich verschrieb mich dem Sozialismus und anderen marginalen Philosophien. Seit meiner High-School-Zeit hatte ich deshalb eine Reihe von heftigen Auseinandersetzungen mit meinem Vater. Er hatte gegen die Kommunisten gekämpft, die in den dreißiger und vierziger Jahren versucht hatten, die amerikanische Arbeiterbewegung zu unterwandern, und jetzt hatte er plötzlich einen Sohn, der marxistisch-leninistische Prinzipien propagierte. Für meinen Vater sah es so aus, als ob der Feind seine eigene Familie unterwandert hätte. Für mich war mein Vater einfach ein Bourgeois, ein Sklave der Konventionen und des Kapitalismus. Dieser Streit setzte sich fast bis zu seinem Tod im Jahre 1976 fort.

Die High School war ein sexuelles Ödland, aber das College war nicht viel besser. 1959 ging ich an die Universität von Michigan und stellte fest, daß die Hauptbeschäftigung der Universität darin bestand, Männer und Frauen strikt voneinander zu trennen. Privatheit gab es nicht. Ich war achtzehn, als ich das erste Mal so etwas Ähnliches wie einen Orgasmuskontakt mit einer Frau hatte (sie rieb mir einen durch die Hose). Zwanzig, bevor ich meine erste Fellatio erlebte, und zweiundzwanzig, als ich das erste Mal mit einer Frau schlief, die ich dann anschließend heiratete. Warum? Weil sie es wollte und weil ich das Gefühl hatte, daß ich dazu verpflichtet wäre, nachdem ich ihr die Unschuld geraubt hatte. Angesichts meiner vorherigen Erfahrungen hatte ich außerdem die Befürchtung, daß ich nie wieder Sex haben würde, wenn ich sie gehen ließ. Ich habe das tatsächlich für möglich gehalten. Aber es schien ein grausames Ende. In meinem Kopf hatte ich mir eine lange Liste von all den Frauen gemacht, mit denen ich schlafen wollte – klein, groß, dünn, dick, weiß, schwarz, asiatisch, usw. –, und plötzlich wurde mir bewußt, daß die erste auch die letzte sein würde. Aber sie stellte mir ein Ultimatum: Ehe oder überhaupt keine Beziehung. Die ganze Sache hat mich fürchterlich deprimiert, aber es schien keinen Ausweg zu geben. Ich hatte eine vergleichsweise kritische und freie Einstellung, und trotzdem war ich in diesen engen Konventionen gefangen. Nachdem wir verheiratet waren, verlor sie natürlich jedes Interesse am Sex, und ich lernte eine Menge Frauen kennen, die bestimmt mit mir geschlafen hätten, wenn ich nicht verheiratet gewesen wäre. Es war also eine vollendete Komödie der Irrungen. Ich hatte meine erste außereheliche Affäre neun Monate nach unserer Hochzeit, mit einer Frau, die ebenfalls weniger als ein Jahr verheiratet war. Ich schätze, das waren damals – so zwischen 1964 und '65 – die ersten Vorzeichen der sexuellen Revolution. Wir waren beide in diese Ehen hineingeschlittert und dann plötzlich mit der Erkenntnis konfrontiert worden: »Oh, mein Gott, jetzt muß ich für den Rest meines Lebens mit dieser einen Person ins Bett gehen und mit niemandem sonst.« Keiner von uns konnte diese Vorstellung ertragen, also beschlossen wir, miteinander ins Bett zu gehen. Aber das machte keinen Sinn für mich, und die Beziehung zerbrach, als ich nach Kalifornien ging.

Meinen ersten Sexbericht schrieb ich für den Berkeley Barb. *Es war eine lange Serie über die aufstrebende Pornoindustrie in San Fancisco. Eigentlich sollte es nur ein einziger Artikel werden, aber ich habe die*

Thematik quasi so gründlich erforscht, daß die Sache immer weiter und weiter lief, bis ich mir schließlich selbst ein journalistisches Ende bereiten mußte. Als ich anfing, den San Francisco Ball *(von »to ball« im Sinne von ficken) herauszugeben, arbeitete ich zunächst weiterhin für den* Barb, *aber bald darauf hörte ich dort ganz auf. Das Motto von* Ball *war: »Ficken heißt Leben, alles andere wartet.« Die Sechziger waren voll von solchen idiotischen Sprüchen – »Sei zwanglos und du bist den Zwang los« oder »Wenn es sich gut anfühlt, tu es« – und unser Motto war nicht schlechter als die anderen. Ich denke, daß damals das Ficken an und für sich schon als eine Form von Befreiung galt. Vor allem, wenn man es außerhalb des konventionellen Rahmens von Ehe und Beziehung machte. Es war hip, promiskuös zu sein, und spießig, es nicht zu sein, es war eine Auflehnung gegen die Konventionen. Und die ganze Sache war durchtränkt von diesen schmalztriefenden Idealen von Love und Peace und Brüderlichkeit. Sex galt als körperliche Befreiung, als psychische Befreiung, als ein Band zwischen den Menschen und sogar als Werkzeug des Weltfriedens. Der Sex verlor fast alle persönlichen Konnotationen. Wenn du mit jemandem geschlafen hast, warst du natürlich irgendwie persönlich engagiert, aber es gab auch dieses pansexuelle Element. Die Implikationen gingen weit über solche Überlegungen hinaus, wie die, ob du nun sexuell benutzt wurdest oder deinen Spaß hattest.*

Sex war ein Befreiungsprinzip an und für sich selbst. In gewisser Weise galt Sex auch als legale psychedelische Erfahrung, je mehr du dir davon reinzogst, desto mehr hast du dein Bewußtsein erweitert, desto mehr warst du in der Lage, über dich selbst hinauszuwachsen, desto mehr Liebe konntest du geben. Es war eine billige, leicht erhältliche und legale Form von LSD. Und natürlich sollte die Erfahrung möglichst durch Drogen intensiviert werden. Das verdoppelte deine Chancen auf Erkenntnis.

Sex bedeutete viel mehr als reine Erholung und Freizeitgestaltung. In den Sechzigern mußtest du fast schon zum Wohle der Menschheit ficken. Es war deine moralische Pflicht, diese Sache am Laufen zu halten, wie einen transzendentalen Kettenbrief, um die Welt zu verbessern und den Planeten zu retten. Man ging allgemein davon aus, daß die Mächtigen dieser Welt, die für das Böse verantwortlich waren, so gewissenlos handelten, weil sie nicht ficken konnten. Sie mußten in die Welt gehen und Superpenisse bauen, um ihre Impotenz zu kompensieren. Alles Häßliche und Verklemmte kam von Leuten, die sexuell unbefriedigt waren. Also dachten wir, daß die Welt nicht länger verklemmt wäre, daß wir keine Aggressivität und Gewalt mehr hätten, wenn nur alle Menschen vögelten. Wir würden keine symbolischen

Penisse und Vaginas mehr brauchen, weil wir in der Lage wären, die echten zu benutzen. Es war ein lockeres, unzusammenhängendes, aber ausgesprochen messianisches Programm. Sex galt als Allheilmittel, zusammen mit Drogen und Rock 'n' Roll, das uns in eine bessere Welt führen würde. Sex, Drugs and Rock 'n' Roll war eine sehr reale Dreifaltigkeit. Es waren die drei Wege in die Freiheit, und wenn du auf allen dreien wandeltest, konntest du nie so ein verkniffenes Arschloch werden wie die Verbrecher im Pentagon.

Was geschah? Es war Scheiße. So einfach war das. Die Probleme waren ein klein wenig komplexer, als wir dachten. Wir haben damals nicht erkannt, daß Sex, Drogen und Rock 'n' Roll genauso leicht in die Machtstrukturen eingegliedert werden konnten wie alles andere auch. Die Machtstruktur kooptierte die ganze Scheiße, sie machte das große Geld damit. Die Syndikate übernahmen den Drogenhandel und führten immer härtere Drogen ein, die Pornomacher brachten ihre Produkte auf den Markt, die definitiv nicht befreiend waren und auf die ältere Generation zielten; und die Plattenkonzerne verleibten sich den Rock 'n' Roll mit Haut und Haaren ein. Wir verloren die ganze Sache an unsere Feinde, ob sie fickten oder nicht. Die Wahrheit ist, daß sie wahrscheinlich mehr gefickt haben als wir – ich bin sicher, John Kennedy hat mehr gehabt als ich. Es war alles schrecklich naiv, weil wir von völlig falschen Voraussetzungen ausgingen.

Wenn ich heute auf die sexuelle Revolution zurückblicke, denke ich, daß sie den Frauen nicht besonders viel gebracht hat. Ich würde zwar nicht so weit gehen, daß die Frauen von den Männern reingelegt wurden, aber ich glaube, sie haben eindeutig das kürzere Ende erwischt. Wenn irgend jemand von der sexuellen Revolution profitierte, dann die Männer. Die großen Befreiungsideen lauteten: Ja, Frauen können ficken. Ja, Frauen können selbst entscheiden, wen sie ficken wollen. Frauen können zum Orgasmus kommen, einen Sextrieb haben und erotische Literatur lesen. Das war so ungefähr die Theorie. Aber darin erschöpfte sie sich auch. Und natürlich ging man davon aus, daß die Frauen all die schönen Dinge, die ihnen jetzt erlaubt waren, mit den Männern treiben würden, die diese Dinge schon immer gewollt hatten. Als die Frauenbewegung auf der Bildfläche erschien, sahen die Männer ziemlich alt aus. Wir bezahlten den Preis für die sexuelle Revolution und konnten unsere Eier jahrelang einmotten. Als mein Sohn 1973 geboren wurde, stieg ich aus dem Sexgeschäft aus und arbeitete als freiberuflicher Journalist und Publizist. Da meine Frau eine feste Stelle an der Universität von Kalifornien hatte und ich nur ein unregelmäßiges Einkommen, schien es logisch, daß sie weiterarbeitete und ich mich um Jeffrey und den Haushalt kümmerte. Fünf Jahre lang war ich also

Hausmann, und ich war dumm genug zu denken, daß mir das einige Pluspunkte bei den Frauen einbringen würde. Ich weiß noch, wie meine Frau einmal einen Anruf von einer völlig Unbekannten erhielt, die eine Bemerkung über ihren ungewöhnlichen Nachnamen machte und fragte, ob sie mit diesem Typ verheiratet wäre, der die Pornoserie für den BARB *geschrieben hatte. Als meine Frau die Frage bejahte, meinte die Anruferin: »Wie können Sie mit so einem sexistischen Schwein zusammenleben?« Meine Frau sagte: »Er ist kein Schwein. Er versorgt unseren Sohn, er hält die Wohnung in Ordnung, er kocht und macht die ganze Hausarbeit.« Woraufhin die Frau entgegnete: »Sie müssen also arbeiten und das Geld verdienen, während er sich von Ihnen aushalten läßt?« Und plötzlich dachte ich: Halt, stopp mal – bei diesem Spiel kannst du nie gewinnen.*

Ich verließ meine Frau 1978, und im folgenden Jahr nahm ich eine Stelle an der Universität von Kalifornien an. Seitdem arbeite ich dort. Mein politischer Eifer hat beträchtlich nachgelassen. Ich glaube nicht, daß die Menschheit resozialisiert werden kann. Ich glaube mit Sicherheit nicht, daß ich derjenige bin, der sie resozialisieren kann. Mit der Zeit habe ich die großen Ideale allmählich aufgegeben und mich mehr darum gekümmert, wie ich mich selbst verändern kann. Wenn ich schon die Menschheit nicht retten konnte, wollte ich zumindest meine eigene Haut retten. Aber nicht, indem ich mich in das System einfüge und wie alle anderen dem Geld hinterherrenne. Ich glaube nicht, daß meine Arbeit in der Kopierstelle der Universität als Unterwerfung unter das System bezeichnet werden kann. Ich habe nur versucht, für mich selbst die Werte zu bewahren, die ich persönlich wichtig finde, und diesem Ziel bin ich heute näher, als ich es je gewesen bin. Sexuell bin ich allerdings noch sehr weit von meinem Ideal entfernt. Im Moment lebe ich in einer sehr glücklichen Beziehung mit einer zweiundzwanzigjährigen Frau, die sexuell viel fortschrittlicher und erfahrener ist, als ich es bin – oder je sein werde.

Ich habe dieses fast kosmische Gefühl, daß es eine weltweite Verschwörung gegen den Sex gibt. Das Fenster zur sexuellen Freiheit stand nur eine kurze Weile offen, kaum zwanzig Jahre – zwischen der Pille und Aids. Dieses wundervolle Fenster! Dann kam Herpes, dann Aids, und schon war alles wieder im Arsch. Jedesmal, wenn es so aussieht, als könntest du diese Sache endlich tun, kommt etwas des Weges und sagt: Nein, das kannst du nicht. Ich weiß nicht, ob der CIA oder konservative Kirchenkreise dahinterstecken, aber irgend jemand schüttet immer wieder Gift in den Brunnen.

Mein Sohn ist heute achtzehn und studiert am College. Ich weiß überhaupt nichts von seiner Sexualität. Seit der Pubertät ist er ziemlich zugeknöpft und richtiggehend spießig geworden. Ich denke, meine Beziehungen mit wesentlich jüngeren Frauen bereiten ihm Probleme. In den letzten Jahren hat er sich zu einem absolut phlegmatischen Reagan-Bush-Republikaner entwickelt. Gerade gestern abend hat er zwischen den Fernsehkanälen hin- und hergeschaltet und stieß auf eine Sendung über Arbeiterunruhen und meinte: »Hey, Dad, da sind deine Leute.« Obwohl ich inzwischen recht gemäßigte politische Ansichten vertrete, streiten wir uns häufig über Politik. Er ist ein richtiger Erzkonservativer und ganz wild darauf, in die Politik zu gehen. Seine Mutter sagt, daß sie ihn nicht wählen würde, wenn er für ein politisches Amt kandidiert, aber er denkt, daß seine unmöglichen Eltern das größte Hindernis für seine politische Karriere darstellen. Und er weiß noch nicht mal das Schlimmste von seinem alten Herren. Ich werde oft gefragt, wie er sich so entwickeln konnte und wie ich damit zurechtkomme. Ich kann nur sagen, daß es ihn zum bequemsten Teenager der Welt gemacht hat – kein Sex, keine Drogen, kein Rock 'n' Roll. Der Kleine ist ein grundanständiger Kerl, dessen Wertbegriffe einzig darum kreisen, welche Automarke er fährt und wie teuer sein Anzug ist.

Der Weckruf
zu einem tatkräftigen Leben

Um Schlaghosen zu verstehen, muß man sie tragen. Sie betonen den Körper, wie Jeans, aber sie bringen noch weitaus mehr zum Ausdruck. Sie geben den Fesseln eine besondere Freiheit, als ob sie zum spontanen Tanz in den Straßen einladen wollten. Sie bringen den Tanz in unser nüchternes Leben zurück ... In Schlaghosen kann niemand sich selbst ernst nehmen. Stellen Sie sich einen Philosophieprofessor oder auch nur einen Collegesportler in Schlaghosen vor, und alles Prätentiöse fällt von ihm ab, er muß über sich selbst lachen.

Charles Reich, *The Greening of America* (1971)

DIE Macht der Sexualität & die Gruppenehe«, Diskussionsvortrag. 21. Okt., 19 – 21 Uhr, Prince of Wales Road, London W8, Eintritt: 5 Shilling.

Diese Notiz erschien 1964 im Anzeigenteil des *New Statesman*. Dort wurde sie von Derek Ive, einem Reporter des Skandalblatts *People* entdeckt. Ive begab sich nach Kensington, wo er einen großen staubigen Raum mit siebenunddreißig Männern und drei Frauen vorfand, die auf Stahlstühlen saßen und erwartungsvoll auf den Vortragsredner Emanuel Petrakis blickten. Die Familie, so verkündete Petrakis seinem Publikum, sei völlig überholt. Nach den geltenden Ehegesetzen seien die Frauen nur eine Form von Besitz, und männliche Eifersucht sei nichts anderes als die Angst des Mannes vor einem Diebstahl seines angestammten Eigentums. Ein Skeptiker meldete sich zu Wort. Zuviel Sex sei heute doch das eigentliche Problem. Sex, Sex, Sex war alles, was man bekam. Das ist deine Meinung, rief ein anderer Zuhörer. Petrakis ließ sich nicht beirren. Die Gruppenehe sei die Antwort auf diese Probleme. Man müßte Gemeinschaften gründen, in denen die Frauen und Männer alle miteinander verheiratet wären und die Kinder gemeinsam erzogen würden. Bei der Erwähnung gemeinsamer Ehefrauen horchte das Publikum auf. Als Petrakis um Fragen bat, schoß ein halbes Dutzend Hände in die Höhe. Ein elegant gekleideter Mann von etwa

45 Jahren erhielt das Wort. Was die Gruppenehe angehe, so der Mann, sei er hundertprozentig dafür, aber wie wollte Petrakis es anstellen, auch die Frauen zur Teilnahme zu bewegen? Schließlich wären sie auch bei diesem Vortrag stark unterrepräsentiert. Petrakis wußte Rat. Jeder der Anwesenden sollte sich bemühen, die Frauen seines privaten Bekanntenkreises für die Sache zu gewinnen, und schon bald würde die Bewegung viele neue Anhängerinnen haben. Als erste Munition wurden Broschüren an das Publikum verteilt.

Einige Tage später machte Ive sich auf den Weg zum Finsbury Park und besuchte Petrakis in seiner Einzimmerwohnung. Petrakis empfing den Gast im Morgenmantel und führte ihn in einen Raum, wo seine Frau und seine zwei Kinder auf einem Doppelbett saßen und fernsahen. Mrs. Petrakis war eine Frau aus dem Bekanntenkreis ihres Mannes, die man nicht für die Sache gewonnen hatte. Ive fragte sie, was sie von den utopischen Plänen hielt. Sie sah unbehaglich drein. Sie wolle nichts damit zu tun haben, erklärte sie. Ive zog von dannen, sehr zufrieden mit sich selbst. Jede Frau mit einem Fünkchen Selbstachtung würde sich dieser Meinung anschließen. Soviel zu Petrakis und seinen klugen Ideen.[1]

Doch Petrakis war ein kultivierter Mann. Der gebürtige Grieche unterrichtete Englisch, hatte früher das Wirtschafts- und Handelsblatt *Middle East Observer* herausgegeben und mehrere Jahre in Alexandria gelebt. Ein sensationslüsterner Schreiberling im schmutzigen Regenmantel konnte seinen Überzeugungen wenig anhaben, auch wenn Ives Artikel einen Brief von der Muswell-Hill-Vertretung der Simon Community nach sich zog. Diese ehrenamtliche Organisation servierte obdachlosen Männern heißen Tee nach kalten Nächten, und Petrakis war ihr Vorsitzender. Seine Sekretärin setzte ihn davon in Kenntnis, daß man ihn seines Amtes enthoben hatte, nachdem einige Mitglieder auf den Artikel hingewiesen worden waren. »Nach einhelliger Ansicht ist diese Publizität überaus schädlich und könnte katastrophale Folgen für die Arbeit der Simon Community haben.« Petrakis verfaßte eine beherzte Antwort: »Ich für meinen Teil möchte nicht länger mit bigotten Heuchlern und viktorianischen Moralaposteln zusammenarbeiten, deren Denken ihrer Zeit hundert Jahre hinterherhinkt... Und was die Menschen betrifft, denen Sie zu helfen vorgeben, halten Sie es wahrscheinlich für ausreichend, ihnen ein Bett und eine Mahlzeit anzubieten, und sind überzeugt, daß es keine Rolle spielt, ob sie sexuell ausgehungert sind oder nicht.«[2]

Sexuelle Dienstleistungen für Obdachlose waren für einen Mann wie Petrakis dasselbe wie Speis und Trank. »Sie können gern versuchen, die Opfer des Status quo zusammenzuflicken«, warnte er die Wohltäter,

»aber meine Arbeit ist weitaus wichtiger, weil sie den Status quo zu verändern sucht, damit es keine weiteren Opfer mehr gibt.«[3] Unbeeindruckt von der gesellschaftlichen Mißbilligung hielt Petrakis' Organisation, die *Sexual Emancipation Movement*, bis Ende der sechziger Jahre regelmäßige Veranstaltungen ab. Die Zusammenkünfte waren kleine, exklusive Ereignisse. Eine Veranstaltung im Januar 1968 zog eine Gesamtbesucherzahl von dreizehn Menschen an, was einer Grippeepidemie angelastet wurde. Rundbrief Nr. 22 erschien verspätet, weil Mrs. Petrakis sich das Bein gebrochen hatte und vier Wochen im Krankenhaus lag. »Ich mußte unsere drei kleinen Kinder versorgen, meiner Lehrtätigkeit nachgehen und den ganzen Haushalt führen, was mir praktisch keine Zeit für andere Aktivitäten ließ«[4], klagte Petrakis. Anschließend berichtete er begeistert von einem Studentenforum über Sexkommunen und schilderte sie als traumhafte Alternative für berufstätige Mütter, deren Doppelbelastung er gerade am eigenen Leib erfahren hatte.

Petrakis war gezwungen, neue Mitglieder darüber aufzuklären, daß die Bewegung »keine wie immer gestalteten sexuellen Aktivitäten organisiert und auch keine sexuellen Kontakte vermittelt. Wir sind eine soziale Reformbewegung, die sich für eine aufgeklärte Haltung zur Sexualität einsetzt. Was Menschen in ihrem Privatleben treiben, ist ihre Sache. Aber wir sollten auf keinen Fall das Private mit unseren Aufgaben als Mitglieder der S.E.M. vermischen. Die Bewegung hat wesentlich bedeutsamere Ziele als nur die Befriedigung individueller Sexualbedürfnisse (so wichtig sie sind).« Aber Petrakis konnte ein externes Amüsement anbieten: »Ich habe mir kürzlich den schwedischen Film ›SEVENTEEN‹ in einem unserer örtlichen Kinos angesehen. Gelinde gesagt, war ich angenehm überrascht. Dieser Film ist aus dem Leben gegriffen, sexuell sehr freizügig, unterhaltsam, mit einem Schuß Humor. Er hat praktisch alles gezeigt, außer den konkreten anatomischen Details des sexuellen Akts (was meiner Ansicht nach nur noch eine Frage der Zeit ist). Diesen Film sollten Sie auf keinen Fall versäumen!«[5]

Der Rundbrief der *Sexual Emancipation Movement* berichtete gewissenhaft über die sexuelle Revolution, wie sie sich aus der Perspektive von Petrakis' Einzimmerwohnung darstellte, für gewöhnlich in Form abgetippter Auszüge aus Zeitungsartikeln. Eine Warenhauskette »nahm Plaketten mit den kühnen Aufschriften ›Ich bin Jungfrau‹, ›Ja, bitte‹ und ›Ich bin bereit‹ aus seinem Angebot. Die Kunden der Filiale in Standishgate waren schockiert, als sie diese billigen Plaketten direkt neben dem Stand mit den antiken Schmuckstücken entdeckten, die zum Teil bis zu 100 Pfund kosten.« Eine junge Frau aus Bradford, die vom *Observer* interviewt wurde, erklärte, daß Pakistaner die scheußlichsten sexuellen Perversionen praktizierten und zum Beispiel von ihren Frauen verlangten, sich vor dem Geschlechtsverkehr nackt auszuziehen.[6] Die Mitglieder nutzten das Mitteilungsblatt für die verschiedensten Kontaktanzeigen, in denen sich das unausgegorene politische Bewußtsein der Periode widerspiegelte: »Mietgemeinschaft, die an einer gewaltfreien Revolution interessiert ist, bietet großes Haus. Raum für Ideen, Entwicklung und Aktivitäten unter einem erschwinglichen Dach. Keine Schwulen oder Schnorrer.«[7] Petrakis zog in seinen Leitartikeln gegen ein merkwürdiges Sammelsurium von Feinden zu Felde. So standen seiner Ansicht nach »mächtige Finanzinteressen« hinter den modischen Aktionen für eine Legalisierung von Drogen in den USA. »Doch es geht nicht allein um das große Geld. Junge fortschrittliche Menschen, die sich für die verschiedensten sozialen Reformen engagieren oder als potentielle Revolutionäre gegen Korruption, Ungerechtigkeit etc. kämpfen, werden drogenabhängig gemacht und damit ideologisch ›kastriert‹... Ein weiteres Problem ist der hohe Prozentsatz von Leuten in diesem Land, die sexuell ›pervers‹ sind, vor allem die gefährlichen Sadomasochisten... In Mädchenschulen werden viele Schülerinnen zu Lesbierinnen gemacht... und wachsen zu verbitterten und neurotischen Frauen heran, die unfähig sind, normale Beziehungen zum anderen Geschlecht einzugehen oder eine eigene Familie zu gründen.«[8]

Als die Generation, die in den dreißiger Jahren für den sexuellen Utopismus von Russell gekämpft hatte, in die sechziger Jahre und ins mittlere Alter kam, war ein Großteil ihres Idealismus verraucht; viele hatten das Gefühl, intellektuell und sozial in einer Gesellschaft gestrandet zu sein, die sie nicht mehr verstanden. 1969 wurde Petrakis gebeten, einen Beitrag für die Hippiezeitung *International Times* zu schreiben. Richard Neville, Herausgeber von *Oz*, Guru der britischen Untergrundpresse und begeisterter Verfechter des Artenschutzes für befreite Betthasen, polemisierte später gegen Petrakis in seinem Buch *Playpower*. Petrakis, so schrieb er, »ermahnt die Frauen: ›Ihr müßt lernen, etwas mehr von euch zu geben. Auch wenn ihr selbst zunächst kein Vergnügen daran findet – warum nicht anderen Vergnügen bereiten? Mit der Zeit (oder mit Mr. Petrakis) lernt ihr vielleicht, die Erfahrung zu genießen.‹ Was für eine üble, senile Herablassung.«[9] Ein Besucher aus Kalifornien suchte vergeblich nach dem Swinging London, das er zu finden gehofft hatte. In einem Brief in die Heimat klagte er: »London scheint ungefähr 5–7 Jahre hinter S.F. (San Francisco) hinterherzuhinken. Alles geschieht hinter verschlossenen Türen. Britische Frauen sind reserviert, und scheinen die Frostigkeit der fünfziger Jahre zu kultivieren... Du hast von einer britischen Gruppe gesprochen, die sich für sexuelle Freiheit engagiert. Keine Spur davon!... Zu meiner großen Überraschung spielt Religion hier kaum eine Rolle. Dieselbe frostige Fünfziger-Jahre-Atmosphäre. Maharishi hat sich in Europa nirgends durchsetzen können.«[10] Die S.E.M., nach der der Briefschreiber Ausschau gehalten hatte, war in der Tat etwa so schwer zu finden wie ein Korsett in der Kings's Road. Die großen Zeitungen wie der *Observer*, der *Guardian*, das *British Medical Journal* und *Teachers World* weigerten sich, Anzeigen der S.E.M. zu veröffentlichen.[11] Petrakis blickte neidisch auf seine amerikanische Schwesterorganisation, die *Sexual Freedom League*, die ihr Hauptquartier in San Francisco aufgeschlagen hatte. In den späten Sechzigern hatte der leidenschaftliche millenarische Geist der frühen sexuellen Freiheitsbewegungen in Kalifornien Fuß gefaßt, wo er viele Jahre lang in voller Blüte stehen sollte.

Während Petrakis' Versammlungen von Viren und schlechten Witterungsverhältnissen sabotiert wurden, veranstaltete die *Sexual Freedom League* – unter wolkenlosem Himmel – nudistische Veranstaltungen und Orgien. Am 2. September 1968 erhielt eine Untergrundzeitung eine Art Hochzeitsbeschreibung:

> Im ganzen Strandhaus bebten und zitterten nackte Körper in den einzelnen Stadien des Liebesakts. Das Rauschen von Wind und Wellen in Pacifica wurde untermalt von Sitarmusik und durchbrochen von Schreien ekstatischer Lust.
>
> Nach dieser Empfangszeremonie versammelten die Gäste sich zur eigentlichen Hochzeit. Sie entspannten sich durch Meditation und sangen »Hare Krishna«. Jeannie trug ein sentimentales Lied in ihrer hohen klaren Stimme vor.
>
> Das Brautpaar, Joseph, 33, und Joyce, 20, erhob sich und trank Champagner aus einem neuen, unberührten Glaskelch, den sie anschließend zerschlugen. Statt eines Ringes legte Joseph ein handgemachtes Messingamulett mit dem Yin-Yang-Symbol der sexuellen Befreiung um Joyces schlanken Hals. Das Paar küßte sich auf den Mund und auf die Genitalien und wurde durch ein neo-amerikanisches Geschluchze zu Mann und Frau erklärt.
>
> Nach einigen weiteren Mantra-Gesängen wurde die Feier fortgesetzt.[12]

Der Autor war Jefferson Poland, damals sechsundzwanzig, der im Jahr zuvor folgende Anzeige im *Maverick*, einem traditionellen Softpornomagazin, veröffentlicht hatte:

SUCHE IDEALISTISCHEN FREIEN RECHTSANWALT, der mir hilft, meinen Namen von »John Jefferson Poland, Jr.« in »Jefferson Fuck Poland« umzuändern.[13]

In den sechziger Jahren war Poland eine der Randfiguren in der Berkeley-Szene, ein Teil von San Franciscos Lokalkolorit, ein langhaariger Hippie mit schwarzem Bart, der durch die Stadt pilgerte, in seinem Gefolge einige Hohepriesterinnen der psychedelischen Venuskirche, deren mittelloses Oberhaupt niemand anderes als Poland selbst war. Ab Mitte der sechziger bis Anfang der siebziger Jahre war Poland der Anführer der *Sexual Freedom League*. Als er Mitte der siebziger Jahre entmutigt die Gruppe verließ, vermachte er seine Papiere der Bancroft Bibliothek der Berkeley Universität. Die umfangreichen Unterlagen – Briefe, Memos, Gesprächsnotizen, ausländische Korrespondenz, Zeitungsausschnitte, Kopien von Untergrundzeitungen, Broschüren und Poster – dokumentieren auf eindrucksvolle Weise den sexuellen Idealismus der Hippiezeit.

In Kalifornien schlug der Sex ein wie nirgends sonst auf der Welt. Die Kalifornier lebten weit entfernt vom Zentrum der Macht. Dreitausend Meilen westlich von Washington hatten sie wenig Gelegenheit, Politiker zu beeinflussen. Und sie konnten auch nicht in die Schaltzentralen der wichtigsten Medien vorrücken, es sei denn, sie zogen wie Helen Gurley Brown nach New York. Die Kalifornier waren immer, in der einen oder anderen Weise, Pioniere. Die Geschichte der Besiedlung war von dem Wunsch geprägt, in unberührtes Land aufzubrechen, weiter nach Westen zu ziehen auf der Suche nach Utopia – nach einem Land, das noch grüner, noch fruchtbarer, noch freier war. Jene ersten Pioniere, die nach Kalifornien kamen, wollten am liebsten immer weiter westwärts wandern – nachdem sie schon soviel Land hinter sich gelassen hatten. Doch dann stießen sie auf den Ozean und saßen fest. Das machte die Wanderlustigsten unter ihnen ein bißchen verrückt. Die Kalifornier ersetzten den Weg nach Westen durch die einzige Freiheit, die ihnen geblieben war, die einzige noch mögliche Form der Grenzüberschreitung – sie überschritten die Grenzen der sexuellen Konventionen und verinnerlichten die vormals äußere Suche nach politischer und religiöser Freiheit. Menschen, die von sexueller Freiheit träumten, müssen Kalifornien für ein wahres Gottesgeschenk gehalten haben. Die Natur schüttete ihre Reichtümer so verschwenderisch aus wie im Garten Eden, und die Aussicht auf eine Rückkehr ins Paradies, in eine Welt frei von Schuld, wie sie die *Ranters* in ihren millenarischen Traktaten beschrieben haben könnten, schien greifbar, ja fast unvermeidlich. Kalifornien wurde zum Laboratorium, in dem Ideen von sexueller Freiheit praktisch erprobt wurden. Die Nacktkultur breitete sich ebenso aus wie die vage definierte »freie Liebe«. Mitte der sechziger Jahre versuchte eine frühe Schwulenorganisation, die *Alpine Liberation Front*, zu der auch der vermutlich bisexuelle Poland gehörte, das Alpine County in Sacramento aufzukaufen, um eine schwule Stadt und Kommune aufzubauen.

Eine Reneé Guyon Society wurde gegründet, um die Ideen des französischen Philosophen in die Tat umzusetzen. Guyon hatte in den dreißiger Jahren die These aufgestellt, daß sexuelle Tabus aus der abergläubischen Furcht vor übernatürlichen Wesen resultierten. Als Anhänger der Moderne konnte Guyon kein überzeugendes wissenschaftliches Argument für eine Triebverdrängung entdecken. Seiner Ansicht nach war die von Freud formulierte ›polymorphe Perversion‹ des Kindes nicht nur normal, sondern sollte auch praktisch gefördert werden, indem zum Beispiel Freunde der Familie die Kinder sexuell initiierten. Die kalifornischen Anhänger von Guyon lebten diese Überzeugungen aus, wenn auch in großer Heimlichkeit, und ihre heranwachsenden Kinder hatten vermutlich Sex mit einer Vielzahl von »Onkeln« und »Tanten«. Zur selben Zeit startete ein amerikanischer Befürworter von Summerhill, der progressiven Schule in Suffolk, seinen Werbefeldzug in den USA. Er hatte begeistert die harmlose Bemerkung von Summerhills Gründer A. S. Neill aufgegriffen, daß es nicht so fürchterlich schlimm sei, wenn seine Schüler miteinander schliefen. »Summerhill« wurde eine weitere kalifornische Bewegung, die sich für die sexuelle »Befreiung« von Schulkindern einsetzte.

Visuelle Bilder prägen unsere Vorstellung von den Sechzigern. Unser Blick ist von Andy Warhol geschärft, der die vergnügliche Leere der Oberflächen entdeckte. So wie der Dollybird des Swinging London die neue klassenlose Gesellschaft eines unisexen Großbritanniens repräsentierte, stand das Hippiemädchen von Haight-Ashbury* für

* Haight-Ashbury ist eine Straßenkreuzung in San Francisco, wurde jedoch vor allem als Epizentrum der Hippiebewegung bekannt und ist noch heute ein Pilgerort wie die Carnaby Street. Ursprünglich eine zwielichtige Gegend wurde es das erste Mal vom *San Francisco Examiner* als »neuer Zufluchtsort der Beatniks« ausgemacht. Zwei Jahre lang wurde »the Haight« zu einem Synonym für die Acid-Kultur, die Tom Wolfe in *The Electric Kool Aid Acid Test* festgehalten hat – Ken Keysey und die Merry Pranksters veranstalteten ihre Acid-Tests (LSD-Partys), die dazu beitragen sollten, ganz Amerika auf den Trip zu bringen. Die Begründer der Haight waren nur wenige Jahre jünger als die Beatpoeten der frühen Fünfziger (Ginsberg, Orlovsky, Kerouac usw.), deren Szene sich in North Beach in der Nähe der City befunden hatte. Während der Apotheose von Haight Ashbury im Sommer der Liebe 1967 – eine Gegenreaktion auf den Vietnamkrieg – traten die Grateful Dead in Bill Graham's Fillmore Auditorium auf, Augustus Owsley Stanley III. stellte Acid in seinem Geheimlabor her, und Dutzende von selbsternannten Lichtkünstlern führten psychedelische Lightshows vor, die die Trips abrundeten. Rain Jacopetti vom Open Theatre in Berkeley soll die erste Frau gewesen sein, die sich eine Lightshow auf den Körper projizieren ließ, als sie während eines Aufklärungsfilms über die Masturbation aufstand. Angeblich war sie so

die sexuelle Befreiung der amerikanischen Westküste. Das Hippiemädchen hatte dieselben Vorhänge flaschenblonden Haars, denselben leeren Gesichtsausdruck wie ihre britische Schwester. Aber sie war nackt; auf ihren Körper wurden die Muster der psychedelischen Lichtshows projiziert, vor allem auf ihre Brüste, weil diese mehr als die Beine an das segensreiche Wirken von Mutter Natur erinnerten, der die unentfremdeten Kalifornier huldigten. Die Mandalas und konzentrischen Muster bestanden aus in Bewegung befindlichen fließenden Farben, die sich von Sekunde zu Sekunde änderten, der abstrakte Ausdruck der aufgehobenen Ordnung, der Sehnsucht nach fernöstlicher Mystik, die den Körper zu etwas Heiligem erklärte. Der Blick des Hippiemädchens war nach innen gewandt, auf ihr eigenes Unterbewußtsein, das sie mit Hilfe von Drogen zu erforschen suchte. Obwohl ihr Bild als milde Form von Pornographie fungierte, verletzte das Hippiemädchen die Regeln der Faltblätter – ihre Augen suchten nicht den Blick des männlichen Betrachters.

Der Sex in Kalifornien hatte einen wichtigen intellektuellen Guru, der damals ebenso einflußreich war wie Michel Foucault in den Achtzigern. Herbert Marcuse emigrierte 1933 aus Nazideutschland nach Amerika und nahm 1965 seine Lehrtätigkeit in San Diego auf. Seit den Dreißigern gehörte er der marxistischen Frankfurter Schule an, die für eine kritische Wissenschaftstheorie und Philosophie stand. Marcuse betrachtete sexuelle Repression als das Hauptmerkmal einer auf Ausbeutung gerichteten Gesellschaftsstruktur. Der Kapitalismus machte den Sex zu einer Ware und beraubte ihn seines spielerischen und spontanen Elements. Die Liebe wurde zur Pflicht und Gewohnheit reduziert. Für die Arbeiterklasse mit ihrer karg bemessenen Freizeit unterlag der Sex sogar noch stärkeren Beschränkungen. In einer Gesellschaft, in der alle Werte auf dem Tauschwert der Arbeit basieren, würde die Lust zwangläufig abgewertet.

Diese Ideen waren bereits durch Deutschlands anderen großen Philosophen der sexuellen Freiheit, den ebenfalls nach Amerika emigrierten Wilhelm Reich, weit verbreitet. Reich war in vielen Hinsichten ein Konservativer, der den genitalen Orgasmus zwischen Angehörigen verschiedenen Geschlechts als die einzig »normale« Form des Liebesakts betrachtete. Seiner Ansicht nach waren Leute krank, wenn sie keinen Orgasmus hatten. Dagegen sah Marcuse den ganzen Körper als ein generalisiertes Instrument der Lust, das gegen seine Inbesitznahme als kapitalistisches Arbeitsinstrument rebellierte. Perversionen waren

erfreut über die Effekte der lebenden sexuellen Bilder, die sich auf ihren Körper abzeichneten, daß sie sich auszog.

demnach der körperliche Ausdruck des Widerstands gegen die Institutionen, die die etablierte Ordnung aufrechterhielten, insbesondere jene Institutionen, die den Sex einzig in den Dienst der Fortpflanzung stellen wollten.

Wie seine ganze Generation war auch Marcuse zunächst ein Anhänger der modernen Wissenschaft und Technik. Er hoffte, daß der technische Fortschritt die entfremdete Arbeit beenden und den Menschen von der Triebverdrängung befreien würde, die die industrielle Revolution ihm aufgezwungen hatte. Aber in seinem 1964 veröffentlichten Buch *Der eindimensionale Mensch* war er zu der Ansicht gelangt, daß der Kapitalismus das Sexuelle kooptiert und die Arbeit sexualisiert hatte. Büro- und Ladenmädchen waren ebenso wie der Juniorchef zu sexualisierten Symbolen für die Attraktivität der Unternehmen geworden. Das Sexuelle war in die Arbeitsbeziehungen und Werbetätigkeit eingegliedert worden. Die Wirtschaft hatte die Libido für ihre Zwecke eingespannt. Da der Kapitalismus auf diese Weise vom Sexuellen Besitz ergriff, konnte der Arbeiter nur radikal reagieren und sich jeder Form von Krieg, Rassismus und Imperialismus total verweigern. Die alte Linke, die Kommunistische Partei und der orthodoxe Marxismus, waren nach Ansicht Marcuses zu einer rein ökonomischen Kraft erstarrt. Die neue Linke der Neomarxisten, die vom Maoismus und den revolutionären Bewegungen in der dritten Welt beeinflußt waren, brachten dem Proletariat nicht die gleiche phallozentrische Verehrung entgegen wie der real existierende Sozialismus stalinistischer Prägung. Hippies, Bürgerrechtsaktivisten, Schriftsteller, Intellektuelle und Studenten waren für Marcuse die wahren Erben des Proletariats. Auf einer Vorlesung an der Freien Universität von West-Berlin im Juli 1967 berichtete er von einer Antikriegs-Demonstration in Berkeley, bei der die Polizei den Zugang zu einer militärstrategisch wichtigen Eisenbahnstation verbarrikadiert hatte:

> ... wie immer waren an der Spitze des Demonstrationszuges einige, die schrien, man solle nicht haltmachen, sondern versuchen, den Polizeikordon zu durchbrechen – was natürlich blutige Köpfe gegeben hätte, ohne zu irgendeinem Ziel zu führen... Nach zwei, drei ängstlichen Minuten setzten sich die Tausende auf die Straße, die Gitarren, die Mundharmonikas kamen heraus, das »petting«, die Liebkosungen begannen, und so ging diese Demonstration zu Ende. Sie können das lächerlich finden; immerhin glaube ich, daß hier noch ganz spontan und anarchisch eine Einheit sich hergestellt hat, die vielleicht letzten Endes ihren Eindruck selbst auf die Feindlichen nicht verfehlen wird.[14]

Das junge Amerika liebte die Politik des Spiels. Marcuses Ideen fanden ein Echo in dem 1969 erschienenen Buch *Do It!* des Yippies Jerry Rubin: »Der Puritanismus führt uns nach Vietnam. Sexuelle Unsicherheit resultiert in einem Supermännlichkeitstrip namens Imperialismus. Die amerikanische Außenpolitik, vor allem in Vietnam, ergibt nur in sexueller Hinsicht einen Sinn. Amerika versucht, seinen frustrierten Penis in den kleinen Schlitz Vietnam zu schieben, um seine Männlichkeit zu beweisen.«[15] Marcuse selbst war keine schillernde Figur. Als europäischer Intellektueller kann er nur eine vage Vorstellung davon gehabt haben, in welchem Grad Philosophie praktisch umsetzbar war. »Manchmal denke ich, daß sich hinter Marcuses Aufmachung eine kaum unterdrückte puritanische Ader verbirgt, ein anspruchsvolles Wesen, das ihm erlaubt, die Sexualität auf einer theoretischen Ebene in großer Ausführlichkeit zu behandeln, aber in einem leicht angeekelten ›Das habe ich überhaupt nicht gemeint!‹ resultiert, wenn er mit der unordentlichen Realität des Sex konfrontiert wird«[16], schrieb der Marcuse-Schüler Paul Robinson in einer Nach-Aids-Studie über sexuelle Radikale. Doch Marcuses Einfluß war enorm. *Der eindimensionale Mensch* war ein Schlüsseltext für das politische Bewußtsein der sechziger Jahre. Zusammen mit Frantz Fanons *Die Verdammten dieser Erde* und Paolo Freires *Pädagogik der Unterdrückten* stand es im Bücherregal jedes politisch korrekt denkenden radikalen Studenten. Man hat den leisen Verdacht, daß es ähnlich wie Hawkings *Kurze Geschichte der Zeit* zu den großen ungelesenen Bestsellern gehört: Abgefaßt in der Theoriesprache der marxistischen Philosophie, war es keine leichte Lektüre, aber eine grobe Vorstellung von Marcuses Ideen durchdrang viele gesellschaftliche Schichten. Bertrand Russell hatte Sex als Gegenstand des politischen Interesses legitimiert. Marcuse erhob die Wollust zu einem revolutionären Akt. Kalifornien war bereit.

Jefferson Poland wurde 1942 in Indiana geboren: Abgesehen von diesen mageren Fakten, weiß man wenig über seine Herkunft. 1962 tauchte er vollsexualisiert in San Francisco auf, wo er mit zwei Anarchistinnen zusammenzog, die »Nudismus und Promiskuität praktizierten«.[17] Poland war ein Anhänger Gandhis und dessen Philosophie von *satyagraha*, gewaltfreier direkter Aktionen. Er propagierte ein Programm des zivilen Ungehorsams in sexuellen Fragen und verteilte zum Beispiel Broschüren bei dem Obszönitätsprozeß gegen Lenny Bruce. Am San Francisco State College, wo er offenbar kurze Zeit studierte, bewarb er sich für das Studentenparlament und machte mit solchen Aktionen wie dem Verkauf von Verhütungsmitteln im Unibuchladen auf sich aufmerksam. Im Sommer 1963 verzweifelte er vorübergehend am sexuellen Befreiungskampf und ging nach Plaquemine County, wo er als freiwilliger CORE-Mitarbeiter bei der Registrierung schwarzer Wahlberechtigter half, eine der wichtigsten Aktionen der Bürgerrechtsbewegung, bei der Poland sicher eine Menge über politischen Aktivismus gelernt hat. Nach diesem Sommer zog er nach New York. Zwei Tage nach der Ermordung von Präsident Kennedy suchte er Dr. Leo F. Koch auf. Koch gelangte als umjubelter Streiter für die Entjungfräulichung amerikanischer Teenager zu kurzer Berühmtheit. Er arbeitete als Biologieprofessor an der Universität von Illinois und hatte am 16. März 1960 einen Artikel der Studentenzeitung *Daily Illini* gelesen, in dem zwei männliche Studenten geklagt hatten, daß studentische Verabredungen nichts anderes seien als unpersönliche Begegnungen zwischen männlichen und weiblichen »Geschlechtseinheiten«. Koch glaubte, daß die Gesellschaft solche Oberflächlichkeit begünstigte, weil sie vorehelichen Sex verdammte, und schrieb einen Leserbrief an die Studentenzeitung, in dem er diese Meinung zum Ausdruck brachte. Drei Wochen danach wurde er suspendiert und später entlassen. Der Fall sorgte landesweit für Schlagzeilen.

Poland schlug ihm vor, eine gemeinsame politische Aktionsgruppe zu gründen, die die Strategien der Bürgerrechtsbewegung in den Kampf für sexuelle Freiheit tragen sollte. Sie wählten den Namen *League for Sexual Freedom*, weil sie der Ansicht waren, daß Wilhelm Reich eine Organisation gleichen Namens geleitet hatte. Eine frühe Aussage faßt ihre Philosophie zusammen:

> ...eine dauerhafte und umfassende Emanzipation – die viel diskutierte »sexuelle Revolution« – erfordert eine Bewegung und eine Ideologie und kann sich nicht im Verborgenen vollziehen. Es reicht nicht aus, daß einige Menschen die puritanische Ideologie insgeheim verletzen und sich selbst negativ als »nicht besser, als sie sein sollten«, definieren. Wir brauchen eine positive Alternative, ein Modell der Großzügigkeit und Freiheit, um unsere sexuellen Bedürfnisse und Handlungen vor uns selbst und vor unseren Kindern zu erklären und zu rechtfertigen... der Puritanismus wird durch gesellschaftliche Institutionen gestützt und gefördert – durch Schule, Kirche und Regierung. Das Individuum, vor allem das heranwachsende Kind, braucht Hilfe, um diesem massiven Druck zu widerstehen.
>
> Die schwarze Bürgerrechtsbewegung zeigt, daß direkte Aktionen das beste Mittel sind, um Diskussion anzuregen und nicht umgekehrt.[18]

Die ersten Mitglieder der Liga kamen aus der Boheme von Greenwich Village und von der Columbia Universität: Die Beatpoeten Allen Ginsberg, Peter Orlovsky und Diane de Prima, der aus Yorkshire stammende John Wilcock, der die *Village Voice* gründete, Judith Malina und Julian Beck vom *Living Theatre*, Tuli Kupferberg und Ed

Sanders von den *Fugs* (eine Band, die ein primitiver Vorläufer von Frank Zappa und Alice Cooper war), Paul Krassner, Herausgeber von *The Realist**, Dr. Franklin Kameny, ein schwuler Astronom, der aufgrund seiner Sexualität aus dem Staatsdienst entlassen worden war, und Rey Anthony, Autor des Buches *The Housewife's Handbook on Selective Promiscuity*. Die meisten Mitglieder stützten ihre Politik auf das Prinzip uneingeschränkter bürgerlicher Freiheiten: Sie forderten den Staat auf, seine Hände von ihren Genitalien zu lassen und sich in nichts einzumischen, was Erwachsene freiwillig in ihrem Privatleben machten. »Sehr wenige Mitglieder hatten die orgiastische Orientierung, die sich zwei Jahre später in Berkeley durchsetzte«, schrieb Poland.[19]

Die Liga startete eine Reihe von Aktionen. Sie warf der New Yorker Stadtregierung vor, daß sie mit Blick auf die Weltausstellung eine Säuberungsaktion in der Kunst vornahm. Der Filmemacher Jonas Mekas und drei seiner Assistenten wurden verhaftet, weil sie angeblich obszöne Filme gezeigt hatten, darunter Genets *Un Chant d'Amour*. In einer menschenleeren, windgepeitschten Häuserschlucht des Wall-Street-Bezirks protestierte die Liga vor dem Büro der Staatsanwaltschaft und lernte eine wichtige Lektion: Erkunde die Örtlichkeiten im voraus. Als nächstes marschierten sie zusammen mit »wunderschönen anarchistischen Schauspielerinnen vom *Living Theatre* zum Frauengefängnis von Greenwich Village und sangen ein Lied aus dem Kanon der Beatlesmanie: »We love you prostitues. Oh yes we do, when you're locked in jail, We're blue...«[20] Am erfolgreichsten war ihre Protestaktion gegen die öffentliche Bücherei von New York, wo 150 Bücher, darunter *Kama Sutra* und die Romane von Henry Miller, nur für Wissenschaftler zugänglich waren. Nach einer Besetzung und einer Protestbriefaktion wurden die Bücher für die Allgemeinheit freigegeben, allerdings nicht in den Bibliothekskatalog aufgenommen.

Im Februar 1965 ging Poland wieder nach San Francisco zurück. Gegenüber der City, auf der anderen Seite der Golden Gate Bridge, lag die Universität von Berkeley, die im Jahr davor zum hipsten, revolutionärsten College des Landes geworden war. Als die Studenten im Herbst 1964 von ihrer Bürgerrechtsarbeit im tiefen Süden an die Universität zurückgekehrt waren, hatte man ihnen verboten, Broschüren

* Ein Magazin, das sich auf Verschwörungstheorien, eine Politik der Gegenkultur und viel Sex spezialisiert hatte. Es druckte die Werke von Margo St. James, der Gründerin der Hurenorganisation Coyote, die sich selbst als »Realistische« Nonne beschrieb und Krassner bei Vorträgen in vollem Ornat begleitete – in einer Ausgabe veröffentlichte Krassner ein Interview mit ihr, das angeblich durchgeführt wurde, während sie an seinem Schwanz lutschte.

zu verteilen, die zu Protestaktionen oder zu Spenden für Aktionsgruppen aufriefen. Mario Savio, Student und Bürgerrechtsaktivist, wurde zum Anführer der Massendemonstrationen, die unter dem Namen Berkeley Free Speech Movement berühmt wurde. Auf einer Demonstration am 2. Dezember 1964 hielt Savio seine aufrüttelnde Rede, die eine ganze Generation von revolutionären Studenten zu einem tatkräftigen Leben erweckte: »Es kommt der Zeitpunkt, wo der Betrieb der Maschine dir so verhaßt wird, dir so sehr das Herz zerreißt, daß du nicht länger daran mitwirken kannst... und du mußt deinen Körper gegen das Getriebe stimmen, gegen das Räderwerk, um sie zum Stillstand zu bringen.«[21] Joan Baez sang *Blowing in the Wind*, die Polizei griff ein und verhaftete 800 Demonstranten. Drei Tage später hielt die Universitätsleitung eine Massenversammlung ab. Als Mario Savio zum Podium ging, packte ein Polizist ihn am Hals und schleifte ihn von der Bühne. Am nächsten Tag wurde den Studentenforderungen in allen Punkten entsprochen.

Einen Monat, nachdem Jefferson Poland wieder an der Westküste eingetroffen war, marschierte John Thompson, »der barfüßige Poet«[22], über den Campus und trug ein kleines Schild mit der Aufschrift »Fuck (Verb)« umher. Seinen eigenen Angaben zufolge wollte er damit gegen den Vietnamkrieg protestieren. Eine Stunde später wurde er verhaftet. Sechs Monate vorher hatte der bloße Anblick eines Polizisten auf dem Campusgelände ausgereicht, um flammende Proteste gegen die brutale Polizeigewalt auszulösen. Doch angesichts massiver Truppenaushebungen hielten die Studenten das Recht aufs Fluchen für eine sekundäre Angelegenheit. Die nächste Aktion der *Sexual Freedom League* und die einzige, für die Poland jemals nationale Aufmerksamkeit erhielt (in Form eines kleinen Artikels in der *Time*), war ein nacktes Wade-in, um die Forderung nach Nacktbadestränden zu unterstreichen, ein Anliegen, das Poland noch ein Vierteljahrhundert später beschäftigen würde. Umringt von Pressefotografen wateten Poland und zwei einundzwanzigjährige Frauen, Ina Saslow und Shirley Einsiedel, im August 1965 bei Aquatic Park in den Pazifik. Zu diesem Zeitpunkt trugen alle drei noch Badezeug und eine Blume hinterm Ohr. Eine große Menschenmenge versammelte sich. Jemand, wenn auch wahrscheinlich nicht Poland, rief laut: »Zieht die Klamotten aus oder ich reiß sie euch runter!«[23] Umgeben von Ruderbooten mit Kameracrews und zwei braungebrannten Rettungsschwimmern, eineiige Zwillinge auf Surfbrettern, entledigte sich das Trio bei vier Meter Wassertiefe seiner Badekleider. Zurück am Strand wurden sie wegen Schwimmens in unzüchtiger Aufmachung verhaftet und neunzig Tage später zu sechs Monaten auf Bewährung verurteilt. Poland hatte aus den Sit-in-Picknicks gelernt, mit denen man in den Südstaaten gegen die Rassensegregation protestiert hatte. Das ganze erwies sich als äußerst erfolgreiche Public-Relations-Aktion.

Doch einigen stand der Sinn nach mehr als bloßen Protestaktionen und Sitzstreiks. Im September 1968 erhielt Poland einen Brief aus dem Staat New York:

> Als neues Mitglied der SFL habe ich im letzten Mai mein altes Priesterseminar in Berkeley (Church Divinity School of the Pacific) besucht. Bei einer Veranstaltung lernte ich Tom und Irene kennen. Dank Irene fand ich eine Freundin und nahm an einer sehr schönen Party im Walnut Creek teil, fuhr mit der Lady nach San Francisco zurück und erlebte zwölf Tage lang eine wundervolle Mischung aus Seminaren und Samenergüssen! Zusammen mit meiner Freundin nahm ich bewußtseinserweiternde Drogen, sah meinen (ob Sie es glauben oder nicht) ersten Pronofilm, nahm an einer *Lulu*-Lesung des Dramenkreises teil (sie gratulierten mir zu meiner Darstellung) und besuchte eine wilde SFL-Party in San Francisco (1019 Ashbury). Dort trieb ich es nicht nur mit diesem wundervollen Mädchen, mit dem ich den Großteil meines Urlaubs verbrachte, sondern befriedigte auch meine Neugier bezüglich des oralen Sexes und ließ mir von einem süßen Mädchen, das keine Lust zum Vögeln hatte, einen blasen. Es war wahnsinnig aufregend, bei dieser Erfahrung von anderen beobachtet zu werden, obgleich die Mehrheit mit ihrem eigenen Ding beschäftigt war…
>
> Meine Frau und ich sind seit 1952 Nudisten (ich bin ein jugendlicher 46er), sind uns aber bewußt, wie spießig die FKK-Clubs sind, die jeden körperlichen Ausdruck der Intimität verbieten… Meine Frau weiß, daß ich der SFL beigetreten bin, und sie weiß auch von den Partys, die ich im Mai besucht habe, aber sie hält nichts davon und will selbst nicht teilnehmen…
>
> Ich würde gern anderen Menschen helfen, so wie Sie es offenbar tun. Ich kann dies in meinem geistlichen Amt (ich bin episkopalischer Pfarrer), und ich kann auch indirekt für die Sache der sexuellen Befreiung arbeiten. Aber ich kann nicht wie Sie offen dafür eintreten. Vielleicht werde ich die ekstatischen Erfahrungen, die ich im Mai gemacht habe, nie wiederholen können. Aber daß ich sie überhaupt machen konnte, verdanke ich einzig der SFL, und ich weiß, daß Sie der Mensch sind, dem der größte Dank für diese Organisation gebührt.[24]

Der Briefschreiber leistete eine Spende in Höhe von fünf Dollar zu Polands persönlichem Gebrauch.

Der politische Aktivismus, den Poland, Ginsberg und andere Linke anstrebten, sollte kein großes Echo finden. Poland selbst war ein überaus liberaler Mann, der mit großem Enthusiasmus zahlreiche Aktionen für die Legalisierung der Abtreibung, Prostitution, Pornographie und Homosexualität initiierte. Er war Mitglied der Nationalen Frauenorganisation und trat auf ihren Versammlungen als Vortragsredner auf. Er war ein Gegner der Zensur und kämpfte für eine Vielzahl von Reformen, zum Beispiel im Gefängniswesen und bei den Landarbeitern. Seine Vision war global und eklektisch. Aber die meisten Anhänger, die für die Sache gewonnen wurden, waren weit stärker an Partys als an Politik interessiert. Als Poland das San Francisco Kapitel der SFL begonnen hatte, führte er eine winzige Gruppe von etwa zwölf Leuten an, größtenteils Hippies im Alter zwischen siebzehn und fünfundzwanzig. Anfang 1966 machte ein neues Mitglied, Richard Thorne, den Vorschlag, daß man Nacktpartys veranstalten sollte. Poland griff die Idee begeistert auf, weil er darin eine Form von zivilem Ungehorsam sah und mit Verhaftungen rechnete: »Man wird uns alle festnehmen und ins städtische Gefängnis bringen, während wir ›We shall overcome‹ singen. Es wird einen aufsehenerregenden Prozeß geben, der sich als Präzedenzfall erweisen wird.«[25] Doch obwohl Untergrundzeitungen wie der *Berkeley Barb* und auch große Zeitungen wie der *San Francisco Chronicle* und die *Time* über die Partys berichteten, wurden sie von der regionalen Polizei stillschweigend toleriert. Der Fragebogen der Organisation läßt ahnen warum:

> Kreuzen Sie bitte an, für welche Aktivitäten Sie sich interessieren:
> – Nacktpartys mit fünfzehn oder weniger Beteiligten?
> – Nacktpartys mit mehr als fünfzehn Beteiligten?
> – Partnertausch für Ehepaare? Falls Sie sich für diese Variante interessieren, geben Sie bitte an, wie viele Ehepaare Ihrer Meinung nach an einem solchen Treffen teilnehmen sollten.
> – Möchten Sie gern andere Mitglieder zu sich nach Hause einladen?
> – Verfügen Sie über solche Einrichtungen wie einen eigenen Schwimmingpool, Tennisplatz, Billardzimmer, Bar etc., die Sie gern gemeinsam mit anderen Mitgliedern nutzen möchten? Kreuzen Sie die entsprechenden Einrichtungen bitte an.[26]

Eine Bewegung von suburbanen Mittelschichtsangehörigen war nicht das, was Poland sich vorgestellt hatte:

> Nachdem der Weg von wagemutigen Pionieren geebnet worden war, warben wir allmählich furchtsamere Mitglieder an. Sie hatten Angst vor ihrem Arbeitgeber, Angst vor ihren Nachbarn, Angst vor ihren Verwandten. Also verlangten sie Sicherheiten dafür, daß ihre Mitgliedschaft ein dunkles Geheimnis bleiben würde – sie wollten

ihre Ehefrauen »diskret« tauschen. Sie traten häufig unter Phantasienamen bei. Viele Mitglieder folgten der Sitte der konservativen Nudisten und gaben nur ihren Vornamen an. Ihr Engagement reichte nicht über Lippenbekenntnisse hinaus. Sie hatten kein Interesse daran, die Idee sexueller Freiheit durch öffentliche Aktionen zu verbreiten und archaische Restriktionen zu bekämpfen. Sie wollten in erster Linie an den Partys teilnehmen.[27]

Die Versammlungen der *Sexual Freedom League* ähnelten schon bald jenen der *Sexual Emancipation Movement*: Es kamen vorwiegend alleinstehende Männer, in der Hoffnung, sexuell freizügige Frauen kennenzulernen. Die Partys mußten auf Paare beschränkt werden. Alleinstehenden Männern riet man zu einer Kontaktanzeige im *Berkeley Barb*. Die auf diese Weise kennengelernte Freundin sollten sie dann allmählich bekehren, indem sie sie zunächst zu angezogenen Ereignissen mitnahmen, dann an Nacktstrände führten und zuletzt zu einer Party einluden. Die neuen Mitglieder mittleren Alters hatten kein Interesse an Körpermalerei oder künstlerischen Filmen. Was sie wollten, war Gruppensex. »Auf jeder League-Party gibt es ein Zimmer, das ganz und gar mit Matratzen ausgelegt ist. Es steht (wie das ganze Haus) für sexuelle Aktivitäten offen«, schrieb Poland.[28] Wehmütig erinnerte er sich an eine Berkeley Party, bei der der Hippiegeist sich noch frei und ungehindert entfaltet hatte: »... wir ließen das Licht im Matratzenzimmer an und spielten Pferd und Reiter, was viel unschuldiger ist, als es vielleicht klingt. Die Männer krabbelten auf Knien und Händen durchs Zimmer, während die Mädchen sich auf ihre Rücken setzten und sie ritten. Wir veranstalteten Rennen und Springturniere. Und das alles ohne Sattel! Aber normalerweise ist ein Matratzenzimmer dunkel und direkter auf das Sexuelle ausgerichtet. Oft sitzen ein oder zwei Leute ganz still und unbeteiligt da und beobachten die anderen, was okay ist, solange keiner der Beobachteten sich dadurch gestört fühlt, in diesem Fall müssen die Voyeure rausgehen.«[29]

Poland entwarf immer kühnere Pläne, um den Staat herauszufordern, und wurde mehr und mehr zu einer Randfigur in seiner eigenen Organisation. Es war ihm gelungen, seinen zweiten Vornamen in Fuck umzuändern (es ist nicht bekannt, ob der polnische Botschafter Protest einlegte). Später ließ er das »Poland« weg und führte einen langen Prozeß mit der Wells Fargo Bank, die sich weigerte, seinen Namen auf ihre Scheckkarten zu drucken. Er schlug der League vor, 1969 zum Jahr der Klitoris zu erklären. Am 22. Januar 1969 legte er der Liga eine Resolution vor:

Da jeder Mensch das Recht haben sollte, in seinem Privatleben so zu handeln, wie er es für richtig hält; und

> da Aphrodisiaka für viele Menschen ein wichtiges Hilfsmittel sind, um sich zu entspannen oder ihre Geschlechtsorgane selbst zu stimulieren, und
> da Marihuana den Sex und die Liebe erleichtert, die Sinne schärft und Hemmungen abbaut, ergeht hiermit folgender Beschluß:
> Die *Sexual Freedom League* fordert die gesellschaftliche Tolerierung und gesetzliche Freigabe aller Aphrodisiaka einschließlich Marihuana.[30]

Er beschloß, die League zu verlassen und eine neue Organisation zu gründen, für die er mit einer Anzeige im *Berkeley Tribe*, einem weiteren Untergrundmagazin, warb:

> Eine neue Sexpot-Kirche wird versuchen, die Kluft zwischen suburbanen Swingern und Hippies zu überbrücken. Die Psychedelische Venuskirche, die am 24. November von der Shiva-Glaubensgemeinschaft gegründet wurde, huldigt der Aphrodite; sie ist unser »Symbol hedonistischer Wollust und steht in psychedelischer Hinsicht für die direkte spirituelle Offenbarung«. Wir sehen sie als Schirmherrin nudistischer Orgien, wo nach Herzenslust gevögelt, an Schwänzen gelutscht und gekifft wird: eine wahrhafte Sexualreligion.
> »Die Hälfte meiner Freunde steht auf Sex, die andere Hälfte auf Dope«, sinniert Fuck. »Es gibt nicht genug Überschneidungen, jedenfalls nicht öffentlich. Psychedelische Venus bedeutet also, daß wir versuchen wollen, die Trips zu vereinen und alle sinnlichen Freuden in die alte Religion zurückzuführen.«[31]

Innerhalb eines Monats brachte Poland eine neue Zeitschrift, *Intercourse*, heraus. Er behauptete, daß seine Organisation 75 Mitglieder hatte, und äußerte die Hoffnung, die katholische Kirche bis zur Jahrhundertwende ausgestochen zu haben. Bis zum Ende des Vietnamkrieges sollte die offizielle Tracht der Venuskirche aus reinem Sackleinen bestehen. Man empfahl den Mitgliedern, ihre Jutegewänder aus braunen 100-Pfund-Reissäcken anzufertigen. Poland hatte in dieser Kluft eine Diskussionsveranstaltung zur Schwulenbefreiung besucht und großen Anklang gefunden. Einige Mitglieder waren vor der puristischen Strenge der frühen Ökologiebewegung geflohen und zur Venuskirche übergetreten, nachdem sie festgestellt hatten, daß Sex nicht als makrobiotisch galt. Die Religonsgemeinschaft wurde zuletzt vom *Berkeley-Barb*-Journalisten Richard Ogar während eines Festumzuges in Berkeley gesichtet: »Der Festwagen mit nackten Priesterinnen kam nicht weit – die Polizei lenkte ihn bei der erstbesten Gelegenheit in eine Seitenstraße ab (ich hatte das Glück im ersten Pulk zu sein!). Mindestens eine der Priesterinnen war erpicht darauf, nackt auf der Lower

Sproul Plaza zu tanzen, und erregte zunächst große Aufmerksamkeit, ging aber später im allgemeinen Trubel unter.«

Etwa zur gleichen Zeit interviewte Ogar auch Jim und Artie Mitchell, zwei Hippies, die im Begriff waren, sich eine Karriere als Pornofilmer aufzubauen. Andere experimentelle Filmemacher aus San Francisco wie Alex de Renzy und Jerry Abrams hatten zwar bereits Sexfilme gemacht, aber dabei hatte es sich um Dokumentarstreifen gehandelt, wie de Renzys *Pornography in Denmark* oder Abrams Film über die *Sexual Freedom League*. Zwischendurch drehten sie einige Pornos – die sie als »Beaver« bezeichneten – um ihr cineastisches Selbstbild und Künstlerleben zu finanzieren. Die Mitchell-Brüder wollten von vornherein erotische Filme herstellen. Artie (»stämmig, mit einem Banditenschnurrbart, langen Haaren und fliehender Stirn«) war 1968 aus der Armee entlassen worden und stellte fest, daß Jim (»groß und dünn, mit einem Schopf dunkelblonden Haars, den er unter einer Strickmütze verbarg«) während seines Politikstudiums an der San Francisco State University eine Menge übers Filmedrehen gelernt hatte. Die ersten Kurzfilme der Mitchells waren sowohl von der Politik als auch der Kultur von Haight Ashbury beeinflußt. Die beiden beschrieben einen Film mit dem Titel *Paul is dead, the walrus is Paul* (ein Titel, der auf der weitverbreiteten Überzeugung basierte, daß Paul McCartney vor der Veröffentlichung von *Sergeant Pepper* gestorben war und daß Botschaften, die dies bestätigten, vernommen werden konnten, wenn man eine leere Schallplatte rückwärts laufen ließ). Dieser Hippiesinn für Spaß sei es, wie sie etwas unzusammenhängend ausführten, der ihre Filme auszeichnete: »... warum sollte man bei einem Film übers Ficken immer nur einen Typ sehen, der auf einer Muschi rumhüpft, hinter ihm lauter gelbe Lichter? Hier sieht man das Mädchen und im Hintergrund diese Szenen von McCartney und den Beatles an der Wand – Art hat die Kleine mit einem gelben Filter aufgenommen, sie drückt ihren Nippel, und ihre Milch schießt in einer richtig tollen Fontäne hoch... es war ein echt heißer Trip.« Art wies darauf hin, daß es einen entscheidenden Unterschied zwischen den Pornos von L.A. und San-Francisco gab. »Die L.A.-Pornos sind voll von Blut und Gewalt. In den San-Francisco-Pornos ist normalerweise alles ganz friedlich und harmonisch. Du siehst kaum Fesseln. Die Leute mögen das nicht.«[32]

Zwanzig Jahre später wurde zu einer Trauerfeier im O'Farrells Theater der Mitchells geladen, wo die Gäste sich an belegten Häppchen und rohen Austern laben konnten, während exotische Tänzerinnen Sex auf Fellteppichen simulierten. Der Leichenschmaus wurde für Artie Mitchell abgehalten, der von seinem Bruder niedergeschossen worden war. Die Mitchells hatten die Sechziger nicht nur überlebt, sondern waren in den Siebzigern und Achtzigern überaus erfolgreich und begründeten eine filmische Sprache und Syntax der Pornographie. Ein Jahr nach dem Ogar-Interview hatten sie *Behind the Green Door* (1971) gedreht, der erste Pornofilm in voller Kinolänge mit zusammenhängender Handlung und Charakterentwicklung (nach einer Geschichte, die jahrelang in Form getippter Durchschläge kursiert war, ein richtiger Untergrundklassiker). Die Pornoindustrie von Haight-Ashbury verwandelte das geheiligte Hippiemädchen in das Oben-ohne-Go-Go-Girl. Die Träume, die man auf den nackten Körper des Hippiemädchens projiziert hatte wie die psychedelischen Bilder der Light-Shows, wurden auf Drogen und Sex reduziert. Es ist gut möglich, daß einige der Hohepriesterinnen der Psychedelischen Venuskirche in das Seximperium der Mitchellbrüder abgewandert sind.

Die Mitchells waren wahrscheinlich die ersten Pornomacher, die sich auf den ersten Zusatzartikel der Verfassung beriefen, als sie wiederholt wegen Verstoßes gegen Obszönitäts- und Anti-Prostitutionsgesetze verhaftet wurden, und sie gewannen fast jeden Prozeß. Als Hippie-Pornokönige machten sie keinen Versuch, im Verborgenen zu operieren, wie der Mainstream der Sexindustrie es immer getan hatte. Sie betrachteten die Versuche, Pornographie zu verbieten, als weitere Manifestation einer heterosexuellen Kultur, die jeder Form von Wollust mit autoritärem Mißtrauen begegnete: »Ich bin daran interessiert, daß Leute die Freiheit haben, jeden Film zu sehen, den sie wollen«, erzählten Artie und Jim im Gespräch mit Ogar, »vor allem, da leicht zu beweisen ist, daß sie hinterher nicht losgehen und andere Leute zusammenschlagen. Es ist einfach der heterosexuelle Faschotrip – alle sollen genauso sein wie sie selbst... Deshalb denken sie auch, daß nur alle Studenten nach Hause gehen müßten, und schon wäre die Welt in Ordnung. Nixon wäre glücklich. Agnew wäre glücklich. Es müßten sich nur alle die Haare schneiden lassen, und alles wäre ganz wunderbar in Ordnung.«[33] Die Mitchells bezahlten die Honorare von politisch progressiven Rechtsanwälten und finanzierten die Verteidigung von so bekannten Radikalen wie Angela Davis und dem Black-Panther-Mitglied Huey Newton. Die Mitchell-Brüder waren die Zukunft der sexuellen Freiheitsbewegung von San Francisco.

Viele der hoffnungsvollsten Nachfahren der Bewegung, die sich dem Druck und der Autorität der Mainstream-Gesellschaft widersetzten und der Gegenkultur eine Stimme gaben, drifteten in die Sexindustrie ab. Nachdem der Sex einmal als Gegenstand der persönlichen Freiheit entdeckt worden war, schien das Politische im Sumpf des Seichten zu versinken. Es war nicht nur der Atavismus der Sexualität, sondern auch die ideologische Grundlage des Pluralismus, die gewährleistete, daß jeder auf seinen oder ihren ganz eigenen Trip gehen konnte, sei es der Kampf für die Legalisierung der Abtreibung, die Eröffnung von Schwulenclubs oder die Umformung des Lasters zu einem der größten amerikanischen Profitgeschäfte. Die Politik der Gegenkultur forderte jeden dazu auf, nach seiner ganz persönlichen Fasson glücklich zu werden. Die Politisierung des Sexes legitimierte ihn für das Unpolitische. Der einsame Wichser mit seinem Do-It-Yourself-Magazin gehörte jetzt zum Heer der Unterdrückten.

Der *Berkeley Barb*, der 1965 vor dem Hintergrund der Free Speech Movement entstanden war, erlebte einen klassischen Niedergang. Er war von Max Scherr, einem 50jährigen Ex-Rechtsanwalt, Gewerkschaftsfunktionär und Barbesitzer gegründet worden und spiegelte dessen Credo wider: »Ich bin ein Anhänger all der kleinen Bewegungen, die von der Mainstream-Kultur abweichen«[34], schrieb er in der ersten Ausgabe. Wie die Mitchell-Brüder lehnte Scherr jede Form von Zensur ab, weil sie seiner Ansicht nach im Widerspruch zu den Ideen der sogenannten Bewegung stand. Aber nachdem die Blütezeit der Hippies vorüber war, konnte der *Barb* nicht länger von den Einnahmen seiner traditionellen Anzeigen leben. Er mußte mit einer neuen Art von Untergrundzeitung konkurrieren, die von einem Rebellen anderer Couleur herausgebracht wurde – Al Goldstein startete das New Yorker Sexmagazin *Screw*. Der New Yorker Cartoonist Jules Feiffer bezeichnete es abfällig als »Dildo Journalismus … der etwa so pro-Sex ist wie ein Tripper«.[35] Wie andere Untergrundmagazine begann der *Barb*, Kontaktanzeigen von »Abweichlern« und Werbung von den Mitchells anzunehmen. Der *Barb* wurde zur einzigen Zeitung im Bay-Gebiet, die Pornowerbung druckte, was bald zur Haupteinnahmequelle des Blattes wurde.

Ein weiteres New Yorker Untergrundmagazin, *Rat*, plante eine Sonderausgabe zum Thema Sex und Porno. Radikale Feministinnen, die sich aus Frauengruppen wie *Woodstocking*, *Weatherwomen* und *WITCH* rekrutierten, besetzten das Redaktionsbüro und forderten eine eigene Ausgabe. Feministinnen in San Francisco drängten Scherr, seine Sexwerbung einzustellen. Privat war Scherr ein Haustyrann, der sein Redaktionsteam zum Dinner einlud und seine Frau, die das Essen für alle kochen mußte, vor den Augen der Gäste schlug. »Er wußte genau, daß er geschäftlich ein toter Mann wäre, wenn er auf die Anzeigen verzichtete«, erinnert sich Ogar. Zensur lehnte Scherr prinzipiell ab, obwohl er sich geweigert hatte, Werbung mit sadomasochistischem Inhalt zu veröffentlichen. Aber der äußere Druck wurde so stark, daß er die Sexanzeigen gesondert in einem vier- bis achtseitigen Block – je nach Werbeaufkommen – im Mittelteil der Zeitung zusammenfaßte. Leser, die sich durch diese Werbung brüskiert fühlten, konnten diesen Teil heraustrennen und wegwerfen. Der Plan ging schief: Die Leser warfen die Zeitung weg und behielten die Beilage. Scherr erreichte allmählich das Rentenalter. Man munkelte, daß er heimlich Geld auf ausländische Bankkonten transferiert hatte und daß seine Ehe auf der Kippe stand. Er verkaufte die Zeitung und floh nach Europa, wo seine Frau keinen Zugriff auf seine Guthaben hatte. Die Sexbeilage des *Barb* wurde als getrenntes Unternehmen an den *Spectator* verkauft. Und wie Scherr vorausgeahnt hatte, wurde der *Berkeley Barb* nach wenigen Monaten eingestellt, während der *Spectator* bis heute floriert.

Was hat die sexuelle Befreiungsbewegung von San Francisco letzten Endes erreicht? Sehr wenig. Anfang der Siebziger mußte Poland mitansehen, wie seine Organisation ihm von suburbanen Heterosexuellen entrissen wurde. Das letzte Kapitel der *Sexual Freedom League* ging 1983 zu Ende, aber zu jenem Zeitpunkt hatte Poland sich längst von der Liga distanziert, die zu einer reinen Partnertauschgesellschaft geworden war. Er kämpfte weiterhin leidenschaftlich um Sandstrände für Nacktbader. 1974 startete er mehrere Protestaktionen in San Diego, um Blacks's Beach in einen Zufluchtsort für Nacktbadende umzugestalten. Irgendwann in dieser Phase änderte er seinen Namen erneut um, in Jefferson Clitlick. In den Achtzigern verschwand er nach Australien und tauchte irgendwann in La Jolla wieder auf, wo er einen Führer für Nacktbadestrände in der dritten Welt herausgab und als Korrektor für das *Sex Maniacs Diary* arbeitete, das jedes Jahr ein Verzeichnis der bevorstehenden sexuellen Ereignisse veröffentlicht. Inzwischen erforscht er die sexuelle Befreiungsbewegung des neunzehnten Jahrhunderts und unterzeichnet seine Briefe – »für den Planeten und die Freiheit« – mit Jefferson Poland. Er schickte mir einen Ausschnitt aus dem *San Francisco Examiner* vom 30. September 1992. Es war ein Foto von zehn jungen Leuten verschiedener Breite, Größe und Farbe, die mit dem Rücken zur Kamera standen und im Höchstfall mit Turnschuhen oder Zehensandalen bekleidet waren. Sie waren Teilnehmer eines Nude-ins in Berkeley. Ein Mann hatte seine Brust und Schuhe mit dem blauen Schriftzug »Befreit unsere Körper« verziert. Ich mußte an die verschiedenen Oxforder Clubs in den Sechzigern und Siebzigern denken, deren Mitglieder den Figuren von Evelyn Waughs Romanen nacheiferten und mit einem Zigarettenhalter und einem Cocktail zur Hölle fuhren, während die Grammophonlieder von Noël Coward von den *Grateful Dead* übertönt wurden.

Die Hippies haben in unserer Dekade wenig Spuren hinterlassen.

Die Vision eines alternativen Lebensstils, der die etablierte heterosexuelle Gesellschaft besiegen würde, verblaßte, weil die Hippies kein Interesse an bestehenden politischen Bewegungen und Strukturen hatten. Ihnen ist es zu verdanken, daß wir heute in fast jeder Stadt einen Bioladen haben und eine Zufluchtsstätte in Form einer marginalen, wurzellosen Subkultur für die unterprivilegierte britische Land- und Stadtbevölkerung. Aber genauso wie der Pot- und Acid-Lebensstil unweigerlich einen Markt für harte Drogen förderte, wurde auch das Hippie-Ideal von der individuellen sexuellen Freiheit von der aufstrebenden Sexindustrie kooptiert, die die neue sexuelle Freiheit kommerzialisierte. Pornokinos, Bordelle und Schwulensaunen, die früher nur durch Mundpropaganda und Taxifahrertips oder durch private Forschungsreisen in die Rotlichtbezirke bekannt waren, konnten unter dem Deckmantel der sexuellen Befreiung offen Werbung treiben und wurden gesellschaftsfähig. North Beach, die alte Beatszene von San Francisco, wo Ginsberg in den fünfziger Jahren gelebt hatte, wurde von den Pornokinos und Massagesalons übernommen. Polands Kampf für sexuelle Rechte und Max Scherrs Abscheu vor der Zensur (zweifellos verursacht durch McCarthys Hexenjagd) legitimierten das kommerzielle Sexgeschäft, boten ihm ein öffentliches Sprachrohr und eine Werbefläche und machten es zu der Multi-Millionen-Dollar-Industrie, die es heute ist. Die Politik wurde fallengelassen wie die Klarsichtfolie eines billigen Pornohefts. Einige Magazine wie der *San Francisco*-BALL, die eine neue Richtung in der Pornographie symbolisierten, entgingen der Herrschaft des Mobs. Die heutigen Nachfahren des BALL sind homosexuelle Magazine wie *On Our Backs*, die lesbische Parodie politischer Korrektheit, *Anything that Moves*, für Bisexuelle, und *Diseased Pariah News*, für aidskranke Schwule. Der Humor und der Sinn fürs Spielerische blieben ein prägendes Merkmal der Gegenkultur. Aber die jugendlichen Anhänger der Bewegung wurden älter, etablierten sich, bekamen Kinder. Der Feminismus mit seiner rigorosen Gesellschaftsanalyse und seinem wachsenden Geschichtsbewußtsein stellte die Weisheit der »Trips« in Frage.

Einige Hippies wurden von der Sexindustrie aufgesogen, die angeschlagenen Opfer eines posttraumatischen Sechziger-Jahre-Chaos. Sie hatten die Schule oder das College abgebrochen, weil sie überzeugt waren, daß sie die Welt in einen Ort verwandeln würden, in dem Geld und Karriere keine Rolle spielen würden. Die Frauen erschienen auf den Leinwänden, bis ihre nackten Körper die Spuren von zu vielen Ficks und zu vielen Drogen zu zeigen begannen und noch etwas anderes sich abzuzeichnen begann, das für Hippies immer unvorstellbar gewesen war – das nahende Alter. Sie gingen unter wie Janis Joplin, das archetypische Hippiemädchen. Die Männer schrieben Drehbücher, rekrutierten »Talente«, arbeiteten als Agenten, als »Wühler«. Heute laufen sie mit schütter werdendem Haar und ergrauenden Pferdeschwänzen durch Los Angeles. Sie glauben noch immer, daß Sex etwas Wundervolles ist. Aber nicht mehr, daß er frei ist.

Schwester Kerista rettet die Welt

Für uns war es nie ein Experiment. Wir glaubten, in einer Ordnung zu leben, die die ganze Welt früher oder später übernehmen würde.

Pierrepoint Noyes,
My Father's House: An Oneida Boyhood (1937)

Utopische Gemeinschaften sind notwendigerweise utopisch, doch wohin sonst sollten wir vor der Mörderbande flüchten, wenn nicht in die Arme der Gemeinschaft?

David Widgery, »Here Come the Wipeout Gang«,
Observer Magazine (1967)

Ska war die erste Schwarze, die der Kerista-Kommune beitrat und auf Dauer blieb. Sie war die erste Schwarze, die es ertragen konnte, die erste Schwarze zu sein. Als sie zu den Informationsveranstaltungen ging, dachte sie, daß die Leute viel verrückter und hippiehafter sein würden, als sie dann tatsächlich waren. Was sie wirklich aus der Fassung brachte war, daß einige der Typen »irgendwie prall und pausbäkkig waren, ihre Figuren gingen völlig aus dem Leim«. Sie mußte gegen eine Stimme in ihrem Innern kämpfen, die ihr einflüsterte, daß sie nur mit einem gertenschlanken, gutgebauten Kerl ausgehen sollte. Doch um der Wahrheit die Ehre geben, war sie selbst ein bißchen pausbäckig und litt unter einer ziemlich schlimmen Akne. So kam es, daß sie sich schließlich in einige dieser Männer verliebte und für den Rest ihres Lebens mit ihnen zusammenblieb. Ska war eine Anhängerin der polygamen Treue, jenem nicht-monogamen Beziehungsideal, mit dem seit den sechziger Jahren auf vielfältige Weise experimentiert wurde. Bevor Ska der Kommune beitrat, hatte sie sich, als sie noch in Los Angeles lebte, in einen hinreißenden, wirklich atemberaubenden Typ aus Palo Alto verliebt, der ein nicht-monogames Leben anstrebte. Er war nicht der erste Mann, mit dem sie schlief, aber er war ihr erster fester Freund.

Er war ihr Honigpferd, er war wirklich süß, und wenn er mit einer anderen Frau schlief, würde er vielleicht herausfinden, daß Skas Vagina nichts Besonderes war. Deshalb war sie fürchterlich eifersüchtig und verhielt sich wie ein machohaftes, hinterwäldlerisches Provinzei. Angewidert wandte er sich von ihr ab und kehrte nach Palo Alto zurück, und Ska schrieb liebeskranke Gedichte. Schließlich sagte jemand zu ihr: »Warum weinst du dem Typ nach? Wie es sich anhört, hast du ihn wie ein Stück Fleisch behandelt.« Damals war sie achtzehn.

Sie zog nach San Francisco. Es war das erste Mal, daß sie an einem Ort lebte, wo niemand daran Anstoß nahm, daß sie ein Mischling war. San Francisco gilt in der amerikanischen Popmythologie als Hippiestadt, aber bei den Punks aus L.A. war es auch als der Ort bekannt, wo man einen Job im Coffeeshop bekam und niemand sich daran störte, wenn man lila Haare hatte. Hier hatten die Sex Pistols ihr letztes Engagement. Ska nahm eine schlechtbezahlte Stelle als Verkäuferin in einem Modeladen an und dachte über die Eifersucht nach. Sie kam zu dem Schluß, daß Eifersucht nicht cool war. Die Grundsätze der Frauenbewegung ließen sich auch auf Männer anwenden. Auch Männer hatten es nicht verdient, zu Objekten gemacht zu werden. Sie lernte Dimitri kennen, und die beiden beschlossen, eine offene Beziehung zu führen. Aber als Ska sich mit anderen Männern traf, reagierte er eifersüchtig und verunsichert. Jemand ließ eine Kerista-Zeitung in dem Geschäft liegen, wo Ska arbeitete. Sie blätterte darin herum und fand schnell heraus, daß es hier um eine Kommune ging. Wahrscheinlich, wie sie sich selbst sagte, weil sie danach gesucht hatte. Wenn sie schon nichtmonogam leben wollte, sollte sie es besser mit Männern versuchen, die damit umgehen konnten. Es dauerte eine Weile, bis sie ihr »B-FIC« bei Kerista gefunden hatte – ihren Familienverbund von besten Freunden/Liebhabern, in die sie sich verlieben und mit denen sie für den Rest ihres Lebens zusammenbleiben würde. Nach zahlreichen versuchsweisen Kombinationen landete sie bei Buff und Bet. Bet war etwas gewöhnungsbedürftig. Er war 47, dick und glatzköpfig. Ska verliebte sich in ihn, und bald sah man die beiden händchenhaltend durch die Straßen schlendern. Bet und Buff waren der Kommune in den Siebzigern beigetreten. Auf alten Fotos sah man sie mit langen Bärten, die ihnen bis auf die Brust reichten, wie die Typen von *Z. Z. Top*. Ska nahm die Sache in die Hand. Sie wurde zur Stil- und Modepolizei ihres B-FIC. Sie schnitt den beiden die Haare und ging mit ihnen einkaufen. Sie sorgte dafür, daß sie MTV guckten.

Was bekam Ska im Gegenzug? Sicherheit. Ihre Eltern hatten sich in den sechziger Jahren am College kennengelernt. Skas Mutter war halb Cherokee, halb schwarz; ihre Vorfahren hatten als Sklaven auf der

Plantage eines irischstämmigen Amerikaners gearbeitet. Sie war sehr dunkelhäutig, und als sie achtzehn war, hatte kein Schwarzer sie attraktiv gefunden. Der Junge, der im Seminar hinter ihr saß und ihre tolle Figur bewunderte, war sieben Jahre älter als sie und der Enkel eines jüdischen Emigranten, der vor den Pogromen in Warschau und Odessa nach Amerika geflohen war. Ska wurde 1967 während des Sommers der Liebe gezeugt und im März 1968 geboren, zwei Monate vor den Studentenunruhen in Paris. Kurz nach der Heirat begann ihr Vater seine ersten Affären mit anderen Frauen. Ihre Mutter rächte sich und legte sich einen Liebhaber zu. Die dreijährige Ska ging in den Keller und entdeckte ihren Vater, der an einem Strick von der Decke baumelte. Sie schrie nach ihrer Mutter, damit sie ihn abschnitt. Er lebte. Sie ließen sich scheiden. Er wurde heroinabhängig. Dann lernte er eine andere Frau kennen, die einen zwölfjährigen Sohn aus einer früheren Beziehung hatte. Er hieß Alexander und liebte sadistische Spielchen. Er versprach Ska, sie nicht zu quälen, wenn er sie dafür ausgiebig betatschen durfte. Der Bruder von Skas Vater wurde von der Polizei erschossen, als er über Drogenpreise stritt. Daraufhin zog Skas zweijährige Cousine bei ihnen ein. Eines Tages nahm Alexander die Kleine mit in ein Zimmer und schloß die Tür hinter sich ab. Ska erzählte ihrer Mutter von Alexander, die daraufhin ihrem Ex-Ehemann jeden Umgang mit den Kindern untersagte. Er stellte seine Unterhaltszahlungen ein.

Skas Mutter nahm ihre beiden Kinder und zog zurück zu ihrer Mutter nach Compton, in ein ärmliches Schwarzenviertel. Sie trat den Scientologen bei, und Ska und ihr Bruder arbeiteten im Jugendarbeitsprogramm der Sekte. Von ihrem achten bis elften Lebensjahr unterstützte Ska ihre Mutter; die beiden Kinder verdienten bis zu 400 Dollar im Monat. Einige Jahre später söhnten Mom und Dad sich wieder aus. Er nahm seine Ex-Frau mit auf eine Reise nach Thailand und versprach ihr einen Haufen Geld. Als sie in Thailand angekommen waren, erzählte er ihr, daß er Heroin in die Staaten exportierte. Später überredete er sie, ins Geschäft miteinzusteigen. Sie fuhr nach Thailand zurück, um sich selbst als Schmugglerin zu versuchen, wurde erwischt und zu einer lebenslangen Haftstrafe verurteilt. Nach sechs Jahren wurde sie dank einer königlichen Begnadigung entlassen, aber während sie im Gefängnis saß, zogen Ska und ihr Bruder nach Hawaii zu ihrem Vater, der versuchte, vom Heroin loszukommen. Ska schwänzte die Schule, um ihm über seinen cold turkey hinwegzuhelfen. Als Teenager war sie ein Nervenbündel. Sie spielte in einer Rockband und war der Schwarm aller Jungs, die sie geil fanden, weil sie Gitarre spielte und ihr eigene Fanzeitschrift herausgab.

Diese kleine Geschichte einer amerikanischen Hölle war in den Achtzigern durchaus nichts Ungewöhnliches. Die Träume der Pioniere von einem neuen Leben waren zu Sex, Drogen, Einkaufsstraßen und Autobahnen verkommen. Die Hippiebewegung war gescheitert. Die ersten Einwanderer waren vor der korrupten Dekadenz einer kranken europäischen Gesellschaft nach Amerika geflüchtet, aber wo sollten ihre Nachfahren sich verstecken? Es gab keinen Fluchtort mehr. Und doch träumten einige Menschen noch immer von einem Leben, das von ethischen Grundsätzen geleitet war. Als Gegenreaktion auf den Materialismus der Sechziger hatten einige Idealisten eine kurzfristige Kommunebewegung begründet. Nur wenige dieser Kommunen überlebten mehr als ein paar Jahre, doch die Idee einer Gemeinschaft von Gleichgesinnten hatte sich jahrhundertelang hartnäckig behauptet. Der Millenarismus war das erste Mal durch den Rat von Ephesus im Jahre 431 vor Christus zur Ketzerei erklärt worden, als Gemeinschaften von »vollkommenen« Männern sich vom Rest der degenerierten Gesellschaft lossagten und dem säkularen Staat jede Treueverpflichtung aufkündigten.[1] Klöster boten viele Möglichkeiten eines kommunalen Lebens: Sie standen außerhalb der Gesellschaft, autonom und oft egalitär, und entwickelten sich zu Inseln für radikale Sozialreformer, die ihr Leben dem Wechsel von körperlicher Arbeit und dem Streben nach geistiger Vollkommenheit widmen wollten. Sie verordneten sich ein unorthodoxes sexuelles Arrangement, das Zölibat, und obwohl sie häufig erfolgreich mit neuen ökonomischen Formen experimentierten, verfolgten sie immer ein höheres Ziel. Thomas More lebte vier Jahre in einem Kloster, und sein *Utopia* spiegelt die klösterliche Ordnung wider.[2]

Durch alle Kommunen zieht sich eine millenarische Vision: die Aufforderung, ein früheres Leben aufzugeben, alle etablierten Institutionen hinter sich zu lassen und ein Fanal für eine bessere Zukunft zu setzen, eine Zukunft, in der die kleine Schar von Erleuchteten überleben wird, während die Unaufgeklärten zum Untergang verdammt sind. Die Milleriten verkauften all ihre irdischen Besitztümer und versammelten sich auf Hügeln, um das Ende der Welt zu erwarten, das für den 1. Januar 1844 vorausgesagt war. An dem Tag, an dem ich dies schreibe, berichten die Zeitungen über den erwarteten Weltuntergang in Korea. Die Koreaner »werfen ihre weltlichen Besitztümer fort, um eine Eintrittskarte für den Himmel zu erwerben. Familien brechen auseinander, Geschäftsleute verlassen ihre Arbeitsstellen und verkaufen ihr Hab und Gut. Eine Frau ließ eine Abtreibung vornehmen, weil sie Angst hatte, sonst zu schwer zu sein, um zum Himmel aufzusteigen.«[3] Religiöse millenarische Sekten neigen zu autoritären Strukturen und einem einzigen, allmächtigen Sektenführer. Hare Krishna und die Moonies waren so erfolgreich, weil sie den Menschen eine allumfassende Ideologie und rigide Ordnung aufzwangen. Im Gegensatz dazu sind säkulare Kommunen einem Anti-Formalismus verbunden und einer modernen postaufklärerischen Denkweise.[4] Für sie wird das Millennium nicht durch die bevorstehende Ankunft eines übernatürlichen Wesens, sondern durch die radikale Umgestaltung sozialer und wirtschaftlicher Strukturen erreicht. 1948, im selben Jahr als George Orwells *1984* erschien, schrieb der Behaviorist B. F. Skinner sein Buch *Walden II*, eine Polemik über eine fiktive utopische Gemeinschaft, die auf einer wissenschaftlichen Theorie des menschlichen Verhaltens basiert und die Beziehungsprobleme gelöst hat, an denen die Experimente des neunzehnten Jahrhunderts scheiterten. Alle Utopien haben sich mit der bedeutsamsten gesellschaftlichen Institution beschäftigt, mit der Familie: Plato verbot in seiner *Republica* die Ehe und befürwortete eine Gemeinschaft von Ehefrauen. Kinder sollten unter der Aufsicht des Staates stehen und anonym aufgezogen werden. Frühe millenarische Gemeinschaften in Amerika wie die Mormomen praktizierten die Polygamie, bis die Empörung der Mainstream-Gesellschaft sie zur Aufgabe dieser Praktiken zwang. In *Walden II* ist Sex unter Adoleszenten selbstverständlich; wenn zwei junge Leute heiraten wollen, ziehen sie nicht zusammen, da Kinder von der Gemeinschaft erzogen werden und die Familie keinerlei Funktion hat.[5] Die große Mehrheit der unzähligen Kommunen, die in den Sechzigern gegründet wurden, waren nicht viel mehr als der Ausstiegsversuch von relativ wohlhabenden jungen Menschen, die sich bereitwillig wieder in die Gesellschaft eingliederten, als die Mode des Anti-Materialismus ausklang. Wenn wir uns eine Kommune vorstellen, denken wir für gewöhnlich an erdmutterhafte Hippiemädchen, eine Horde ungewaschener Kinder und flachshaarige Männer in Overalls voll Hühnermist. Die Kommunen erwiesen sich als harte Knochenarbeit, die unter der Last der messianischen Sehnsucht nach einer technologiefreien Welt unerträglich wurde.

In dem 1972 erschienen Roman *Where the Wasteland Ends* sagt sich ein Teil der pazifischen Nordwestküste von den USA los und erklärt sich zum unabhängigen Staat Ecotopia. Die Fiktion basiert auf der »klein ist schön«-Philosophie von E. F. Schuhmacher und mischt mittelalterliche Straßenunterhaltung, rituelle Kriegsspiele, das Verbot von Autos, helle bäuerliche Kleidung, Nacktkörpermassage, Gemeinschaftsbadewannen unter freiem Himmel und Marihuana. Die Realität der Ecotopias war entweder ein Harem für männliche Doperaucher oder die politisch korrekte Kommune spätstalinistischer Prägung, wie sie von der Vermonter Lebensbewegung praktiziert wurde. Eine der Lesbenkommunen hatte sich der Abschaffung der romantischen Gefühlsduselei verschrieben und vertrat die Auffassung, daß Liebe nichts anderes sei als das Ergebnis verschiedener altersdiskriminierender, sexistischer, rassistischer und körperfixierter Konditionierungen. Sie wählten ihre Liebhaberinnen, indem sie Namenszettel aus einem Hut zogen. 1977 hatte der Purismus solche Extreme erreicht, daß der Gebrauch von Motorsägen verboten wurde, woraufhin eine Frau aus der Kommune flüchtete.

Doch Kerista hielt allen Widrigkeiten stand. In ihrer frühesten Inkarnation war sie bereits vor Skas Geburt auf der Titelseite des *San Francisco Chronicle* aufgetaucht, unter der Überschrift »Razzia bei nackten Hippies«. Ein Hilfssheriff aus Marin County hatte auf der Suche nach einem entsprungenen Sträfling ein altes Sommerhaus durchkämmt. Als er den »unverkennbaren Geruch von Pot« wahrnahm, folgte er seiner Nase und entdeckte fünfundzwanzig Hippies, die »nackt herumhüpften« und »den Gesuchten versteckt hielten«. »Es war eine typische Haight-Ashbury-Versammlung – Sandalen, Bärte und Barfüßige«, berichtete der Reporter des *Chronicle*. Bevor sie ins Gefängnis gebracht wurden, hingen die Hippies ein Schild an die Tür: »Wir sind verhaftet. Nehmt's leicht. Wir lieben euch.« Ein Mädchen beschwerte sich, weil eine Beamtin ihre Antibabypillen konfisziert hatte, was darauf hindeutete, daß die Polizei von Marin County mit gefährlichen Betäubungsmitteln nicht sonderlich vertraut war. »Wir nennen das Haus *Kerista House*«, erzählte ein Mädchen dem Reporter, während sie auf ihre erkennungsdienstliche Behandlung wartete. »Kerista bedeutet Liebe. Schreib nicht, wie schmutzig es dort ist – erzähl den Leuten von der Atmosphäre des Ortes, daß es ein Platz ist, wo die Menschen frei sind, und daß sie ihn alle lieben.«[6]

Die Behauptung, daß Kerista Liebe bedeutete, war nicht ganz richtig. Ein Vierteljahrhundert später, als Ska gerade drei Jahre ihr polytreues Leben geführt hatte, war Kerista eine weitverzweigte Organisation geworden, die auf Platz dreiunddreißig der am schnellsten wachsenden US-Unternehmen stand; ein Konzern mit moralischen Grundsätzen, der das kapitalistische System nutzte, um philanthropische Unternehmen zu unterstützen und seinen Mitgliedern eine alternative Lebensweise zu ermöglichen. Kerista hatte sich zu Schwester Kerista gewandelt, eine Comicbuchheldin und Göttin des Rock 'n' Roll, der die Kommunenmitglieder huldigten, vor allem, wenn sie in der irdischen Gestalt von Joan Jett auftauchte, einer ledergewandeten Rockröhre der Achtziger. Schwester Keristas Jünger beschrieben sich selbst als Spaßnonnen und Punkmönche; sie brauchten eine Religion, und diese war so gut wie jede andere.

Kerista scheint das erste Mal 1956 irdische Gestalt angenommen zu haben, als sie die Botschaft ausgab, daß ihr Kult zur nächsten großen Weltreligion werden würde, eine Art Sprungbrett zu einem höheren evolutionären Bewußtsein. Der Empfänger dieser Botschaft war der 1924 geborene John Gruen, ein Freund von Allen Ginsberg und Peter Orlovsky. Gruen war ein hochdekorierter Teilnehmer des Zweiten Weltkriegs, viermal verheiratet und Vater von sechs Töchtern. In seinen ersten beiden Ehen hatte er traditionell monogam gelebt. Während der dritten und vierten geriet er in eine frühe New Yorker Swinging-Szene, die Wochenendpartys veranstaltete. Die Paare, die Gruen dort kennenlernte, beflügelten seine Phantasie und regten ihn zu der Vision einer sexuell aufgeklärten Gemeinschaft an.[7] 1965 änderte er seinen Namen zu Bro Jud und gründete einen Hausstand mit fünf Frauen und fünf Männern, die eine nudistische Lebensweise pflegten. Später zog er nach San Francisco, wo er eine Kommune eröffnete, die aus ihm selbst und einem Frauenharem bestand.

Jud war inspiriert durch die Kibbuz-Bewegung des modernen Israel und durch die traditionelle jüdische Vorstellung von *tzedakhah*, ein Konzept, das die Ideale von Wohltätigkeit, Gerechtigkeit und tugendhafter Lebensweise in sich verbindet. Jud blickte zu Joseph Perl, einem Anführer der Jüdischen Aufklärung in Galizien. Perl hatte die Idee vom Messias in ein symbolisches Konstrukt übersetzt, in dem sich Vorstellungen von Erlösung, universellem Frieden und Freiheit von Unterdrückung mischten. Jud durchstöberte die rabbinische Geschichte und stieß auf das Dekret von Worms aus dem Jahr 985: Unter der Führung von Gershom ben Judah waren Haushalte mit mehreren polygam lebenden Erwachsenen für tausend Jahre verboten worden. Sinn dieses Verbotes sei es gewesen, so Jud, der Verfolgung zu entgehen, indem man sich christlichen Werten anpaßte. Der Bann sollte aufgehoben werden.[8] Zuerst träumte Jud von einer Heimat für seine Jünger im damaligen Britisch-Honduras. Die Expedition ist offenbar gescheitert. Alle Phantasien von einem ländlichen Leben wurden fallengelassen. Kerista fand eine Ladenfront in Haight-Ashbury, und die Mitglieder suchten sich Wohnungen in der Nähe. Fortan wandten sie ihre Aufmerksamkeit der Entwicklung eines polytreuen Lebensstils und dem Aufbau des Wirtschaftsimperiums zu, das sie in die Lage versetzen sollte, den Grundsätzen von *tzedakhah* zu folgen.

Keine dieser großen Aspirationen wäre möglich gewesen ohne Eve Furchgott – Even Eve, wie sie sich zu nennen pflegte – und ihre High-School-Freundin Blue Jay Way Konigsberg oder kurz Way. Als Eve 1971 bei Kerista landete, lebte Juds Harem von seiner Veteranenpension. Eve schrieb an ihre Eltern und setzte sie davon in Kenntnis, daß sie nicht die Absicht hätte, aufs College zu gehen. Sie bat sie, ihr das

Geld zu schicken, das für ihre Ausbildung gedacht gewesen war, damit sie ein eigenes Geschäft gründen konnte. Es war ein typisches Hippie-Unternehmen – ein Haufen Leute, die den unmöglichsten Jobs nachgingen, um das Geld für ihren Lebensunterhalt zusammenzukratzen. In der Zwischenzeit entwickelten Eve, Jud und Way eine erotische Philosophie. Jud hatte die Angewohnheit, gelegentlich in einen Pornofilm zu gehen. Eve begleitete ihn und sah ein Interview mit den Mitchell-Brüdern. Zu Hause an der Ostküste war sie in der Frauenbewegung gewesen: Artie und Jim waren zuviel des Guten. Porno mußte verschwinden. Zur Masturbation gehörte Phantasie und daß man sich ein Pornoobjekt im Kopf schuf. Schluß mit dem Gehüpfe. Nippelsaugen war regressiv und förderte die Ungleichheit. Popmusik hatte kitschige Texte und sollte nicht länger gehört werden. Diese Bemühungen um einen kulturellen und erotischen Purismus setzten sich bis 1978 fort, als Eve, Way und Jud die Vorstellung der Polytreue für sich entdeckten. Jedes Kommunemitglied sollte einer »Familie« oder B-FIC (Best Friend Identity Cluster) beitreten, einer zusammenwachsenden Gruppe von Individuen, die sich im Idealfall aus der gleichen Zahl von Männern und Frauen zusammensetzen würde (obwohl es auch ein bisexuelles B-FIC bei Kerista gibt). Der Sex in einem B-FIC ist durch Schlafpläne geregelt. In einer Familie von drei Männern und drei Frauen schläft das Mitglied montags mit Person A, dienstags mit Person B, mittwochs mit Person C und donnerstags wieder mit Person A usw. In Skas B-FIC, das aus zwei Männern und einer Frau besteht, müssen Buff und Bet also abwechselnd allein nächtigen. Der Sex ist nicht obligatorisch – es ist ein Schlafplan, kein Beischlafplan –, aber Treue gegenüber den B-FIC-Mitgliedern ist Pflicht.

Der Sex in einem B-FIC wirft faszinierende Fragen auf. Was ist, wenn ein besonders attraktives junges Mitglied keine Lust hat, mit den älteren Leuten in seinem B-FIC zu schlafen? »Wenn ein junger Bursche nur mit mir schlafen will, aber nicht mit einer wesentlich älteren Frau, dann habe ich kein Interesse an ihm«, sagt Ska. »Ich will keinen Mann, der mich im Stich läßt, sobald meine Brüste zu hängen anfangen. Ich werde auch älter. Irgendwann wäre ich dann die Achtundvierzigjährige, die wegen einer knackigen Dreiundzwanzigjährigen stehengelassen wird.« Und wenn ein atemberaubender Mann auftaucht, gegen den die anderen Mitglieder des B-FIC ihr Veto einlegen? »Die beiden Männer in meiner Familie müssen nicht mit ihm schlafen, sie müssen nur mit ihm auskommen. Wenn die anderen ihn ablehnen, müßte er schon einen gravierenden Charakterfehler aufweisen, und dann müßte ich mir überlegen, wieso ich mich zu einem Typ mit einem gravierenden Charakterfehler hingezogen fühle.« Einer der offenkundigen Vorteile der sexuellen Praktik von Kerista liegt darin, daß sie die inhärente Altersdiskriminierung in den Beziehungen zwischen Mann und Frau überwindet. Vierzigjährige Keristafrauen haben straffe junge Liebhaber, die sich auf dem Höhepunkt ihrer sexuellen Potenz befinden, und heben damit ein Ungleichgewicht auf, das in der weiteren Gesellschaft nach wie vor existiert. Die Frauen stehen allerdings unter dem Druck, sich körperlich in Form zu halten – die Kommune als ganze ist extrem äußerlichkeitsbewußt. Mit Ausnahme von Jud, dem Hippie-Patriarchen, werden die Mitglieder dazu angehalten, mit der Mode zu gehen.

Anders als in den meisten Kommunen stolpert man hier nicht auf Schritt und Tritt über Kinder. Eve war zu dem Schluß gekommen, daß es so wenige große historische Frauengestalten gab, weil die Gesellschaft den Frauen eine lebenslange Mutterrolle oktroyierte. Anfangs war jedem Mitglied erlaubt, ein Kind zu bekommen, bis offensichtlich wurde, daß die Kommune sehr bald von Kindern überschwemmt sein würde. Die Regel wurde dahingehend abgeändert, daß immer zwei Leute ein Kind haben durften. Schließlich beschloß Kerista, Sex und Fortpflanzung völlig voneinander zu trennen. Es sollte überhaupt keine Kinder geben. Die Vasektomie wurde obligatorisch für alle männlichen Mitglieder, denen allerdings die Möglichkeit offensteht, ihr Sperma einfrieren zu lassen. Das gab der Kommune die Möglichkeit, ihr zweites millenarisches Ziel in Angriff zu nehmen: eine autonome Wirtschaftsgemeinschaft, die sich der Umverteilung des Reichtums widmet und das kapitalistische System nutzt, um philanthropische Aktivitäten zu finanzieren – ein profitorientiertes Peace Corps. Auf lange Sicht möchte Kerista ein internationales Mega-Kommunen-Netzwerk aufbauen, »das im zivilen Bereich für Hilfe sorgt und riesige Summen für philanthropische Belange erwirtschaftet, um zur Lösung globaler Probleme beizutragen«. Das Rahmenwerk der jüdischen Ethik ist hier deutlich erkennbar – die Internationalität, die Bedeutung der Gemeinschaft, das Streben nach Gerechtigkeit, ein postaufklärerischer Modernismus und die Abneigung gegen eine ländliche Lebensführung.

Anfang der Achtziger hatte Kerista ihren ersten Computer, ein IBM-Gerät, und eine Satzherstellungsanlage angeschafft. Die beiden Systeme waren nicht kompatibel. Eve und Way bildeten ein Forschungsteam, um eine geeignete Schnittstelle zu entwickeln. Später erfuhren sie von der Industrie, daß sie damit eine Art neue Erfindung gemacht hatten, und beschlossen, eine Consultingfirma zu eröffnen. 1984 wurden sie in das Apple-Macintosh-System eingeführt. Eve verglich die Erfahrung mit dem Erlebnis eines bildenden Künstlers, der nie zuvor Farbe gesehen hat und dann zur Blütezeit der Renaissance nach Italien reist.

1991 hatten Eve und Way über hundert Mitarbeiter eingestellt, zwei Drittel von außerhalb der Kommune. Das Unternehmen war zum fünftgrößten Computerhändler des Bay-Gebiets aufgestiegen und erzielte 1991 einen Umsatzerlös von 14 Millionen Dollar. Die Medien wurden auf sie aufmerksam. Way und Eve gaben Interviews, vermieden das Thema ihres unkonventionellen Lebensstils und verkauften sich als Vertreterinnen eines Wirtschaftsunternehmens, das sich seiner moralischen Verantwortung bewußt ist. Doch 1987 hatte Eve geschrieben:

> Es gibt im Moment nichts Dringenderes und Wichtigeres als diese Sache, weil das Wohlergehen der Menschheit und unseres Planeten auf dem Spiel stehen könnte, wenn unser Plan – oder irgendein anderer Plan, den wir nicht kennen – scheitert.
>
> Aber ich glaube, daß wir viele Menschen für unsere Sache gewinnen und dem Plan zum Erfolg verhelfen können, wenn wir unseren Appell auf die Themen stützen, die alle Menschen berühren, gleichgültig, wie kühl und intellektuell sie sein mögen: Sex und Erotik. Der Sex wird die Welt vom Joch der ökonomischen Unterdrückung befreien und vor dem ökologischen Selbstmord retten. Ist das nicht ein würdiger Hippieplan? Wir haben 1987, der Sommer der Liebe liegt zwanzig Jahre zurück, aber der Geist von Haight-Ashbury lebt weiter.[9]

Dieser Plan zur Rettung der Welt hat zum Zeitpunkt, wo ich dies zu Papier bringe, achtundzwanzig Anhänger, vierzehn Männer und vierzehn Frauen. Davon sind vierzig Prozent Juden. Das Durchschnittsalter beträgt vierunddreißig. Das jüngste Mitglied ist einundzwanzig und die älteste Frau dreiundvierzig. Sehr wahrscheinlich werden die Probleme dieser Welt zur Katastrophe geführt haben, bevor Kerista ihre globale Vision erfolgreich verwirklicht hat. Alles, für das Kerista steht, ist in der größeren Gesellschaft gescheitert: die kommunale Struktur, das sexuelle Experimentieren, der Utopismus, der Versuch, die Gesellschaft umzugestalten und den Reichtum gerecht zu verteilen. Man kann diese ernsthaften Hippies und ihren naiven Glauben an die verändernde Kraft individuellen Handelns belachen. Doch in diesem kleinen Experiment lebt der millenarische Geist weiter und hält hartnäckig an seinen beiden Zielen, einer gerechteren Welt und sexueller Freiheit, fest. Kerista mit ihrer gestalttherapeutischen Gruppendynamik, ihrem Glauben an die Zukunft, ihrer Selbstironie, ihrer Fähigkeit, sich anzupassen, zu verändern und den Menschen eine Alternative zu den Schrecken des kalifornischen Alltags zu bieten, ist wie ein kleines Licht in der Dunkelheit unseres ausgehenden Jahrtausends. Und während wir unsere zerbrechlichen Zweierbeziehungen aufbauen, in die wir so viele Hoffnungen für die Zukunft investieren – für unser eigenes Glück und das unserer Kinder – sollten wir uns vielleicht daran erinnern, wie utopisch unsere konventionellen Familienstrukturen sind.

Das Prinzip der Polytreue war nicht auf Kommunen beschränkt. Ab Mitte der sechziger bis in die achtziger Jahre war die Polygamie eine Untergrundbewegung, der hauptsächlich Vertreter der amerikanischen Mittelschicht mit Eigenheim und Karriere anhingen. Der 1963 erschienene Film *Jules und Jim* erzählt eine der ewigen Dreiecksgeschichten der Liebe: Eine Frau steht zwischen zwei Männern und kann sich nicht entscheiden. Der Film war ein Meilenstein in der Kinogeschichte der Sechziger und beeinflußte eine ganze Generation. Die vorletzte Szene zeigt, wie Cathérine Jim entschlossen über eine Brücke treibt, die in der Mitte eingestürzt ist und beide in den Tod reißt. Es war ein Bild, das für den letzten wagemutigen Sprung, für die trotzige Herausforderung des Unmöglichen zu stehen schien. Das Kinopublikum hielt den Atem an. Jim sagt zu Cathérine: »Ein wirklicher Pionier muß selbstlos sein.« Die Beziehungspolitik der französischen *nouvelle vague* lehnte sich gegen die Konventionen der bürgerlichen Ehe auf. Im Gegensatz dazu reduzierten die britischen Filme jener Periode – *Alfie, The Knack, Georgy Girl* – die sexuelle Ethik des Swinging London zu einem Freibrief für Schürzenjäger. Die politisch Radikalen sahen in der Non-Monogamie eine Möglichkeit, das Besitzdenken und die Eifersucht zu überwinden, die ihrer Ansicht nach dazu führten, daß Partner einander entmenschlichten und in unpersönliche Objekte verwandelten. Die Polygamie, so die Theorie, bewahrte die Integrität des einzelnen und respektierte die Vielfalt von Wünschen und Sehnsüchten, die nicht auf einen Partner beschränkt sein sollten. Durch einflußreiche Romane jener Periode wie Laurence Durrells *Alexandria-Quartett* (1957–1960) erfuhren die Leser, daß Identität und Erfahrungen nichts Feststehendes und Begrenztes waren, sondern daß wir alle unsere Persönlichkeit in wechselnden Rollen und wechselnden Versionen von Realität zum Ausdruck bringen. Und wenn das stimmte, warum sollte man dann nicht auch wechselnde Partner für diese multiple Persönlichkeit haben?

Die meisten Zuschauer von *Jules und Jim* hatten nicht die Absicht, ihre Lebensweise aufzugeben, um fortan für das Ideal makroökonomischer Veränderungen zu kämpfen. Aber die Kernfamilie, wie sie sich insbesondere in Großbritannien und den USA herausgebildet hatte, erschien vielen als geistiges Gefängnis, als ungeeignetes System der Kindererziehung und als scheiternde ökonomische Einheit. Der Kapitalismus hatte sich die Kernfamilie angeeignet und zu einem reinen Warenmarkt umgestaltet, dessen Zusammensetzung von der Madison

Avenue bestimmt wurde. Angesichts steigender Lebenserwartungen konnten die beiden Partner in einer Kernfamilie damit rechnen, fünfzig Jahre lang aneinander gekettet zu bleiben, mit all dem damit verbundenen sexuellen Ennui. Die Vorstadtsiedlungen isolierten die Ehefrauen, die sich zu Hause um die Kinder kümmerten und durch den Konsumneid von ihren Nachbarn getrennt waren. Anthropologen erlagen dem Zauber der Großfamilien, die sie in Südeuropa und der dritten Welt fanden. So priesen sie zum Beispiel die Nyar an der indischen Malabarküste. Für die Nyar war die Familie ein *taravad*, ein dauerhafter, viele Generationen umfassender Beziehungsklan mit matrilinearer Struktur, und die Ehe beschränkte sich auf wechselnde nächtliche Besucher aus anderen *taravads*.[10]

Drei Jahre, nachdem *Jules und Jim* in die Kinos gekommen waren, wurde Amerika von der Idee der Gruppenehe erfaßt. Auslöser war die Veröffentlichung von *The Harrad Experiment*, eine dünn gestrickte Geschichte, in der es um ein sexuelles Experiment unter den Studenten eines fiktiven Colleges in New England geht (der Name war eine Zusammensetzung von Harvard und Radcliffe, den damaligen Ivy League Colleges für Männer bzw. Frauen). Der Roman erzählt davon, daß Harrad eine kommunale Lebensform zwischen den Geschlechtern fördert, was dazu führt, daß die verschiedenen Paare nach dem Examen eine Gruppenehe eingehen.

Der Autor Robert Rimmer war ein Bostoner Geschäftsmann mittleren Alters, dessen Frau Erma Mitte der fünfziger Jahre entdeckt hatte, daß er eine Affäre mit einer Nachbarin hatte. Nach einigen Tauschaktionen endeten die Rimmers in einer offenen Ehe mit einem anderen Paar. Die Viererehe hielt, bis die andere Ehefrau starb und der Mann bald darauf einen jüngeren Ersatz gefunden hatte. Rimmer, geboren 1917, hatte sich von seinem autoritären Vater in die Falle locken lassen. Der Vater hatte darauf bestanden, daß der Sohn ins Familienunternehmen (eine Druckerei) einstieg und früh heiratete, zu einer Zeit, als vorehelicher Sex für einen Mann seiner gesellschaftlichen Schicht praktisch unmöglich war. Rimmer sah sich selbst als Pygmalion, der dafür sorgen wollte, daß seine Galatea die notwendige »kulturelle Bildung« erwarb. Er führte seine offenbar wenig begeisterte Schülerin durch eine endlose Reihe von Kursen in indischem Yoga, Tantra und Tantrasex, Sozialismus, Kammermusik und Kunst.

Das *Harrad Experiment* spiegelte Rimmers Sehnsucht nach den Freiheiten des Studentenlebens wider, wie es insbesondere in den wilden und reichen Sechzigern geführt wurde, und das ihm selbst in seiner eigenen Jugend verwehrt geblieben war. Nachdem er erfolglos versucht hatte, den Roman selbst zu veröffentlichen, entdeckte Rimmer die Sherbourne Press in Los Angeles, einen Verlag, der Pornoliteratur über den Versandhandel vertrieb. Die Front des Gebäudes war ein ehemaliger Nachtclub, und auf der Rückseite befand sich ein Kaufhaus für Sexartikel. Sherbourne hatte eine umfangreiche Kundenliste, darunter 6000 Ärzte. Die Werbung für *Harrad* bestand aus einem vierseitigen Prospekt. Der Verfasser der Werbebroschüre versicherte Rimmer, daß er sogar Charles Dickens erfolgreich als Sexautor verkaufen könnte. Siebzehntausend Kunden bestellten ein gebundenes Exemplar über den Versandhandel. Dann verkaufte Sherbourne die Taschenbuchrechte an den Bantam-Verlag, der einen Werbefeldzug in Universitätsgegenden startete. Innerhalb eines Monats hatte Bantam 300 000 Exemplare verkauft; nach einem Jahr war *Harrad* auf der Bestsellerliste. Als es 1976 schließlich nicht mehr nachgedruckt wurde, war es drei Millionen mal verkauft worden. Es wurde mit Tippi Hedren und Don Johnson verfilmt und läuft gelegentlich noch immer im Spätprogramm des Fernsehens.

Rimmer war zu alt, um an der wilden Party teilzunehmen, die sein Buch ausgelöst hatte. Überall wurden Harrad-Gruppen gegründet. Als Larry und Joan Constantine, zwei Soziologen aus Massachusetts, mit ihrer wissenschaftlichen Studie über die Gruppenehe begannen, stellten sie fest, daß es vor Erscheinen von *Harrad* nur eine einzige bekannte Gruppenehe gegeben hatte (außer der fiktiven von Robert B. Heinlein, der das Thema 1961 in seinem Science-fiction-Roman *Strangers in a Strange Land* aus der Perspektive der Marsmenschen behandelt hatte). Zwei junge Paare – die Ehemänner studierten beide auf Kosten der Armee – teilten sich 1952 etwa sechs Monate lang ein Haus oder eine Wohnung, was zu einer stürmischen sexuellen Beziehung geführt hatte. Aber »die Romane von Rimmer und Heinlein haben eine so große Rolle als auslösender Mechanismus gespielt (oder haben den Zeitpunkt so meisterhaft abgepaßt), daß es uns unmöglich war, den eigentlichen Beginn des Experimentierens mit der Gruppenehe früher anzusetzen als 1966«,[11] schrieben die Constantines. Nach Ansicht der beiden Soziologen war das Interesse an alternativen Beziehungsmodellen eine Gegenreaktion auf die Regierungszeit Eisenhowers und den Konformitätszwang jener Epoche. Die Gruppen, die sie untersuchten, vor allem Männer und Frauen zwischen 30 und 40, suchten nach »Authentizität« – ein Begriff, der durch populärpsychologische Schriften Eingang in die Alltagssprache gefunden hatte.*

* Die Authentizität in sexuellen Beziehungen fand ihren Guru in der zwielichten Gestalt von John Williamson, der in den frühen Siebzigern einige Jahre lang »Sandstone« leitete, einen sexuellen Zufluchtsort für Paare im Topanga Canyon in Kalifornien.

Als Hauptmotiv für ihre Teilnahme an Gruppenehen gaben die meisten Befragten den Wunsch nach mehr Kameradschaft an. Die Suche nach wechselnden Sexualpartnern spielte zwar bei allen Befragten eine Rolle, war aber häufig vermischt mit vagen Vorstellungen von persönlicher Entfaltung, geistigen Anregungen, einer entwicklungsfördernden Umgebung für Kinder und dem Wunsch nach mehr Gesprächspartnern. Während die Kernfamilie diesen Paaren ein Gefühl zunehmender Einengung gab, erschien ihnen die Gruppenehe als Ausweitung, als ein Fenster auf eine buntere und vielfältigere Lebenslandschaft.

Die Gruppenehe von Harrad West in Berkeley war eine spontane und praktische Umsetzung des Rimmerbuches. 1969 gaben die Mitglieder eine öffentliche Erklärung in der Winterausgabe der Zeitschrift *The Modern Utopian* ab: »Unser Grundgedanke in Harrad West ist, daß vielleicht sechs, acht, ein Dutzend oder auch mehr Erwachsene ›eheliche‹ Beziehungen miteinander eingehen und dadurch weit mehr Entfaltungsmöglichkeiten finden als in einer monogamen Ehe. (Im Moment sind wir sechs Erwachsene, drei Männer und drei Frauen, plus drei Kinder).«[12] Zu den sechs Erwachsenen gehörten der Werbegraphiker Dub und seine Frau Claudel, die vierzehn Jahre lang verheiratet gewesen waren, bevor sie die Gruppenehe als Alternative zum Partnertausch entdeckten, dessen sie überdrüssig waren. Sie hatten ihr Eigenheim in der Vorstadt verkauft und waren zu allem bereit. Wayne

Williamson war ein Ingenieur mittleren Alters, der eine Art Sekte anführte, die auf den Prinzipien der T-Gruppen basierte. Im »Ballroom« wurden Paare zum Gruppensex ermuntert, bei dem sie individuelle Ängste, Besitzdenken und Scheu vor anderen überwinden sollten. Gay Talese hat die Aktivitäten von Sandstone in seinem Buch *Thy Neighbor's Wife* dokumentiert, das bei seiner Veröffentlichung 1981 eine empörte Reaktion bei den Kritikern hervorrief: Die Ablehnung zeigte, daß die sexuelle Revolution vorüber war. Talese hatte zehn Jahre an dem Buch gearbeitet, und im Laufe der Dekade war das Interesse an der psychologischen Selbsterforschung, die in den Siebzigern an der Tagesordnung gewesen war, abgeflaut und galt mittlerweile als überholt, egozentrisch und langweilig. Alex Comfort hatte in der zweiten Ausgabe seines *Joy of Sex* (1977) begeistert über Sandstone berichtet, wo er selbst an einem gründlichen und schmerzlichen Selbsterfahrungsprozeß teilgenommen hatte: »Das Wichtigste war, daß die Paare die Verlustängste und das Besitzdenken der konventionellen Ehe überwanden. In einer offenen Gemeinschaft... entdeckten beide Paare, daß der Anblick des geliebten Menschen, der sich sexuell mit einer anderen Person verband – und dabei oft die Hand des regulären Ehepartners hielt – bewegend, aufregend und letztlich ungeheuer befreiend war. Es gab nichts, wovor man Angst haben mußte. Nach dieser Erfahrung gingen die Paare häufig viel zärtlicher miteinander um, weil sie das Gefühl hatten, daß sie einen Teil ihrer Persönlichkeit, den sie losgelassen hatten, als freiwilliges Geschenk zurückerhielten.« Der Abschnitt über Sandstone war in der folgenden Ausgabe nicht mehr enthalten. Williamson wurde Ende der Achtziger von Erma Rimmer gesichtet, die meinte, daß er »heruntergekommen und völlig abgefickt« aussah.

und Ruth »wirken superbürgerlich... Wayne in Schlips und Anzug, sehr steif und formell, achtet genau auf seine Worte; Ruth in ihrem besten Partykleid ist gesprächiger, aber sehr korrekt«. Hyam ging »hart auf die sechzig zu, lebt von seiner schwarzen Frau getrennt und reagiert seit einem Sensitivitätstraining im Esalen Institut hypersensibel auf die Gefühle anderer«. Dorothy, »die seit kurzem geschieden ist, besucht regelmäßig ihren Analytiker und trägt die grellsten Kleider, die man sich vorstellen kann. Sie hat sich der Sexual Freedom League angeschlossen und ist mit ihrer fröhlichen, lustigen Art der angenehme Mittelpunkt der Orgie.«[13]

Dieser bunt zusammengewürfelte Haufen machte sich als erstes daran, sein Credo zu formulieren – immer eine der leichteren Übungen bei den Beziehungsexperimenten der Sechziger. Sie wollten voneinander lernen und aneinander wachsen, und ihre Kinder sollten viele erwachsene Bezugspersonen haben. Alle erwachsenen Mitglieder wurden als miteinander verheiratet erklärt. Sex war ein vitaler Bestandteil jeder erfolgreichen Ehe und würde ihnen helfen, zu einfühlsameren Menschen zu werden. Er würde ihre Freundschaft vertiefen, ihr Leben bereichern und ihnen die Möglichkeit geben, zum Kern eines authentischen Lebens vorzustoßen – der Ehrlichkeit mit sich selbst. Bestimmte Besitztümer sollten geteilt werden, aber es gab auch Privateigentum. Paaren, die sich für eine Teilnahme interessierten, wurde empfohlen, zunächst einige Erfahrungen im Partnertausch zu sammeln. Claudel erledigte den größten Teil der Hausarbeit. Dub und Wayne waren insofern die Intellektuellen, als daß sie einen Großteil ihrer Zeit damit verbrachten, über das Experiment zu theoretisieren. Es dauerte nur einige Monate. Nachdem Dub an einigen T-Gruppensitzungen teilgenommen hatte, beschloß er, seinen Beruf aufzugeben, um sich ganz seiner persönlichen Entfaltung zu widmen. Nachdem er sich selbst zwei Wochen lang in einem Wandschrank eingeschlossen hatte, wurde er in eine Nervenklinik eingewiesen. Claudel wurde losgeschickt, um »etwas Sozialhilfe abzustauben«.[14] Wayne liebte es, systematisch vorzugehen, und hatte einen ausgeklügelten Rotationsplan für den Beischlaf aufgestellt, der genau vorgab, wer wann mit wem schlafen mußte. Er vertrat die Theorie von der »konkret positiven Verstärkung der anderen realen Person«, was sich übersetzen ließ als »jede Frau, die ich ficken möchte, soll mich ficken, und jede Frau, die von mir gefickt werden möchte, muß es mir nur sagen«.[15] Er tauchte in die Swinger-Szene ab. Was aus Hyam und Dorothy wurde und welche Auswirkungen das Experiment auf die Kinder hatte, ist nicht bekannt.

Diese haarsträubende Ménage war wahrscheinlich typisch für viele hastig abgebrochene Experimente mit der Gruppenehe. Manche dauerten ein bißchen länger und investierten ernsthaftere Anstrengungen, um die gruppendynamischen Prozesse dieses unerforschten Systems zu erkunden. Die Constantines waren 1973 optimistisch. Sie waren überzeugt, daß die Familie eine pluralistische Zukunft hatte: »Multilaterale Ehen und andere sich abzeichnende Familienmodelle werden sich immer weiter ausbreiten und die Grundlagen des modernen Familienlebens verändern. Nur ganz wenige Familien werden von dieser Entwicklung unberührt bleiben.«[16] Noch vor der Veröffentlichung ihres Buches wurden sie von Udi Eichler kontaktiert. Eichler arbeitete bei der *Thames Television* in London und drehte gerade einen Dokumentarfilm mit dem überschwenglichen Titel: »Kalifornien 1970. Sex, Liebe und Ehe: mach, was dich anmacht.« Die Constantines gaben Eichler die Anschrift von zwei Paaren, die in einer Gruppenehe in Orange County in der Nähe von Los Angeles lebten. Linda und Bob Corson und Didi und Jim Cluffs waren Mitglieder einer radikalen Unitarierkirche, die Experimente mit der Gruppenehe befürwortete. Die beiden Männer hatten sich zusammen selbständig gemacht, und die Frauen betrieben einen Kunstgewerbeladen. Die Paare hatten erfolgreich die Partner gewechselt, wechselten aber gelegentlich wieder zurück. Die Vier empfingen das Eichlerteam in ihrem Vorstadtgarten, die Frauen in bereits etwas überholten Puccikleidern, und plauderten freundlich, aber etwas angestrengt über ihre Lebensweise. Selbst für Eichler waren die unterschwelligen Spannungen bereits zu diesem Zeitpunkt spürbar. Der Sprecher der Sendung, Peter Williams, fühlte sich von der ganzen Sache eindeutig abgestoßen: »Im Moment ist die Gruppenehe von Linda, Jim, Didi und Bob sogar für diese Gesellschaft zuviel«, meinte er. »Kalifornien brüstet sich damit, daß alles, was es heute macht, fünf Jahre später andernorts kopiert wird. Angesichts dieser Swinger in ihrem irdischen Eden erscheint mir das als eine äußerst deprimierende Vorstellung.«

Elf Jahre später erhielt Eichler einen Anruf von Didi, die zu Besuch in London war. Didi fragte, ob er wissen wolle, was aus der Sache geworden sei. Er wollte. Alkoholismus und Selbstmordversuche waren einige der Dinge, von denen Didi zu berichten wußte.

Über die langfristigen Folgen von Gruppenehen ist wenig bekannt. Soweit die Constantines wissen, ist keine der Gruppenehen, die sie untersuchten, noch zusammen. Im allgemeinen bildete irgendein dramatischer Ausbruch den konkreten Anlaß für die Auflösung. Gruppenehen mit mehr als zwei Paaren erwiesen sich als die unstabilsten, weil das Problem, passende Partner zu finden, um so schwieriger wurde, je mehr Personen beteiligt waren. Viele der Frauen, mit denen die Constantines sprachen, empfanden die Gruppenehe als angenehme

Methode einer gemeinschaftlichen Kindererziehung. Sie nutzten das Familienarrangement häufig als Übergangslösung zwischen zwei Ehen und umgingen dadurch die Rolle des alleinerziehenden Elternteils. Die Auswirkungen auf die Kinder waren umstritten. Zur Zeit der Untersuchung hatten die Constantines den Eindruck, daß Kinder, die in Kommunen und Gruppenehen aufwuchsen, emotional reifer, selbstbewußter und kontaktfähiger waren als andere Gleichaltrige – eine Prämisse, die von vielen interdisziplinären Studien bestätigt wurde. Doch später würden die Constantines auf junge Erwachsene treffen, die in diesen Beziehungsmodellen großgeworden waren und eine ganz andere Geschichte erzählten. Sie berichteten, daß sie sich angesichts der Intensität des Erwachsenenexperiments vernachlässigt und verloren gefühlt hatten. Als die Ehen zerbrachen, wurden sie von ihren Bezugspersonen verlassen. Oft hörten sie nie wieder etwas von ihnen. Die meisten Gruppenehen scheiterten an den Forderungen, die der emotionale Bewußtwerdungsprozeß stellte: endlose Gestalttreffen, die Aufarbeitung von Gefühlen, die ehrfürchtige Konzentration auf gruppendynamische Prozesse. Letzten Endes verwandelte sich der Wunsch nach Entfaltung in eine neue Art von Gefängnis. Die Experimentierer hatten kein Leben mehr, sie hatten eine Ehe, die ihre gesamte Zeit und Energie verschlang. Die Gruppenehe entwickelte sich nie zu einem Massenexperiment. Im Höchstfall haben es vielleicht ein paar Tausend Leute ausprobiert. Die Gruppenehen an der Westküste waren stark von der Ideologie eines alternativen Lebensstils geprägt – Drogen, Mystik, Radikaltherapie. Als diese Ideen aus der Mode kamen, kam auch die Gruppenehe aus der Mode. »Die »Familien« an der Ostküste zeichneten sich nach Ansicht der Constantines durch ein mehr spontanes Interesse an neuen Paaren und Intimpartnern aus und weniger durch eine gemeinsame Ideologie.

Ein kalifornisches Netzwerk von Anhängern der offenen Ehe überlebte bis in die Neunziger. *Family Synergy* wurde irgendwann in den frühen Siebzigern gegründet und vertritt die erklärte Überzeugung, daß »Menschen zu einem reicheren, erfüllteren Leben befähigt werden, mehr von ihrem Potential entfalten können, wenn sie sich der Vielzahl möglicher Beziehungsmodelle bewußt sind und eine bewußte Entscheidung treffen. Wenn dieses Bewußtsein sich einmal entwickelt hat, werden viele Menschen ein offenes, polygames Beziehungsmodell wählen.« Ein Mitglied, das 1991 mit seiner kranken Frau an der Jahresversammlung teilnahm, erinnerte im Rundschreiben an frühere Zeiten:

> Ich dachte wehmütig an die erste Family-Synergy-Konferenz zurück, an der wir teilgenommen hatten – die Konferenz in de Benneville 1979. Seither hat sich vieles verändert. Gloria-Sue war die erste

Nackte, die wir auf jener Tagung sahen, bei der die meisten Teilnehmer nackt herumliefen. Sie war mit Begeisterung bei der Sache und strahlte ein intensives Freiheitsgefühl aus. Ich erinnere mich, wie wir in der Nacht zum Sonntag nackt tanzten und die Diaprojektoren unsere Körper in buntes Licht tauchten... Ich erinnere mich, daß ich das intensive Gefühl hatte, an etwas Großem und Revolutionärem teilzunehmen, an einer ganz neuen Lebensart, die mehr Wert auf Gruppenzusammenhalt und persönliche Entfaltung legte als auf eheliche Zweierbeziehungen und jede Form von Besitzdenken. In diesem Jahr herrschte eine völlig andere Atmosphäre. Die Wärme und Herzlichkeit basierte primär auf der Tatsache, daß viele der anwesenden Mitglieder im Laufe der Jahre zu mehr oder weniger engen Freunden geworden sind. Die Stimmung erinnerte stark an ein Klassentreffen... Viele der Leute, die sich 1979 begeistert für offene Beziehungen eingesetzt haben, leben mittlerweile monogam... Die interessante und informative Begrüßungsrede... die sich mit dem Thema Aids auseinandersetzte, war bestenfalls ein halbherziger Tribut an eine polygame Lebensweise. Einige Mitglieder empfanden sie als »deprimierend« und als schlechten Auftakt für den Samstagabendtanz. Ich hätte eine Rede vorgezogen, die die Vorzüge offener sexueller Beziehungen in den Mittelpunkt gerückt und den Safe Sex am Rande behandelt hätte.

Ich bin überzeugt, daß dies nicht unsere letzte Tagung gewesen sein wird, obwohl ich denke, daß unsere Organisation an Kraft und Schwung verliert.[17]

In der »Sonnenschein-und-Schauer«-Kolumne wurde berichtet, daß ein Mitglied sich zu Hause von einem Herzanfall erholte und daß ein anderes Mitglied sich einer Meniskusoperation am anderen Knie unterzogen hatte.

Im heutigen Post-Aids-Amerika würden nur wenige Leute zugeben, daß sie sich für eine nicht-monogame Lebensweise interessieren. Doch die traditionsreichste Alternative von allen steht nach wie vor in voller Blüte: Monogamie mit Seitensprüngen, auch bekannt unter der Bezeichnung Ehebruch. In dieser Hinsicht eifert selbst der konservativste amerikanische Politiker insgeheim den Freidenkern von '68 nach.

Die sexuelle Revolution der wechselnden Partner ist nicht tot. Sie lebt als Untergrundkultur weiter, in Wohnsiedlungen, in suburbanen Enklaven, im Licht der Kutscherlampen hinter falschen georgianischen Türen, in restaurierten Bauernhäusern mit Fellteppichen, in fest installierten Wohnwagen auf Campingplätzen. Die sexuelle Freiheit triumphierte im Swinging, in der Partnertauschkultur, die das Politische sorgfältig heraustrennte und den unkonventionellen Sex für die

Vertreter der Mittelschicht und des mittleren Alters annehmbar machte. Die sexuelle Revolution, von der Jefferson Poland und Bro Jud geträumt hatten, bedeutete eine Abkehr vom Kapitalismus: Sie verachtete die spießige bürgerliche Gesellschaft. Diese Revolution war untrennbar verbunden mit einer radikalen politischen Vision. Sie propagierte eine vollständige Umstrukturierung der herrschenden Begriffe von Geschlecht, Rasse und Klasse, wodurch auch die Lust von ihren Ketten befreit werden würde. Sie folgte einem Motto, das wiederholt auf Pariser Häuserwänden auftauchte: »Die Revolution ist der Orgasmus der Geschichte.« Durch das Swinging nahm der Kapitalismus die Träume in Besitz. Swinging war eine freie unternehmerische Tätigkeit, die der aufstrebenden Sexindustrie die Möglichkeit bot, Clubs zu eröffnen, in denen Gleichgesinnte sich treffen und Bäumchen-wechsel-dich spielen konnten. Das Swinging stellte ausschließlich sexuelle Ansprüche an seine Anhänger. Es rief nicht zu einem neuen Leben auf und drängte auch niemanden dazu, aus seinen sicheren Strukturen – Familie, Arbeit oder Ehe – auszubrechen.

Das Swinging wurde intensiv erforscht und in vielen Ratgebern erläutert. Einer der ersten Leitfäden war *The Swinger's Handbook*, ein Insiderbericht, der unter dem Pseudonym »Tim« und »Carol« erschien. Sie behaupteten, beide im »Bereich der Kommunikation in sehr bürgerlichen Institutionen« zu arbeiten; sie waren beide verheiratet, aber nicht miteinander. Sie beschrieben sich selbst als »Freunde und Liebhaber«[18], die jedoch nicht zusammenlebten. In dieser Hinsicht waren sie atypisch. Die meisten Swinger waren verheiratete Paare um die dreißig oder älter, deren Sexleben langweilig geworden war. Carol und Tim versuchten, die historischen und kulturellen Ursachen darzulegen, die zum Swinging geführt haben. Ihrer Ansicht nach war die viktorianische Epoche mit dem Ersten Weltkrieg zu Ende gegangen, die Prohibition hatte zur Mißachtung der Gesetze geführt, und der Zweite Weltkrieg hatte das Bedürfnis gefördert, im Hier und Jetzt zu leben. Aber eine Vielzahl technologischer Faktoren hatte ebenfalls eine wichtige Rolle gespielt: Nach Kriegsende war durch den Wiederaufbau der inländischen Autoindustrie eine Autokultur entstanden, die dem Sex einen alternativen Austragungsort neben dem Ehebett bot; weitere Faktoren waren der Motelboom, das Penicillin, die Pille, die neue Mobilität des Jetzeitalters und die damit verbundene Vorstellung von Reisen und Freiheit, und nicht zuletzt Amerikas Ehrfurcht vor der Technik, die Betonung von Leistung und Qualität, die zu unzähligen Untersuchungen und Verbesserungsvorschlägen bezüglich der sexuellen Technik geführt hatte.[19]

Die ersten Swinger, vor der Kommerzialisierung der Szene, glaubten wie einst die Bevölkerungskontrolleure an ein wissenschaftliches Utopia. Die Wissenschaft würde die Sexualität für sie befreien. Eine soziologische Studie über Partnertausch-Clubs, die 1964 verfaßt wurde (und von denselben Pornoverlegern veröffentlicht wurde, die eine schlummernde Nation auf die Möglichkeiten von Harrad aufmerksam machten) untersuchte private Gruppen im amerikanischen Mittelwesten, einschließlich einer Gruppe in Denver, deren Mitglieder mehrheitlich bei einem großen Raketenhersteller beschäftigt waren. Die Autoren William und Jerry Breedlove* (kein Scherz) sahen der wissenschaftlichen Transformation des Körpers atemlos entgegen:

> ...pharmazeutische Wissenschaftler prognostizieren, daß die sichtbaren Hinweise auf die Menstruation – die natürliche Blutung und die Binden oder Tampons – innerhalb der nächsten zwanzig Jahre verschwinden werden. Wir stehen auf der Schwelle zu einer Revolution der Körperchemie, die sich als ebenso umwälzend und segensreich für das Wohl der Menschheit erweisen wird wie die industrielle Revolution vor etwas mehr als hundert Jahren. Von der Regierung in Auftrag gegebene Studien über das menschliche Verdauungssystem könnten zum Beispiel dazu führen, daß der Körper für immer von Exkrementen und Urin befreit wird: Die Frage der Zukunft wird nicht sein, wie weit der Mensch gehen *kann*, sondern wie weit er gehen *darf*, wenn eine rasante wissenschaftliche Entwicklung es möglich macht, die gesamte körperliche Aufmachung des Menschen zu verändern... Das sind die Fragen, die uns in diesem Jahrhundert vermutlich noch stark beschäftigen werden.[20]

Wenn man die Grenzen des Körpers aufheben konnte, warum dann nicht auch Gesetze, religiöse Skrupel, konventionelle Moralvorstellungen?

Als die Breedloves ihren Text verfaßten, durfte die Polizei in fünfzig von vierundfünfzig amerikanischen Bundesstaaten in Privatwohnungen eindringen und zwei Leute, die außerehelichen Sex betrieben, wegen Unzucht und Ehebruch verhaften. In fünfzehn Staaten konnte ein Paar vor Gericht gestellt werden, wenn es ohne Trauschein zusammenlebte. In siebenundvierzig Staaten stand oraler Sex unter Strafe. Die Höchststrafe für Analverkehr betrug zwanzig Jahre. In fünf Staaten konnte man ins Gefängnis kommen, wenn man beim gegenseitigen Masturbieren erwischt wurde. In Arkansas, Kalifornien, Louisiana, New Mexico und Tennessee waren Partnertausch-Clubs erlaubt, vorausgesetzt die Mitglieder hielten sich an die Missionarsstellung.[21] Die Breedloves strebten nach hohen Idealen, sie appellierten an Lincolns

* Liebeszucht

Gettysburg-Rede und seine Forderung nach einer »Regierung durch und für das Volk«. Sie verwiesen auf das Beispiel der Nazis, die demonstriert hatten, was geschehen konnte, wenn Menschen nicht ermutigt wurden, sich eine eigene Meinung zu bilden. Mit großen Worten priesen die Breedloves den »wissenschaftlichen Fortschritt«, der im Begriff stand, eine urteilsfähige Gesellschaft zu schaffen, deren Interesse jetzt nach innen, auf die eigene Psyche gerichtet war, wo der Mensch, so sagte ihnen die Vernunft, sein wahres Selbst finden würde. Unter Berufung auf den ersten Zusatzartikel der Verfassung forderten sie das Recht auf freie sexuelle Entfaltung. Mit demselben Argument würden sich in den Achtzigern und Neunzigern die Pornohersteller gegen die Zensurbestrebungen der Moralischen Mehrheit zur Wehr setzen.

Wie das Swinging in der Praxis aussah, war eine andere Sache. Vielleicht gab es einige kämpferische Visionäre, die für die technische Revolution und die Aufklärung der Menschheit fickten. Aber größtenteils beschränkte sich das Swinging auf begeisterte Ehemänner, die ihre Frauen unter Druck setzten. Die Frauen gaben widerstrebend nach, begleiteten ihre Männer in einen Club oder auf eine Party oder stimmten einer Kontaktanzeige zu. Sie fanden das Swinging entweder gräßlich und sagten ihren Männern, daß sie es nie wieder tun würden, oder sie waren begeistert, was ihre Männer in wütende Panik versetzte. Carol und Tim geben ein gutes Beispiel für den verdrehten psychologischen Druck, den die Männer auf die Frauen ausübten: »Bei Carol war es anfangs hauptsächlich der Wunsch, Tim einen Gefallen zu tun, aber dann wurde sie selbst immer neugieriger. Sie hat schließlich erkannt, was Tim ihr von Anfang an gesagt hatte: Sie ist einfach zuviel Frau für einen einzigen Mann, wenn sie ihre Sexualität nicht sublimieren will (was sie jahrelang getan hatte).«[22]

Das Ganze läuft letzten Endes auf nichts anderes hinaus, als daß Tim Angst vor Carols starker Sexualität hat und fürchtet, sie nicht befriedigen zu können. Also erzählt er Carol, daß sie anormal, eine Nymphomanin ist. Sie kann nur durch mehrere Männer befriedigt werden. Die einzige Lösung für Carols sexuelle Unersättlichkeit ist das Swinging. Carol leidet unter gelegentlichen Anfällen von Zweifeln, die Tim als Ambivalenz bezeichnet. Carol beschreibt sie folgendermaßen:

> Es gibt Momente – sogar viele Momente –, wo ich das Gefühl habe, daß ich der ganzen Sache nicht gewachsen bin. Zum Beispiel immer dann, wenn wir auf dem Weg zu einer Swingparty sind, vor allem, wenn ich neue Leute treffen soll. Ich stöhne und jammere und suche nach Ausflüchten und sage schließlich zu Tim: »Weißt du, ich bin heute *absolut* nicht in Stimmung, geh doch allein, Liebster. Wir sehen uns dann später.« Und er entgegnet lachend: »Da haben wir

wieder deine berühmte Ambivalenz. Ich werde dich an meine Worte erinnern, wenn wir nachher nach Hause gehen – falls ich dich überhaupt nach Hause kriege.« Ich jammere noch ein bißchen weiter und erkläre, daß ich wirklich ambivalente Gefühle habe oder *mindestens* ambivalente Gefühle und daß mir diese ganze Swingerei vielleicht grundsätzlich nicht liegt. Ich sage ihm, er soll sich eine andere Partnerin suchen oder allein gehen – es gibt weiß Gott genug Anzeigen von weiblichen Singles... »Hör mal«, protestiert Tim, »du mußt nicht die ganze Lebensart und die politischen Ansichten eines Mannes gut finden, um sein Liebesspiel zu genießen.«[23]

Aber Tim brauchte Carol. Alleinstehende Männer waren auf Swing-Partys nicht willkommen. Es gab zu viele davon. Frauen waren kostbarer. Alle Studien über das Swingen kommen zu dem übereinstimmenden Schluß, daß, während Bisexualität unter männlichen Teilnehmern fast unbekannt war, Frauen begeistert Sex mit anderen Frauen machten. Zwei britische Swinger, die 1976 befragt wurden, beschreiben die diesbezüglichen Geschlechtsunterschiede:

Bob: »Mit den Männern fühle ich mich immer ein bißchen unbehaglich, und ich habe eine Todesangst, daß einer sich mal irgendwie an mich ranmacht. Wenn wir zu viert im Bett liegen, versuche ich, einen möglichst großen Abstand von dem anderen Mann zu kriegen, aber es liegt in der Natur der Sache, daß man irgendwie in Berührung gerät, und manchmal macht mich das ganz krank... Es ist eine gute Gelegenheit für Leute, die homosexuelle Neigungen haben, aber nichts riskieren wollen. Man hört so oft von glücklich verheirateten Männern, die plötzlich schwul werden, und deshalb möchten manche vielleicht ein Sicherheitsventil haben.«...

Kitty: »Für mich als Frau ist es leichter, meine homosexuellen Neigungen zu akzeptieren, ohne mich dafür zu schämen. Für die Männer ist es schwerer, weil sie das Gefühl haben, daß ihre ganze Männlichkeit dadurch in Frage gestellt wird.«[24]

Ehefrauen nutzen das Swinging so offensichtlich als Möglichkeit zum lesbischen Sex, daß es fast den Anschein hat, als gäbe es im Versteck der Vorstädte ein lesbisches Schattenreich, das von der lesbischen Gemeinschaft bislang unentdeckt geblieben ist.

Die meisten Swinger sind allerdings konventionelle Leute, die nichtsdestotrotz von den Vorzügen der sexuellen Revolution profitieren möchten. »Modern« ist ein Begriff, der häufig in Kontaktanzeigen auftaucht. Von den Sechzigern an verkaufte der *Playboy* seine Phantasien in die Vorstädte. Ein Beobachter der amerikanischen Swingszene berichtet von dem wiederkehrenden Gerücht, daß Film- und Popstars auf den Partys erscheinen würden. Swinger träumten davon, zu den

Reichen und Schönen zu gehören, zu den Jet-Settern eines rauschenden Bacchusfestes. Das Wort »Penthouse« fand Eingang in die Umgangssprache und wurde zum Synonym für einen Ort, an dem fröhliche Sexpartys abgehalten wurden. Derek Bowskill, ein britischer Autor, der das Swingen Mitte der siebziger Jahre ausprobierte, stellte fest, daß die Swinger ein festes Selbstbild hatten: Sie hielten sich selbst für die Vorreiter eines neuen Lebens, attraktiv, gebildet, glücklich verheiratet, sexuell aufgeschlossen und frei von Schuldkomplexen.[25] Die Realität sah laut Bowskill so aus, daß sie sich orthodox kleideten und konventionell verhielten: konsumorientierte, bürgerliche, weiße, angelsächsische Protestanten, die Bowskill aus einer Gruppe ausschlossen, weil er Atheist war. Ihre wichtigsten Worte waren »diskret« und »vertraulich«.[26] Sie sahen sich selbst als »Insider«, als »befreit«, »experimentierfreudig« und »modern«; als das genaue Gegenteil von dem, was die meisten Swinger waren – »nämlich bürgerlich in Geist, Körper, Seele, Sex und Klasse«,[27] schrieb Bowskill.

In Großbritannien machten die Klassenschranken ein ungehemmtes Swinging besonders schwierig. Roger und Vicky, ein Anwalt und eine Textildesignerin, lebten zusammen in einer Wohnung am West End und hatten Schwierigkeiten, Leute zu finden, die »wie sie waren«. Roger wählte seine Worte sorgfältig: »Es ist nicht bloß Snobismus, obwohl das zugegebenermaßen auch eine Rolle spielt – aber es ist einfach sehr unwahrscheinlich, daß man sich gut mit Leuten versteht, die einen völlig anderen gesellschaftlichen Hintergrund haben – es ist eher eine Frage gemeinsamer Interessen.«[28] Manchmal kam es zu versehentlichen Begegnungen zwischen den Klassen:

> Die Leute hörten sich grauenvoll an – halbe Analphabeten und nicht besonders hell im Kopf. Sie waren absolut unter aller Kritik, und ihre Fotos hätten jedem Gruselkabinett zur Ehre gereicht. Wirklich schreckliche Leute.[29]
>
> Ich weiß noch, wie Kitty einmal stundenlang geheult hat, weil ein Paar uns nicht kennenlernen wollte. Wir waren durch ganz London gefahren, um sie zu besuchen. Sie baten uns zwar herein, aber die Ablehnung war deutlich zu spüren. Die Frau machte alle möglichen spitzen Bemerkungen, und als der Typ herausfand, daß ich nur Elektriker war, ist er zum Eiszapfen erstarrt und hat uns kalt lächelnd abserviert. Er war ziemlich reich, und ich denke, er war einfach ein Snob.[30]

Swinging in Großbritannien sollte noch einige Zeit mit derartigen Problemen zu kämpfen haben. Aus der Perspektive des surrealistischen Filmemachers Luis Buñuel war der Sex eine anarchische Kraft, die Klassenunterschiede sprengte und die Heuchelei der Bourgeoisie entlarvte. Sex war der ungehobelte Rebell von der Straße, der vogelfreie Barrikadenstürmer. Doch in London konnte der Unterschied zwischen einem Axminster und einem Aubusson dazu führen, daß man die Nacht mit einem Hähnchenschenkel vor der Glotze verbrachte statt mit Gruppensex, Cunnilingus und Bauchnabeln voller Chivas Regal.

Wie alle Revolutionäre hielten die Swinger sich für die Vorboten eines neuen Lebens. Carol und Tim teilten den Glauben an ein visionäres Utopia: Das Swinging würde die sozialen Strukturen aufbrechen und etwas so Selbstverständliches werden, daß niemand mehr den Begriff Swinging benutzen würde, so wie heute auch niemand mehr von »vorehelichem Sex« spricht. »Und wie die Tiger in ›Li'l Black Sambo‹, die ihrem Schwanz nachjagen, bis sie zu einem einzigen Schmuseknäuel verschmelzen, werden schließlich auch die organisierten Swinger und die aufgeschlossenen Menschen in der weiteren Gesellschaft, die den Sex als wundervolles Freizeitvergnügen betrachten, zu einer großen sexuellen Befreiungsbewegung verschmelzen. ›Swinging‹ wird es nicht mehr geben. Aber im ganzen Land wird eine neue Offenheit gegenüber der körperlichen Lust herrschen.«[31]

Am Labour-Day-Wochenende 1991 besuchte ich eine dreitägige Swingertagung in San Diego, an der etwa 6000 Leute teilnahmen. Das Ereignis stand ganz im Geist des zweihundertsten Geburtstages der Verfassung und ihrer zehn Zusatzartikel. Der erste Zusatzartikel verbürgt die Meinungs- und Pressefreiheit sowie das Recht der Menschen, sich friedlich zu versammeln und die Regierung durch Petitionen zur Abschaffung von Mißständen anzuregen. Einige Monate zuvor hatte ein aufgebrachter Nachtclubbesitzer sich auf die im ersten Zusatzartikel garantierte Meinungsfreiheit berufen, um seinen Einsatz von Oben-ohne-Tänzerinnen zu rechtfertigen. Die programmatische Tagungsrede trug den Titel »Sexuelle Unterdrückung als Mittel der politischen Kontrolle«. Der Vortragsredner war Dr. Albert F. Freedman, Mitbegründer des *Forum*-Magazins, Vice-President von *Penthouse Films*, Herausgeber der Zeitschriften *Penthouse, Omni, Longevity* und *Compute*. Freedman war vielleicht der letzte lebende Sexualrevolutionär. Das Magazin *Longevity* glaubt noch immer daran, daß man den Körper transformieren und den Tod überlisten kann.

Bevor die Tagung am Samstagabend in einem erotischen Maskenball gipfelte (an dem angeblich einige verkleidete »Stars aus L. A.« teilnahmen), besuchten die Teilnehmer eine Vielzahl von Workshops: »Das ABC des Swinging«, »Sexualität im Alter«, »Dreimal die Woche – Versuch und Irrtum«; »Gummi und Spitzen«; »Spaß mit Safer Sex«; »S&M 101: eine Einstiegshilfe«; »Tantra: Ekstase durch sexuelle Vereinigung«; »Erotische Spiritualität«; »Swinging im Überblick: sexueller Partnertausch als modernes Freizeitvergnügen«. Die Freitagssitzung begann mit einem Workship zum Thema »Science fiction & Gruppenleben / Gruppenehe«, der von einer Organisation namens »Leb den Traum« geleitet wurde. Etwa ein Dutzend schwergewichtiger Personen Anfang fünfzig kletterten auf die Bühne. Die Frauen trugen wallende Gewänder, die Männer hielten ihre Bäuche durch schmal geschnittene Overalls und anhaltende Willensanstrengung im Zaum. Es handelte sich um die Nachfahren einer stolzen Tradition – die letzten Überlebenden der Harrad-Bewegung. Eine Stunde lang sprachen diese unappetitlichen Hippies mittleren Alters über ihre Enkel und ihre Operationen und baten um frisches Blut für ihr darniederliegendes Unternehmen. Ein Mann, der einer frühen Harrad-Gruppenehe beigetreten war, leitete jetzt ein Reisebüro, das sich auf Südostasien spezialisiert hatte. Er schlug vor, Gruppenehen zwischen amerikanischen Männern und einem Haufen Thaischönheiten zu arrangieren. Ansonsten bestand der gelebte Traum größtenteils aus nackten Picknicks und dem Studium der bundesstaatlichen Gesetze zu Dreiecksbeziehungen. Das peinlich berührte, kichernde Publikum stahl sich heimlich nach draußen an den Pool, der von der sanften Hügellandschaft ruhender Silikonimplantate umringt war. An den Marktständen wurden alle Arten von Phantasien feilgeboten. Ich kaufte eine Eiswürfelschale mit penisförmigen Eisfächern. Es gab S&M-Artikel, Lederwäsche, Pornofilme und Kontaktmagazine, wie zum Beispiel Philatelistenblätter, in denen Männer Fotos von ihren Frauen ausstellten und fragten: »Ich hab dies, und was können Sie zum Tausch anbieten?«

Die Tagung war von Robert McGinley organisiert worden. Er betrieb eine einträgliche Kette von Swing-Clubs und hatte ein Vermögen mit seinem Urlaubspark »Hedonismus II« gemacht, der »moderne« »reife«, »erwachsene« Ferien für aufgeschlossene Leute anbot. Bevor ich abfuhr, fragte mich ein liebenswürdiger Schwarzer mit Gangsteranzug und flottem Hut, ob ich Sex gehabt hätte. Ehrlich gesagt, hatte ich einen Großteil der Tagung in meinem Zimmer verbracht, um den Putschversuch in der damaligen Sowjetunion und die Unabhängigkeitsforderungen der baltischen Staaten aufzuarbeiten. Ich verneinte: Und er? Warum sonst hätte er zu einer Swingertagung gehen sollen, fragte er verwundert. Wie oft? Er zählte. Dreizehnmal zwischen Donnerstag und Samstag nacht. Ich wich einen Schritt zurück. Ob er sich keine Sorgen wegen Aids mache? Ich hätte wohl die Workshops nicht besucht. Die Botschaft wäre unmißverständlich gewesen. *Von heterosexuellem Sex kriegt man kein Aids.* Diese Leute hielten sich für unsterblich.

Alles Idealistische an den radikalen Bemühungen um sexuelle Befreiung ging verloren. Sogar das Swinging, das die Jahre der Reaktion überlebte, ist eine heimliche Aktivität geblieben, bei der die Diskretion im Vordergrund steht und alle sich nur beim Vornamen kennen. Ist die Gesellschaft offener gegenüber Sex geworden? In vielen Hinsichten nicht. Politiker haben wie eh und je außereheliche Affären. Wenige überstehen die Aufdeckung solcher Affären, ohne Schaden an ihrer Karriere zu nehmen. Anfang der Siebziger eröffnete eine Hausfrau aus Birmingham den ersten Ann-Summers-Supermarkt für Sexartikel in einer Haupteinkaufsstraße. Nach einer kurzen Modewelle zogen die Läden sich wieder nach Soho zurück, wo sie ihre Waren schon immer in weniger attraktivem Ambiente verkauft hatten. Teenager machten Ferien in den freizügigsten Badeorten von Spanien und Griechenland, um sexuelle Abenteuer zu erleben. Aber die Arbeiterklasse hatte das bereits seit Jahrhunderten getan, wenn auch in kühlerem Klima und mit weniger exotischen Speisen und Getränken. Die britische Illustriertenpresse führte nackte Pin-up-Girls ein. Aber schon die Filmmagazine der dreißiger und vierziger Jahre hatten Fotos der Glamourstars in verschiedenen Stadien der Entkleidung veröffentlicht und damit die männliche Lust auf ähnliche Weise in Wallung gebracht.

Wo Paare sexuell experimentierfreudiger wurden, war das eigene Schlafzimmer. Alex Comforts *Joy of Sex*, das Handbuch für den Gourmetsex, ist seit seiner ersten Veröffentlichung 1973 ein Dauerbrenner in den Bestsellerlisten. *Joy of Sex* unterwies eine ganze Generation in den erotischen Techniken, die einmal das streng gehütete Geheimnis der teuersten Kurtisanen gewesen waren. Der letzte Kinsey-Report schätzt, daß die meisten Amerikaner ihre Unschuld mit sechzehn oder siebzehn Jahren verlieren,[32] daß zwischen fünfzig und achtzig Prozent der amerikanischen Frauen oralen Sex praktizieren (obwohl weniger als die Hälfte Gefallen daran findet);[33] etwa fünfunddreißig Prozent der Männer haben eine außereheliche Affäre; dieselbe Anzahl von Frauen hatte schon einmal Analverkehr. Diese Zahlen stammen aus einem Kinsey-Bericht von 1990, der den Untertitel trägt »Was Sie wissen müssen, um sexuell gebildet zu sein«. Es reicht nicht mehr aus, Sex nur zu machen. Sie brauchen einen Kurs, um darüber reden zu können. Der Bruch des Schweigens, zu dem man die weibliche Lust vom achtzehnten Jahrhundert bis in die sechziger Jahre verdammt hatte, hat die Beziehungen zwischen Männern und Frauen zweifellos bereichert. Frauen haben ihre eigenen Bedürfnisse besser kennengelernt und stehen selbstbewußter zu ihren eigenen erotischen Wünschen.

Aber kaum etwas spricht dafür, daß Paare ihr Sexualleben für irgend etwas anderes als privat halten. Und so wie dieses Privatleben sich nach außen darstellt, ist der Sex auf der Beliebtheitsskala nach unten gerutscht. Die Hochzeit in Weiß ist wieder zu einem festen Ritual geworden, als ob man damit die abgewertete Jungfräulichkeit ersetzen wollte. In den Achtzigern haben Paare entdeckt, daß die Sinnlichkeit des Sexes sich durch die hedonistischen Freuden des Konsumrauschs ersetzen läßt – durch Designerkleidung und teure Inneneinrichtungen, durch exotische Gaumenfreuden und Reisen in ferne Länder. Schließlich wird sogar Sex irgendwann langweilig. Wenn die Neugier und der romantische Überschwang erst einmal verpufft sind, wird großartiger Sex in der Ehe zu einem Ereignis, das von vielerlei unberechenbaren Faktoren abhängig ist: einer Stimmung, einem flüchtigen Moment, der Versöhnung nach einem Streit, der kurzen Herstellung von Intimität, bevor erneut die tausend Kleinigkeiten des Alltags über die Partner hereinbrechen. Der Zauber läßt sich nicht planen oder organisieren. Anstatt des großartigen Sexes gibt es die Dinnerparty, den Abend im Theater, die Gäste auf einen Drink, das Wochenende auf dem Land, den Einkaufsbummel. Der öffentliche Ausdruck der Lust beschränkt sich auf den gemeinschaftlichen Genuß eines guten Essens und teuren Weins mit unseren Nachbarn. Das hat den zusätzlichen Vorteil, daß wir unseren Reichtum und unsere Besitztümer zu Schau stellen können. Die Armen im Lande ficken natürlich einfach weiter. Es macht Spaß, und vor allem kostet es nichts. Wir finden dieses Verhalten unverantwortlich. Der gemeinschaftliche Ausdruck sexueller Lust, als Metapher für die Ablehnung von Privatheit und Besitzdenken, scheint in unserer konsumorientierten Zeit so utopisch wie nie zuvor.

Die Zukunft wird bis auf weiteres verschoben

Ich habe nie einen Orgasmus gehabt.
Nie! Ich schwöre!
Das ist die klitorale Wahrheit.

Margaret S. Chalmers, *Spare Rib*, September 1975

Es war nicht Aids, das die sexuelle Revolution beendete, es war, was sie ausgelöst hatte – die Pille. 1971 stahl Carol Downer ein Spekulum aus der Praxis ihres Arztes in Los Angeles und wurde, mit Hilfe eines Spiegels und einer Taschenlampe, zur wahrscheinlich ersten Frau der Geschichte, die ihren eigenen Gebärmutterhals sah. Zwölf Monate später leitete sie eine Frauen-Selbsthilfegruppe, die sich mit alternativen Heilmethoden beschäftigte und vaginalen Ausfluß mit alten Hausmitteln wie Joghurt behandelte. Die Polizei von Los Angeles führte eine Razzia in der Klinik durch und verhaftete Carol, weil sie ohne amtliche Genehmigung in eine Vagina eingedrungen war. Die Beamten wollten einen Joghurttopf als Beweismittel konfiszieren, wurden aber von einer Frau zurückgehalten, die behauptete, daß es sich um ihr Mittagessen handelte. Das Ereignis wurde schnell als »Die große Joghurtrazzia« bekannt und entwickelte sich zum »Großen Joghurtprozeß«. Downer wurde freigesprochen und damit zum kalifornischen Präzedenzfall: Die weiblichen Genitalien waren nicht länger ausschließlich Männern vorbehaltenes Terrain. Dieses Konzept, die Forderung der Frauen nach körperlicher Selbstbestimmung, entstand in direkter Reaktion auf die Pille und die sexuelle Revolution. Es war einer der wichtigsten Grundsätze der Frauenbewegung und eine der wenigen feministischen Forderungen, die auch jenseits der aktiven Bewegung auf breite Unterstützung stießen. Der Anspruch auf körperliche Selbstbestimmung sollte nach und nach die medizinische Praxis revolutionieren. Er veränderte das Selbstbild der Frauen und ihre Vorstellungen von Partnerschaft. Der Kampf gegen die Pille war gleichbedeutend mit dem Kampf um weibliche Autonomie. Am Ende würde dieser Kampf die sexuelle Revolution als männliche Verschwörung entlarven. Der Sex fängt gerade erst an, sich von diesen Ereignissen zu erholen.

Alice Wolfson lebte 1970 in einer Kommune in Washington DC. Abgesehen von ihrem Ehemann, von dessen Gehaltsscheck die Gruppe lebte, ging keiner der Kommunemitglieder einer bezahlten Beschäftigung nach. Sie glaubten an die Wirkung beispielhaften Verhaltens. Wenn sie alle eine Waschmaschine und einen Kühlschrank teilten, würden sie den Kapitalismus irgendwie verändern. Manchmal versuchten sie, die Monogamie aufzuheben – sie mieteten eine Hütte für die Weihnachtstage und wechselten die Partner. Eine der Frauen befand sich gerade mitten in ihrem lesbischen Coming-out. Eines Nachts drang eine radikale Frauengruppe mit dem Namen »die Furien« in das Wohnzimmer der Kommune ein und machte den fruchtlosen Versuch, die Unwillige zu »befreien«.

Alice hatte sich anfangs in der Anti-Atomkraftbewegung engagiert, war später zur Bürgerrechtsbewegung gewechselt und hatte sich dann einer frühen feministischen Gruppe angeschlossen. Es war die übliche politische Laufbahn in der alternativen Szene. Aber Alice lebte in einer Stadt mit überwiegend schwarzer Bevölkerung, die gegen eine Legalisierung der Abtreibung war. Die Menschen waren dagegen, weil sie nicht wollten, daß das medizinische Establishment der Weißen ihre Körper kontrollierte. Schwarze Frauen in Washington starben bei illegalen Abtreibungen und wurden ohne ihr Wissen sterilisiert. Alice begann sich zu fragen, wer das Gesundheitswesen steuerte und zu wessen Vorteil. Sie hielt Bevölkerungskontrolle für ein Verbrechen. Es war keine harmlose Bewegung. Wenn die Ressourcen dieser Welt gerecht verteilt würden, wäre eine Geburtenregelung überflüssig. Die Geburtenregelung diente lediglich dem Machterhalt. Sie ermöglichte dem Westen ein verschwenderisches Konsumleben auf Kosten der Armen. Die Frauenbewegung von Washington DC bestand aus mehreren Gruppen, die unterschiedliche Interessenschwerpunkte hatten wie zum Beispiel »Ganztagskindergärten« oder »Frauen und Imperialismus«. Alice trat der Gruppe bei, die sich mit dem Gesundheitswesen beschäftigte.

Sie ging zu einem Gruppentreffen – damals bestand das Leben überwiegend aus Gruppentreffen –, es war zehn Uhr morgens, und jemand sagte, daß gerade einige Hearings zur Pille abgehalten würden. Also diskutierten die Frauen über die Pille. Sie litten alle unter Nebenwirkungen, die zwar nicht lebensbedrohend, aber doch unangenehm waren. Alice gingen zum Beispiel die Haare aus. Zwei Ärzte, die sie deswegen aufgesucht hatte, hatten ihr versichert, daß es nichts mit der Pille zu tun hätte. Schließlich war sie zu einem Dermatologen gegangen und hatte ihn ebenfalls gefragt: »Könnte es etwas mit der Pille zu tun haben?« Er hatte gesagt, es könnte sehr wohl an der Pille liegen. Alice hatte 1962 mit zehn Milligramm Enovid begonnen, als die Pille ganz neu auf dem Markt war. Der Freund eines Freundes von ihr, der zufällig Arzt war, hatte sie ihr verschrieben. Später gelangte sie zu der Überzeugung, daß sie ein Kontrazeptivum wie die Pille um so weniger brauchte, je wohler sie sich mit ihrer Sexualität fühlte. Aber damals war ihr alles, was mit Sex zusammenhing, peinlich. Die Pille beseitigte die Schwierigkeit, über Verhütung und damit über Sex sprechen zu müssen. Manchmal war es leichter, mit jemandem zu schlafen, als nein zu sagen. »O Gott«, habe ich jedesmal gedacht, »muß ich das schon wieder diskutieren? Das beste ist, ich schlafe einfach mit ihm und bringe die ganze Sache schnell hinter mich.« Schließlich erhob sich die ganze Versammlung und ging geschlossen zu dem Hearing. Die Frauen gingen nicht, weil sie den festen Vorsatz hatten, für Gesetzesänderungen zu streiten. Sie hatten einfach den vagen Verdacht, daß die Pille nicht gut für sie war.

Die Hearings waren von Senator Gaylord Nelson angesetzt worden, der sich einen Ruf als scharfer Kritiker der Pharmaindustrie erworben hatte. Auf der ersten Anhörung hörten die Frauen einfach nur still zu. Sie beobachteten, wie ein Mann nach dem anderen aufs Podium kletterte und seine sachverständige Meinung kundtat; die Männer sprachen über Frauen wie über Versuchskaninchen. Sie diskutierten über Risiken und Nutzen der Pille. Wie es sich anhörte, trugen die Frauen das ganze Risiko, während der ganze Nutzen auf das Konto der Bevölkerungskontrolle ging. Alice kann sich nicht mehr erinnern, wer als erste die Hand hob. »Senator Nelson, ich habe eine Frage.« Fragen wären bei Senatsanhörungen nicht üblich. Die Frauen blieben hartnäkkig: »Aber Senator Nelson, warum werden keine Frauen zu dem Thema gehört? Warum sitzen keine Frauen auf dem Podium, die die Pille genommen haben und wissen, wie es sich anfühlt?« Das war der Moment, in dem alle Kameras und Kolumnisten um 180 Grad herumschwenkten und ihre Aufmerksamkeit nicht länger aufs Podium, sondern aufs Publikum richteten.

Es begann alles ganz harmlos. Die Frauen wollten den Politikern einfach nur erklären, daß sie sich verunsichert fühlten und nicht wußten, was los war. Doch aus dieser ersten Frage entwickelte sich das Massenbewußtsein von dem Kampf zwischen Frauen und Staat um die Kontrolle des weiblichen Körpers. Der Fall Roe gegen Wade, der zur Legalisierung der Abtreibung führte, stand kurz vor seinem siegreichen Abschluß. Auf den Nelson-Anhörungen begannen sich die Feministinnen, die Veteraninnen der politischen Bewegung von '68, zu organisieren. Sie verteilten Broschüren und trugen Transparente mit Parolen wie: »Warum müssen wir aus Liebe sterben?« und »Verfüttert die Pille an eure Versuchsratten und nicht an lebende Frauen.« Sie setzten alternative Anhörungen an. Sie ließen kein Hearing ohne Demonstration verstreichen und versteckten die 25 Dollar für die Kaution in ihren Stiefeln. Sie plazierten eine ihrer Vertreterinnen in jede dritte Publikumsreihe, die erste setzte sich ans Ende einer Reihe, die zweite ans andere Ende, die dritte in die Mitte. Jedesmal, wenn ein Sicherheitsbeamter auftauchte, um eine Protestlerin rauszuwerfen, stellte eine Frau auf der anderen Seite des Saals eine Frage. Sie ließen sich nicht einschüchtern. Es war das reinste Chaos. Immer mehr Frauen reisten an. Eine Gruppe aus Boston verteilte eine vervielfältigte Broschüre mit dem Titel »Unser Körper, unser Leben«, die auf einer Reihe von Workshops gleichen Titels basierte.

Die Frau mit dem größten Prestige bei den Nelson-Hearings war Barbara Seaman. Ihr war es zu verdanken, daß Washington überhaupt über die Pille sprach. Sie hatte ihre journalistische Karriere als Kolumnistin beim *Brides*-Magazin begonnen und war dann später zu *Ladies Home Journal* gewechselt. Sie selbst hatte die Pille nie genommen. Sie hatte Ende der fünfziger Jahre geheiratet und gehörte zu den jungen Matronen, für die das Diaphragma, das zu jener Zeit von der Margaret Sanger Klinik und zahllosen Frauenärzten propagiert wurde, nie seinen Reiz oder seine Annehmlichkeit verlor. Mitte der sechziger Jahre hatte sie die ersten Briefe von Leserinnen erhalten, die sich Sorgen über die Nebenwirkungen oraler Kontrazeptiva machten. Die Geschichten waren herzzerreißend. Selbst in den Unterlagen von Dr. Pincus finden sich sehr beunruhigende Berichte über die Auswirkungen der Pille auf den weiblichen Körper, wie in diesem Brief vom 10. April 1967:

> Mein Problem ist folgendes: Ich lehne das Diaphragma aus ästhetischen Gründen ab, und das »Kondom« finde ich unfair gegenüber meinem Mann. In den letzten fünf Jahren habe ich die Pille genommen. Angefangen habe ich mit Enovid, aber da sich erhebliche Gewichtsprobleme einstellten, verschrieb man mir Narinyl, wovon ich starke Menstruationskrämpfe bekam. Als nächstes erhielt ich Oracon, die ich recht gut vertrug, bis auf die Tatsache, daß ich trotz eines gleichfalls verschriebenen Abführmittels ständig zunahm... Vor zwei Monaten setzte man mir ein IUP ein, ich glaube die »Lippes-Schleife«. Das Einsetzen war so schmerzhaft, daß ich einen Schock bekam. Ich behielt das Pessar einen ganzen Zyklus lang drin, litt aber die ganze Zeit über unter starken Schmerzen oder zumindest einer beständigen Übelkeit... Als schließlich auch Kodein und ein Beruhigungsmittel nicht mehr gegen die Krämpfe halfen, ließ ich das IUP von meinem Gynäkologen entfernen. Ich hatte noch zwölf Tage lang heftige Blutungen. Im letzten Monat habe ich keinerlei Verhü-

tungsmittel benutzt, weil ich meinem Körper nach all diesen Strapazen eine Erholungspause gönnen wollte... Und dann noch etwas ganz Wichtiges: Ich bin zwar auch früher zum »Höhepunkt« gekommen, wenn ich mit meinem Mann geschlafen habe, aber ich habe festgestellt, daß mein sexuelles Verlangen jetzt fast wieder so stark ist wie am Anfang unserer Beziehung. Meine Scheide wird unglaublich naß und feucht. Ich hasse die Vorstellung, daß ich auf all das verzichten soll, wenn ich demnächst wieder mit der Pille anfange. Bitte schreiben Sie mir doch, wie ich mein Problem lösen kann. Mein Mann und ich wären Ihnen unendlich dankbar, wenn Sie uns einen Rat geben könnten.

P. S. 1955 ging ich zu Dr. – ins Billings Hospital, aber ehrlich gesagt haben mich die ganzen Assistenzärzte ziemlich nervös gemacht.[1]

Der Brief ist anscheinend vom Ehemann der Schreiberin unterzeichnet worden. Pincus antwortete eine Woche später. Er verwies die Ratsuchende an einen Gynäkologen, der einige niedrig dosierte Pillen an ihr ausprobieren würde. Das Beispiel zeigt, wie bereitwillig Frauen sich damals dem Rat männlicher Experten unterwarfen.

Obwohl Pincus gelegentlich besorgte Briefe von Ärzten erhielt, die über Thrombosefällen bei ihren Patientinnen berichteten (was später von der Ärzteschaft als gefährlichste Nebenwirkung der Oralkontrazeptiva anerkannt wurde), behauptete er weiterhin steif und fest, daß seine Pillen völlig unschädlich seien. Doch schon ein Jahr nach der Freigabe von Enovid im Jahr 1960 lagen dem Pharmahersteller Searle 132 Berichte über Thrombose- und Emboliefälle vor, davon elf mit Todesfolge. Es kursierte das Gerücht, daß die amerikanische Regierung Enovid als allgemeines Verhütungsmittel aus dem Verkehr ziehen wollte. Daraufhin rief Searle zum erstenmal eine Wissenschaftskonferenz ein, um die gesundheitlichen Risiken der Pille diskutieren zu lassen. Die Teilnehmer waren in heiterer Stimmung. Ein Todesfall wurde einem zu engen Gürtel angelastet. Der Vorsitzende war eifrig bemüht, die Konferenz zum Abschluß zu bringen, und legte eine Resolution vor, die besagte, daß keinerlei kausale Verbindung zwischen der Pille und der Bildung von Blutgerinseln bestehe. Nur ein einziger Arzt stimmte gegen die Resolutin. Erst 1968 wurde vom britischen Dunlop-Ausschuß für sichere Arzneimittel offiziell bestätigt, daß ein Zusammenhang zwischen der Pille und thrombo-embolischen Erkrankungen besteht.[2]

Barbara Seaman fehlte die medizinische Ausbildung, um eine professionelle Einschätzung der Pille vorzunehmen, aber sie war zäh und hatte ausgezeichnete Beziehungen. Ihr Ehemann arbeitete als Psychologe und verfügte über ausgedehnte Kontakte in Medizinerkreisen.

Seaman klapperte ganz New York ab, klopfte hartnäckig an jede Tür und erschmeichelte, erfragte und erforschte die notwendigen Informationen. Sie kam zu dem Schluß, daß die Frauen einer Behandlung mit der Pille zustimmten, weil sie über die Risiken nur unzureichend aufgeklärt wurden. Sie schrieb ein Buch, das die Leserinnen ihres *Ladies Home Journal* mit den Informationen versorgen sollte, die sie brauchten, um die Risiken der Pille richtig einzuschätzen. Sie nannte es *The Doctor's Case Against the Pill*. Es war wahrscheinlich das letzte feministische Buch über den Körper der Frau, das in seinem Titel das medizinische Establishment beschwor, um sich einen professionelleren Anstrich zu geben. Seaman hatte noch nicht den Mut, es einfach »The Woman's Case Against the Pill« zu nennen.

Im Laufe ihrer Untersuchungen stellte sie fest, daß die Mehrheit der Frauen ihre Informationen über die Pille aus Broschüren bezogen, die von den Pharmaunternehmen verfaßt und kostenlos an die Arztpraxen verteilt wurden. Diese Hefte waren normalerweise mit Blumen illustriert. Hugh Davis, Leiter der Contraceptive Clinic und Lehrbeauftragter für Frauen- und Geburtsheilkunde an der Johns Hopkins Universität meinte 1969: »Ich habe mir diese hübschen kleinen Dinger, die zwischen 15 und 18 Seiten umfassen, angesehen. Ich fand Bilder von Rosen, Tulpen und Pfirsichblüten, aber kein Wort über Dornen oder Würmer.«[3] Schätzungsweise acht Millionen Amerikanerinnen nahmen die Pille. Sie alle seien Versuchskaninchen für ein Medikament, das niemals ausreichend getest worden war, schrieb Barbara Seaman, nachdem sie mehr über die klinischen Versuche in Puerto Rico erfahren hatte. Nur ein winziger Bruchteil der schädlichen Nebenwirkungen, von denen Frauen ihren Ärzten berichteten, würden an die Arzneibehörde (Food and Drug Administration) weitergeben.[4] *The Doctor's Case* enthielt mehrere Krankengeschichten von Frauen, die offensichtlich infolge der Pilleneinnahme an einer Thrombose gestorben waren. Scheinbar bestand auch ein Zusammenhang zwischen oralen Verhütungsmitteln und Schlaganfällen, Krebs, Herzerkrankungen, Gelbsucht, Schilddrüsenerkrankungen, Gewichtszunahme, Harnwegserkrankungen, Arthritis, Haut- und Schleimhautveränderungen, Depressionen und Allergien. Die Autorin fragte, ob es eine bessere Methode gebe. Es gab eine. Das verspottete und ausrangierte Diaphragma.

Sobald das Buch Ende 1979 veröffentlicht worden war, schickte Barbara Seaman ein Exemplar an Gaylord Nelson, dessen Interesse an der Pharmaindustrie ihr bekannt war. Er setzte die Senatsanhörungen an. Als die Washingtoner Frauengruppe ihre Störaktionen startete, kam Barbara angereist und lud die Frauen zum Essen ein. Als offiziell geladener Gast kannte sie den Veranstaltungsplan. Sie erzählte den Frauen, daß die FDA eine geheime Sitzung hinter verschlossenen Türen anberaumt hatte. Als die Feministinnen versuchten, sich Eintritt zu verschaffen, drohte man ihnen mit Verhaftung. Sie reagierten gelassen: »Gute Idee, sperrt uns ruhig ein. Ihr diskutiert über die Auswirkungen der Pille auf unseren Körper, aber wir sollen nicht hören, welche Auswirkungen das sind. Was ist so geheim? Wieso dürfen wir die Pille nehmen, aber nichts darüber wissen? Wir werden mit der Presse sprechen.« Als die Nelson-Anhörungen fortgesetzt wurden, konzentrierten die Frauen sich auf die Forderung, daß die Pillenpackungen Informationen über schädliche Nebenwirkungen enthalten sollten – die formelle Umsetzung der Forderung nach medizinischer Aufklärung. Der Vorschlag ließ die Ärzteschaft erschauern. Wenn man einer Frau erzählte, daß sie möglicherweise Kopfweh bekommen könnte, bekam sie garantiert Kopfweh. »Die ganze Zeit«, empörte sich Alice Wolfson, »hielten sie Daten in der Hand, die bewiesen, daß junge Frauen Schlaganfälle und Herzinfarkte bekamen, nachdem sie die Pille genommen hatten, und sie hatten die Stirn, darüber zu debattieren, ob sie dir etwas erzählen sollten.« Der Beipackzettel wurde zur zentralen Streitfrage der restlichen Anhörungen. Die Diskussion drehte sich nicht länger darum, ob überhaupt gewarnt werden, sondern wie lang die Warnung sein sollte. »Und der einzige Grund, warum es überhaupt zu den Gegenanzeigen kam, waren die Demonstrationen, der Druck, den wir ausüben konnten, weil die Medien so sehr an der Sache interessiert waren. Ohne die Medien hätten die Demonstrationen überhaupt nichts gefruchtet. Wir haben gelernt, die Medien einzusetzen, und wir haben sie sehr, sehr erfolgreich eingesetzt.«

Die Proteste auf den Nelson-Anhörungen waren eine der wichtigsten feministischen Aktionen seit dem Kampf um das Frauenwahlrecht fünfzig Jahre zuvor. Daß man diesen Protest vergessen hat, ist eine Schande. Die Durchsetzung von Gesetzesänderungen, um eine bessere medizinische Aufklärung der Verbraucher zu gewährleisten, war ein konkreter Sieg der Frauen und hat entscheidend dazu beigetragen, daß es heute gängige Praxis ist, wenn bei Medikamenten auf schädliche Nebenwirkungen hingewiesen wird. Aber die Proteste lösten einen Bewußtseinswandel in bezug auf den Körper aus, der weit über die Pille selbst hinausging. Die Pille hatte die Frauen von der Last und Sorge der Verhütung befreit und ihnen die Möglichkeit gegeben, ihre Sexualität auszuleben. Die Gegenbewegung erzeugte ein bis heute bestehendes generelles Mißtrauen gegenüber der etablierten Schulmedizin und machte alternative Heilverfahren populär, die sich mittlerweile zu einer massiven Wachstumsindustrie entwickelt haben. Die feministische Gesundheitsbewegung, die mit den Nelson-Anhörungen ihren Anfang nahm, argumentierte, daß die männerdominierten Pharmakonzerne künstliche Hormone einsetzten, um den weiblichen Körper zu kolonisieren. Diese Vorgehensweise fügte sich nahtlos in die allgemeine Politik ein: Frauen wurden mit letalen Chemikalien bombardiert wie die Vietnamesen mit Agent Orange, jenem dioxinhaltigen Kampfstoff, der zu grauenvollen Langzeitwirkungen bei den Föten schwangerer Vietnamesinnen führte. Aber die Vietnamesen schlugen wenigstens zurück. Im Gegensatz dazu setzten amerikanische Frauen sich nicht nur jedesmal, wenn sie die Pille nahmen, gefährlichen Substanzen aus, sie machten sich sogar zu willfährigen Komplizen bei der Unterdrückung ihrer eigenen Autonomie. Sie internalisierten die Regeln des Patriarchats. Der Kapitalismus versklavte die Frauen über ihre Körper, indem er sie mit künstlichen Hormonen vollstopfte, die sie wiederum zu bereitwilligen Opfern der männlichen Lust machten. Die Frauen unterwarfen sich nicht nur ihren männlichen Liebhabern, sondern auch den männlichen Ärzten und ihren technischen Herrschaftsinstrumenten. In ihrem zweiten Buch *Free and Female*, das 1972 erschien, fragte Barbara Seaman:

> Warum werden amerikanische Frauen rasiert, erniedrigt, ruhiggestellt, eingepinselt und an technischen Halterungen aufgehängt, wenn sie ein Kind bekommen? Warum werden sie in eine Position gezwungen, die absolut unnatürlich und unbequem für die Mutter ist? Warum werden die Kreißsäle nach den Bedürfnissen der Ärzte und nicht nach denen der Patientinnen gestaltet?
> …
> Warum widmet ein Mann sein Leben den weiblichen Fortpflanzungsorganen?
> Was bringt einen Arzt dazu, sich auf Geburten und Frauenkrankheiten zu spezialisieren?
> Ist es nicht sehr unglaubhaft, daß Voyeurismus oder eine spezielle Art von Haß-Liebe zu den Frauen überhaupt keine Rolle dabei spielen sollen?[5]

Diese Analyse erfolgte zur selben Zeit, als die ersten ökologischen Bewegungen entstanden, aber es war der feministische Diskurs, der sich zuerst mit alternativen Heilverfahren und gesunder Ernährung beschäftigte. Im selben Jahr, in dem die Nelson-Anhörungen stattfanden, erschienen zwei sensationelle Bestseller: *The Greening of America* von Charles Reich und der *Zukunftsschock* von Alwin Toffler. Beide Autoren entwarfen eine globale Vision von einer Gesellschaft, die die Technologie abschaffen oder radikal einschränken mußte, wenn sie überleben wollte. Toffler verwendete eine ökologische Metapher, um zu verdeutlichen, daß die Pille traditionelle Beziehungsstrukturen in der dritten Welt zerstörte und dadurch zu unvorhergesehenen Konsequenzen geführt hatte. Wie ein Ölunglück, das die Lebensformen einer ganzen Küstenregion gefährdet und das allgemeine ökologische Gleichgewicht zerstört, sei auch die Pille eine potentielle Bedrohung des Weltfriedens.

Der Speiseplan einer durchschnittlichen westlichen Familie bestand damals überwiegend aus Fleischerzeugnissen, garniert mit etwas welkem, überkochtem Gemüse oder mit einem Salat, der in Fertigmayonnaise oder verschiedenen zuckerhaltigen Erzeugnissen ertränkt wurde. Das war, bevor der Aerobic- und Joggingboom einsetzte, bevor man ängstlich auf Cholesterinwerte und Kanzerogene achtete, als Frauen noch routinemäßig durch Kaiserschnitt oder empfindungslos von der Taille abwärts ihre Kinder bekamen. Es war, bevor insbesondere Amerika die Gesundheit entdeckte. Der Protest gegen die Pille erforderte einen Wandel der politischen Analyse. Er bedeutete, daß die Frauen dem Ärzteklüngel die Kontrolle über ihren Körper entreißen mußten. Sie sollten ihren Instinkten vertrauen und mit tiefer Skepsis auf jede Form von Medikation reagieren, die von einem männerdominierten militärisch-industriell-pharmazeutischen Apparat erzeugt wurde. Sie sollten sich von allen künstlichen und technischen Produkten abwenden und sich auf die Alternative besinnen, auf das »Natürliche« und Altbewährte.

Von Anfang an gab es einen Text, der diese Forderungen zusammenfaßte: *Unser Körper – unser Leben* klärte die Generation der zweiten Feminismuswelle über ihr physisches Selbst auf. Auslöser für das Buch war eine Reihe von Workshops, die eine Bostoner Frauengruppe abgehalten hatte. Viele Teilnehmerinnen hatten das Gefühl, nicht genug darüber zu wissen, wie ihr eigener Körper funktionierte, um die medizinische Versorgung angemessen beurteilen zu können. Der Workshop fand 1969 statt, und die Mehrheit der Teilnehmerinnen, wie zum Beispiel die Mitglieder der Washingtoner Frauengruppe, waren aus der politischen Bewegung hervorgegangen, die bald darauf unter dem Begriff »männerdominierte Linke« zusammengefaßt werden sollte. Es waren eben die Bürgerrechts-, Anti-Atomkraft- und Anti-Vietnamorganisationen, die die späteren Feministinnen politisiert hatten. Als die Workshops beendet waren, wurde vorgeschlagen, die dabei gesammelten Erfahrungen schriftlich festzuhalten. Die New England Free Press, ein linker Verlag, druckte das Buch, das anfangs für siebzig Cents verkauft wurde. Die Frauen, die in die Workshops kamen, wußten so gut wie nichts über ihren eigenen Körper. Viele hatten noch nie einen Orgasmus gehabt, aber selbst die relativ erfahrenen Frauen, die befreiten

Betthäschen und Partnerinnen der hipsten Aktivisten, hatten noch nie mit jemandem über ihre Sexualität gesprochen.

Eine der Workshopleiterinnen war Eleanor Stephens aus Großbritannien. Sie hatte ihren Freund, der ein Forschungsstipendium am Massachusetts Institute of Technology erhalten hatte, nach Amerika begleitet. Sie hielt einen Vortrag über Sexualität. Am Ende der Sitzung kam eine Frau mit zwei Kindern zu ihr und meinte: »Du hast von Orgasmen gesprochen, aber was ist ein Orgasmus?« Im nächsten Workshop fragte Stephens die Teilnehmerinnen, wie viele schon einmal einen Orgasmus erlebt hätten. Es waren nicht mehr als 60 Prozent. Als sie fragte, wie viele Frauen beim Geschlechtsakt zum Höhepunkt gekommen seien, lag die Zahl noch niedriger. Die sexuelle Revolution stellte die Frauen als befreite Sexhasen oder lebenslustige Modepuppen dar, aber die feministische Gesundheitsbewegung deckte eine ganz andere Realität auf. Frauen wußten erschreckend wenig über ihre eigene Anatomie und ihre sexuellen Reaktionen. Die langgehegte Überzeugung von der weiblichen Frigidität, das Hätschelkind der Sexualforscher, erschien plötzlich als eine überaus fragwürdige Theorie. Frauen zogen häufig nicht die nötige Befriedigung aus dem Sex, aber nicht weil ihr Geschlechtstrieb unterentwickelt war oder weil sie ihre sexuellen Bedürfnisse verdrängten, sondern weil ihre Orgasmen komplexer waren und zu lange ein Gegenstand männlicher Definitionen gewesen waren. Der männliche Orgasmus ist praktisch einer wie der andere; die erogenen Zonen beschränken sich weitgehend auf den Genitalbereich. Alle Männer »kommen« in etwa gleich und weichen in ihrem Verhalten nur geringfügig voneinander ab. Aber ein Mann, der mit einer Frau im Bett gewesen war, die gestöhnt und gezuckt hatte, pflegte der nächsten Frau zu erzählen, daß sie nicht »richtig« gekommen sei, wenn sie nicht gestöhnt und gezuckt hatte. Und Frauen waren damals ungeheuer nett und rücksichtsvoll. Wie Alice Wolfson vögelten sie mit Männern, die sie nicht besonders mochten, weil sie vom beharrlichen Drängen entnervt waren und die Sache so schnell wie möglich hinter sich bringen wollten. Sie »kamen« selten, also mußten sie nach männlicher Logik frigide sein.

Während *Die sinnliche Frau* das »Liebemachen« hervorgehoben hatte – wie frau sich zum großartigen Betthasen entwickelt –, war Stephens daran interessiert, wie Frauen sich selbst Lust bereiten konnten. Zurück in England schrieb sie einen Beitrag mit dem Titel »Der Himmel in deinen Händen« für *Spare Rib*. Sie schilderte ihr Zusammenleben mit einem Mann und einem gemeinsamen Kind. Ihr Partner und sie hatten eine sehr glückliche sexuelle Beziehung gehabt, mit einem winzigen Schönheitsfehler – Alice war sich nie sicher gewesen, ob sie einen Orgasmus gehabt hatte oder nicht.[6] Der Artikel löste erwartungsgemäß ein starkes Echo bei den Leserinnen aus, denn Stephens hatte auch von den »Orgasmus-Workshops« in Kalifornien berichtet und beschrieben, wie die Teilnehmerinnen gelernt hatten, durch Masturbation oder mit Hilfe eines Vibrators zum Höhepunkt zu kommen. Viele Frauen fragten an, wo solche Workshops in Großbritannien abgehalten wurden. Die Family Planning Association bot einige Sexualtherapien an, aber die Wartezeit betrug neun Monate. Eleanor beschloß, eigene Workshops in London durchzuführen. Bald darauf meldete sich Udi Eichler, der Fernsehproduzent, der auch über die Gruppenehen in Kalifornien berichtet hatte. Er machte eine Serie, die unter dem Titel *Sex in unserer Zeit* laufen sollte und der Frage nachging, welche bleibenden Veränderungen die sexuelle Revolution im britischen Sexualverhalten ausgelöst hatte.

Die Sendung wurde im herrlich heißen Sommer von 1976 gedreht. Braungebrannte Frauen in gesmokten Gazeblusen sahen aufmerksam zu, wie ihre Workshopleiterin zahlreiche Dias von der Zervix und den weiblichen Genitalien zeigte. Kurz vor dem geplanten Sendetermin ließ sich der geschäftsführende Direktor von Thames Television den Film vorführen. Er war entsetzt. Die Zurschaustellung von Geschlechtsorganen im Fernsehen war seiner Ansicht nach obszön und unanständig. Die ganze Serie wurde abgesetzt. Erst 1991 wurde eine Folge von Channel Four ausgestrahlt: Selbst da wurden die Genitalien mit schwarzen Balken versehen. Man konnte in eine Kunstgalerie gehen und die männlichen Genitalien in allen Einzelheiten bewundern (obgleich nie im Zustand freudiger Erregung – auch die männliche Aktdarstellung hat ihre Tabus). Doch der weibliche Körper durfte ausschließlich aus der Perspektive des männlichen Blicks dargestellt werden, sei es in der Malerei oder in der Pornographie. Es läßt sich ohne Übertreibung sagen, daß Männer den weiblichen Körper beliebig betrachten durften, während man Frauen diesen Anblick strikt untersagte, selbst wenn sie nur ihre eigene Anatomie verstehen wollten.

Das änderte sich durch *Unser Körper – unser Leben*. Es war eine Landkarte. Es zeigte Schaubilder von der Klitoris und erklärte ihre Funktion. Es forderte die Frauen auf, sich ein Spekulum zu besorgen und ausgerüstet mit einem Spiegel und einer Taschenlampe ihren Gebärmutterhals zu erforschen. Es unterwies in Masturbationstechniken. Es zerstörte das Bild des Orgasmus, das in der Literatur aufgebaut worden war – die Vorstellung von einem vulkanartigen Ausbruch, der die Erde erheben ließ. Es gab keinen richtigen oder falschen Orgasmus. Der Orgasmus »kann eine sehr sanfte Empfindung sein, wie Wellen oder ein friedlicher Seufzer; er kann ein sinnliches Erleben sein, bei dem unser ganzer Körper vor Wärme glüht; manchmal ist er so intensiv, daß wir Schreie ausstoßen und die Bewegungen unseres Körpers überaus heftig sind; er kann so ekstatisch sein, daß wir kurzfristig das Bewußtsein verlieren.[7] *Unser Körper – unser Leben* handelte nicht nur vom Sex, sondern erörterte auch ausführlich die Frage der Reproduktion. Es erklärte, wie die Empfängnis ablief, und hinterfragte die Politik der Geburtenkontrolle. Es wies darauf hin, daß die Pille ein Riesengeschäft war, daß Frauen im Jahr 1968 Oralkontrazeptiva im Wert von hundert Millionen Dollar geschluckt hatten und daß es bei derart hohen Gewinnspannen leicht nachvollziehbar war, warum die Pharmakonzerne alle Erkenntnisse über schädliche Nebenwirkungen unter den Teppich kehrten. Das Buch hatte jedoch nicht die Absicht, seine Leserinnen ideologisch zu bekehren, so sehr man bei einer heutigen Lektüre den Ton der ursprünglich politischen Aktivistinnen heraushört. Sein Ziel war es, den weiblichen Körper zu entmystifizieren und den Frauen das Wissen zu vermitteln, das sie für gut fundierte Entscheidungen brauchten. Diese Aufklärung bedeutete auch eine Umverteilung der Macht, die zu tiefgreifenden Veränderungen im westlichen Gesundheitswesen führte.

Zwei Jahre nach seiner Untergrundpublikation hatte das Buch sich 250000 Mal verkauft, und die Möglichkeiten des kleinen Verlages reichten nicht mehr aus, um die unvermindert anhaltende Nachfrage zu befriedigen. Das Frauenkollektiv fällte schweren Herzens die Entscheidung, sich an das sogenannte kapitalistische System – in Gestalt von Simon & Schuster – zu »verkaufen« und damit dem Buch einen Massenmarkt zu eröffnen. Das Kollektiv machte jedoch zur Bedingung, daß die Tantiemen in die Förderung der weiblichen Gesundheitsfürsorge flossen und daß es die Kontrolle über herausgeberische und werbestrategische Fragen behielt.

1975 hatten Barbara Seaman, Alice Wolfson und Belita Cowan das Women's Health Network gegründet, eine nationale Organisation, die das bestehende Gesundheitssystem im Interesse der Frauen überwachen wollte. Diese Bewegung, deren Grundsätze sich weltweit ausbreiten würden, vertrat die Auffassung, daß die moderne Medizin den normalen Fortpflanzungsprozeß als »Krankheit« definierte. Frauenheilkunde und Geburtshilfe waren zu einer reinen Männerdomäne geworden, und das Untersuchungszimmer diente als Exerzierplatz patriarchaler Macht. Insbesondere die wirtschaftlich Schwachen wurden medizinisch unzureichend versorgt. Das Netzwerk plädierte für eine ganzheitliche Medizin und kritisierte die isolierte Behandlung von Symptomen, die ohne Berücksichtigung der seelischen und körperlichen Gesamtverfassung untersucht wurden. Die Geburt war extrem technologisiert, Frauen durften weder ihren eigenen Instinkten vertrauen noch eigene Entscheidungen treffen. Ihre extremste Ausprägung fand diese Position in der radikalfeministischen Auffassung, daß die gesamte Reproduktionstechnologie eine Folterkammer sei, in der Männer ihre misogynen Phantasien austobten. Die Hersteller der Pille stellten die Frau nach wie vor in ihrer traditionellen Rolle dar. Eine an Frauenärzte gerichtete Werbung für Ovulen-21 aus dem Jahr 1968 zeigte eine Frau, deren Kopf in einzelne Segmente unterteilt war. Jedes Segment enthielt ein Bild – einen Fleischbraten, einen Einkaufswagen, ein Bügeleisen, einen Fön – und war jeweils mit einem anderen Wochentag etikettiert: »Ob sie ihren ›Einkaufstag‹, ihren ›Bridgetag‹ oder ihren ›Hausputztag‹ hat – eine Frau denkt immer in Wochentagen, nicht in ›Zyklustagen‹.« Nach dieser wichtigen Information las der Arzt weiter: »Ovulen-21 berücksichtigt dieses typisch weibliche Denken. Der erste Tag der Pilleneinnahme fällt immer auf denselben Wochentag... die Frau nimmt die Pille genau 21 Tage lang und setzt die Einnahme nach einer Pause von sieben Tagen fort, unabhängig davon, ob die Blutung schon beendet ist oder noch anhält.«[8] Das ganze System patriarchaler Denkmuster, auf denen das Gesundheitswesen aufbaute, mußte hinterfragt werden.

Das medizinische System stellte mit anderen Worten Frauen und Kinder auf eine Stufe und erhob die Ärzte zu paternalistischen Diktatoren. Mary Dalys Buch *Gyn/Ökologie* lieferte den theoretischen Text für das Verständnis dieser Strukturen:

> Der Titel dieses Buches, Gyn/Ökologie, sagt genau das aus, was ich damit meine. »Ökologie« handelt von dem komplexen Netz von Wechselbeziehungen zwischen Organismen und ihrer Umgebung. In ihrem Buch »Feminismus oder Tod« prägt Françoise d'Eaubonne das Wort »éco feminisme« (Ökofeminismus). Sie sagt, daß das Schicksal der menschlichen Rasse und des Planeten auf dem Spiel steht und daß keine von Männern geführte »Revolution« dem Schrecken der Überbevölkerung und der Zerstörung der natürlichen Ressourcen entgegenwirken wird... Der Titel Gyn/Ökologie ist eine Methode, uns einige Macht zurückzuholen. Allein die Tatsache, daß die meisten Gynäkologen Männer sind, ist schon ein ungeheuerlicher Kommentar zu »unserer« Gesellschaft. Sie ist Symptom und Beispiel für die Kontrolle, die Männer über Frauen und über Sprache ausüben, und gibt Aufschluß über das Ausmaß dieser Kontrolle... Gynäkologen sind fixiert auf das, was sie nicht haben und was sie nicht selbst tun können. Deshalb sind sie ein Symbol für die Ausüber anderer patriarchaler -ologien; von ihnen kann man

wichtige Rückschlüsse ziehen auf die dämonischen Regeln, nach denen ihrer aller Arbeit verläuft.[9]

Nach Ansicht radikaler Feministinnen ließen sich diese Machtstrukturen nur aufheben, wenn die Frauen ein alternatives Gesundheitswesen entwickelten, das größtenteils auf Selbsthilfe basierte. Carol Downer, die ihre Vagina durch ein gestohlenes Spekulum betrachtet hatte, gründete die ersten Kliniken, in denen Frauen lernten, ihre Leiden selbst zu diagnostizieren und zu behandeln: Die Themen reichten von leichten Infektionen wie Scheidenausfluß über die Selbstuntersuchung der Zervix und der Brüste bis hin zu Schwangerschaftstests und einer Methode zur Blutungsauslösung, die auch für einen frühen Schwangerschaftsabbruch genutzt werden konnte. Bald wurden Abendkurse zum Thema Abtreibung angeboten. Auf dem Lehrplan standen die Anatomie der weiblichen Geschlechtsorgane, Abtreibungsmethoden, damit verbundene Risiken und der Umgang mit potentieller strafrechtlicher Verfolgung.

Aber die Selbsthilfe war nie mehr als eine Bewegung von hoch motivierten, gebildeten und überwiegend weißen Mittelschichtsfrauen, die Zugang zu feministischen Informationsnetzwerken hatten. Die Armen nahmen nach wie vor die Pille, und es gab andere politische Meinungsunterschiede. Einige schwarze Feministinnen schrieben einen offenen Brief an die Black Panther: »Als die Weißen die Pille herausbrachten und die armen schwarzen Schwestern die Kunde verbreiteten, wurde uns bewußt, daß die Männer uns nicht mehr so leicht übertölpeln konnten... Das war der erste Schritt zu unserem Erwachen!... Jetzt sind eine Menge unserer schwarzen Brüder auf eine neue Idee verfallen. Schwarze Frauen werden von militanten schwarzen Brüdern aufgefordert, keine Verhütungsmittel zu nehmen, weil es eine Form des von den Weißen betriebenen Genozids an den Schwarzen sei... Wir sind der Auffassung, daß die Geburtenregelung uns die Freiheit gibt, gegen den Genozid an schwarzen Frauen und Kindern zu kämpfen.«[10]
Als die aufgeklärtesten Kreise der Frauenbewegung sich mehr und mehr einem Natürlichkeitskult verschrieben, spalteten die amerikanischen Frauen sich allmählich entsprechend ihrer Klassenzugehörigkeit auf. In ihrer extremsten Form, in der radikalfeministischen Interpretation von Mary Daly, wurde die Hinwendung zur Natur zur Naturverehrung. Die Natur war eine segensreiche Göttin, fruchtbar, wohltätig und fürsorglich. Frauen waren irgendwie Teil von Mutter Natur, sie hatten die gleichen Eigenschaften. Männer waren die Handlanger des Teufels und standen für das finstere Prinzip der Technologie, des Künstlichen. Das war nicht nur das Alptraumszenario eines biologischen Determinismus, sondern ließ auch einen wichtigen Aspekt außer

acht, nämlich, daß die Natur auch verantwortlich war für Erdbeben, Flutkatastrophen, Wirbelstürme, Dürre und Hunger, daß sie auch eine grausame Macht war, die Männer und Frauen aus eben diesem Grund gezähmt hatten.

Natürliche Geburt, natürliche Ernährung, Naturfasern, Naturheilmittel, Naturheilkunde und eine natürliche Geburtenregelung wurden zu den Wahrzeichen einer zivilisierten Lebensweise. Fast food, Acrylteppiche, Vollnarkosen, künstliche Hormone, benzinsüchtige Autos und Hosenanzüge aus Polyester waren die verräterischen Zeichen der Unaufgeklärten, der politisch Desinteressierten, der Machtlosen. Die Reproduktionstechnik wurde durch die reproduktive Selbstbestimmung ersetzt. Eine Zeitlang drängte der Feminismus die Frauen, auf Tampons zu verzichten (vor allem nach Bekanntwerden des toxischen Schocksyndroms) und statt dessen wieder auf Stofftücher, ein altbewährtes Hausmittel der Pionierzeit, zurückzugreifen. Empfohlen wurden auch Schwämme, die frau mittels Bändern in die Vagina einführen und alle paar Stunden auswaschen sollte, was einige unangenehme Exkursionen ins Badezimmer erforderlich machte. Auch bei der Verhütung wurde nach natürlichen Methoden Ausschau gehalten. Die Dämonisierung der Pille machte das vergessene Diaphragma zum gefeierten Kultobjekt, für dessen Reinstallation eine ganze Heerschar von Anhängerinnen stritt. Germaine Greer, nie eine Freundin von halben Sachen, hatte das Gefühl, daß sie sich der technologischen Konterrevolution und Lobpreisung des Diaphragmas anschließen sollte und »ging so weit, ... die Federringe der bereits abgenutzten und verbrauchten zeremoniell als Schmuck und Kastenzeichen« zu tragen.[11] Mitte der siebziger Jahre verkündete *Cosmopolitan* in einer Titelstory: »Das Diaphragma ist wieder da!« *Newsweek* schrieb über die Kappe, Talk-Shows diskutierten darüber, und 1976 wurde das Diaphragma zur »Methode des Jahres« gekürt.[12] Nach Ansicht von Barbara Seaman war das Diaphragma eine Methode, die »disziplinierten Frauen ... eine mehr als neunundneunzigprozentige Sicherheit bot«.[13]

Auch Isadora Wing, die feministische Heldin von Erica Jongs *Angst vorm Fliegen*, hielt das Diaphragma stets griffbereit, um für eventuelle Quickies gerüstet zu sein. Viele Frauen hatten jedoch gemischte Gefühle. Hier noch einmal Germaine Greer zu dem Thema:

> Wer gezwungen war, sein kleines Körbchen mit Spermizidcreme und Diaphragma ständig mit sich herumzutragen und dann im Wald oder am Strand die Creme auszudrücken und das Diaphragma einzusetzen, wer nicht hin und her überlegt hat, ob ein Geschlechtsakt nun zu Ende war und ein anderer gerade begann und ob dazu die Creme reiche oder ob nicht doch noch ein kalter Klacks von dem

Zeug nachgeschoben werden sollte (wozu ein Applikator aus Plastik, der niemals ganz sauber war, und all die anderen kleinen Hinderlichkeiten im kleinen Körbchen ständig mitgeführt werden mußten), der hat sich schon lange danach gesehnt, diesen ganzen Krimskrams abzuschaffen.[14]

Diaphragma-Frauen kehrten zum Naturzustand zurück – in Plateauschuhen, die irgendwie »vernünftiger« waren als Pfennigabsätze, und in Latzhosen, die ohne T-Shirt getragen wurden und seitliche Spielräume für hüpfende Brüste gewährten. Sie aßen braunen Naturreis und hatten bedeutungsvolle Beziehungen zu den Neuen Männern. Diese Parodie des Feminismus hielt sich noch weit über die erste Modewelle hinaus. Doch die Mehrheit der Frauen griff nicht wieder zum Diaphragma. Eine Meinungserhebung von 1989 ergab, daß lediglich ein Prozent der britischen Frauen ein Diaphragma benutzte, was bedeutet, daß es noch seltener angewandt wurde als die Knaus-Ogino-Methode, zu der sich zwei Prozent der Befragten bekannten. Trotz der sinkenden Popularität der Pille blieb sie mit 25 Prozent das häufigste Verhütungsmittel.

Und dennoch gewann der feministische Protest gegen die Technik immer mehr an Einfluß und fand schnell Eingang ins allgemeine Bewußtsein. Frauen wurden nicht nur von einem Arzneimittel abhängig gemacht. Valium und andere Anti-Depressiva, die Frauen vorwiegend von männlichen Ärzten verschrieben wurden, gerieten ins Kreuzfeuer der Kritik. Aus feministischer Sicht war die Unterdrükkung der Frauen, vor allem in der Familie, die Hauptursache von seelischen und geistigen Erkrankungen. Dieses Problem ließ sich nicht durch immer mehr Pillen lösen (und gerade Valium machte extrem schnell süchtig), sondern nur durch eine ganzheitliche Psychotherapie, die zu einem florierenden Wirtschaftszweig in der Mittelschicht und zur bevorzugten Weiterbildungsmaßnahme von gesundheitsengagierten Feministinnen wurde. Unter der Führung von Jane Fonda, einer weiteren Ex-Aktivistin der linken Szene, wurde der Natürlichkeitskult bald auch von der Schönheitsindustrie kooptiert. Die Schauspielerin rebellierte mit ihrem Ertüchtigungsprogramm gegen die Erfahrungen ihrer eigenen Jugend, in der sie ständig als Diätpillen getarnte Barbiturate geschluckt hatte. Biokost und Aerobic, so ihre Botschaft, führten zu Vitalität und einem schlanken Körper. Um sexy zu sein, brauchte eine Frau sich nicht länger durch Diäten und Pillen in die gewünschte Form pressen lassen. Sie mußte fit sein. Fitneß war etwas Natürliches und umfaßte die Wiederbelebung der puritanischen Arbeitsmoral. Die riesige Ironie dieser totalen Ablehnung von Wissenschaft und Technik zugunsten von natürlicher Gesundheit, Jogging und Aerobic bestand darin, daß die Amerikaner dadurch die Überzeugung entwickelten, sie könnten den Alterungsprozeß und sogar den Tod selbst überlisten. Der Tod wurde zu etwas, das eigentlich nur arme, unglückliche und schlecht ernährte Menschen ereilen konnte.

Auf lange Sicht hat die feministische Gesundheitsbewegung entscheidend dazu beigetragen, die Vision eines technologischen Utopia endgültig zu zerstören. Sie hatte großen Einfluß auf das offzielle Gesundheitswesen in den USA. Im Dezember 1990 kam das erste neue Kontrazeptivum seit dem IUP auf den Markt. Norplant war ein Stückchen Weichgummi, der unter die Haut gespritzt wurde, wo es blieb und fünf Jahre lang Hormone abgab. Der Bevölkerungsrat hatte vierundzwanzig Jahre für die Forschung und Entwicklung gebraucht, weil ein allgemeines Klima der Negativität gegenüber künstlichen Verhütungsmethoden die Arbeit immer wieder behindert hatte. Nach Ansicht von Philip J. Hilts, einem Journalisten der *New York Times*, hatte dieses negative Klima die amerikanische Geburtenregelung ins finsterste Mittelalter zurückgeworfen. Carl Djerassi, einer der Väter der Pille, meinte: »Die Vereinigten Staaten sind das einzige Land außer dem Iran, in dem die Uhr der Geburtenkontrolle in der letzten Dekade zurückgestellt wurde.«[15] Hilts verwies auf die Abtreibungspille RU-486 als Beispiel für eine nützliche Verhütungsmethode, die vom »Hersteller Roussell aus Angst vor politischen und wirtschaftlichen Schwierigkeiten in allen Ländern mit Ausnahme Frankreichs zurückgehalten wurde«.[16] In den Achtzigern hatten die vier amerikanischen Hersteller von IUPs ihre Produkte vom Markt genommen, nachdem sich herausgestellt hatte, daß das Dalkonschild ernste und manchmal tödliche Infektionen auslöste. Gegen A. H. Robins, den Hersteller des Dalkonschildes, wurden mehr als 300000 Klagen eingereicht. Die Prozesse führten zum Bankrott der Firma, die dazu verurteilt wurde, über zwei Milliarden Dollar Entschädigung an Frauen zu zahlen, die auf diese Methode vertraut hatten. Die Verhütungsspritze Depo-Provera, die in der dritten Welt häufig eingesetzt wird, ist in den USA nie im Handel gewesen. Verantwortlich für diese nach Ansicht Hilts beschämende Situation war eine unselige Allianz zwischen der sexfeindlichen Rechten und der feministischen Gesundheitsbewegung. Das Netzwerk war erfolgreich gegen RU-486 zu Felde gezogen und stand im Begriff, rechtliche Schritte gegen Norplant einzuleiten.

Aber bereits sechs Monate nach Einführung von Norplant hatten mehrere offizielle Stellen vorgeschlagen, daß die Behandlung mit diesem Hormonpräparat für alle Frauen, die Anspruch auf Sozialhilfe stellten, obligatorisch sein sollte. Als die *Los Angeles Times* ihre Leser befragte, ob drogenabhängige Frauen im gebärfähigen Alter gezwungen werden sollten, sich Norplant einpflanzen zu lassen, stimmten über 60 Prozent zu, was den *Economist* dazu veranlaßte, die Renaissance eines allgemeinen Eugenikinteresses vorauszusagen.[17] Die frühe sozialistische Analyse der Gesundheitsaktivisten schien sich zu bewahrheiten: Die Geburtenkontrolle war ein Mittel, um Minderheiten zu unterdrücken, um das Blut mit Chemikalien zu vergiften und schwarzen, wirtschaftlich schwachen und drogenabhängigen Frauen die Kontrolle über ihren Körper zu entreißen. Norplant repräsentierte dieselbe »schöne neue Welt« wie die Zwangssterilisationen, die man in den dreißiger Jahren in den amerikanischen Südstaaten durchgeführt hatte. Doch Hilts war nach wie vor der Meinung, daß die Macht des Feminismus die Pharmaindustrie in die Flucht schlug. 1974 beschloß die amerikanische Arzneibehörde FDA dem Pharmakonzern Upjohn die Genehmigung zum Vertrieb von Depo-Provera zu erteilen. Doch dann verzögerte die Behörde die Genehmigung, nachdem das *Women's Health Network* eine Protestaktion gestartet hatte. Hilts zitierte Richard E. Edgren, der die Forschungsabteilung beim Syntex-Konzern, dem ersten Hersteller von künstlichem Progesteron, leitete: »Die Pharmaunternehmen sahen die Situation so: Wenn die Frauen dieses Produkt verhindern konnten, konnten sie alles verhindern. Die Unternehmer hatten die Faxen dicke. Sie hatten mehr als 100 Millionen Dollar investiert, und jetzt konnten die Frauen die Freigabe verhindern, obwohl die FDA bereits ihre Zustimmung erteilt hatte... Upjohn sagte sich: ›Das machen wir nicht noch einmal‹... Es ist unglaublich, wie schnell und vollständig sie dichtmachten. Sie nahmen Massenentlassungen vor und schulten die verbleibenden Mitarbeiter auf andere Bereiche um.«[18]

Produkte, die auf weibliche Verbraucher zielen, sind besonders anfällig für Prozesse. Roderick L. Mackenzie ist Vorstandsvorsitzender von Gynopharma, einem kleinen Herstellungsbetrieb von Verhütungsmitteln in New Jersey. Die Firma stellt eines der beiden einzigen heute in Amerika vertriebenen IUPs her. Mackenzie wies darauf hin, daß pharmazeutische Produkte für andere Zielgruppen nicht hundertprozentig sicher oder hundertprozentig wirksam sein müssen: »Wenn sie andere Erzeugnisse herstellen, werden sie nicht von einer Flut schlechter Publicity überschwemmt, die auch Ihre übrigen Produkte gefährdet, und Ihre Forscher können Nobelpreise gewinnen.«[19]

Als die Generation der 60er-Aktivistinnen die Menopause erreichte, merkte sie, daß ihr eine weitere Hormonbehandlung ins Haus stand, nämlich HRT, jener Honig unter den Hormonen, den die erste *Cosmopolitan* ihren Leserinnen für die Lebensmitte in Aussicht gestellt hatte. Im April 1990 lud Schering, der europäische Marktführer für Antibabypillen und HRT-Produkte, einige britische Reporter für vier Tage in seine Berliner Zentrale ein, um ihnen die befreite Stadt zu zeigen und die Medizinjournalisten über HRT zu informieren. Die Teilnehmer wurden in einem Fünf-Sterne-Hotel untergebracht, jeden Abend in Nachtclubs ausgeführt, von einem Reiseleiter durch die Stadt gefahren und allmorgendlich zu »wissenschaftlichen Vorträgen« in Seminarräumen versammelt. Schering lieferte ein gutes Beispiel dafür, wieviel Wert Pharmaunternehmen auf Public Relations legen, wenn es um Produkte mit weiblicher Zielgruppe geht. Der Zweck der Bildungsreise wurde schnell deutlich. Generelle Sparmaßnahmen im britischen Gesundheitswesen führten dazu, daß einige Ärzte keine HRT mehr verschrieben, weil sie es für zu teuer hielten.

Schering hatte das unabhängige Marktforschungsinstitut Insight Research damit beauftragt herauszufinden, wie Frauen in der Menopause ihre Ärzte einschätzten. Ärzte, die kein Interesse am Klimakterium hatten, hielten die »Wechseljahre« für unvermeidlich, taten die Beschwerden ihrer Patientinnen als unbedeutend ab (vor allem Klagen über schmerzhaften Geschlechtsverkehr), verschrieben kaum HRT und galten als unsensibel für die Sorge der Frauen. Ärzte, die HRT verschrieben, gaben ihren Patientinnen das Gefühl, ernstgenommen zu werden, und wurden als fürsorglicher eingeschätzt. Schering nutzte die Argumente der feministischen Gesundheitsbewegung, um die Journalisten davon zu überzeugen, daß HRT der feministischen Sache diente. Ärzte, die die Behandlung mit HRT als gewissermaßen »kosmetisch« diffamierten, gehörten einer veralteten medizinischen Richtung an, die den Frauen das Recht auf Gesundheit und Autonomie verweigerte. Überflüssig zu erwähnen, daß Scherings Verkaufserlöse in Großbritannien drastisch zurückgehen würden, wenn der Nationale Gesundheitsdienst HRT aus seinem Angebot streichen würde.

Aber die Frauenheilkunde war nicht der einzige Sektor, der infolge der feministischen Gesundheitsbewegung von einer kritischen Verbraucherhaltung erfaßt wurde. Saul Kent, Leiter der in Kalifornien ansässigen Life Extension Foundation ist einer der letzten technologischen Futuristen und glaubt noch immer, daß Menschen mit dem richtigen Medikament ewig leben könnten. »Was ist mit der Überbevölkerung?« fragte ihn Jay Rayner, ein Mitarbeiter des *Observer*. »Bis wir ein Mittel gefunden haben, das das Alter endgültig besiegt, werden die Menschen den Weltraum besiedelt haben. Allein unser Sonnensystem bietet Raum für tausendmal mehr Menschen, als heute auf der Erde leben.«[20] Kens Bemühungen, ein Heilmittel gegen das Altern zu entwickeln, könnten schon wesentlich weiter gediehen sein, wenn die FDA ihm nicht immer wieder einen Strich durch die Rechnung machen würde. Bevor ein neues Medikament genehmigt würde, müsse man 200 Millionen Dollar für die Forschung aufbringen, erklärte Kent, was bedeute, daß nur die größten Konzerne im Markt mitmischen könnten. Saul Kents langfristige Zukunftsträume sind nur die Possenreißer, die den Vorhang für das eigentliche Hauptereignis öffnen: den Kampf für die Freigabe von potentiellen Heilmitteln gegen Aids. Als Teil eines Aids-Untergrundkampfes werden Guerilla-Kliniken gegründet, in denen Menschen, die HIV-positiv sind oder bei denen die Krankheit bereits ausgebrochen ist, mit experimentellen Mitteln behandelt werden. Da alle bislang von der FDA freigegebenen Medikamente die Leute nicht retten können, sind viele verzweifelte Menschen der Ansicht, daß sie genausogut etwas anderes ausprobieren könnten. Amerika ist in zwei Lager gespalten: in ein Lager, das allen pharmazeutischen Produkten mit tiefem Mißtrauen begegnet und sogar noch strengere Kontrollen fordert, und in ein Lager, das die Wissenschaft bedrängt, endlich ein wirksames Mittel gegen Aids zu entwickeln.

Alice Wolfson zog nach San Francisco und wurde Anwältin. Sie vertritt Frauen, die sich ihre Brustimplantate entfernen lassen wollen, weil ein Zusammenhang von Implantaten und Brustkrebs festgestellt wurde, und deren Krankenversicherungen sich weigern, die Kosten zu übernehmen. Ihr Chef stellt sie frei, damit sie öffentliche Versammlungen organisieren kann. Er hofft, daß alle Frauen, die einen Prozeß gegen ihre Krankenversicherung anstreben, in seine Kanzlei kommen. Wolfson ist sich der Kehrseite jener Bewegung bewußt, die gegen die Pharmahersteller zu Felde zog, um sicherzustellen, daß nie wieder ein unzureichend getestetes Medikament auf den Markt kommen würde.

Vor einigen Jahren starb ihr Sohn an Leukämie: »Mein Kind ist gestorben, und ich weiß, daß ich wahrscheinlich mit jeder experimentellen Behandlung einverstanden gewesen wäre, die auch nur die leiseste Hoffnung auf Erfolg versprochen hätte. Ich bin sogar zu einem Geistheiler gegangen, ich habe einen chinesischen Kräuterkundler aufgesucht. Wir haben es mit der traditionellen Behandlung versucht, er hatte eine Rückenmarktransplantation – ich habe ihn wirklich von Pontius zu Pilatus geschleppt. Die Aids-Hilfe verlangt nach Medikamenten, die noch nicht experimentell erprobt oder klinisch getestet wurden. Aus Verzweiflung über eine tödliche Krankheit ist man bereit, die Schutzfunktionen der FDA zu opfern. Die Pille hat viele Fragen über die Moral der Pharmaindustrie aufgeworfen. Die Aids-Hilfe wird vielleicht, sei es zum Guten oder zum Schlechten, einige dieser wichtigen Fragen beiseiteschieben. Welche Art von Schutz der einzelne Mensch von einer staatlichen Stelle wie der FDA fordert, ist sicherlich davon abhängig, ob er selbst krank oder gesund ist. Mit anderen Worten, wenn ein Medikament an gesunde Frauen verabreicht wird, die auch andere, weniger schädliche und genauso wirkungsvolle Mittel nehmen könnten, wird man wahrscheinlich strengere Kontrollen fordern. Doch man legt zweifellos ganz andere Maßstäbe an, wenn es um die Freigabe eines Medikaments für einen todkranken Patienten geht, der vielleicht nur noch ein paar Tage oder Wochen zu leben hat.«

Die Geschichte der Bevölkerungskontrolle hat eine makabere Schlußnote. Nach Ansicht der Epidemologen wird Aids sich verheerender auswirken als die Pest und könnte das Bevölkerungswachstum in der dritten Welt auf Null reduzieren. Die fremdenfeindlichen Befürchtungen der fünfziger Jahre, daß Südostasien eines Tages den Westen überschwemmen würde, könnten sich als grundlos erweisen: Die Arbeiterinnen in den thailändischen und philippinischen Sexbetrieben, die während des Vietnamkrieges gegründet wurden, um amerikanischen GIs Vergnügen und Erholung zu bereiten, sind mit HIV infiziert oder an Aids erkrankt. Unfähig zu arbeiten, tragen sie die Krankheit in die Dörfer zurück, aus denen sie gekommen sind. Schätzungsweise zwei- bis vierhunderttausend Menschen in Thailand sind HIV-positiv. Ursache und Wirkung sind immer schwer aufzudecken, aber vielleicht hat der gescheiterte Traum, die Bevölkerungsexplosion durch Pharmazeutika zu bekämpfen, seine eigene schauerliche Logik entwickelt. Die sexuelle Revolution, die von pharmazeutischen Produkten ermöglicht wurde, könnte den gescheiterten Traum auf grauenvolle Weise zu Ende führen.

Zeitzeugin

Da ist was in den Genen

Ich wurde 1948 geboren und wuchs in East Anglia auf. Mein Vater war Farmer und methodistischer Laienprediger. Später übernahmen meine Eltern einen Bauernhof in Suffolk, aber um eine Frau und zwei Kinder zu ernähren, mußte mein Vater eine Arbeit in der Fabrik annehmen. Ich lauschte immer nach hörbaren Zeichen ihres Sexlebens. Mein Zimmer lag neben ihrem, und ich preßte mein Ohr an die Wand, in der Hoffnung, quietschende Sprungfedern zu hören, aber ich schätze, meine Eltern lauschten genauso angestrengt, ob ich endlich eingeschlafen war. Da saßen wir also, sie mit gespitzten Ohren auf der einen Seite der Wand, ich auf der anderen. Ich ging in die Dorfschule. Der Direktor war seiner Zeit etwas voraus, denn die Schule hielt nichts von festen Lehrplänen. Es gab keinen Stundenplan. Ich verbrachte einen Großteil der Unterrichtszeit damit, Bildergeschichten zu schreiben und zu illustrieren. Mit elf hatte ich meinen dritten Roman fertiggestellt. Irgendwann im vergangenen Jahr hat meine Mutter ihn gefunden. Sie meinte, man sollte ihn vielleicht veröffentlichen, weil er von einem Kind geschrieben war und andere Kinder ihn vielleicht gern lesen würden. Ich sagte: »Mutter, ein Kinderbuch ist das auf keinen Fall, vielleicht ein Mills und Boon.« Er war neunzig Seiten lang und enthielt alles, was das Herz begehrt. Selbstmord, Tod, heimlichen Sex, einen Helden mit rauher Schale und weichem Kern. Geschrieben von einer Autorin im Alter von elfdreiviertel. Ein idealer Serienstoff fürs Fernsehen. Aber dann fiel ich nacheinander durch zwei Aufnahmeprüfungen für die höhere Schule, weil ich kaum rechnen konnte, wechselte auf eine kombinierte Real- und Hauptschule, belegte Grundkurse an einem Polytechnikum und ging zur Kunstschule.

Als ich etwa zwölf war, beschloß ich, nie zu heiraten. Ich sagte zu meiner Mutter: »Wenn ich überhaupt heirate, dann nie einen Engländer.« Ich glaube, ich fand die Engländer damals schon ein bißchen zu steif und zu langweilig. Die meisten meiner Schulfreundinnen heirateten und blieben in der Gegend. Eine bekam ihr erstes Kind mit fünfzehn und hat mittlerweile drei erwachsene Kinder und wahrscheinlich auch schon Enkel.

Meine Unschuld verlor ich mit siebzehn im College. Es war klassisch. Er war Dozent, sechzehn Jahre älter als ich und natürlich verheiratet.

Ich weiß noch, wie ich zu dieser großen Halle ging, wo man sich für seine Wahlfächer eintragen konnte, und ihn das erste Mal sah. Er dozierte – sehr passend – über internationale Beziehungen. Er war Pakistaner, sehr gut aussehend und hatte eine wahnsinnige Ausstrahlung. Ich war eine unglaublich unsichere, schüchterne Person, aber ich glaube, ich bin schon immer sehr eigenständig gewesen. Ich war mir immer bewußt, was ich tat, und bereit, die Konsequenzen zu tragen. Eines Morgens kamen wir ins Gespräch. Er meinte, er hätte Theaterkarten, und fragte, ob ich Lust hätte, ihn zu begleiten. Also begleitete ich ihn. Nur, daß wir nicht ins Theater gingen und ich bis heute nicht weiß, ob er überhaupt Karten hatte. Er gab häufig Interviews für die BBC. Dort hatte er noch einen dringenden Termin und schließlich landeten wir im Kino. Wir knutschten in der letzten Reihe. Die Knutscherei setzte sich dann später unter ziemlich seltsamen Umständen auf dem Rücksitz eines Autos in seiner Garage fort. Das Auto gehörte irgendwelchen Leuten, die bei seiner Frau zum Essen eingeladen waren. Von der Garage aus sah man das Licht im Eßzimmer. Ich fand die Situation schrecklich unangenehm. Ich fragte ihn: »Was ist, wenn die Gäste den Pudding nicht mögen und früher gehen wollen?«

Er genoß ganz ohne Zweifel das alte Machtspiel, und Gott weiß, mit wie vielen anderen Frauen er dasselbe Spiel trieb – vielleicht war ich die einzige, vielleicht gab es noch drei Dutzend andere, ich weiß es nicht. Ich erfüllte alle konventionellen Erwartungen und fand die ganze Sache wahnsinnig aufregend. Diese Art von Aufregung brauche ich heute noch. Deshalb hat mich die Sicherheit einer kuscheligen Ehe auch nie gereizt. Ich hatte nie den Wunsch oder das Bedürfnis zu heiraten. Die erste Beziehung dauerte zwei Jahre, von 1965 bis 1967, und ich denke ohne Bedauern daran zurück. Zeitweise war ich sehr unglücklich, aber die Beziehung hat mich auch geprägt, weil es von da an immer das wichtigste für mich war, daß eine Partnerschaft nicht fade oder langweilig ist. Zuerst denkst du natürlich, daß du so was nie wiederfindest. Er hat mich sicher benutzt, aber ich hatte das Gefühl, etwas zurückzubekommen. Sexuell war es eindeutig ein Trauerspiel, aber damals erschien es mir wie der Himmel auf Erden. Er wollte, daß ich ins Margaret Pike Zentrum ging, um mir Verhütungsmittel zu besorgen, aber ich habe mich nicht getraut, und so blieb es beim Coitus interruptus. Im Grunde war es wahrscheinlich gräßlich. Er mochte meinen Körper, aber ich frage mich, was er wirklich davon hatte, weil unsere Möglichkeiten in dieser Hinsicht ziemlich begrenzt waren.

Die Zeit damals war herrlich optimistisch. Du hattest irgendwie das Gefühl, alles machen zu können, was du wolltest. Die ganze Welt stand dir offen. Ich bin sehr froh über die Sechziger, ich bin glücklich, daß ich in diese Zeit hineingeboren wurde. Wenn ich zehn Jahre früher oder später auf die Welt gekommen wäre, hätte alles ganz anders ausgesehen. Ich weiß noch, daß ich als Fünfzehnjährige ein Moygashelkostüm trug und mir sehnlichst wünschte, erwachsen zu sein – man muß schon ziemlich alt sein, um sich an Moygashel erinnern zu können, ich glaube, es war vor Crimplene. Ich hatte also dieses grüne Moygashelkostüm an und versuchte, wie eine reife Frau auszusehen. Drei Jahre, nachdem ich dieses mintgrüne Kostüm getragen hatte und wie fünfunddreißig aussehen wollte, trug ich einen gesmokten Minirock und wollte wieder wie fünfzehn aussehen. Es war eine sehr extreme Veränderung.

Mein Sexualleben in den Sechzigern beschränkte sich auf einen verheirateten Mann und danach einen Freund. Ich hatte einige andere Liebhaber, als ich mit meinem Freund zusammen war. Er war Arzt. Es gab ein kulturelles Problem in unserer Beziehung. Er war Sudanese. Seine Familie hatte seine Ausbildung bezahlt, und er fühlte sich zwischen beiden Kulturen hin- und hergerissen. Manchmal dachte ich, daß ich mit ihm zusammenleben wollte, und malte mir aus, wie es wohl sein würde. Anfangs verhütete ich mit der Kappe, und dann nahm ich etwa zwölf Jahre lang die Pille, ohne spürbare Nebenwirkungen. Manchmal träumte ich sogar von einem Kind und sah mich schon hektisch durchs Leben stürmen, um Kind und Beruf unter einen Hut zu bringen. Einmal, als ich dachte, schwanger zu sein, machte er eine Bemerkung darüber, daß es »ganz schnell gehen« würde. Er meinte natürlich eine Abtreibung, und ich war ziemlich betroffen, weil er so ablehnend reagierte. Es war falscher Alarm, aber es überraschte mich, wie heftig mir die ganze Sache tatsächlich zu schaffen machte. Einen Moment lang hatte ich etwas von diesen biologischen Gefühlen gespürt, die sich bei einer Frau einstellen können und die ich bei mir selbst immer für unmöglich gehalten hatte.

In den Achtzigern habe ich mich sexuell ausgetobt, was im nachhinein betrachtet natürlich eine recht gefährliche Zeit gewesen ist. Vor einigen Jahren wollte eine Freundin unbedingt wissen, mit wie vielen Männern ich geschlafen hatte. Es stellte sich raus, daß es über vierzig waren, also sind es mittlerweile wohl etwa fünfzig. Anfang der Achtziger war ich Mitte Dreißig und tat mich ein bißchen um, nachdem meine elfjährige Beziehung auseinandergegangen war. An eine Geschichte kann ich mich noch ganz genau erinnern, sogar an das Datum, weil es die beste sexuelle Erfahrung meines Lebens war. Ich fuhr mit einigen Freunden ins Dingwells, das ist ein Club nördlich von London. Da war dieser wahnsinnig attraktive, wirklich schöne Mann, und ich glaube, ich habe ihn richtiggehend angebaggert. Ich klopfte sogar irgendwelche Sprüche über seine wunderschönen blauen Augen, dieses typische Männergesülze. Ich fragte ihn, was er beruflich mache, und er erzählte mir, daß er Taxifahrer sei und mich nach Hause fahren würde. Ich lehnte ab, aber er ließ sich meine Telefonnummer geben. Am nächsten Tag rief er an, was mich überraschte, weil er sich die Telefonnummer nicht aufgeschrieben hatte. Er kam dann gleich zu mir. Wir unterhielten uns ein bißchen, aber nicht sehr lange. Er sagte: »Wollen wir irgendwo was trinken gehen?« Und ich entgegnete: »Willst du das wirklich?« Einige Stunden später, als wir eine kleine Pause einlegten, gestand er mir, daß er sich meine Telefonnummer gemerkt, aber meinen Namen vergessen hätte. Er reiste viel. Ich glaube, er war high, als ich ihn das erste Mal traf. Als Mensch war er möglicherweise eine Niete. Ich weiß es nicht. Aber er hatte einen traumhaften Körper. Nachdem wir fast zwölf Stunden Sex gemacht hatten, ging er morgens um sieben, und ich sagte irgendwas wie: »Vielen Dank, das war wundervoll.« Ich habe ihn nicht nach seiner Telefonnummer gefragt und auch nicht, ob wir uns noch mal wiedersehen wollten. Ich habe eigentlich nichts weiter erwartet. Aber am nächsten Abend saß ich in meiner Wohnung und versuchte das Telefon zu hypnotisieren, damit es läutete. Es läutete tatsächlich. Er war dran. Und dann haben wir alles noch einmal wiederholt. Er ging am nächsten Morgen – es war der 14. Februar 1979, Valentinstag – und meinte: »Wie es aussieht, muß ich dich wiedersehen.« Ich habe es tatsächlich für bare Münze genommen. Und das war das letzte, was ich je von ihm gehört habe.

Ich litt körperliche Höllenqualen. Weil es sexuell einfach phantastisch gewesen war. Noch lange danach stieß ich manchmal einen Schrei aus, wenn ich durch die Straßen ging. Ich hatte das Gefühl, daß mein ganzer Körper sich vor Sehnsucht und Verlangen zusammenkrampfte. In den ersten beiden Wochen, nachdem er gegangen war, spürte ich seinen Geruch im Flur meiner kleinen Einzimmerwohnung. Der Duft war so intensiv, daß ich praktisch beim Einatmen einen Orgasmus bekam. Sexuell war es absolut perfekt gewesen. Ich habe nie davor oder danach so guten Sex gehabt. Wenn ich ihn besser kennengelernt hätte, wäre es wahrscheinlich nicht so gut gewesen. Ich wußte sehr wenig von ihm. Aber er hatte Sinn für Humor. Er kam aus Tasmanien. Ich wußte, wie er hieß und daß seine Mutter rosa Gin trank, aber das war auch schon so ziemlich alles. Aber ich hatte mehr Orgasmen mit ihm als mit irgendeinem anderen Mann. Sie kamen mir zu den Ohren raus. Es war wirklich phänomenal. Ich mußte überhaupt nichts sagen oder erklären. Ich fuhr ein paarmal nach Pimlico, weil ich wußte, daß er dort auf einer Baustelle arbeitete, aber wahrscheinlich war er wieder auf Reisen gegangen, ich glaube, er wollte nach Bangkok. Mir war klar, daß ich mich nicht in ihn verliebt hätte, wenn wir uns öfter gesehen hätten, weil mir wahrscheinlich vieles an seinem Charakter nicht gefallen hätte.

Ich habe mir nie bewußt vorgenommen, ein flüchtiges Abenteuer einzugehen. Soweit ich mich erinnern kann, hatte ich keinen einzigen One-Night-Stand, aber ein halbes Dutzend Two-Night-Stands. Das waren Situationen, wo ich dachte, daß etwas daraus werden könnte, und entdeckte, daß ich mich geirrt hatte. Vor etwa fünf Jahren hatte ich den (zutreffenden) Verdacht, daß ich Herpes hätte. Ich ging in eine Klinik, und die Ärztin dort hatte einen jungen Medizinstudenten bei sich. Sie fragte mich, wann ich meinen letzten Verkehr gehabt hätte und ob ich in einer festen Beziehung wäre. Ich sagte nein, aber daß ich gedacht hätte, es würde eine werden. Sie fragte nach dem Mal davor, und ich gab dieselbe Antwort. Daraufhin meinte sie: »Männer sind doch alles Schweine, was?« Dem Studenten klappte der Unterkiefer runter.

Meine Vergangenheit ist mir nicht peinlich, sie beunruhigt mich nur manchmal. 1981 lebte ich einige Monate mit einem Drogenabhängigen in Texas zusammen. Auch bei zwei anderen Männern, mit denen ich geschlafen habe, ist mir im nachhinein ziemlich mulmig zumute. Der eine war ein Two-Night-Stand, mit dem anderen war ich ein Jahr lang locker liiert, und ich bin mir sicher, daß er promiskuös und drogenabhängig war. Und ich habe die ganze Zeit nur mit der Pille und dem Diaphragma verhütet. Ich habe den Test nicht gemacht. Letztes Jahr habe ich gründlich darüber nachgedacht, nachdem ich einen Film über Aids gesehen hatte. Wenn du weißt, daß du HIV-positiv bist, kannst du bestimmte Medikamente nehmen, die den Ausbruch der Krankheit hinauszögern. Aber letztlich bin ich zu dem Schluß gekommen, es nicht zu machen. Wenn ich jemanden kennenlernen würde, bei dem ich den Eindruck hätte, daß sich vielleicht was Ernstes daraus entwickeln könnte, würde ich mit ihm darüber reden. Ich hätte gern wieder eine feste Beziehung, obwohl es ein Widerspruch in sich zu sein scheint, weil es so schwierig ist, einen Mann kennenzulernen. Ich möchte eine gleichberechtigte Partnerschaft mit einem Mann, der mir geistig ebenbürtig ist. Ich weiß nicht, ob ich mit jemandem zusammenleben könnte. Ich habe es nie sehr lange ausgehalten. Einmal sechs Monate, einmal zwei Monate und ein paar Monate in Texas. Was das tägliche Zusammenleben mit einem Mann betrifft, sieben Tage die Woche, habe ich es insgesamt auf etwas mehr als ein Jahr gebracht, also denke ich, daß es schwierig wäre, jetzt damit anzufangen. Ich brauche meinen Freiraum, aber wenn da jemand wäre, der seinen eigenen Freiraum hätte und mit meinem von Zeit zu Zeit Kontakt aufnehmen würde, könnte es klappen.

Ich denke, unser sexuelles Verhalten ist genetisch vorbestimmt. Wenn eine Frau Sex macht, öffnet sie sich, physisch und psychisch, während ein Mann sich einfach entlädt und abreagiert. Damit ist die Sache für ihn gelaufen und für eine Weile erledigt, während die Frau noch immer offen ist. Für sie ist es irgendwie nur der Anfang. Der Entwurf des Menschen weist einen fundamentalen Fehler auf. Männer scheinen im allgemeinen weniger Wert auf Sinnlichkeit zu legen. Für mich hat es gewisse Ähnlichkeiten mit dem Reisen. Es ist großartig, am Ziel anzukommen, aber der Weg dahin kann genauso schön sein. Wenn Männer weniger darüber nachdenken würden, ob die Frau nun »gekommen« ist oder nicht und statt dessen mehr darauf achten würden, daß man einfach eine schöne Zeit im Bett hat, könnten beide sehr viel mehr Spaß haben.

Ein weiterer fundamentaler Konstruktionsfehler ist, daß Frauen den Gipfel ihrer Sexualität ab Mitte Dreißig erreichen, während es mit den Männer ab achtzehn ständig bergab geht. Da stehst du nun, allein auf deinem Gipfel, und hältst nach einem passenden Sexualpartner Ausschau. Wenn du nicht gerade auf Teenager stehst, sind deine Aussichten ziemlich trübe, denn die meisten akzeptablen, erwachsenen Mäner sind verheiratet oder in einer festen Beziehung. Ich kenne massenweise nette, interessante Dreißig- und Vierzigjährige, die allein leben und gern eine Beziehung, wenn auch nicht unbedingt eine Ehe eingehen möchten. Aber wo sind die passenden Männer für diese Frauen? Für gewöhnlich sind sie mit der falschen Frau verheiratet oder mit dem richtigen Mann schwul.

Sag einfach nein

Vielleicht ist Sex in der heute bekannten Form des »Fikkens« zum Untergang verurteilt, wenn die Besitz- und Machtverhältnisse sich wandeln. Was die Zärtlichkeit betrifft, haben wir recht erfreuliche universelle Gewohnheiten, die einen verbalen und körperlichen Austausch beinhalten, ohne zum Geschlechtsakt zu führen, wie zum Beispiel in den Beziehungen zwischen Frauen, zwischen Erwachsenen und Kindern und zwischen Kindern.

Roxanne Dunbar

(Sex ist) unangenehm, zeitaufwendig, kräftezehrend und irrelevant ... Erotische Energie ist nichts anderes als Lebensenergie und erledigt sich von selbst, wenn wir aufregenden, interessanten Tätigkeiten nachgehen ... (Wenn) die genitale Spannung anhält, gibt es immer noch die Masturbation. Ist das nicht sowieso viel einfacher? Dies ist kein Aufruf zur Enthaltsamkeit, sondern zur Tolerierung der Enthaltsamkeit als einer Alternative, die der Erniedrigung in den meisten Beziehungen zwischen Männern und Frauen vorzuziehen ist.

Dana Densmore

GERMAINE Greer hat sich mehr als irgend jemand sonst für den Erfolg der sexuellen Revolution eingesetzt, weil sie von Natur aus eine Revolutionärin, eine kämpferische Frau ist. Sie hat der sexuellen Revolution und ihren Folgen relativ spät abgeschworen. Erst Mitte der siebziger Jahre begann sie ihre Rundreise durch die Talk-Shows, um zu verkünden, daß die Pille die Frauen zu Sexualobjekten machte. Noch wesentlich später, 1984, zehn Jahre nach *Der weibliche Eunuch* und lange nachdem die feministische Gesundheitsbewegung entstanden war, prangerte sie in die *Die heimliche Kastration* die westliche Ideologie der Bevölkerungskontrolle an. Greer pries die naturnahen Fortpflanzungspraktiken der dritten Welt und empfahl Coitus interruptus, Analverkehr und oralen Sex als nachahmenswerte Verhütungsmethoden. Es dauerte noch einmal sieben Jahre, bevor sie in die mythologische Welt des esoterischen Feminismus abtauchte und die Frau in den Wechseljahren zur weißen Hexe erklärte, zur weisen alten Frau, die ihre Macht geradewegs aus den feministischen Utopien Mary Dalys bezieht.

Der britischen Protestbewegung, der Germaine Greer angehörte, fehlte die einigende politische Erfahrung des Vietnamkrieges und damit ein konkretes gemeinsames Ziel. Die Frauen hatten einen schwierigen Stand. 1973, als die Hippiebewegung – Gott sei Dank – ihrem Ende zusteuerte, verbrachte ich einen Nachmittag in einer ländlichen Kommune in Yorkshire. Ich war als Hippie immer eine Fehlbesetzung gewesen. Die ganzen Sechziger und frühen Siebziger hindurch war es eine schwere Schicksalsprüfung, mit dunklen, lockigen Haaren geschlagen zu sein. Blond war am besten; Straßenköter war auch okay, es nahm Henna gut an. Außerdem fehlte mir eine weitere wichtige Eigenschaft: heitere Gelassenheit. Einer der Kommunemänner gab mir einen guten Rat. »Nimm dir ein Beispiel an Sarah«, sagte er (Hippiemädchen namens Sarah erfreuten sich damals großer Beliebtheit, weil Bob Dylans ehemalige Freundin so hieß). Sarah saß auf dem Fußboden, bekleidet mit einer indianischen Bettdecke und drehte Joints. »Sie sagt nicht viel, aber was sie sagt, hat Tiefe.« Es war hoffnungslos, denn ich konnte eindeutig weder den Mund halten noch etwas Tiefschürfendes sagen.

In seinem 1971 erschienenen Buch *Playpower*, das die Hippiesicht des Marcusianismus zusammenfaßte, gab Richard Neville unbewußt preis, was die sexuelle Revolution für einen Großteil der Männer in Wahrheit bedeutete: lediglich einen Wandel der Form (und das war lange bevor sich irgend jemand ernsthaft mit der Form beschäftigte).

> Der sexuelle Stil hat sich verändert... Verführung ist obsolet... die Aussicht, eine moderne Frau »zu verführen, zu verlocken oder zu verleiten«, ist... nun ja, stellen Sie sich vor, Sie sollten Janis Joplin den Hof machen. Wenn zwei Menschen sich mögen, schlafen sie miteinander. Das Dinner bei Kerzenlicht, die Konfektschachtel, rote Rosen, später dann Diamanten als Zeichen der unverbrüchlichen Liebe – die ganzen protzigen Utensilien der romantischen Umwerbung – wirken so überholt wie Terry Thomas in einer Hausjacke.[1]

Bereits damals machte Janis Joplin den Eindruck so tiefer seelischer Not, daß ein Abendessen, eine Schachtel Konfekt und etwas galante Aufmerksamkeit ihr möglicherweise als willkommene Abwechslung zu Alkohol, Drogen und dem Mißbrauch ihres Körpers durch die Plattenindustrie erschienen wären. Kurz vor ihrem Tod wollte sie einen

Geschäftsmann heiraten und aufs Land ziehen. Neville schildert an einem persönlichen Beispiel, wie man ein Hippiemädchen korrekt vernascht:

> Ich treffe eine mäßig attraktive, intelligente, cherubhafte Vierzehnjährige aus einer nahegelegenen Londer Gesamtschule. Ich nehme sie mit zu mir nach Hause, sie dreht sich einen Joint, und wir sehen den wöchentlichen Spielfilm im Fernsehen. Es gibt *Die Frau des Jahres*. Spencer Tracy findet sich fast gegen seinen Willen in Katherine Hepburns Apartment wieder. (Er küßt sie, wirft ihr einen wilden »In-mir-brodelt-ein-Vulkan«-Blick zu und verläßt fluchtartig die Wohnung). Es folgt die Heinz-Suppenwerbung, ein Hurrikanfick, ein weiterer Joint. Keine falschen Liebesschwüre oder leeren Versprechungen... Ein Abschiedskuß und das Mädchen macht sich eilig auf den Weg, um seine Hausaufgaben zu machen.[2]

Mäßig attraktiv, intelligent, cherubhaft (meint er fett?): Das hätte ich sein können, außer daß ich nie was mit Richard Neville hatte. Man kann sich vorstellen, welchen Eindruck solche Schilderungen auf männliche Leser machten, vor allem auf die Mitglieder der sexuellen Befreiungsbewegung von Emanuel Petrakis. Neville war allerdings nicht ganz aufrichtig: Als Herausgeber von *Oz*, dem führenden britischen Untergrundmagazin, standen ihm bei Bedarf genügend Groupies zur Verfügung. Vielleicht suchte der Cherub auch nach einem Einstieg in den Journalismus.

Und dieser Hurrikanfick – so lang wie die *ganze* Heinz-Suppenwerbung. Ganz zu schweigen von der Zeit für das Jointdrehen. Hatte Neville noch Zeit zu fragen: »Und wie war es für dich?« Gab es irgendeinen Unterschied zwischen diesem Vorgang und dem Vorstadtsex, dem Samstagabendquickie in der unbefreiten Kernfamilie? Einer der Gründe für den schnellen Zusammenbruch der Hippiebewegung war die Erkenntnis, wie wenig sie für die Frauen enthielt. Felix Dennis, geschäftsführender Direktor von *Oz* und späterer Verlagstycoon, ließ keinen Zweifel daran, warum er zum Untergrund gehörte: »Ich machte *Oz*, weil ich mich dabei herrlich amüsieren konnte. Selbst in den Rock 'n' Roll-Tagen habe ich nie so viele hübsche Häschen gehabt. Man hat Tag und Nacht gerammelt.«[3] Die Frauen gingen, weil es unerträglich für sie war: Nicole Lane, die Ende der Achtziger von Jonathon Green interviewt wurde, erinnerte sich an den Druck, der auf den Frauen lastete. Sie fühlten sich hin- und hergerissen zwischen ihren politischen Überzeugungen und der von ihnen erwarteten praktischen Umsetzung dieser Politik:

> Du mußtest so viele verschiedene Rollen erfüllen: Du mußtest schön sein, und du mußtest gut ficken können, das schien ungeheuer

wichtig. Ich denke, es hat vor allem bedeutet, daß du (a) mit ganz vielen Männern ins Bett gingst und (b) daß du ihnen bereitwillig einen geblasen hast. Ich erfüllte diese Anforderungen nicht wirklich. Ich wollte es, aber da war ein Teil von mir, der immer hinterherhinkte. Heute bin ich froh darüber, aber damals hat es mir schrecklich zu schaffen gemacht. Alles vögelte wie verrückt. Für Männer Ende Zwanzig war es das Paradies: lauter willige Mädchen. Das Problem mit diesen willigen Mädchen war, daß sie häufig nicht willig waren, weil sie die betreffenden Männer besonders reizvoll fanden, sondern weil sie sich dazu verpflichtet fühlten. Der Druck, sich der Unangepaßtheit anzupassen, war enorm. Das ließ dir wenig Raum, deine eigenen Wünsche und Bedürfnisse zu entdecken. Gierige ältere Männer, Leute wie Jim Haynes, schlichen ständig mit triefenden Lefzen um das Art Lab... Es gab viel Elend. Beziehungselend. Da war diese gräßliche, gräßliche Eifersucht, obwohl es ja angeblich keine Eifersucht gab, kein Besitzdenken. Das hieß im Klartext, daß die Männer herumfickten. Du hast viel geheult, manchmal getobt, und dein Freund hat gesagt: »Motz mich nicht an – laß deine schlechte Laune nicht an mir aus... setz mich nicht unter Druck, stör nicht meine Kreise.«[4]

Nach der Frauenkonferenz von Oxford im Jahre 1970 wechselten viele Frauen aus der alternativen Szene zur feministischen Politik. Einige starteten das feministische Magazin *Spare Rib*. Es war ein harter Schlag für die Männer, und wir wollen einen Moment lang bei ihrem Schmerz verweilen, wie er zum Beispiel von einem aufheulenden Jefferson Poland zum Ausdruck gebracht wurde. Poland saß zwar 5000 Meilen entfernt, fühlte sich aber durch das Phänomen, das seine Kameraden in Berkeley als Pussy Power oder Mösenmacht bezeichneten, ebenso schändlich betrogen wie seine britischen Leidensgenossen:

Bin an einem herrlichen Sommertag in Berkeley in tiefste Depressionen verfallen, nachdem ich mit einer reizenden revolutionären Schwester gesprochen habe.

Sie erzählte mir, daß sie die Frauenbefreiung entdeckt hat; sie ist zu dem Schluß gekommen, daß alle Männer Chauvinisten sind, und will ihre Kommune umgestalten. Sie plant, alle Männer rauszuwerfen und nur noch Frauen aufzunehmen. Au Backe!

Ich fühlte mich sowieso schon einsam, und das hat mir den Rest gegeben. Die Boheme besteht ohnehin zu zwei Dritteln aus Männern. Wenn alle monogam werden, steht die Hälfte der männlichen Bohemiens mit ihrer Geilheit regelmäßig auf dem Schlauch. In der politischen Linken ist der Männeranteil sogar noch größer: Ich kenne Sozialisten, die schon seit Jahren nicht mehr gevögelt haben.

Außerdem hat die Gesellschaft den Sextrieb bei unseren Schwestern so erfolgreich eingedämmt und unterdrückt, daß eine beträchtliche Minderheit von Boheme-Frauen nicht den Wunsch verspürt, regelmäßig zu ficken (sie warten auf den Mann zum Heiraten, auf den »Richtigen«, der sie aufrichtig liebt; sie haben psychosomatische Mösenschmerzen, Scheidenkrämpfe oder Kopfweh; sie haben die Pille abgesetzt et cetera ad somnus), während 95 Prozent der Männer durchaus diesen Wunsch verspüren... Also werde ich die verdammten Dinger abschneiden – ich meine die Eier, nicht den Piller – und sie an Women's Lib schicken, die für diesen Ausbruch weiblicher Enthaltsamkeit in den Kommunen verantwortlich ist. Mein Sextrieb wird langsam absterben, weil mein Körper aufhört, Testosteron zu produzieren. Ich werde mir noch einige Östrogenspritzen geben lassen, um ihn endgültig abzutöten...

Leb wohl Eros, hallo Thanatos.[5]

Germaine Greer hat sich selbst als »Kassandra im Keller« bezeichnet, »deren Zeichen immer dieselbe Botschaft ergaben: ›Du bist voll von Scheiße‹.« Der Keller, den sie laut eigenen Angaben besetzt hielt, war der von Richard Neville, »weniger Revolutionär, als Werbetexter der Revolution«.[6] Ihre Prophezeiung vom Untergang des utopischen Hippie-Unternehmens sollte sich bewahrheiten. Wäre es anders gekommen, wenn man auf sie gehört hätte? Im Mai 1970 gab sie eine Sonderausgabe von *Oz* heraus, die den Titel *Female Energy Oz* trug, aber von allen nur als »Mösenmacht«-Ausgabe bezeichnet wurde. Als Akademikerin hatte Germaine ein umfassenderes historisches Verständnis als die meisten Radikalen der Alternativ- oder Protestszene. Ihrer Ansicht nach hatte die Gesellschaft die weibliche Sexualität in einem kontinuierlichen Prozeß unterdrückt, der seinen Anfang mit der Ikonographie des Mittelalters genommen hatte, als die Frau zum Sinnbild der Wollust und des Laster stilisiert wurde; das entstehende puritanische Bürgertum hatte dann später dieses Bild umgeformt und die Frau zur keuschen Hüterin der männlich definierten Ehe und Ehre erklärt. Greer plädierte für die feierliche Aufwertung einer machtvollen weiblichen Sexualität, um das phallozentrische Patriarchat zu überwinden.

Aus diesem Artikel stammt das Hohelied der Möse, das in der Einleitung dieses Buches zitiert wurde.[7] Wir haben zwar den Begriff »Phallus«, der sich weniger auf das konkrete Körperteil als auf die Vorstellung vom Penis als einer kulturellen Macht bezieht, aber es gibt kein entsprechendes Wort für die weiblichen Genitalien als kulturelles Konstrukt, ebensowenig wie für die Gesamtheit der weiblichen Geschlechtsorgane – Vagina, Klitoris, Schamlippen - mit Ausnahme von »Fotze«, das praktisch keine Frau benutzen würde. Die Revolution der

Mösenmacht hätte eine drastische Neuinterpretation unserer Kulturgeschichte, Mythologie und Kunst erfordert. Germaine hatte recht. Die weibliche Sexualität war verschüttet, schlecht definiert (größtenteils von Männern) und den Frauen selbst jahrhundertelang entfremdet worden. Und die sexuelle Revolution hat sehr wenig dazu beigetragen, das Gleichgewicht der Macht zu verändern, auch wenn sie einige der schlimmsten Tabus beseitigte, die den Frauen sogar den rudimentärsten Zugang zu ihrer eigenen sexuellen Anatomie verwehrten. Es sollte mehr als zwanzig Jahre dauern, bevor die weibliche Lust erneut eine Stimme fand, aber Camille Paglias postmoderne Definition der weiblichen Sexualiät war durch und durch mythisch, eingebunden in die Vorstellung einer unverrückbaren, zeitlosen Vorrangstellung der Frau, was die Möglichkeit politischer Befreiung von vornherein ausschloß (für Paglia ist der Wandel an sich ein männliches Prinzip).

Germaine Greer ist in ihrem revolutionären Entwurf weiblicher Sexualität nicht sehr weit gegangen. Nicht annähernd weit genug. Ihre Beziehung zur Politik der Sexualität endete mit dem Debakel des *Suck*-Magazins, dem gescheiterten Untergrundversuch, eine alternative Pornographie zu schaffen. Zu den Gründungsmitgliedern der erstmals 1969 erschienenen Zeitschrift gehörten neben Greer Jean Shrimpton, *das* Topmodel der Sechziger, deren Freund Heathcote Williams (der später zum Poeta laureatus der Meeresfauna avancierte), Bill Levy, ein amerikanischer Student, der nach London gekommen war, um Forschungen über Ezra Pound anzustellen, und damit endete, daß er die Londoner Untergrundzeitschrift *International Times* herausgab, und Jim Haynes.[8] Haynes war jener gräßliche alte Mann, der auf der Jagd nach jungen Betthasen um das Arts Lab herumschlich. Geboren 1933 in Louisiana, war er erheblich älter als die anderen. Ein altes Klassenfoto zeigt ihn als mickrigen Jüngling, mehrere Zoll kleiner als seine Mitschüler, der offenbar rund um die Uhr für ein Macho-Image arbeiten mußte und später in die Air Force eintrat. Nach der Grundausbildung in Texas wurde er 1956 nach Edinburgh versetzt und besuchte in seiner Freizeit zahlreiche Kurse an der Universität. Nach seiner Entlassung vom Militär beschloß er, in England zu bleiben, und eröffnete einen Buchladen, der sich auf radikale, damals als obszön klassifizierte Publikationen wie *Lady Chatterley* oder *Fanny Hill* spezialisierte.

Haynes hatte ein ausgeprägtes Gespür für Zeitströmungen. Er gründete das Traverse Theatre, heute eine der ehrwürdigsten Institutionen für Außenseiterstücke. 1963 organisierte er eine Theaterkonferenz. Zu den Teilnehmern gehörten der Kritiker Kenneth Tynan, Autoren wie Lilian Hellman, Charles Marowitz, Arnold Wesker, Edward Albee, J. P. Donleavy, Marguerite Duras, Alain Robbe-Grillet, Wole Soyinka und J. B. Priestley; ferner die Regisseure Peter Brook, Jerome Robbins und Joan Littlewood sowie die Schauspieler Laurence Olivier, Alec Guiness, Richard Burton und Geraldine Page. Um ein Maximum an Publizität zu gewährleisten, veranstaltete Haynes ein sogenanntes »Happening« – eine nackte Frau wurde über die Orgelempore der Kirche gefahren, in der die Konferenz stattfand. Das Ereignis erregte landesweites Aufsehen, der *Daily Mirror* berichtete, daß Lord Harewood, ein Vetter der Queen, den »Schock-Strip« gesehen hatte. 1965 zog Haynes nach London, und im folgenden Jahr übernahm er ein leerstehendes Kaufhaus an der Tottenham Court Road, das er »Arts Lab« nannte. Ganz Swinging London kam, und jeder, der nach Swinging London kam, wollte hin: Dick Gregory, James Baldwin, R. D. Laing, Mamma Cass, Christine Keeler und (als passender syntaktischer Begleiter) der kubanische Botschafter.

Haynes mangelte es nie an neuen Ideen in einer Dekade, die neue Ideen gierig verschlang. Einmal rekrutierte er Mick Jagger, Dick Gregory und John und Yoko für den Redaktionsstab der *Casette Gazette*, ein Tonbandmagazin, in dem »rasende Rekorder-Reporter« wie William Burroughs, Allen Ginsberg, der sowjetische Dichter Jewtuschenko, Robert Crumb (Cartoonist bei *The Freak Brothers*), Anita Pallenberg und der weniger bekannte Jefferson Poland über interessante Ereignisse berichten sollten. Das Projekt wurde nie realisiert, obwohl Jagger einen Scheck über tausend Dollar und einen alten Rekorder zur Verfügung stellte.[9] Haynes hatte ein ziemlich unkompliziertes Verständnis von der sexuellen Revolution. Für ihn erschöpfte sie sich in »dem Schmerz und den Problemen, die durch Triebverdrängung, Frustration und Unwissenheit verursacht werden«.[10] Ich glaube, daß Haynes' Verständnis von Repression häufig in die Irre ging. Eine Frau erinnerte sich an seine Annäherungsversuche:

> Jim Haynes wollte mit mir schlafen. Ich war nicht allein, es waren noch ungefähr sechs andere Frauen im Bett. Ich sagte nein. Er demütigte mich. Er schien es für selbstverständlich zu halten, daß eine Frau sofort zum Sex bereit war. Ich war erst neunzehn und gerade aus dem Norden Englands nach London gezogen, und es war... alles zuviel für mich. Ich dachte, mit mir müßte irgendwas falsch sein, weil ich nicht so locker damit umgehen konnte. Ich sagte ihm, er sei pervers und solle sofort aus meinem Bett verschwinden. Ich würde Haynes gern mal wiedersehen, jetzt, wo er ein verschrumpelter alter Mann ist, um ihn genauso zu demütigen, wie er mich gedemütigt hat.[11]

Germaine Greer war überzeugt, daß sie ein Pornomagazin machen könnte, daß die Konventionen der Sexindustrie durchbrechen würde. Diese neue Zeitung, so Greers ursprüngliche Hoffnung, würde zum

Ausdruck bringen, daß »sexuelle Beziehungen offen und nicht besitzergreifend sein sollen. Wir sind gegen Besitz, gegen Eroberung, gegen die Erniedrigung von sexuellen Objekten, ob männlich oder weiblich. Wir sind *für* die Lust… Wir nennen uns schließlich Suck, nicht Fuck… Wir sind nicht penisorientiert. Wir sind lustorientiert, was etwas völlig anderes ist.«[12] Die erste Redaktionssitzung in den Büros der *Transatlantic Review* sollte sich als symptomatisch für die weitere Entwicklung erweisen, wie Haynes in seiner Autobiographie mit dem denkwürdigen Titel *Thanks for Coming!* ausführt (in der Hippieszene mußte man die Aufmerksamkeit des bekifften und ermatteten Lesers durch die häufige Benutzung des Ausrufezeichens wecken): »Etwa gegen Mitte der Sitzung entschuldigten sich Heathcote und Jean, um in einem anderen Raum miteinander zu schlafen. Bill, Germaine und ich diskutierten weiter. Später, als das ganze Kapitel abgeschlossen war, dachte ich an dieses Treffen zurück und empfand es als unseren ersten großen Fehler. Wir hätten alle fünf Liebe machen sollen. Ich wollte die ganze Zeit mit Jean und Heathcote schlafen – ich hielt es für eine wundervolle Art, den Abend zu verbringen.«[13]

Englands sittenstrenge Gesetze ließen nicht zu, daß *Suck* in London veröffentlicht wurde, also erschien die erste Ausgabe in Amsterdam, einer Stadt, die nie vergessen hatte, daß sie einmal spanische Kolonie gewesen war und in ihrer jüngeren Geschichte unter der Nazibesetzung gelitten hatte. Amsterdam glaubte an Liberalität und Toleranz. Der Redaktionsstab von *Suck* beteiligte sich aktiv am 1970er »Festival der nassen Träume«, das von einer Organisation namens SELF (Sexual, Egalitarian and Libertarian Fraternity) veranstaltet wurde. Germaine Greer beschrieb das Ereignis später als eine ununterbrochene Farce: »Der Ringkampf, der ausbrach, nachdem Otto Muehl daran gehindert worden war, im Rahmen seines Festivalauftritts eine Gans zu foltern, gab mir Gelegenheit, die Grundsätze meiner Arbeit bei *Suck* zu erläutern, denn *Suck* sollte zur ersten nicht-sadomasochistischen Sexzeitung werden. Da ich die einzige Redakteurin war, die diese Grundsätze vertrat, war die Zeitschrift – und die Zusammenarbeit – kurzlebig.«[14] In ihrem Bericht über das Festival schilderte Germaine das Problem, das *Suck* und das Festival gemeinsam hatten. Beide liefen letzten Endes auf wenig mehr hinaus als alternative Pornographie: »…*Suck* ist von einer unbefreiten Sexualität durchdrungen, in der Haß und Grausamkeit und Todessehnsucht eine gewichtige Rolle spielen. Das meiste davon ist Phantasie und stark beeinflußt von den Phantasiemaschinen, die von der kommerziellen Pornoindustrie entwickelt wurden, um den sexuellen Status quo aufrechtzuerhalten.«[15] Während eines Films, der (absichtlich?) rückwärts abgespult wurde, beschlossen Germaine und

Heathcote mit einem letzten demonstrativen Akt gegen die Fruchtlosigkeit ihres Projekts anzukämpfen: »Wir zogen aus Protest unsere Kleider aus und rollten uns auf dem Boden zusammen und auseinander wie Meeresgeschöpfe: Die Leute gesellten sich schweigend dazu, schlüpften aus ihren Kleidern und machten mit. Die Seepflanze entwickelte immer mehr Arme und wuchs zu einem Vielfachen ihrer ursprünglichen Größe heran.«[16]

Zum großen Krach kam es schließlich über ein Foto von Germaines Möse, das die große Gelenkigkeit der Autorin bewies, die ihren Kopf dabei zwischen den Füßen hielt. Greer dachte, daß es in der betreffenden Ausgabe Nacktfotos von allen Redakteuren geben würde und auch daß dieses spezielle Foto nicht benutzt werden würde. Haynes tat ihre Vorwürfe mit dem Hinweis ab, daß tatsächlich zwei weitere Aktbilder von Redakteuren erschienen waren: eine nackte Silhouette von Williams mit halb eregiertem Penis, der dem Körper von Jean Shrimpton nachempfunden war. Wutentbrannt legte Germaine die Arbeit nieder, während die britische Regenbogenpresse berichtete, daß die Autorin von *Der weibliche Eunuch* als Aktmodell für ein Pornomagazin posiert hatte.

Etwa von diesem Zeitpunkt an entwickelte Germaine Greer sich allmählich zu einer der führenden Vertreterinnen der Konterrevolution. Ihre Arbeit ist immer von extremen Widersprüchen gekennzeichnet gewesen, und es ist nie ganz klar geworden, ob und inwieweit ihre Vision von sexueller Freiheit tatsächlich mehr umfaßte als die alten Hippieforderungen nach freier Liebe, Abschaffung der Monogamie und ungezügeltem Sex. Gab es unter der millenarischen Rhetorik, deren Ursprünge ins siebzehnte Jahrhundert zurückreichten, je den konkreten Entwurf einer anderen Form von Sexualität, die auf Lust und Gleichheit basierte und der Kommerzialisierung standhalten würde? 1984 beschrieb Germaine Greer in *Die heimliche Kastration* eine kinderfeindliche Gesellschaft, die durch die Anwendung unnatürlicher Methoden die sexuelle Freiheit auf Kosten der Fruchtbarkeit verlängert hatte. Mutterschaft war ein diskriminierter Beruf, und Väter waren unfähig, eine Beziehung zu ihren Kindern aufzubauen. Der Populärpsychologe Dr. Anthony Clare faßte seine Reaktion in Worte: »Ich mußte innerlich Beifall klatschen. Eine Vollzeitmutter erhält in der Tat herzlich wenig gesellschaftliche Anerkennung. Meine Frau ist eine solche Vollzeitmutter. Sie ist überzeugt, daß sie eine wertvolle Arbeit leistet, die viel Engagement, Können und Wissen erfordert, wird aber regelmäßig von anderen Leuten, größtenteils Frauen, kritisiert, die implizieren, daß es eine weniger achtbare Tätigkeit sei, als Radkappen an Volvos zu schrauben.«[17]

Natürlich hatte Germaine Greer nicht die Absicht, ein Buch zur Verteidigung der Hausfrau zu schreiben, aus dem Ehemänner beifällig zitieren. Nichtsdestotrotz hat *Die heimliche Kastration* sowohl zum Rückzug auf einen biologischen Determinismus beigetragen als auch zur Vertiefung des Schweigens, in dem der Sex im Laufe der Dekade immer stärker versank. Eine ausgetrickste Germaine wetterte: »Diese Freiheiten überleben aber dennoch, eben weil sie gar keine Freiheiten, sondern nur Blickfang sind, der ihn (den Menschen) so sicher von eigener politischer Tätigkeit und von der Mitarbeit in neuen Gruppen ablenkt, die die stumpfe Fortführung der etablierten Macht nur stören können.«[18] Das war die Stimme von Cromwell, von Stalin: Die Lust war zur Falle geworden, zum Nebenschauplatz der eigentlichen Geschichte. Überzeugte Revolutionäre ließen sich vom wahren Kampf nicht abbringen. Zuviel Sex forderte auch einen psychologischen Preis: »... und es kann in diesem Zusammenhang, bei wahllos betriebenem sexuellen Experimentieren, zu schwerwiegenden Störungen der Persönlichkeit kommen.«[19] Doch später im selben Kapitel bekräftigt Greer die Vorrangstellung der Libido und definiert sie als »die einzige Kraft, durch die die Welt erneuert werden kann. Indem wir es zulassen, daß sie abgefüllt und regelmäßig nach häuslichem Ritual abgezapft wird, bereiten wir die Bühne vor, auf der unsere eigene Vernichtung – ganz benommen von unzähligen Befriedigungshäppchen und unempfindlich gegenüber Leid und Qual und gegenüber der Ekstase – sich abspielen wird.« Der Orgasmus würde zu einer säkularen Religion erhoben, deren Jünger, »junge Paare ... mit einem Lächeln auf dem Gesicht«, sich dem »Sex als Vergnügen hingeben, und dies bedeutet: Sex ohne Furcht vor einer Schwangerschaft; eine Frau, die jederzeit verfügbar ist und die – ungeachtet der Beziehung zu Land, Familie und Kindern – sich mit Orgasmen und langlebigen Konsumartikeln zufrieden gibt«.[20]

Was bedeutet all das? Einerseits scheint Greer die Libido als anarchische, revolutionäre Kraft zu betrachten, als den ungehobelten Rebell von der Straße. Doch wie die Faschisten glaubt sie, daß wir nur über das Biologische wahrhaft fühlen, erfahren und leben. Und wofür leben wir? Für die Bewahrung einer sentimentalen Vision von der Rückkehr aufs Land. Gemeint ist nicht das neue Land der Hippiekommunen, sondern unsere alten Ländereien, unsere alten Traditionen: eine Lebensweise, wie man sie mit der ländlichen Toskana verbindet, wo Germaine Greer als eine der ersten Vertreterinnen der britischen Mittelschicht dafür sorgte, daß die pittoresken Bauerhäusern der Region für normale Sterbliche unerschwinglich wurden. Dann ist da jener leicht bissige Seitenhieb auf lächelnde junge Paare. Die Autorin war nicht mehr jung und – wohl aus freier Entscheidung – auch nicht Teil eines Paares. Der Verlust der Jugend war einer der gemeinsten Streiche, die man der alternativen Szene spielen konnte. Doch Greer, nach wie vor politisch, richtete ihre Ressentiments gegen die sexuelle Ökonomie, die Entpolitisierung des Sexes, seine Reduzierung auf eine Art selbstverwaltete Dienstleistungsindustrie.

Germaine Greers Feindseligkeit ergoß sich in jeden verfügbaren sexuellen Raum. 1990 attackierte sie auf den Hochglanzseiten des börsenfesten britischen Magazins *Marie Claire* eine Frau, deren Name den Leserinnen jenes Magazins sonst wohl für immer unbekannt geblieben wäre. Seit den frühen Siebzigern hatte Betty Dodson Workshops in ihrer New Yorker Wohnung abgehalten und Frauen darin unterwiesen, wie sie durch Masturbation zum Orgasmus kommen konnten. Einige ihrer Schülerinnen arbeiteten beim *MS*-Kollektiv, und in New Yorker Feministinnenkreisen wird gemunkelt, daß Gloria Steinem ihren ersten Orgasmus bei Betty erlebte. Doch für Germaine Greer sind Bettys Workshops und ihr Buch *Liberating Masturbation* Teil der undifferenzierten erdgeschichtlichen Katastrophe der sexuell freizügigen Sechziger. »Am Ende der Sechziger«, schrieb sie, »waren alle Schranktüren geöffnet und alle Geheimnisse gelüftet. Jede sexuelle Schrulle war salonfähig geworden. Alle zugehaltenen Schubladen oder Löcher standen offen für die Suche nach dem geheiligten Orgasmus.« Sie räumte zwar ein, daß selbst kleine Mädchen, die noch nicht unter dem Einfluß der Geschichte standen, masturbierten, meinte aber, daß dies »eine Ersatzhandlung« sei, ein Ergebnis der kindlichen Vereinsamung, »weil kleine Kinder immer seltener die Nähe und den Körperkontakt anderer spüren und immer häufiger allein in einem Raum sitzen, mit keiner anderen Gesellschaft als den künstlichen Freunden im Fernsehen.« Selbstsüchtige Mütter, die eine Karriere statt einer großen Familie anstrebten, verwehrten ihren Kindern die Geschwister. Die Kinder lernten, daß »sie auf sich selbst angewiesen sind, wenn sie etwas Schönes erleben wollen«. Männer und Frauen konnten keine Liebe machen, weil beide in Phantasien schwelgten, die den anderen ausschlossen. Betty Dodson war eine »berufsmäßige Masturbatorin«. Phantasien entzogen dem Leben seine wahre, authentische Grundlage.[21] Als Greer 1991 ihr Buch *Wechseljahre* veröffentlichte, hatte sie den Sex völlig abgehakt und pries statt dessen ein häusliches Leben zwischen Bügeleisen und Gartenarbeit.

Es gab eine logische Schlußfolgerung aus der feministischen Kritik an der sexuellen Revolution, den Separatismus. Die Black Panther hatten als erste die Parole ausgegeben, daß Unterdrückte und Unterdrükker nicht Seite an Seite in derselben Bewegung kämpfen konnten. Die schwarzen Aktivisten, die einst weiße Frauen geheiratet hatten, verließen sie für die dunkelhäutigste Frau, die sie finden konnten, um ihr »Afrikanertum« zu bekräftigen. Aus dem radikalen feministischen Separatismus entwickelte sich die politische Lesbierin, die nicht aus sexuellen, sondern aus politischen Gründen mit Frauen schlief. Lesbischsein wurde Pflicht. Es hatte wenig Verbindung zur konkreten Geschichte lesbischer Unterdrückung und Kultur und auch nicht die Einsicht dieser Kultur in die Komplexität von Geschlechterverhältnissen. Wenn Radclyff Hall sich wie ein Mann kleidete, mußte die politische Lesbenbewegung alles Feminine gutheißen und ihre »Weiblichkeit«, ihren »weiblichen Geist« betonen.

Lesben waren anfangs in der Frauenbewegung nicht willkommen und stießen sogar auf Feindseligkeit. Es gab die Befürchtung, daß sie die Glaubwürdigkeit des Feminismus untergraben würden. Sie sollten ihren Platz an der Seite der schwulen Männer einnehmen. Die Lesben kämpften um ihre Anerkennung und forderten führende Feministinnen wie Kate Millett auf, sich zu ihrer lesbischen Neigung zu bekennen. Letztlich ergab die mutige, wenn auch grobe Logik des radikalen Feminismus für viele Frauen einen theoretischen Sinn. Sie ergab einen sehr praktischen Sinn für Frauen, die von Männern tief verletzt worden waren – verletzt durch die mangelnde Sensibilität der Männer oder ihre Unfähigkeit zur Kommunikation, verletzt durch Abtreibung und Vergewaltigung. Und für die meisten Feministinnen war die Misogynie eine wahrnehmbare Realität. Frauen hatten Angst, auf die Straße zu gehen. Zu Hause ging es ihnen häufig nicht besser, wenn sie wirtschaftlich abhängig und an einen gewalttätigen Ehemann gekettet waren. Die gemeinsamen Erfahrungen und die Geborgenheit, die sie in den Beziehungen zu anderen Frauen fanden, gaben ihnen nicht nur Sicherheit, sondern auch ein Gefühl von Macht und persönlicher Entfaltung. Die Solidarität der Schwestern war in der Tat etwas Machtvolles. Sie erlöste die Frauen von dem Konkurrenzkampf um die männliche Gunst und stärkte ihr Selbstbewußtsein. Und für einige ergab sich der nächste Schritt wie von selbst: Die Schwarzen hatten nicht Tag und Nacht in intimsten Beziehungen mit den Weißen leben müssen. Warum sollte die Frau sich durch rein biologische Ketten an den Mann fesseln lassen?

Politisches Lesbischsein ist nicht mehr in Mode. Es ging nie sehr weit über eine kleine, hochmotivierte Gruppe von Aktivistinnen hinaus. Die Frauen mit der wahren Macht – der Redaktionsstab von *MS*, die Mitarbeiterinnen und Führungskräfte des Nationalen Frauenverbandes, die Frauenausschüsse in der britischen Kommunal- und Regierungspolitik – waren größtenteils heterosexuell. Und als der Feminismus seinen schmerzhaften Dialog mit dem Rassismus begann, erklärten die schwarzen Frauen, daß sie sich in erster Linie mit ihrer ethnischen Herkunft identifizierten, auch wenn das eine Identifikation mit schwarzen Männern bedeutete. Der mythische Entwurf vom verlorenen goldenen Zeitalter des Matriarchats, in dem freie Erdmütter herrschen und Gemeinschaftslatrinen ausheben, fand wenig Anklang in afrokaribischen, afroamerikansichen, asiatischen oder lateinamerikanischen Kulturen. Aber es war dieses Bild, das die Darstellung des Feminismus in den Medien beherrschte. Nur wenige radikale Feministinnen entsprachen dem Bild der radikalen Männerhasserin, das die Medien verbreiteten (obwohl es natürlich auch solche gab). Größtenteils waren es Frauen, die ihre Kraft und Energie anderen Frauen widmen wollten. Sie fanden, daß Männer durchaus nette, anständige Leute sein konnten, sie hatten nur einfach keine Lust, mit ihnen zu schlafen oder ihr Ego aufzupäppeln.

Dem Radikalfeminismus fehlte die konventionelle Macht, weil er normalerweise nicht innerhalb bestehender Strukturen angesiedelt war. Aber merkwürdigerweise waren es letztlich die Aktionen des radikalen Feminismus – gegen Vergewaltigung, Pornographie und Gewalt in der Ehe –, die auch jene Frauen überzeugten, die sich nie aktiv mit feministischer Politik beschäftigt hatten. Die Straßen *waren* unsicher, Frauen *wurden* von gewalttätigen Ehemännern geschlagen, und die meisten Frauen, die in einer Ehe oder festen Beziehung lebten und zaghaft versuchten, beruflich Fuß zu fassen oder Beruf und Kinder miteinander zu verbinden, waren es leid, daß die weibliche Sexualität beständig in Form pneumatischer Ballontitten und erwartungsvoll gerundeter, allzeit schwanzlutschbereiter Schmollmünder dargestellt wurde. Allmählich entwickelte sich eine Theorie über männliche Gewalt. Das erste Buch, das dieses Gefühl von einer programmatischen Männergewalt zum Ausdruck brachte, war Susan Brownmillers 1975 erschienenes Buch *Gegen unseren Willen: Vergewaltigung und Männerherrschaft*. Brownmiller war eine Mainstream-Journalistin mit engen Kontakten zur Frauenbewegung. Ihr Buch war ein sorgfältig recherchierter historischer Abriß – über Kriege, Pogrome, Sklaverei, Mobgewalt gegen Schwarze, Massenmörder. Ihre Hauptthese lautete, daß Vergewaltigung nichts mit Sex zu tun hatte: »Ich glaube, daß Vergewaltigung seit eh und je eine überaus wichtige Funktion innehat«, schrieb sie in ihrer Einleitung. »Sie ist nicht mehr und nicht weniger als eine Methode bewußter systematischer Einschüchterung, durch die *alle Männer alle Frauen* in permanenter Angst halten.«[22] Diese These sollte die Frauenbewegung nachhaltig beeinflussen.

Einige der in dem Buch beschriebenen Vergewaltigungen rührten schmerzlich an die jüngste Vergangenheit. Brownmiller analysierte einen kausalen Zusammenhang zwischen den Vergewaltigungen während des Vietnamkrieges und einem grauenvollen Ausmaß an Gewalt. Die Welt wußte von den Greueln von My Lai und fragte sich entsetzt, welche kurz aufflackernde Psychose anständige amerikanische Jungen zu derartigen Handlungen getrieben haben könnte. *Gegen unseren Willen* machte deutlich, daß diese Greuel gang und gäbe waren und tagtäglich an unzähligen Frauen verübt wurden. Ein Bericht illustrierte, mit welcher Gleichgültigkeit die Männer diese Gewalt akzeptierten: Ein Deserteur hatte einem Autor aus Toronto von einem Zwischenfall erzählt, an dem er selbst, zwei Offiziere und zwei weitere Männer beteiligt waren: »Wir zerrten diese vier Mädchen ins Elefantengras... Wir vögelten sie. Sie waren gezwungenermaßen willig – sie wollten lieber gefickt als erschossen werden. Dann schrie einer der Männer die Frau an, mit der er vögelte... Er zog seine Waffe und erschoß sie. Sofort holten auch die anderen drei, ich eingeschlossen, ihre Waffen heraus und knallten die Mädchen ab. Einfach so...«[23] Sex war lediglich eine Methode, um Frauen in Angst zu versetzen; der Zusammenhang von Sex und Gewalt war mühelos nachweisbar, nicht nur in Vietnam, sondern auch am Beispiel der wachsenden Zahl von Serienmördern, die die Welt durchstreiften – die Täter immer Männer, die Opfer fast immer Frauen. Die ganzen Witze, die Frauen sich erzählten – »Sei vorsichtig, du könntest vergewaltigt werden«, »Na, hoffentlich!« – erschienen plötzlich abgrundtief krank. Vergewaltigungsphantasien, die Frauen zweifellos hatten, waren eine kulturelle Konditionierung, ein Zeichen unseres von Männern erzeugten Masochismus.

Von der Vergewaltigung war es nur ein kleiner Schritt zur Pornographie und dem Motto: »Pornographie ist die Theorie, Vergewaltigung die Praxis« – eine kausale Verknüpfung, deren endgültiger Beweis oder Gegenbeweis noch aussteht. Die Pornographie gab den männlichen Gewaltphantasien Gestalt und machte sie zu eigenständigen Gebilden. Pornographie rechtfertigte diese Phantasien und verwandelte sie in Bilder, die dann die Realität formten. Die Frauen, die darin vorkamen, hatten nichts mit realen Frauen zu tun. Es waren sexuelle Wunschprojektionen der Männer. Deshalb empfanden Frauen Pornos als so eindimensional, so erniedrigend.

Die Anti-Pornographiewelle ging weit über die organisierte Frauenbewegung hinaus. 1986 fand das britische Parlamentsmitglied Clare Short breite Unterstützung im Unterhaus, als sie für ein Verbot der bekannten Mädchen von Seite drei plädierte – Oben-ohne-Schönheiten, die die Männer beim Frühstück im Familienkreis erfeuen sollten. Der konservative Politiker Robert Adley protestierte: »Das Problem mit dieser ehrenwerten Lady und jenen, die denken wie sie, besteht darin, daß die Dame am liebsten mit Leuten verkehrt, die ihre Ansichten teilen. Wenn sie behauptet, daß eine überwältigende Mehrheit von Frauen diese Bilder als verletztend empfindet, so ist diese Behauptung schlichtweg falsch. Ich denke, daß eine überwältigende Mehrheit aus dem Bekanntenkreis dieser ehrenwerten Dame die Bilder als verletztend empfindet, was etwas völlig anderes ist.«[24]

Hier irrte Adley. Es meldeten sich Tausende von Frauen aus allen Schichten und Teilen des Landes – Hausfrauen, Polizistinnen, Anwältinnen, Lehrerinnen, Schülerinnen, Fabrikarbeiterinnen und Krankenschwestern, die die Initiative unterstützten. Clare Short hatte zweifellos das Mark des Puritanismus angezapft, der die sexuelle Revolution, mit wachsendem Ingrimm, ausgesessen hatte. Doch vor allem zeigte die Parlamentsdebatte, daß die Mehrheit der Frauen die vom Feminismus hergestellte Verbindung zwischen Sex und Gewalt nachvollzogen hatte, wie der folgende Brief illustriert:

> Ich bin eine glücklich verheiratete Frau mittleren Alters mit einem reizenden Mann und zwei normalen, wohlgeratenen Töchtern, die jetzt Mitte Zwanzig sind. Ich stimme völlig mit Ihnen überein (obwohl ich mein Leben lang konservativ gewählt habe – aber diese Sache steht über der Politik)... Ich bin nicht prüde oder eifersüchtig oder irgendwas in dieser Richtung. Ich finde einfach, daß man alles tun muß, um die sexuelle (und jede andere) Gewalt gegen Frauen zu verhindern und ein für allemal zu unterbinden – wie zum Beispiel die besagten Mädchen von Seite drei, die man für ein paar Cents bekommt. Mir ist klar, daß es andere, wesentlich offenherzigere Magazine gibt, aber die kosten erheblich mehr. Entschuldigen Sie, wenn mein Brief etwas wirr klingt, aber ich hatte das spontane Bedürfnis, Ihnen zu sagen, daß Sie meine volle Unterstützung haben.[25]

Mitte der Achtziger brachte eine weitere Exkursion in die männliche Sexpsyche den scheußlichsten Fund ans Licht: den sexuellen Mißbrauch von Kindern, Großbritanniens schmutzigstes Geheimnis. Als man Beratungstelefone für Kinder einrichtete, gingen täglich Tausende von Anrufen ein. Ich glaube, daß die meisten Leute im Land ihre dunkelsten Kindheitserinnerungen ausgruben und sich fragten, ob sie vielleicht selbst mißbraucht worden waren. Und viele haben sich die schmerzliche Wahrheit eingestanden. In seltenen Fällen wurden Kinder auch von Müttern sexuell mißbraucht, aber meistens lebten die Mütter von mißbrauchten Kindern in ständiger Angst vor einem gewalttätigen Mann, zu dem sie in einem masochistischen Abhängigkeitsverhältnis standen.

Diese Analyse der männlichen Gewalt hat die zarten Sandburgen unserer sexuellen Freiheitsträume wie eine riesige Welle überschwemmt und zerstört. Die Positionen, auf die wir uns zurückzogen, wurden zunehmend konservativer. 1984 veröffentlichte Karen Lindsey, eine lesbische Feministin, einen Artikel mit dem Titel »Further Thoughts on the Sexual Revolution« in der amerikanischen Zeitschrift *Sojourner*. Ihre Gedanken, schrieb sie, seien »so widersprüchlich, so schmerzlich«, daß sie es nicht einmal gewagt hätte, den Artikel mit einer anderen Frau zusammen zu schreiben. Doch so bitter die Erkenntnis gewesen sei, hätte sie ihr doch den Mut gegeben, sich »dem einen Tabu zu stellen, mit dem keine radikale Feministin je etwas zu tun haben will. Diese Erfahrung hat mich dazu gezwungen, die Möglichkeit in Betracht zu ziehen, daß etwas von dem, was die bösen Buben sagen, wahr sein könnte. Ich rede nicht von den schwammigen Liberalen – ich rede von den wirklich bösen Buben. Von Leuten, die inbrünstig an Unterdrückung und Triebverdrängung glauben, die überzeugt sind, daß die natürliche und einzige Bestimmung der Frau in ihrer Rolle als Ehefrau und Mutter liegt. Archie Bunker. Mittelamerika. Der Papst. Die Konservativen.« Alle Feministinnen hatten die Kommerzialisierung des Sexes beklagt. Die Kritik richtete sich nicht nur gegen die Pornoindustrie, sondern auch gegen die »Tupperpartys, auf denen Unterwäsche und Sexartikel verkauft wurden, gegen die Stripshows der Muskelmänner und gegen Küssogramme.« Das hatte Lindsey zu einer unvermeidlichen Schlußfolgerung geführt, einer Schlußfolgerung, die im frühen Feminismus der Sechziger fast undenkbar gewesen wäre: die konservative Verzerrung von Sexualität enthielt einen wahren Kern, »das Ideal von Sexualität als etwas Heiligem – als etwas, das so intim ist, so innig verknüpft mit dem Inbegriff des Lebens, daß wir zärtlich und behutsam damit umgehen müssen, im Kontext einer verantwortungsbewußten und liebevollen Beziehung«.

Jenseits der sexuellen Revolution, so Lindsey, gebe es einen anderen millenarischen Traum von einer nicht-ausbeuterischen, nicht-pornographischen, schwulen oder heterosexuellen, wahrscheinlich monogamen sexuellen Liebe: »Vielleicht kann der Körper zu heilen beginnen, und vielleicht können wir anfangen, für eine Sexualität zu kämpfen, um die sich viele Menschen seit Jahrhunderten bemüht haben... Eine Sexualität, die liebevoll und verantwortungsbewußt ist, die keine Angst vor der Zeit hat und der die Zeit nichts anhaben kann. Eine Sexualität, die leidenschaftlich und wild und zärtlich ist, die die Menschen verbindet und das Beste in beiden Partnern hervorbringt und bestärkt. Diese Sexualität wird heilig sein; sie wird kreativ sein; sie wird die Menschen dazu befähigen, endlich das zu machen, was sie immer wollten – Liebe.«[26] Ich persönlich glaube, daß die menschliche Natur diesem hohen Anspruch nicht ganz gewachsen ist, obwohl es eine Vision ist, in der sich Dora Russell und ihre Generation mühelos wiedererkannt hätten.

Das Ausmaß der männlichen Gewalt hat zur Entwicklung neuer feministischer Modelle von Sexualität geführt, die auf einer radikalen Neubewertung der sexuellen Revolution basieren. Das 1990 erschienene Buch *Anticlimax* von Sheila Jeffreys, die sich selbst als eine »lesbische und revolutionäre Feministin« bezeichnet, definierte die sexuelle Revolution als »Einberufungsbefehl zum heterosexuellen Sex für alle ledigen Frauen«, die dadurch die »Freiheit erhielten, ihre eigene erotisierte Unterwerfung lustvoll zu genießen«.[27] Die vermeintliche Freiheit der Frauen, ihr sexuelles Selbst zu erforschen, war nichts anderes als die Bestätigung der männlichen Herrschaft und weiblichen Unterdrückung. »Heterosexualität ist die Erotisierung des Machtunterschieds, eine politische Institution zur Festigung der männlichen Herrschaft, und darf nicht länger Bestand haben. Die Wiederbelebung der heterosexuellen Lust im Feminismus nach einer kurzen Phase der Kritik paßt in den zunehmend sadistischen Tenor der männerbeherrschten Gesellschaft.«[28]

Mir erscheint dies als extrem stumpfes Werkzeug, um das Problem der Sexualität zu behandeln. Das Buch enthält keinerlei Hinweis auf die Reproduktion; die Zukunft ist ein vager und dunkler Ort, an dem die Welt sich möglicherweise in zwei Hemisphären aufgespalten hat – eine, in der Frauen miteinander »Bambi«- oder »Vanille«-Sex praktizieren (die sanften, anti-erotischen Liebkosungen, die der frühe lesbische Separatismus bevorzugte), und eine Wildnis, in der die Männer darum bemüht sind, eine neue authentische Sexualität zu entwickeln. Irgendwie habe ich meine Zweifel, daß Männer, die man sich selbst überläßt, viel Zeit darauf verwenden würden, ihre Sexualität feministischen Ansprüchen anzupassen.

Es gab andere, konkretere Optionen. Eine war Enthaltsamkeit. Gabrielle Browns 1980 erschienenes Buch *Liebe ohne Sex* versprach zu enthüllen, warum immer mehr Männer und Frauen enthaltsam lebten und es genossen. Die Autorin, die ihren Doktortitel anführte, um ihren »Experten«-Status zu beweisen (der im amerikanischen Verlagswesen nach wie vor erforderlich ist, wenn es um sexuelle Themen geht), hatte einen »Trend« entdeckt: Das Sexmagazin *Penthouse Forum* hatte im Januar 1979 erklärt, Sex sei inzwischen zu leicht zu haben und daher zu einem häufig bedeutungslosen Ereignis geworden; die *New York Times* berichtete in ihrer Ausgabe vom 1. Mai 1978, daß eine Welle der Asexualität als eine Abwehr gegen so traumatische sexuelle Erlebnisse wie eine Scheidung oder die Enttäuschung nach oberflächlichem Sex über das Land hinweggehe; die *Village Voice* schrieb am 23. Januar

1979, daß es der letzte Schrei sei, als sexuell enthaltsam »herauszukommen«. Zu dieser neuen Mode hätten sich unter anderem Mick Jagger und Andi Warhol bekannt.[29] Brown verwies auf die britischen Punks und zog den – zutreffenden – Schluß, daß es sich dabei um eine antisexuelle Bewegung handelte, die gegen die Exzesse der Pop-Dinosaurier der Sechziger mit ihren Groupies und ausgepolsterten Lendenbereichen revoltierte. Punk bedeutete Explosion, Gewalt und Wut. Johnny Rotten soll einmal gesagt haben, daß Sex nichts anderes sei als Rülpsen und daß ihm persönlich eine Tasse Tee lieber wäre.

Es ist oft behauptet worden, daß die sexuelle Revolution den Frauen das Recht gab, ja zu sagen, während der Feminismus der Siebziger uns das Recht gab, nein zu sagen. In diesem Nein fanden wir unsere Integrität und begannen, unsere eigenen Bedürfnisse zu entdecken. Die Einforderung dieser Bedürfnisse stand auf einem anderen Blatt. Wir neigen dazu, Dekaden durch die vereinfachende Brille der Medien zu sehen. Demnach waren die Achtziger das Jahrzehnt der Powerfrau im Machtkostüm, der befreiten Karrierefrau, die sich mit Schulterpolstern ihren Weg durch die Wall Street bahnte. Die Gegenreaktion zeigte sich in den Filmen jener Periode, wie *Baby Boom*, die den Eindruck erweckten, daß Sterilität und Unfruchtbarkeit ein direktes Ergebnis der feministischen Forderung nach Gleichberechtigung wären. Es gab eine Reihe von furchterregenden Geschichten über gynäkologische Probleme und Fehlgeburten bei Spätgebärenden. Ektopische Schwangerschaften wurden zur Folgekrankheit der sexuellen Revolution erklärt, verursacht durch Promiskuität und die Verwendung von intrauterinen Pessaren.

Die Frauen versuchten in der Tat, Parität im Berufsleben zu erreichen, und probierten Rollen und Tätigkeiten aus, die früher den Männern vorbehalten gewesen waren. Gleichzeitig vollzog sich eine ganz andere Revolution, die außer den Frauenseiten und Frauenzeitschriften niemand zur Kenntnis nahm. Die weibliche Gesundheitsbewegung erreichte ihren Höhepunkt und wurde zu einer neuen Glaubenslehre. Die Achtziger forderten die Abschaffung der Apparatemedizin und die natürliche Geburt, die die Macht an die schwangere Mutter zurückgeben sollte. Wer den politischen Anspruch erhob, die Interessen der Frauen zu vertreten, wurde zuallererst daran gemessen, welche Haltung er (oder sie) gegenüber Kinderkrippen und steuerbegünstigten Erziehungsjahren einnahm.

Für den Rest von uns gab es die häufig unfreiwillige Option der Enthaltsamkeit. Susan Faludi schrieb einen Artikel für die Zeitschrift *Backlash* und belegte, daß die »große Männerverknappung« nichts anderes war als ein üblicher Trick, mit dem man unabhängigen Frauen vorgaukeln wollte, daß sie ihre Autonomie mit einem Leben ohne Liebe bezahlen müßten. Was Faludi sagte, entsprach der Wahrheit – es gab tatsächlich genügend Männer. Aber die sexuelle Freiheit, das Recht, sowohl den Gegenstand unserer Leidenschaft frei zu wählen als auch nein zu sagen, hatte uns wählerisch gemacht. Wirtschaftlich unabhängige Frauen, die nicht länger auf die finanzielle Unterstützung eines Mannes angewiesen waren, suchten nach Männern, die ihre sexuellen und emotionalen Bedürfnisse erfüllten. Aber während die Frauen seit den Sechzigern eine lange Entwicklung durchlaufen hatten, hinkten die Männer beträchtlich hinterher. Warum, fragten die Frauen, gab es so viele wundervolle, alleinstehende Frauen und so wenige wundervolle Männer? Weil die Frauen eine kollektive Wandlungserfahrung gemacht hatten. Ihre Selbstsicherheit kam, im allgemeinen, von innen und brauchte keine äußeren Machtsymbole. Doch die Kontaktanzeigen in Zeitungen wie *Time Out* oder *Village Voice* waren voll von sehnsüchtigen Zweizeilern, in denen die attraktive, schlanke, unabhängige Frau, 38, sich fragte, ob es irgendwo einen unabhängigen, klugen, einfühlsamen, kameradschaftlichen Mann, 35 bis 40, mit Sinn für Humor gab. Gab es nicht. Hauptsächlich aus demographischen Gründen. Die meisten Frauen Mitte Dreißig können realistischerweise nur einen Partner finden, der fündunddreißig und älter ist. Die meisten Männer dieser Altersgruppe sind bereits verheiratet oder leben in festen Beziehungen. Wenn ein vierzigjähriger Mann nach einer Partnerin sucht, kann und will er zwischen Frauen aus der Altersgruppe von zwanzig bis fünfunddreißig wählen, in der es genügend alleinstehende Frauen gibt. Frauen sind also gezwungen, sich einen Liebhaber im Teenageralter zuzulegen. Aber Teenagerjungen stehen nicht unter dem äußeren Zwang, sich eine ältere Freundin zuzulegen. Um eine Analogie aus der Konsumgesellschaft zu benutzen: Eine ältere Frau, die sich als Ware auf den Sexmarkt begibt, stellt fest, daß keine Nachfrage besteht.

Vor dem Hintergrund dieses vielsagenden Schweigens über die Sexualität, ausgerüstet mit einem Rollenmodell der älteren Frau, die entweder Mutter oder geschieden ist, die zugunsten jüngerer Prestigefrauen verlassen wird, verzweifelt nach einem Partner sucht oder enthaltsam lebt, zog die junge Generation in die achtziger und neunziger Jahre ein und trat das Vermächtnis an, das man ihnen anscheinend überlassen hatte: Aids und eine gescheiterte sexuelle Revolution.

Eine Sicherheitsnadel für mein Herz

Zu den Themen, die Andy Warhol und auch mich selbst stark beschäftigten, gehörte die Frage, was man tun könnte, das noch niemand zuvor getan hatte. Unerforschtes Territorium. Sadomasochismus, Transvestie – solche Sachen kamen nicht nur auf, weil sie neu waren, sondern auch weil sie theatralisch waren... voller Bilder und Inszenierungen.

Ronald Tavel, *Edie: An American Biography*

DIE sexuelle Kultur der Sechziger endete 1972 mit dem Film *Der letzte Tango in Paris*. Ein Amerikaner und eine Französin treffen sich in einem Zimmer, um miteinander zu schlafen und den Sex von allem anderen zu trennen. In diesem Zimmer gibt es keine Namen; an ihre Stelle treten tierische Laute. Der Mann fordert die Frau auf, ihre Identität auf die elementaren Bestandteile der Lust zu reduzieren. Sie erzählen einander Geschichten in dem Zimmer. Der Mann sagt, er sei Boxer gewesen, Schauspieler, Journalist, Bongospieler und Revolutionär in Südamerika. Er fordert Sex ohne faulen Zauber. Er fordert, daß die Frau ihre Authentizität beweist, indem sie sich seinen Wünschen vollständig unterwirft, so vollständig, daß sie bereitwillig Kotze frißt, wenn er es verlangt. Er hält das für das »Echte«. Aber das Leben drängt sich unweigerlich dazwischen. Außerhalb des Zimmers dreht der Freund der Frau einen modernen, fragmentarischen Film über sie, ein Werk von *cinéma vérité*. Der dramatische Höhepunkt soll ihre eigene Hochzeit sein: Er bietet ihr eine »Pop-Ehe« an – eine Beziehung für ein neues Zeitalter, das sich aus Bildern der Werbung zusammensetzt. Für ihn gibt es kein reales Leben, nur die Kunst und zeitgenössische Kultur. Der Mann wiederum betrauert den nicht näher erklärten Selbstmord seiner Frau. Sie hat sich in der billigen Pension, die die beiden zusammen betrieben haben und in der ältere Prostituierte ihre Freier bedienen, das Leben genommen. Die »Wahrheit«, die er in dem Zimmer inszenieren will, ist, wie die Kritikerin Pauline Kael anläßlich der Kinopremiere anmerkte, »die dramatisierte, beschleunigte Geschichte der sexuellen Beziehung zwischen dem dominierenden Mann und der bewundernden Frau, jenes Schlüsselmodell von Sexualität, das die letzten Jahrzehnte beherrschte und jetzt zusammenbricht.«[1]

Als ich den Film das erste Mal sah, habe ich die Beziehung nicht verstanden. Was machte die wunderschöne junge Schauspielerin Maria Schneider mit dem fetten, ältlichen Marlon Brando, der zur Generation unserer Eltern gehörte? Was reizte sie an diesem – wie wir zu sagen pflegten – Spießer? Als die beiden sich schließlich außerhalb des Zimmers auf einer Brücke treffen (das nützlichste Requisit des Kinos der Sechziger) und Namen austauchen – er ist Paul, sie ist Jeanne –, mustert sie seinen blauen Blazer und seine grauen Hosen und stellt sich zweifellos dieselbe Frage. Sie tanzen miteinander, betrunken und taumelnd, mitten in einem Tangowettbewerb, dessen inszenierte, ritualisierte Leidenschaft Pauls ganze erbärmliche Männlichkeit vollendet zum Ausdruck bringt. Außerhalb des Zimmers wird die Frau wieder die Tochter des Oberst; als der Mann ihr zur Wohnung ihrer Mutter folgt, um ihr seine Liebe zu gestehen, erschießt sie ihn mit dem Dienstrevolver ihres Vaters.

Der Film bedeutete eine Wende in der Kinogeschichte. Nach Ansicht von Pauline Kael war es der erste wirklich erotische Film. Es wurde heftig debattiert, ob es sich um Pornographie handelte oder nicht. Die Zuschauer waren im allgemeinen der Ansicht, daß es keine Pornographie war. Ein einundvierzigjähriger Fabrikinspektor aus Saddleworth in Yorkshire erzählte dem *Daily Mirror*: »Meiner Meinung nach war es ein bewegender und einfühlsamer Film über zwei innerlich leere Menschen, die nach etwas suchten – Liebe wahrscheinlich -, ohne viel Hoffnung auf Erfolg, weil sie beide erschöpft und ausgebrannt waren. Vor allem für den Mann war es sehr tragisch, weil er gerade einige Fortschritte machte. Ich finde, es war eine großartige schauspielerische Leistung von Marlon Brando.«[2] Der Versuch der Presse, Maria Schneider zum neuen Sexhasen zu stilisieren, schlug fehl: Die Schauspielerin hatte sich in eine Amerikanerin verliebt, die man in eine Nervenklinik gebracht hatte, nachdem sie einen Flughafenbeamten in Rom mit Lirescheinen im Wert von 60 britischen Pfund beworfen hatte. Um nicht von ihrer Freundin getrennt zu sein, ließ Maria Schneider sich ebenfalls für geisteskrank erklären.[3]

Die Figur Pauls stand stellvertretend für die letzten der Sexmodernisten, die nach authentischer Erfahrung strebten und für die der Sex (zusammen mit zielloser Gewalt) der persönlichste Ausdruck des Protests gegen die gesellschaftliche Ordnung war. Für die Modernisten war Sex durchdrungen von der Sensibilität des Ekels, einer Übelkeit, die von den Lesben, sexuellen Exzentrikern, Zuhältern, Flappergirls, Saufgelagen, Automaten und anderen Symbolen der Wilden Zwanziger ausgelöst wurde. Sex ohne faulen Zauber, reine nackte Begierde ohne geheuchelte Empfindung war schonungslos ehrlich und würde, so meinten sie, bodenständigen, unkomplizierten Frauen gefallen, Frauen wie gutes, ehrliches Brot, wie frischer Landwein, erdverbunden und anspruchslos. Und auch die Aristokratinnen und die neurasthenischen Frauen des Jazz-Zeitalters konnten möglicherweise durch einen ehrlichen, anständigen Schwanz erlöst werden.

Henry Miller brachte in seinem ersten Roman, dem Eponymen *Crazy Cock* (*Verrückte Lust*), das Gefühl der Kastration und Desorientierung zum Ausdruck, das am Modernisten nagte: »Die Gesellschaft hatte die Beziehungen zwischen den Menschen so kompliziert, hatte den einzelnen so eingebunden in Gesetze und Glaubenssätze, in Totems und Tabus, daß der Mensch zu etwas Unnatürlichem geworden war, zu etwas, das von der Natur getrennt war, zu einem Phänomen, das die Natur zwar hervorgebracht hatte, das ihr jedoch nicht mehr unterworfen war.«[4] Nirgends war diese Situation schlimmer als in den USA, denn »...in Amerika führte eine Kokain-Atmosphäre irgendwie nicht zu Literatur. Amerika brachte Revolverhelden und Bierbarone hervor. Die Literatur überließ man den Frauen. Alles war den Frauen überlassen, alles bis auf die Weiblichkeit.«[5] Sogar das Vögeln der eigenen Ehefrau wird von einer anderen Frau übernommen: Sie hat ihre eigene Geliebte. Der Erzähler steht mit dem Besen in der Hand auf der Schwelle ihres Zimmers, ein Bild, das an Symbolkraft nichts zu wünschen übrig läßt:

> Alles hier roch nach Verfall, nach Verderbtheit. Hier, in dieser fauligen, feuchten Höhle kämpfte sie mit den Dämonen ihrer Träume oder wälzte sich aus dem Bett, wenn sich die Wände blähten und wölbten. Hier rollte sie sich, wenn sie betrunken war, wie ein Fötus zusammen und leckte die Asche ihrer Zigaretten auf. Hierhin kamen ihre Freunde, stiegen mit ihren schmutzigen Schuhen auf das Bett und verkündeten ihr mottenzerfressene Theorien über Kunst, nagelten Schlüpfer auf ihre fleischigen Akte oder fügten ihnen eine Nase oder einen Fuß hinzu. Ein schmutziger Bauch von einem Raum, der Gift und Finsternis hervorbrachte, schlüpfrig und dunkel wie der schillernde Schleim von Michelet.[6]

Die Sehnsucht der Männer nach Ganzheit, ihre Hingezogenzeit und Abgestoßenheit vom »anderen«, ist eines der herausragenden und wichtigsten sexuellen Themen des zwanzigsten Jahrhunderts gewesen. Aber das Ideal der Authentizität ist in der Zeit des Vietnamkrieges endgültig zerbrochen und zerstört worden. Es war eine Dekade, die Männer und Frauen in extrem unterschiedliche Erfahrungswelten führte. Während amerikanische GIs gegen die absehbare Niederlage in

Vietnam kämpften, bauten die Frauen sich eine neue unabhängige Identität auf. Der Vietnamkrieg fragmentierte den ganzheitlichen Blick, und er war, in gewisser Weise, ein Krieg gegen die Frauen. Amerika beging den fatalen Fehler, das Märchen von Madame Butterfly zu glauben, die Geschichte von der zerbrechlichen Schönheit, unschuldig und unterwürfig zugleich, die ihren Mann wie einen König behandelt und doch im Besitz der exotischen Sexgeheimnisse des Orients ist: der unerfüllbare Traum der Heiligen und Hure in einer Gestalt, die in einem Land lebt, das den Feminismus nicht kennt. Unverbesserlich romantisch gibt sie ihre eigene Kultur auf und stirbt aus Liebe. Die erste Nachkriegsaufführung von *Madame Butterfly* in Vietnam verfehlte nicht ihren Eindruck auf das Publikum, das darin ein Gleichnis für seine eigene jüngste Geschichte sah.

Nach einer mythischen Lesart repräsentiert der Osten das ewig Weibliche, das passive Prinzip, während der Westen für das Prinzip männlicher Härte und Dominanz steht. Asiatische Männer hatten keinen Raum in diesem Bild, man ging allerdings davon aus, daß sie den sehnlichen Wunsch hatten, sich der amerikanischen Außenpolitik zu unterwerfen. Halbe Männer waren keine ernsthaften Gegner für den amerikanischen Militärmachismo. Und wenn die Vietnamesen im letzten Jahrzehnt die Franzosen geschlagen hatten, konnte es nur daran liegen, daß auch die Franzosen kaum richtige Männer waren – vor rund zwanzig Jahren hatte man sie vor dem dominanten Militärmachismo der Deutschen retten müssen. Das reale Vietnam hatte natürlich wenig Ähnlichkeit mit diesem Bild. Der prallen, steakgefütterten Macht der amerikanischen GIs stellte sich eine schattenhafte Guerilla-Armee entgegen. Diese Armee rekrutierte Frauen: Bei einem Kommando, dem ich in Saigon begegnete, war ein siebzehnjähriges Mädchen, das gerade ihren ersten amerikanischen Gefangenen gemacht hatte. Er war einen Kopf größer als sie und mußte sich hinknien, damit sie ihm eine Augenbinde anlegen konnte. Solche Szenen wurden auf vietnamesischen Briefmarken dargestellt, um die Erniedrigung des Feindes zu illustrieren: »Er wollte mich mit seinem Füllfederhalter bestechen«, erzählte sie. »Ich habe ihm gesagt, daß ich meinen eigenen Füllfederhalter habe.«

Viel ist über die Jugend des GIs in Vietnam geschrieben worden, dessen Durchschnittsalter neunzehn Jahre betrug. Viele waren Jungfrauen, weit entfernt von zu Hause, in einem Land, von dessen Existenz sie vor Ausbruch des Krieges häufig noch nie gehört hatten. Manchmal sahen sie im Atlas nach, bevor sie in den Krieg zogen, und stellten erstaunt fest, wie weit entfernt es lag. Sie hatten gedacht, es läge ganz in der Nähe, wie Panama. Zwanzig Jahre später kann man durch das stille Gras von Cu Chi gehen und wird vergebens nach den Falltüren suchen, die zu den unterirdischen Tunneln führten, in denen die Vietnamesen lebten und eine Armee von Guerillakämpfern ausbildeten. Man fühlt, was die amerikanischen Soldaten fühlten, ihre Jugend, ihre Einsamkeit, ihre Angst vor einem Feind, den sie nie wirklich zu Gesicht bekamen, sondern höchstens einmal aus den Augenwinkeln sahen.

In dieser fremden Welt wurden sie sexuell erwachsen – in den Bordellen von Saigon, Bangkok und Manila, den Vergnügungs- und Erholungszentren für die Truppen. Auf dem Gipfel von Amerikas mililtärischem Engagement in Vietnam gab es 600000 Soldaten und 500000 Prostituierte, es kam also fast eine Prostituierte auf jeden GI. Das war etwas anderes als die weit entfernten Rücksitzfummeleien der High-School-Zeit. Diese Frauen waren bereit, für ein paar Dollar die kühnsten Sexträume eines Adoleszenten zu erfüllen. Es war Sex mit ausschließlich finanziellen Forderungen. Aber selbst die Prostituierten waren nicht das, was sie zu sein schienen. Viele arbeiteten als Agentinnen, die wertvolle Informationen an Hanoi weitergaben. Ob im Bett oder im Dschungel, die Frauen blieben Fremde. Was sahen die Soldaten in der Vietnamesin? Keine Frau, mit der man eine ernsthafte Beziehung einging, sondern ein Amalgam von Körperteilen. Was war der Unterschied zwischen der Hure im Bordell und der Guerillakämpferin oder Dorfbewohnerin? Insgesamt 24 amerikanische Soldaten wurden zwischen 1965 und 1973 wegen Vergewaltigung verurteilt.[7]

Die Veteranen, die nach Amerika zurückkehrten, hatten tiefe Wunden davongetragen: an ihrem Körper, an ihrer Seele und an ihrer Sexualität. Während die feministische Gesundheitsbewegung den Körper mittlerweile ganzheitlich sah, konnten die Veteranen ihn nur zerstükkelt sehen. »Nacktheit und Tod gehörten dort drüben zusammen. Der Anblick eines nackten, toten, aufgeschlitzten Körpers war alltäglich«, erzählte ein Veteran einem Psychologen.[8] »Die romantische Liebe ist in Vietnam gestorben, direkt neben meinen Freunden«, ein anderer.[9] Sex wurde für die kampfmüden Soldaten zu einer stimmungsverändernden Droge. Im Dschungel haben sie sich möglicherweise buchstäblich vor Angst in die Hosen gemacht. Dem hielt die beste Selbstachtung nicht stand, und im Bordell, mit einem Barmädchen, konnten sie sich endlich wieder wie ein Mann fühlen. Ein Veteran schrieb 1986, lange nach Ende des Krieges, ein Gedicht:

Komm her, leg dich zu mir
und nimm mir die Qual
Dann geh
und laß dich nie wieder sehen [10]

Es gibt einige Studien über die langfristigen Auswirkungen des Krieges auf das Sexualverhalten der Veteranen. Ein Kriegsgefangener wurde von seinen Wachen sexuell mißbraucht. In immer sadistischeren Bildern malte er sich aus, was er ihnen antun würde, wenn sie ihm je in die Hände fallen würden. Wenn er mit seiner Frau schlief, stellte er sich vor, sie mit einem Messer zu durchbohren und aufzuschlitzen. Einige Männer konnten nur noch mit ihren Frauen schlafen, wenn diese sich wie Prostituierte kleideten und der Sex in einer bordellhaften Atmosphäre inszeniert wurde. Der Übergang von Sex und Gewalt war fließend. Der Tod war das einzig Reale, und Kampfbereitschaft die einzige Hoffnung auf Überleben.[11]

Die Tanzschulköniginnen, die die Männer zurückgelassen hatten, hatten sich durch die sexuelle Revolution beängstigend verwandelt. Die Sexualisierung des Frauenlebens, durch Magazine wie *Cosmopolitan*, hatte sie mit einigen Tricks der fernöstlichen Barfrauen vertraut gemacht und ihre Bereitschaft gefördert, sich auf männliche Sexphantasien einzulassen. Für »richtige Männer« sind Feministinnen keine »richtigen Frauen«, sondern halbe Männer. Das neuentdeckte Selbstbewußtsein der Frauen, ihr Kampf um Unabhängigkeit und eine eigenständige Identität hatte sie den Frauen in Vietnam noch auf andere Weise ähnlich gemacht: Die Männer empfanden sie als Feind im eigenen Bett. Noch während des Krieges hatte Bernardo Bertulucci dies intuitiv verstanden, als er den *Letzten Tango* drehte: die rituelle Inszenierung der sexuellen Gewalt in jenem privaten Raum, mit der Paul die Qual zu lindern versucht, die das Leben außerhalb dieses Zimmers für ihn bedeutet. Schließlich die Flucht, als er sich, im Anzug, Jeanne anbietet, die ihn zurückweist und damit seine Gewalt erwidert. Vietnam und *Der letzte Tango* waren Metaphern für die Auflösung der alten sexuellen Muster, für das Ende der Möglichkeit, daß irgend etwas – und sei es Sex – wahr und echt sein könnte.

Ich glaube, daß Amerika mit der Niederlage in Vietnam nicht nur seine Vision von der Zukunft und die Überzeugung von seiner Auserwähltheit verlor, sondern auch das Gefühl seiner eigenen Authentizität und Ganzheit. Amerika hatte seine Sexualität immer als männlich definiert – über die Rolle des Cowboys, Soldaten, Feuerwehrmanns, Polizisten (Bilder, die später von schwulen Männern in Besitz genommen und parodiert wurden). Dieses Selbstbild wurde in Frage gestellt und verlor seine innere Realität. Die Action-Filme aus der Zeit des Zweiten Weltkriegs und danach hatten Heldentum und Kameradschaft in den Mittelpunkt gerückt. Die Filme, die nach dem Vietnamkrieg entstanden, waren darum bemüht, die sexuelle Identität des männlichen Amerika wieder aufzurichten und mit neuen Rollenkostümen auszustatten.

1976, ein Jahr nach dem endgültigen unrühmlichen Rückzug aus Saigon, kam der Film *Krieg der Sterne* von Stephen Spielberg und George Lucas in die Kinos, der eine neue Welle von Actionfilmen über den brutalen Kampf zwischen Gut und Böse auslöste. Der Kinokult der High-Tech-Gewalt und Komödie fand seinen apokalyptischen Ausdruck in dem 1989 gedrehten Film *Die Hard*, in dem Bruce Willis wieder mit der Vorkriegsauthentizität des Helden ausgestattet wird, der gegen einen ausländischen Feind kämpft. (Britische Schauspieler sind in Hollywood zum Allzwecksymbol für das Böse und seine Ableger, für das Unmännliche und Feminine geworden, von dem die USA in Vietnam besiegt wurden.) Nur in der Gewalt konnten die Männer ihre Authentizität finden, aber selbst die Gewalt war nicht mehr als eine Pose. Rambo erfüllte die männliche Sehnsucht nach der Reintegration der männlichen Identität, die die reale Welt nicht bieten konnte, solange kein Krieg zu kämpfen war und die Japaner Amerika aufkauften. Ich denke, daß die geballten Fäuste des Börsenmaklers in *Wall Street*, der die Ansicht vertritt, daß nur Schwächlinge zu Mittag essen, ein weiteres Medienkonstrukt war, um die Sehnsucht nach männlicher Ganzheit und Autorität zu befriedigen.

Das Vermächtnis dieses Authentizitäsverlustes ist eine entfremdete moderne Kultur, in der der Sex zu einem Schauspiel geworden ist, das akribisch von Bret Easton Ellis, dem Autor von *American Psycho*, festgehalten wurde. Sein psychopathischer Antiheld gleicht in der Tat einem in New York ausgesetzten, wildgewordenen Rambo. In Ellis' erstem Roman *Unter Null* steht der Erzähler Clay eines Morgens spät auf. Aus dem Zimmer seiner Mutter dröhnt die Musik von *Duran Duran*. Seine Schwestern liegen auf dem Bett und »sehen sich irgendeinen Pornofilm an, ohne Ton«. Er fragt sich, wem der Film gehören mag. Seiner Mutter? Seinen Schwestern? Ein Weihnachtsgeschenk von einem Freund? Sein eigener? Eine der Schwestern sagt, daß sie es nicht leiden kann, wenn der Mann beim Abspritzen gezeigt wird. Später, im Haus eines Freundes, schauen vierzehn Jungen und zwei Hunde einen weiteren Pornofilm an. Ein nacktes fünfzehnjähriges Mädchen wird mit gespreizten Armen und Beinen an ein Bett gefesselt. Ein ebenfalls nackter Teenagerjunge wird auf dem Boden festgebunden und von einem fetten Schwarzen vergewaltigt. Anschließend vergewaltigt der Mann das Mädchen. Clay verläßt den Raum, geht auf die Terrasse und lauscht der Brandung, den Möwenschreien, dem Summen der Telegrafenmasten, dem Rauschen der Bäume und den Schreien des Jungen und des Mädchens vom Videorekorder. Zwei Jungen kommen heraus und debattieren darüber, ob die Szene mit der Motorsäge echt war:

»Ja, ich glaub auch, daß der echt ist«, sagt der andere Junge und läßt sich vorsichtig im Whirlpool nieder. »Das wär gar nicht anders möglich.«

»Findest du also auch?« fragt Trent etwas hoffnungsvoller.

»Ich meine, also, wie kann man überhaupt so 'ne Kastration künstlich nachmachen? Die haben dem Typ doch die Eier ganz langsam abgeschnitten. Also das kann man gar nicht künstlich machen«, sagt der Junge.[12]

Das brachte den Krieg auf eine Weise nach Hause, die vierzig Jahre zuvor unvorstellbar gewesen wäre, als Hollywood so friedvolle Streifen drehte wie *Die besten Jahre unseres Lebens* über einen Kriegsveteranen, der versucht, mit seiner Entlassung aus dem Militärdienst fertig zu werden. Die Videokultur, die Ellis beschreibt, kam geradewegs aus Vietnam, aus dem Krieg, den das Fernsehen zum ständigen Begleiter seiner Kindheit gemacht hatte. Ellis bezeichnet sich selbst als Angehörigen der verlorenen Generation. Generation X, moralisch neutral, im Grunde durch nichts zu schockieren, kaum in der Lage, zwischen den wiederkehrenden Kriegsbildern in den Nachrichtensendungen und den Schlachtfesten der Kinofilme zu unterscheiden – *Robocop, Total Recall, Die Hard II*. Er spricht nostalgisch von dem Sex, den die Generation seiner Eltern kannte: »Im Leben und im Film ist die Erotik aus den Sexszenen verschwunden... Die ungeheure Sinnlichkeit eines Films wie *Der letzte Tango in Paris* hing nicht nur damit zusammen, daß sie so natürlich war, sondern auch damit, daß sie nichts Bedrohliches hatte. Die Zeit verlangte so was nicht.«[13]

Als der Vietnamkrieg sich seinem Ende näherte, schloß auch Großbritannien mit einem Kapitel seiner Geschichte ab. Jon Savage entdeckt in den Liedern der *Sex Pistols*, deren Biographie er verfaßte, »die Sprache des revolutionären Millenarismus... Sie begrüßten den Kampf zwischen Autoritarismus und Freiheit, der jetzt in dem Land stattfinden sollte, von dem sie so leidenschaftlich sprachen.« Julien Temple hatte geschrieben: »Die Sex Pistols scheinen die Nachfolge der Diggers und der Ranters anzutreten. Rottens Lyrik ist von einem millenarischen Geist durchdrungen. Er hatte die Texte der Ranters nicht gelesen, aber er sprach dieselbe Sprache.«[14] Diese Assoziation muß durch Lieder wie »I am the Anti-Christ« geweckt worden sein, denn die Vision der Punkszene war alles andere als utopisch. Punk prophezeite die Zerstörung des alten Englands, eines Englands, das sich im Traum seiner eigenen Geschichte verloren hatte und mit Vorliebe in jenem glorreichen Moment schwelgte, als es den Zweiten Weltkrieg gewonnen hatte. Die verwahrlosten Londoner Kids jener Dekade, die auf die Swinging Sixties folgte, waren die ersten Teenager seit den Fünfzigern, die nicht in einer Überflußgesellschaft groß wurden, die sich erdrückt fühlten von Arbeitslosigkeit, Hoffnungslosigkeit und dem ominösen Aufleben einer rechtsradikalen Neonazi-Szene in Gestalt der Nationalen Front. Punk war alles andere als futuristisch. Abgestoßen von all den Mischungen aus Rock mit Jazz und klassischer Musik forderten die Punks eine Rückkehr zu den frühen Wurzeln des Rock 'n' Roll, zu seiner ursprünglichen Wildheit. Für Savage stand der Punk in der Tradition von Ned Ludd und war Ausdruck eines sozialen Realismus, der in den Diskos mit der Vermischung von Schwulenbefreiung und High-Tech konkurrierte und in den High Schools mit der aufkommenden Heavy-Metal-Szene und ihrer überzogenen Macho-Sexualität. In Amerika fand der Punk seine meisten Anhänger nicht in San Francisco, sondern in Los Angeles, der lebensfeindlichsten Stadtlandschaft der USA.[15]

Doch anders als die millenarischen Kultbewegungen des siebzehnten Jahrhunderts beinhaltete der Punk weder Spaß noch ein Programm. 1980 schien festzustehen, daß ein Atomkrieg in den nächsten fünf Jahren unabwendbar sein würde. Die Menschen in London waren froh, wenn sie in der Nähe von Parks lebten, so daß sie gegebenenfalls ins Freie laufen und verdunsten konnten, statt in einer postnuklearen Wüste weiterleben zu müssen. Punk sprengte die letzten Überbleibsel der Sechziger mit einer revolutionären These des Nihilismus in die Luft. Er löste eine gewisse Politisierung aus, die 1978 zum Rock gegen Rassismus und zum Bergarbeiterstreik von 1984 führte. Aber der Thatcherismus in Großbritannien und der Reaganismus in den USA schlugen diese politischen Bestrebungen rasch nieder. Das dauerhafteste Vermächtnis des Punks ist seine sexuelle Politik.

Malcolm McLaren und seine Freundin Vivienne Westwood waren fasziniert von den fünfziger Jahren und führten einige Jahre lang einen Retroladen in der King's Road, bis ihnen die recyclebaren Retrobilder ausgingen. Der jüdische MacLaren lieferte die Nazi-Insignien für Mahlers arische Anima in Ken Russels Film über den Komponisten: Sie war ein »großes, deutsches Katholikenmonster mit Nazihelm... Wir benutzten ein Motorrad-T-Shirt und einen kurzen Lederrock. Er hatte vorn einen Reißverschluß, der auf beiden Seiten in ein riesiges Jesuskreuz aus Messingbeschlägen auslief. Vorn war es genau über dem Schritt, und hinten hatten wir ein großes Hakenkreuz aus Messingnägeln.«[16]

McLaren war beeinflußt von den New York Dolls, Kids aus Queens, die durch Großbritannien tourten, in Frauenkleidern auftraten und Andy Warhols Verherrlichung der Bisexualität nacheiferten. McLaren mochte Gummi, Christine Keeler, Valerie Solanis (Gründerin von SCUM – der Gesellschaft zur Aufschlitzung von Männern – und

Möchtegernattentäterin von Andy Warhol) und Dominas, alle sexuell Geächteten. Der Laden in der King's Road machte sich daran, den sexuellen Untergrund nach S/M-Utensilien zu durchstöbern. Die Wände waren mit einem dünnen, grauen, schwammähnlichen Material des Gummiherstellers Petonville überzogen und mit Zitaten aus Fetischbüchern und aus dem SCUM-Manifest verziert. Angeboten wurden aufblasbare Gummimasken, Tittenklemmen, Peitschen, Ketten, spitzenbesetzte Gummipetticoats und Stiefel mit dreißig Zentimeter hohen Absätzen. McLaren spielte mit dem Gedanken, seinen Laden nach einem Zitat aus einem Pornoheft zu benennen: »Die schmutzige Stripperin, die ihre UNTERWÄSCHE auf das Geländer hing, um per Anhalter zu fahren, sagte: Ihr DENKT doch nicht, daß ich all die Jahre nur für GELD gestrippt habe, oder?«[17] Doch schließlich nannte er seinen Laden SEX. Die Kundschaft bestand zur Hälfte aus Fetischisten, zur Hälfte aus Modeopfern.

McLaren hatte zweifellos die Absicht zu schockieren. Aber anders als Jefferson Poland, der mit seinen Ideen Amerika in eine bessere Welt verwandeln wollte, standen die Punks bewußt am Rande der Gesellschaft. Die T-Shirts von McLaren und Westwood – ein nackter schwarzer Footballspieler mit hängendem Schwanz oder das aus einem Pädophilenmagazin stammende Bild eines kleinen Jungen, der vieldeutig an einer Zigarette saugt – repräsentierten nach Ansicht von Savage den Beginn einer neudefinierten Sexualität:

> Diese Braun auf Rosa oder Rot auf Grün gedruckten Motive waren einfach und gleichzeitig komplex: McLaren und Westwood wußten, daß es einen himmelweiten Unterschied zwischen einem Bild in einem heimlich gelesenen Pornomagazin und einer öffentlich getragenen Siebdruckvergrößerung gab. Der Effekt konnte bewußt asexuell sein. Sowohl McLaren als auch Westwood hatten starke puritanische Elemente in ihrer eigenen Haltung zur Sexualität. Ihre übertriebene Fetischmetaphorik war polemisch und kommentierte den primären Zweck dieser Bilder. Die demonstrative Sexualität wurde zu einer Abstraktion des Sex.[18]

Auf einem weiteren T-Shirt war das Foto von zwei Brüsten abgebildet. Von Männern getragen, karikierte es alle Gedanken an sexuelle Befreiung und verwandelte sie in einen androgynen Witz. So wie Andy Warhol in den Fünfzigern und Sechzigern die Bilder der neuen Konsumkultur in Besitz genommen hatte, plünderten McLaren und Westwood das Vokabular der sexuellen Revolution. Eine Art anarchischer Konservatismus in McLaren haßte den friedlichen Charakter, den die sexuelle Freiheit der Lust aufgezwungen hatte. Er wollte die Gefahr in den Sex zurückbringen, das Gefühl des Verbotenen, die Machtverhältnisse, die Dekadenz, den Sinn für Dramatik. Die Hippiesexualität hatte sich über die Erwachsenen lustig gemacht. Wenn Hippiemädchen ihre Brüste entblößten und die Jungen ihren Schwanz herausholten, sagten sie damit nur: »Wir sind jung, wir sind schön, und wir haben eine herrliche Zeit. Und wie steht's mit dir?« Im Gegensatz dazu huldigte Sid Vicious in seiner Version von »My Way« dem großen phallischen Totem des männlichen Egos. Johnny Rotten war nach Aussage von Jordan so prüde, daß er seine Hose erst im Bett auszog, wenn er bei ihr übernachtete.[19]

Anders als bei den Hippies war der Wunsch zu schockieren bei McLaren und Westwood etwas völlig Unpersönliches und hatte nichts mit ihrem eigenen Körper zu tun. Vor allem ihre Faszination von S/M hing mit der Neuheit des Themas zusammen. Wirkliche sexuelle Subkulturen sind durch strikte Gesetze voneinander abgegrenzt. Der Schuhfetischist findet nichts Erregendes an einem Gummijünger. McLaren und Westwood waren nicht an dem Akt als solchem, sondern an dem Bild interessiert, an dem Kostüm, das man dazu trug. Nach Ansicht von Poly Styrene handelte der Song »Oh Bondage! Up Yours« von den »Fesseln des materiellen Lebens. Mit anderen Worten, der Song war ein Ruf nach Befreiung. Er sagte: ›Knechtschaft? Vergiß es! Ich werde mich weder durch Konsumzwänge noch durch meine eigenen Sinne versklaven lassen.‹ Da ist diese Zeile: ›Chain smoke, chain gang, I consume you all‹: Ihr laßt euch alle an diese Aktivitäten ketten, aus denen ein anderer seinen Profit zieht.«[20] Für Derek Jarman verwiesen die S/M-Darstellungen symbolisch auf maskierte Bankräuber und vermummte Terroristen, auf gesetzlich und politisch geächtete Außenseiter.[21] Der Sex des Punks hatte jede Menge mit Politik zu tun und sehr wenig mit Sex.

Wie jeder andere Jugendkult war auch der Punk eine Männerbewegung, aber er bot den Frauen eine nie dagewesene Freiheit. Lucy Whitman, die zu jener Zeit als Lucy Toothpaste ein feministisches Blatt mit dem Titel JOLT herausgab, glaubt, daß die »Rolle der Frau in der Punkbewegung sich entscheidend von allem unterschied, was davor oder danach kam, weil die Ideen der Frauenbewegung bereits durchgesikkert waren«. Der Punk bot den Mädchen einen Platz in der Musikszene, den es vorher nicht gegeben hatte. »Um in einer Band zu spielen, brauchten sie definitiv kein Talent, alles, was sie brauchten, war etwas Wagemut. Es stand fest, daß Mädchen nicht einfach Groupies werden würden. Frauen gründeten Bands, und es gab eine Art Kameradschaftsgefühl zwischen den Mädchen und den Jungen. Die Texte der *Au Pairs*, der *Slits*, der *Raincoats* handelten alle von sexuellen Beziehungen, normalerweise von der damit verbundenen Desillusionierung und Einsamkeit. Bands wie die *Slits* wären eher tot umgefallen, als sich als feministisch zu bezeichnen, weil Feministinnen für sie gleichbedeutend mit Zimperliesen waren. Sie hatten ein sehr aggressives, Kommt-uns-nicht-in-die-Quere-Image.« Das Auftauchen dieser knallharten, straßenkampferprobten Mädchen versetzte dem Feminismus einen Schock.

Als Lucy für die feministische Zeitschrift *Spare Rib* zu arbeiten begann, mußte sie den Punk gegen eine ältere Generation von Feministinnen verteidigen, die die Bewegung furchterregend und frauenfeindlich fanden und nicht erkannten, daß die Punkmetaphorik größtenteils ironisch war. Lucy erklärte ihnen, daß der Punk eine Bewegung war, die ihren Spott mit der Gesellschaft trieb, die in visuellen Begriffsspielen und Parodien schwelgte. Für Lucy verfolgte der Punk dieselben Ziele wie der Feminismus. Punk wollte das Bewußtsein verändern, die Menschen aus ihrer Selbstzufriedenheit wecken, konventionelle Überzeugungen in Frage stellen und Klischees durchbrechen (obwohl Punk auch viel mit visuellen Botschaften zu tun hatte, mit Posen, mit dem Entwurf des richtigen Bildes und der besten Inszenierung):

> Punk hatte eine große Wirkung auf die feministische Mode, denn als der Punk aufkam, trugen die meisten Feministinnen noch immer Latzhosen und wiesen jeden Gedanken daran, sich irgendwie aufzutakeln, weit von sich. Ich weiß noch, daß ich zu Frauenveranstaltungen ging und die anderen Frauen mich alle schief ansahen, weil ich so punkig gekleidet war. Knapp ein Jahr später liefen alle so rum wie ich. Punk gab uns die Möglichkeit, die konventionelle weibliche Aufmachung abzulehnen und trotzdem Spaß mit unserem Aussehen zu haben.

Innerhalb der Punkszene wurde der marginale Sex toleriert, weil der Sex selbst marginalisiert wurde. Lucy fand es ungeheuer amüsant, wenn die Leute im S/M-Look herumliefen und sich mit zusammengebundenen Beinen durch die Straßen kämpften: »Ich sah es mehr als eine Metapher für unsere Einbindung in eine sexistische, kapitalistische Gesellschaft, und in diesem Sinn verstand ich auch Poly Styrenes Song ›Oh Bondage! Up Yours‹. Wer damals wirklich S/M praktizierte, hielt es streng geheim, während die Punks, die mit ihren S/M-Klamotten bei Woolworth reinmarschierten, wahrscheinlich nicht das geringste Interesse am Sadomasochismus als solchem hatten. Die Kleider sollten einfach die konventionelle Moral herausfordern.« Der Fessellook war eine Gegenreaktion auf den Sex als allumfassenden Daseinssinn, eine bewußte Trennung von Form und Inhalt.

Auch wenn Frauen wie Jordan und Patty Smith viel Wert darauf legten, ihre Bisexualität öffentlich zu machen, ist Lucy nicht der Ansicht, daß der Punk Freiräume für Lesben und Schwule bot, jedenfalls nicht am Anfang. Aber die Punkszene war ein guter Aufenthaltsort für alle, die sich in ihrer sexuellen Orientierung noch unsicher fühlten. Weil Punk kein Interesse am Sex hatte, gab es keinen Zwang zur Heterosexualität. »Du konntest wie eine dominante Lesbe aussehen und sagen, daß du ein Punk bist. Du mußtest keinen Partner vom anderen Geschlecht vorweisen, um Anerkennung zu finden, und das ist einzigartig in der Geschichte der Popkultur.«

Lange nachdem die Punks im Londoner Straßenbild längst zu ebenso pittoresken Figuren wie die Rentner von Chelsea geworden waren, als sie von Touristen zusammen mit Bobbys und Gardeoffizieren fotografiert wurden und auf New Age Festivals Hunde an ellenlangen Leinen hinter sich herzogen, wurden die Symbole des Punks noch immer von der Modewelt aufgegriffen. Der Designer Jean-Paul Gaultier verbrachte das folgende Jahrzehnt damit, seine Models in Gummikorsetts und reißverschlußverzierte Overalls zu stecken. Er machte sich über die *haute bourgeoisie* lustig, die auf goldenen Stühlen bei den Modeschauen saß, und holte die Symbole der Pariser Rotlichtdistrikte oder der sadomasochistischen Subkultur auf den Laufsteg. Warum ist die Symbolik von S/M zu einem so beherrschenden Motiv der Achtziger und Neunziger geworden? Zum Teil hatte es natürlich mit Safe Sex zu tun. Penetration war out, dank Aids. Insbesondere schwule Männer brauchten neue erotische Möglichkeiten, die sie sich durch Kleider, Posen und alternative Anreize schufen. Das reiche Angebot an Sex, das den schwulen Männern durch eine extensive Clubkultur zur Verfügung stand, setzte die Reizschwelle herab und verlangte nach der Erotisierung des ganzen Körpers als einem erweiterten Ort der Lust. S/M beschwor nicht den Orgasmus, sondern eine Form von Katharsis, den Sex im Kopf. S/M war lange Zeit eine unbedeutendere Spielart der schwulen Sexpraxis gewesen. Guy Hocquenghem, Autor von *Homosexual Desire*, vertrat in einem 1980 geführten Interview die Auffassung, daß die Analzentriertheit der Homosexualität eine Befreiung von der heterosexuellen Phallozentrik und die vollständige Ablehnung der reproduktiven Funktion des Sexes bedeutete (obgleich die anale Orientierung primär mit der Penetration durch den Penis zu tun hatte und damit die Phallozentrik bekräftigte und den Fortpflanzungsakt nachahmte):

> S/M ist *die* Szene: die Form, nach der wir uns immer gesehnt haben, seit wir homosexuell wurden, ein Sexspiel zwischen wirklich harten Männern – die Theateraufführung jener Form von Sex, die heterosexuelle Männer machen würden, wenn sie Sex miteinander hätten.

Es ist auch ein sehr *zerbrechliches* Theater, und deshalb bleibt es nach außen hin stumm. Kritiker sind nicht zugelassen, die Schauspieler agieren nur für ein aktiv beteiligtes Publikum... Bei S/M steht nicht der Ausdruck von Schuld im Vordergrund – weil man das gesellschaftliche Tabu der Homosexualität bricht –, sondern vielmehr die »perfektionierte« Lust am Klischee: Wir karikieren uns selbst und zerstören dadurch die repressiven gesellschaftlichen Bilder von uns – Perversion als Negation der Neurose, als Lust an Strafe, als Umkehrung des Moralkodex von der schmerzlichen Schuld.[22]

Für die lesbische Sadistin Pat Califia ist S/M eine revolutionäre feministische Subversion:

Ich bezweifle, daß irgendein Mann nachvollziehen könnte, was dieser Akt, mich sexuell bedienen zu lassen, für mich bedeutet. Ich wurde dazu erzogen, Sex zu fürchten, abzuwehren, ihn nur unter Zwang oder im Austausch für romantische Gefühle und Sicherheit zur Verfügung zu stellen. Ich wurde dazu erzogen, daß ich für die Befriedigung anderer verantwortlich bin und Lust heucheln muß, wenn andere mir vorheucheln, daß sie mir Lust bereiten wollen. Es ist schockierend und zutiefst befriedigend, dieses Stückchen Rebellion zu begehen und mir Lust genauso zu verschaffen, wie ich es will, sie einzufordern wie einen Tribut. Ich muß nicht so tun, als ob mir der Dienst an der Möse Lust bereitet, wenn er stümperhaft durchgeführt wird, und ich muß nicht undankbar sein.[23]

Die revolutionäre Natur des Masochismus ist schon schwieriger zu erkennen. Die Theorie besagt, daß bei der S/M-Kommunikation ein gleichberechtigter Austausch stattfindet. Grace Lau, feministische Fotografin und praktizierende Sadomasochistin definiert S/M als eine umgekehrte Welt, in der der Sklave der wahre Herrscher ist, der den Grad der Lust und des Schmerzes bestimmt. »Er sieht gefesselt aus, aber der Meister weiß sehr genau, daß der Sklave nur bis an eine bestimmte Grenze gequält werden darf. Viele Männer, die mißhandelt werden wollen, haben gesellschaftliche Machtpositionen. Sie wollen all ihre verantwortungsvollen Aufgaben negieren und so tun, als wären sie machtlos, und sie wollen, daß wunderschöne Frauen sie in dieser Ohnmacht quälen. Aber natürlich haben sie trotzdem die Macht, weil sie wissen, daß die Frau sie nicht wirklich verletzen kann und daß sie es sind, die den Grad des Schmerzes bestimmen. Sie behalten also in jeder Hinsicht die Macht.« Eine der mächtigsten Frauen dieser Welt ist zweifellos Madonna, deren Buch *Sex* vom *safe* Sex handelt und deshalb auch mit masochistischen Bildern beginnt. In Madonnas Version reduziert sich S/M auf eine Welt kuscheliger Protektion und Sicherheit: »Gefesselt zu sein hat etwas Tröstliches. Wie damals, als du ein kleines

Kind warst und deine Mutter dich im Autositz festgeschnallt hat. Sie wollte, daß du sicher bist. Es war ein Akt der Liebe.«[24] Die These vom revolutionären Potential des S/M scheint einer näheren Betrachtung nicht standzuhalten. Der Fesselungsakt wird zum Rührstück und degeneriert zum selben Infantilismus, den Angela Carter in den Aktivitäten der Libertins entdeckte.

Je mehr S/M an die Oberfläche kommt und in das Reich der Mode einzieht, desto ungefährlicher wird er. Man hat den Verdacht, daß die wirklichen Sadomasochisten sehnsüchtig darauf warten, daß das öffentliche Interesse abklingt, damit sie sich wieder ungestört amüsieren können, statt endlos über S/M theoretisieren zu müssen. Die Bedeutung von S/M liegt primär in seiner hohen symbolischen Aussagekraft, die dazu geführt hat, daß seine Metaphorik die gesamte Populärkultur durchzieht. Der Film *Basic Instinct* beginnt mit einer Kostprobe vom Designer-S/M. Seine Berühmtheit verdankt der Film dem Porträt einer scheinbar lesbischen Mörderin. Aber Catherine ist nicht lesbisch. Sie ist ein Mensch, für den der ganze Körper ein Lustinstrument ist. Sie ist polymorph pervers. Sie fesselt den alten Rock 'n' Roll Star beim Sex mit einem weißen Hèrmes Schal ans Bett, tötet den Mann und beseitigt damit symbolisch eine der zentralen Ikonen der Sexualität der Sechziger.

Für mich ist S/M – seine Kostüme, sein politischer Diskurs – ein Ausdruck der Machtlosigkeit, die die revolutionäre Politik in den Thatcher/Major- und Reagan/Bush-Jahren auszeichnete. Er impliziert die Sehnsucht nach der realen Macht, der Art von Macht, wie sie in den Achtzigern in der Wall Street und der City ausgeübt wurde, und zu der die Linke und die sexuellen Radikalen in der Dekade der Familienwerte keinerlei Zugang hatten. Es fällt schwer, in S/M nicht den realen Selbsthaß einer Generation zu sehen, der es nicht gelungen ist, ihre Zukunft selbst zu gestalten. Nachdem ich von den sexuellen Schlachtfeldern des Balkans zurückgekehrt war, erschien die Verteidigung der bürgerlichen Freiheiten von Personen, die sich freiwillig Schmerz und Gewalt zufügen, wie ein ziemlich kranker Kommentar zu unseren politischen Prioritäten in den Neunzigern. (Man diskutierte gerade den »Spanner«-Fall, in dem sechzehn Männer verurteilt wurden, weil sie sich zu einer sadomasochistischen Aktivität verabredet hatten, die Auspeitschungen sowie genitale Folterungen mit Nägeln, Dosen, Skalpellen und Elektrokabeln umfaßte).

Ich entdeckte im Sadomasochismus auch eine Wiederbelebung der katholischen Vorstellungswelt, nachdem sie für kurze Zeit von Wissenschaft und Futurismus verdrängt worden war. Der Mythos, daß Europa eine aufgeklärte, kosmopolitische Gesellschaft sei, frei von

Triebverdrängung und Heuchelei, dem die Amerikaner bis heute anhängen, erhält durch Reisen nach Europa neue Nahrung. Selbst die mediterranen Agrarländer, die von der Kirche beherrscht werden, zelebrieren eine visuelle Sprache der Erotik, die aus einem komplexen ikonographischen System gespeist wird. Die flammenden, leuchtenden Farben, das entblößte Fleisch und die gegenseitige Durchdringung von religiöser Ekstase und spürbarem Schmerz in den Kreuzigungsszenen und Darstellungen des Todes vom Heiligen Sebastian begründen eine Syntax der Sinnlichkeit, die den gesamten Alltag durchdringt. Dieselbe romanische Sinnlichkeit ist kennzeichnend für Südamerika, wo sie durch die Überreste einer indianischen Kultur verstärkt wird. Die katholische Kirche hat es nie geschafft, die Erotik zu unterdrücken. Sie hat sie lediglich erfolgreich sublimiert, so daß sie sich neue Ausdrucksformen in der Kunst geschaffen hat.

Für Katholiken ist Ungehorsam die schlimmste Sünde. Hier ein fiktiver Bericht über die Jünger eines spanischen Evangelisten des fünfzehnten Jahrhunderts:

> Alle legten den Kreuzweg zurück, geißelten sich dabei mit Peitschen aus gedrehten Hanfstängen, mit Geißeln aus Eisen, mit jungen Zweigen und Disteln. Einige schlugen sich mit solcher Raserei, daß man ihnen wegen der großen Menge an Blut, die aus ihren fingerbreiten Wunden floß, die Marterinstrumente wegnehmen mußte, da die Gefahr bestand, daß sie sich selbst mit Schlägen töteten ... Die Durstigen tranken als Beweis ihrer Demut auf Knien Wasser, das ihnen von Barmherzigen gereicht wurde ... Die Glocken läuteten, begleiteten die menschliche Schlange in ihrem Elend und ihrer Pein. »Der Bußgang war so geschwind zur Gewohnheit geworden, daß, wo Meister Vicente auch vorbeiging, Silberschmiede und andere Handwerker Verkaufsstände mit Geißeln aufgestellt hatten, als handele es sich hier um einen Jahrmarkt der Geißelung«, schrieb San Antonio.[25]

Befreit von der Disziplin der Kirche führen die Katholiken ihren Dialog mit Gott fort, wie Viva, eine von Andy Warhols Superstars deutlich macht: »Die Factory war für einige Katholiken eine Möglichkeit, um sich von der katholischen Unterdrückung zu reinigen ... und die katholische Unterdrückung in den Fünfzigern war so extrem, daß die einzige Möglichkeit, sich selbst davon zu befreien, darin bestand, ins gegenteilige Extrem zu wechseln, in der Hoffnung, sich schließlich irgendwo in der Mitte einzupegeln.«[26] Die Factory läßt sich am ehesten als ein Kloster beschreiben, ein abgeschlossener Ort, an dem die Menschen sich dem Gebet, der Arbeit, der Kunst, der spirituellen Erfahrung und der Einhaltung strenger sexueller Regeln widmen, die in diesem Fall einst als pervers bezeichnet wurden.

Der Katholizismus paßt hervorragend in postmoderne Zeiten. Er verfügt über eine bestehende Bildergalerie, die man plündern kann. Für die adoleszente Madonna war Christus jemand, den man verehrte wie einen Filmstar. Camille Paglia, die Philosophin des postmodernen Sexes, hat darauf hingewiesen, daß die jüdische Religion eine Wortkultur ist. Das war auch das Christentum, bis es im Bemühen, die heidnischen Massen zu bekehren, ins Bildhafte abdriftete.[27] Die lebendigen, sinnlichen Farben der ländlichen Kirchen in Italien, Spanien, Mexiko und Guatemala, die »heidnische Vermischung von Sehnsucht, Lust, Furcht, Ekstase, Resignation und Ruhe... die zur Erhabenheit sublimierten Dämonen«,[28] die theatralischen Rituale, die die Seele mit Bildern von Herrschaft und Unterwerfung berühren, bilden die kreativen Impulse der katholischen Kunst. Und wenn Katholiken sich von der ewigen Peitsche der Sünde und Schuld befreien, brechen sie in einen spektakulär zur Schau gestellten Hedonismus aus. In Spanien wurde der Franco-Faschismus von der Kirche gestützt. Nach dem Tod Francos stürzte das Land in einen wilden Sextaumel, den Pedro Almodovar in seinen hochironischen Filmen über sexuelle Ambiguität, Rache und Mord festgehalten hat. In Polen wurde der postkommunistische Karnevalsball von einem satirischen Magazin mit dem Namen *No* organisiert, das sich auf die Brüskierung der Kirche spezialisierte und eine Verkaufszahl von 1,5 Millionen erreichte. Drei beliebte Callgirls führten ein lebendes Bild vor. Zur Diskomusik eines aktualisierten gregorianischen Chorgesangs tanzten sie vor drei knieenden Männern, die sie auszogen und eßbare Slips freilegten, die sofort verspeist wurden.[29]

Das andere postmoderne Merkmal des Katholizismus ist sein fehlender Glaube an die Zukunft. Warum irgendwelche Hoffnung auf Fortschritt setzen, wenn man die Ewigkeit hat? Im Katholizismus ist sexuelle Lust ein aus der Zeit herausgehobener Augenblick, der endlos ritualisiert wird. Der amerikanische Künstler Andres Serrano wurde katholisch erzogen und trat mit dreizehn aus der Kirche aus, aber er ist noch immer besessen von »der Theatralik, dem Drama und den Mysterien«.[30] Er fotografiert die Hexenmeister des Ku-Klux-Klan und bewahrt die katholische Faszination von Ornaten und Kostümen. Unter Verwendung seiner eigenen Körperflüssigkeiten sperrt er Christus in einen durchsichtigen Kasten, in dem der Messias durch die klare goldene Flüssigkeit der Künstlerpisse sichtbar wird. Sein Kunstwerk erinnert an die Glasphiole, in der sich angeblich alljährlich das Blut des heiligen San Gennaro von Neapel verflüssigt.

Die gestörte Beziehung der Katholiken zu allem Fleischlichen, das beständig an die Verbindung von Sünde und Tod und den Verlust des ewigen Lebens gemahnt, macht katholische Künstler zu den idealen künstlerischen Kommentatoren unserer Seuchenjahre. Camille Paglia ficht ihren Kampf gegen die protestantische und jüdische Vision eines Millenniums, auf die der Feminismus hereingefallen ist. »Die Feministinnen vereinfachen das Problem des Geschlechts auf grobe Weise, wenn sie es auf eine Frage von sozialen Konventionen reduzieren: Als erwarteten sie, daß sich nach einer Korrektur gesellschaftlicher Ungerechtigkeiten, einer Beseitigung der Ungleichheit zwischen den Geschlechtern und einer Klärung der Geschlechterrollen allenthalben Glück und Harmonie einstellten.«[31] Für Paglia ist der Sex eine dunkle Macht, der Berührungspunkt zwischen Mensch und Natur. Menschlich freie Erotik kann es nicht geben, weil Sex niemals frei von Angst und psychischen Schattenbildern sein kann. Die Barbarei der Lust entspringt einer anarchischen Natur. Frauen sind chthonische, träge Wesen, gesteuert von hormonellen Impulsen, die außerhalb ihrer Kontrolle liegen, kaum zu unterscheiden von Tieren. Die Begierde treibt uns. Politik ist eine Illusion, ein tapferer, aber fruchtloser Versuch, unserem libidinösen Selbst zu entfliehen. Frauen sollten sich nicht vom männlichen Konzept sozialer Veränderung täuschen lassen, das der Feminismus ihnen vorgaukelt: »Die westliche Vorstellung von Geschichte als einer in die Zukunft gerichteten Bewegung, einem vom Fortschrittsgedanken oder von der Vorsehung bestimmten Projekt, das in der Offenbarung einer Auferstehung gipfelt, ist ein männliches Konzept«, schreibt sie. »Keine Frau, behaupte ich, könnte solch einen Gedanken ausbrüten, der sich einer Strategie verdankt, deren Ziel die Flucht vor der zyklischen Natur der Frau selbst ist, in der sich der Mann zu verfangen fürchtet. Entwicklungs- oder Endzeitgeschichte entspricht männlichem Wunschdenken, ist eine Geschichte mit einem als phallischer Höhepunkt imaginierten Happy-End.«[32]

Hätte die sexuelle Revolution vernichtender geschlagen werden können als durch die Amputation ihrer liebsten Idee, der Idee des Fortschritts? Hier ist die Rache des Vatikans für den abtrünnigen Katholiken, den jüdischen Wissenschaftler, den feministischen Finanzier und den Eugeniker.

Zeitzeugin

Kein Kondom, kein Sex

Ich wurde 1967 in San Francisco geboren, genau vor dem Sommer der Liebe. Ein vielversprechender Anfang. Ich wuchs in Castro auf, dem Herz der Schwulengemeinschaft. Meine Eltern hatten vertauschte Rollen: Wenn wir Kummer hatten, liefen wir zu unserem Vater, während wir vor unserer Mutter eine Heidenangst hatten. Unser Haus hatte nur ein Badezimmer (für eine fünfköpfige Familie), also wußten wir, was Väter und Mütter unterscheidet. Die Tür unseres Kinderzimmers blieb nachts immer offen, weil mein Vater der Ansicht war, daß geschlossene Türen feuergefährlich waren. »Außerdem«, so pflegte er zu sagen, »müßt ihr etwas zu verbergen haben, wenn ihr eure Tür zumacht. In unserer Familie gibt es keine Geheimnisse.« Ha! Eines Nachts, als ich ungefähr sieben war, wachte ich auf, weil ich aufs Klo mußte, und sah, daß die Schlafzimmertür meiner Eltern geschlossen war. Was versteckten sie dahinter? Geschenke? Ich war eine leidenschaftliche Leseratte und hatte bald herausgefunden, daß hinter dieser verschlossenen Tür Sex betrieben wurde. Also doch ein Geheimnis! Danach reagierte ich sehr mißtrauisch auf alles, was meine Eltern sagten.

In der Schule war ich frühreif und künstlerisch begabt. Ich tauschte Zeichnungen mit meinen Freunden aus. Wenn ich Streit mit einem Mädchen bekam, sprangen alle Jungen auf, um mich zu beschützen. Mit elf erfand ich ein Spiel, das ich »Ladyland« nannte. Wer mitspielen wollte, mußte tun, was die Königin (ich) anordnete. Ein Junge war mir fast sklavisch ergeben. Er machte, was ich wollte. Aber ich hatte noch keine wirkliche Vorstellung von Sexualität. Mir war nicht bewußt, daß so ein Verhalten tabu war, bis ich fast aus einer katholischen Katechismusstunde geflogen wäre, weil ich die falschen Fragen stellte. Danach wurde ich etwas »ruhiger«, bis ich in die Pubertät kam und meine Hormone außer Kontrolle gerieten.

Mit dreizehn schwärmte ich für einen Jungen aus meiner Klasse und dachte an ihn, wenn ich abends im Bett lag. Eines Nachts stellte ich mir vor, ihn zu küssen und zu berühren, und plötzlich war meine Unterhose naß. Ich fand es nicht weiter beunruhigend, weil wir im Biologieunterricht gerade über Fortpflanzung gesprochen hatten. Ich wußte, was los war, Fröschen passierte dasselbe. Mit siebzehn verlor ich meine Unschuld. Ich ging noch zur High School, mein Freund war auf dem College. Meine Freundinnen dachten alle, daß wir sofort miteinander schlafen würden, weil er ja schon älter und bestimmt sexuell erfahren war. Wir machten ziemlich ausgedehntes Petting, experimentierten ein bißchen mit oralem Sex, und eines Tages fragte er mich, ob ich schon mal mit jemandem geschlafen hätte und ob ich es mit ihm tun wollte. Ich fühlte mich nicht unter Druck gesetzt, aber für mich war klar, daß wenn wir miteinander schliefen, ich diejenige war, die die Regeln festsetzte. Ich wollte es schon lange, aber ich hatte ein bißchen Angst. Als er dann so offen darüber sprach, sagte ich: »Laß es uns gleich versuchen.« Meine Vagina verkrampfte sich, und es war ziemlich schmerzhaft, als er mit mir zu schlafen versuchte, also beschlossen wir, es langsam angehen zu lassen, indem wir uns gegenseitig befriedigten und einfach herumspielten. Es dauerte etwa dreieinhalb Monate, bevor ich mich richtig entspannen konnte und es nicht mehr weh tat. Danach wollte ich dauernd Sex. Ich verlor meine Unschuld früher als meine Freundinnen. Es war eine kleine Sensation, weil ich vorher keinen Freund gehabt hatte, nicht mal eine Verabredung. Ich habe es nie bedauert, weil ich mich seit meiner frühen Adoleszenz darauf gefreut hatte. Und obwohl der Vorschlag von meinem Freund kam, war ich diejenige, die ganz und gar über den Sex bestimmte, bis hin zur Frage der Verhütung. Wir benutzten nur Kondome, weil ich fand, daß er lernen mußte, meine Entscheidung zu respektieren. Wir hatten nur Sex, wenn ich es wollte. Die Erfahrung war sehr positiv für mich, weil ich lernte, Forderungen zu stellen, kreativ zu sein und mich durchzusetzen.

Ich glaube, der zweite Mann, mit dem ich geschlafen habe, war sehr überrascht von meinem fordernden Wesen. Ich hielt mich selbst nicht für »fordernd« (obwohl ich nicht weiß, warum das überhaupt was Schlechtes sein soll). Ich ließ ihn einfach nur wissen, was mir Lust bereitete. Wenn ich zum Beispiel oralen Sex bei ihm machte, machte ich es so, wie ich es mir von ihm wünschte, oder ich probierte alle möglichen verrückten Stellungen aus. Ich muß allerdings sagen, daß Männer im großen und ganzen ziemlich begriffsstutzig sind, was die nonverbale Kommunikation angeht. Man muß schon recht deutlich werden, damit sie verstehen, was man will. Die meisten hielten mich einfach für eine verrückte, heiße Nummer. Nachdem ich einmal angefangen hatte, deutlich auszusprechen, was ich erregend fand, hatte ich Dutzende von Verehrern (und das mir, die ich in der High School keine einzige Verabredung gehabt hatte!).

Ich war immer ein »halber Junge« gewesen und nie das brave Mädchen, das mit Puppen spielt. Als ich im College war, schlief ich, mit wem ich Lust hatte, und merkte bald, daß Frauen sich nicht so benehmen durften. Ich wußte, es war ein Tabu, sich wie ein Mann zu verhalten, und genau deshalb habe ich es getan. Ich wurde zwar nicht gerade als Schlampe angesehen, aber Frauen und Männer fühlten sich bedroht. Ich fand, es war eine beschissene Form von Sexismus. Diese Doppelmoral ist einfach idiotisch.

Zur Verhütung habe ich Kondome und Schwämme benutzt, und einmal habe ich die Pille ausprobiert. Ich verwandelte mich in ein Monster und fühlte mich grauenvoll. Ich hatte auch ein weltanschauliches Problem mit der Pille. Ich dachte: »Wem dienst du damit, wenn du diese synthetischen Hormone schluckst?« Ich fand, daß die Pille nur den Männern half, sich vor der Verantwortung zu drücken, und nach zwei Wochen habe ich sie wieder abgesetzt. Schon in der High School hatte ich das dringende Bedürfnis, den Männern beizubringen, daß sie für die Verhütung verantwortlich sind. Manchmal verhüten mein Freund und ich mit der Knaus-Ogino-Methode, weil sie spontaneren Sex erlaubt, aber im großen und ganzen lautet meine Regel: Kein Kondom, kein Sex. Kurz nachdem ich das erste Mal Sex hatte, ist das Kondom mal gerissen. Ich weiß noch, daß mein Freund völlig ausflippte, sich den Kopf darüber zerbrach, ob er es seiner Mutter erzählen sollte oder nicht, wo wir das Geld für eine Abtreibung hernehmen sollten usw. Ich war eigentlich ganz ruhig. Ich dachte: »Was soll die Aufregung, wenn ich schwanger bin, lasse ich es einfach abtreiben.« In letzter Zeit hatte ich öfter Angst, schwanger zu sein, vor allem, weil ich noch studiere und eine Abtreibung immer noch ziemlich teuer ist. Ich denke, es ist nicht so sehr die Angst vor einer Schwangerschaft, als die Angst vor den finanziellen Problemen.

Eine Weile habe ich mir Sorgen wegen Aids gemacht, weil ich einmal mit einem Mann geschlafen habe, der eine bunte Drogenkarriere hinter sich hatte. Ich sollte wahrscheinlich einen Test machen lassen, um ganz sicher zu gehen. Ich lebe seit vier Jahren in einer monogamen Beziehung. Ich habe also keine Angst, mich anzustecken, aber es gibt immer noch die Möglichkeit, daß ich das Virus schon habe. Ich habe Angst vor dem Test. Als ich »frei« war (nicht promiskuös, einfach frei, mit jedem Mann zu schlafen, der mir gefiel), habe ich kein einziges Mal ohne Kondom mit jemandem geschlafen, man könnte also sagen, daß ich Vorsichtsmaßnahmen getroffen habe. Ich habe die Kondome eher zur Verhütung als zur Krankheitsvorsorge genommen. Ich stand nie auf Männer, die eine schillernde, potentiell bedrohliche Vergangenheit hatten, aber solange ein Mann dir nicht wirklich alles über sich erzählt, kannst du nie völlig »sicher« sein. Meine dreiundzwanzigjährige Schwester hat sich 1990 bei ihrem Freund mit HIV angesteckt. Sie sagt, sie hätten nur einmal ohne Kondom geschlafen. Als die

Beziehung auseinanderging, hat sie irgendwie geahnt, daß er Aids hatte. Er war ihr erster Freund. Ich hatte mal was mit drei Männern gleichzeitig. Ich fand es herrlich. Sie waren alle eifersüchtig aufeinander. Ich dachte: »Wow! Das ist besser als Jules und Jim.*« Irgendwann wurde es mir dann zuviel. Heute, wo ich HIV-positive Freunde und Familienangehörige habe, würde ich nicht mal im Traum an eine offene, nichtmonogame Beziehung denken. Es ist einfach zu gefährlich.*

Manchmal lese ich, um mich in Stimmung zu bringen. Meistens muß ich mich allerdings ziemlich zusammennehmen, weil die meisten pornographischen Sachen so absolut lächerlich sind, daß ich meinen Verstand ausschalten muß, um davon angetörnt zu werden. Ich finde nicht, daß man Pornographie verbieten sollte. Schließlich ist niemand gezwungen, sich Pornos zu kaufen, und wenn es genug Leute gibt, die so was mögen, dann sollten sie es auch kaufen können. Das Problem ist, daß die meisten pornographischen Sachen Frauen erniedrigen. Sie werden entweder als Nutten dargestellt, die ganz wild aufs Schwanzlutschen sind (würg), oder als Frauen, die nur auf den richtigen Mann warten, damit sie sich endlich gehen lassen und zu Nutten werden können, die ganz wild aufs Schwanzlutschen sind. Pornographie ist auch eine Form von Unterdrückung, weil sie weiterhin das Bild von der perfekten Frau vermittelt – perfekter Körper, möglichst blond, tonnenweise Make up im Gesicht, im Grunde eine Barbiepuppe mit offenem Mund. Ich habe mir einige Videofilme von Candida Royalle angesehen, die Pornos für Frauen macht, und diese Sachen haben mir schon besser gefallen. Aber ich lese lieber etwas Pornographisches (man könnte es auch als erotische Literatur bezeichnen – das klingt geschmackvoller), weil es dir mehr Freiheit läßt: mehr Raum für deine eigene Phantasie und Kreativität. Trotzdem würde ich nie zu einem Callboy gehen, wenn ich keinen Sexpartner hätte, weil ich es abartig finde, Sex für Geld anzubieten. Sex ist keine Ware, die man kaufen und verkaufen kann wie einen Toaster.

»Sex ist keine Ware, die man kaufen und verkaufen kann wie einen Toaster« … wie kann ich das sagen und gleichzeitig Madonna toll finden? Ich glaube, weil sie Sexualität verkauft, das heißt die Vorstellung von Liebe und Sex, was für mich etwas völlig anderes ist, als Sex zu verkaufen. Es ist befreiend, nicht einengend. Madonna spielt in ihren Videos die unterschiedlichsten Frauen, vom eigensinnigen Teenager in »Papa don't preach«, über das Revuegirl in »Open Your Heart« bis zur willensschwachen Frau in »Express yourself«. Sie läßt sich nie von Männern demütigen oder mißbrauchen. Sie ist kein Sexualobjekt. Sie ist ein Sexsubjekt. Ich finde es wirklich bewundernswert, wie sie auf ihre

Weise neue Ideen erforscht und künstlerisch umsetzt. In einer Zeit, die geprägt ist von Aids, Vergewaltigung und sexueller Belästigung, empfinde ich ihre Musik und ihre Videos als ungeheuer positiv und erzieherisch. Sie ist vielleicht keine begnadete Sängerin, Tänzerin und Schauspielerin, aber sie hat Power.

Das Millennium: Sex im Zeitalter der virtuellen Realität

Dahinter verbirgt sich die Idee, daß man einen komplexen Stoff aus elektronischen Sensoren über die Geschlechtsorgane stülpt – ein waschbarer oder Einweg-»Schwanzmuff« für IHN, *ein »Datenbikini« für* SIE *– und damit die Möglichkeit digitalisierter Körperkontakte schafft.*

»High-Tech Sex«, *Marie Claire*, April 1993

ALS ich dieses Buch zu schreiben begann, gab es zwei Fragen, auf die ich eine Antwort suchte. Warum hatte dreißig Jahre nach der sexuellen Revolution die größere sexuelle Freiheit der Frauen die Prostitution nicht zum Verschwinden gebracht? Und vorausgesetzt, es stimmte, daß der Kapitalismus jedes Vakuum verabscheute und ständig neue Märkte erschließen mußte – warum gab es keine Sexindustrie mit spezifisch weiblicher Zielgruppe? Jefferson Poland hatte diese Entwicklung für unvermeidlich gehalten.

Aber im Laufe meiner Nachforschungen ist etwas Unerwartetes passiert: 1992 wurde zum Jahr des Hardbodys, der sexgeilen, modisch libertären, postfeministischen Frau, die Andrea Dworkin den Rücken kehrte, um den Abenteuerspielplatz Sex zu erforschen. Mit Bravado und Kondomen ging sie in der Clubszene auf die Pirsch. Statt *Cosmopolitan* las sie *Für Frauen* oder *Ludus*, die neuen Sexmagazine für die selbstbewußte Frau. Mit Kennermiene begutachtete sie Pin-up-Boys und wetterte gegen die gesetzliche Bestimmung, daß der Penis nur in Halb-acht-Stellung gezeigt werden darf. Es war eine unerwartete und spektakuläre Abwendung von den späten Achtzigern, als die weibliche Single als Karrierefrau dargestellt wurde, die Intimität und Familie für Erfolg und ein ödes Privatleben eingetauscht hatte oder für den One-Night-Stand in der Hölle, der ein blutrünstiges Millionenpublikum in *Eine verhängnisvolle Affäre* trieb. Nach Auskunft der Medien forderten die Neunziger eine sexfreudige Persönlichkeit. Der Anblick der Heerscharen von Sekretärinnen, die mit ihren Kolleginnen auf den Swutsch gingen, um den männlichen Stripper zu bejohlen, wenn er seinen Lendenschurz ablegte und ein mehr als kümmerliches Organ enthüllte, war das Signal, um den Bann des Schweigens zu brechen, den die böse Hexe der Achtziger über unsere Lust verhängt hatte.

Zwei Jahre zuvor hatte alles darauf hingedeutet, daß die Frauen kein Interesse an Pornographie hatten und daß es drastische Unterschiede im sexuellen Verhalten von Männern und Frauen gab. Das am häufigsten bemühte Argument lautete, daß Frauen es praktisch unmöglich fänden, Sex und Liebe voneinander zu trennen. Die Bereitschaft der Frauen, sich auf sexuelle Phantasie einzulassen, erreiche ihre Grenze mit erotischen Kitschromanen und literarischen Sexschurken. Nachdem ich einen Artikel für den *New Statesman* geschrieben hatte, erhielt ich eine Reihe von Leserbriefen, in denen mir anhand biologischer Theorien erläutert wurde, daß die reproduktive Rolle der Frau genetisch so fest einprogrammiert sei, daß sie Begierde und Fürsorge niemals voneinander trennen könnte. Die Sexualität, so wurde argumentiert, sei so eng mit der Natur verknüpft, daß alle Erklärungen, die Unterschiede im sexuellen Verhalten auf gesellschaftliche oder kulturelle Faktoren zurückführten, hier keine Gültigkeit hätten.

Viele Frauen, mit denen ich gesprochen habe, waren überzeugt, daß sie unabhängig von ihrer Sozialisation oder dem zufälligen historischen Moment ihrer Geburt ein elementares Bedürfnis nach Nähe und fester Bindung hatten.

Auf der Sextagung, die 1991 in San Diego stattfand, erzählte mir ein Workshopleiter von einer Männergruppe, mit der er gearbeitet hatte. Einmal hatte er die Teilnehmer gebeten, ihre Frauen oder Freundinnen zur nächsten Sitzung mitzubringen. Die Männer und Frauen wurden in zwei getrennte Gruppen geteilt und gebeten, sich unabhängig voneinander einige Fragen zu überlegen, die sie der anderen Gruppe gern stellen würden. Als sie wieder zusammenkamen, stand ganz oben auf der Liste der Frauen: »Wie kommt es, daß immer wenn ich versuche, dir nahe zu kommen, du dich verhältst, als wollte ich dir etwas wegnehmen?« Den Männern brannte eine ganz andere Frage auf der Seele: »Wie wichtig ist die Penisgröße?«

Nirgends traten diese zwei unterschiedlichen sexuellen Kulturen deutlicher zutage als in den gegensätzlichen Welten der schwulen Männer und heterosexuellen Frauen. 1979 fuhr ich nach San Francisco, um einen alten Freund aus London zu besuchen, einen Maler, der unter anderem in die USA gezogen war, um in der Welthauptstadt der Schwulen zu leben, damals auch unter dem Namen Klonstadt bekannt. Er jobbte als Kellner in einem Restaurant, und ich ging zum Essen hin. Er deutete auf einen Mann am Nebentisch. Letzte Nacht habe er mit ihm Sex in einer Sauna gehabt, erzählte er mir. Jetzt tat der Mann so, als würde er ihn nicht wiedererkennen, geschweige denn, sich an den kurzen Moment der Intimität erinnern. »Ich hab es langsam ein bißchen satt«, sagte mein Freund. »Statt Sex zu haben, würde ich sie manchmal lieber auf eine Tasse Tee in meine Wohnung einladen.« Die Welt, die er beschrieb, versetzte mich in ungläubiges Erstaunen. Ich versuchte mir eine Frau vorzustellen, die sich am Samstagabend fein herausputzt, um sich bei anonymem Sex zu vergnügen – und an einem körperlosen Schwanz saugt, der durch ein Loch in der Wand ragt. Ich war eine Frau, die sich mit rückhaltloser Begeisterung in den fröhlichen sexuellen Karnevalszug der Sechziger eingereiht hatte und die in jenem spezifischen Moment gerade zwei Liebhaber hatte (einer ein neunzehnjähriger Schüler, den ich unterrichtete, neun Jahre jünger als ich), aber der Gedanke, den unverbindlichen sexuellen Marktplatz von San Francisco in eine Stadt voller Frauen zu verlegen, war einfach unvorstellbar für mich.

San Francisco sah sich selbst damals als Vorreiterin einer revolutionären Sexualpolitik, die weit über das hinausging, was die Swinger, Swapper oder Teilnehmer der Gruppenehen je angestrebt hatten. John Rechy, der einen frühen Bericht über die Szene von Los Angeles in den ausgehenden Sechzigern schrieb, sah die Homosexuellen als radikale Außenseiter, für die die Suche nach Sex ein subversiver und künstlerischer Akt war. »Die Akzeptanz der Homosexualität – einschließlich der wichtigen Tendenz zur Promiskuität –«, so Rechy, »würde zu einer traumatischen Infragestellung der, in ihrer Extremform, repressiven heterosexuellen Norm führen.« Der Homosexuelle, so Rechys These, würde den Heterosexuellen dazu zwingen, sich eine Reihe von Fragen zu stellen, die die stagnierende Konformität der konventionellen sexuellen Strukturen entlarven würden: Warum *eine* Frau? *Ein* Mann? Warum keine Liebhaber? Liebhaberinnen? Warum Ehe? Warum Sex mit nur einem Partner? Warum kein offener Sex, offene Beziehungen? Warum, unbedingt, Kinder?[1] Nach diesem Modell war der Saunasex in der Lage, die uns bekannte Zivilisation aus den Angeln zu heben.

Aber selbst damals war ich nicht überzeugt. Die schwule Szene von San Francisco der späten Siebziger, kurz vor Aids, erschien mir wie eine reine Männerphantasie – was Männer tun würden, wenn sie sich selbst überlassen wären, ohne Frauen und ihre ärgerlichen Bindungsansprüche. Es war eine säkulare Religion, die auf der Anbetung des Phallus basierte. In dem Buch von Randy Shiltz, *Aids And The Band Played On*, das sich mit den frühen politischen Konflikten zum Thema Aids innerhalb der Schwulengemeinschaft befaßt, wird ein Arzt zitiert, der offenbar zum selben Schluß gekommen ist:

> Joe glaubte, die Anziehungskraft der Promiskuität und Entpersönlichung des Sexes sei auf eine gewisse Furcht vor der Intimität zurück-

zuführen. Dies war ein typisches Männerproblem. Man hatte es hier eben mit einer Subkultur der männlichen Homosexualität zu tun; daher gab es hier kein Gegenelement zu den typisch männlichen Wertvorstellungen, die hier mehr vergöttert wurden, als es sich ein heterosexueller Macho vorstellen konnte. Es herrschte eine zügellose Promiskuität, denn es gab niemanden, der nein sagte – niemand übernahm die Rolle der spröden Frau im heterosexuellen Milieu. Es gab sogar heterosexuelle Männer, die insgeheim zugaben, daß ihnen die Vorstellung von sofort verfügbarem und sogar anonymem Sex, wie es ihn in den Saunen gab, außerordentlich gefiel – es fehlten ihnen nur die Frauen dazu.[2]

Der typische Aids-Patient hatte damals im Lauf seines Lebens etwa 1100 Sexualpartner gehabt. Bei einigen belief sich die Zahl auf 20000.[3] Im Gegensatz dazu ergab eine Umfrage zum Sexualverhalten bei 34000 Leserinnen der amerikanischen Zeitschrift *New Women*, daß die Mehrheit der Befragten weniger als fünf Liebhaber gehabt hatte.[4] Meiner Ansicht nach verbarg die Dichte der »Bedeutungen«, mit denen das simple Vergnügen am Vögeln überzogen wurde, nur die eigentliche Bedeutungslosigkeit dieser Begegnungen. Wenn der Sex überhaupt einen politischen Inhalt hatte, so war der nicht revolutionär, sondern glich eher der kapitalistischen Vision von einem sexuellen Einkaufszentrum mit unbegrenztem Warenangebot.

Nicht daß heterosexuelle Männer gänzlich unbedient geblieben wären. 1991 wurde Sir Allan Green, der Leiter der britischen Anklagebehörde, zum Rücktritt gezwungen, nachdem er verhaftet worden war, weil er im Londoner Rotlichtbezirk King's Cross mit einer Prostituierten gesprochen hatte. Die meisten seriösen Zeitungen sprachen dem Unglücklichen ihre Sympathie aus. *Independent* widmete der Sache einen Leitartikel mit dem Titel »Ein trauriger Rücktritt, ein schlimmes Gesetz«[5] und forderte die Legalisierung von Bordellen. Das Ereignis stellte die langgehegte Überzeugung in Frage, daß Männer für Sex bezahlten, den sie woanders nicht bekamen oder daß Prostituierte abartige sexuelle Wünsche erfüllten, die jede anständige Ehefrau weit von sich weisen würde. Green war ein mächtiger Mann, der über das notwendige Beiwerk des Erfolgs, »eine reizende Frau und entzückende Kinder«, verfügte (seine Frau hielt zu ihm, solange die Fernsehkameras auf das Greensche Heim gerichtet waren; anschließend verließ sie ihren Mann und beging Selbstmord). Im Zeitalter des *Joy of Sex* scheint es wenig wahrscheinlich, daß Mrs. Green oder andere Ehefrauen, deren Männer zu Prostituierten gehen, Sex nur als lästige Pflichtübung ohne eigenen Lustgewinn über sich ergehen lassen.

Nach Ansicht des Hurenkollektivs von King's Cross liegt die Erklärung für das anhaltende Wachstum der sexuellen Dienstleistungsbranche in der ökonomischen Macht der Männer. Männer sind daran gewöhnt, die Dinge, die sie haben wollen, zu kaufen. Eine von der Public Health Research Union durchgeführte Studie über siebzig Männer, die Prostituierte aufsuchten, bestätigte, daß mehr als die Hälfte verheiratet war und daß die meisten in festen Beziehungen lebten. Eine Minderheit suchte nach »Spezialistinnen« für Sexdienste wie S/M, Analverkehr oder Transvestie, aber bei den meisten Männern der Glasgower Studie stand das Thema Macht im Vordergrund. »Für einige Männer liegt der Reiz in der unverbindlichen, nicht emotionalen Art des Sexes«, erklärte Dr. Neil McKeganey, Ko-Leiter des Projekts, einen Tag nach der Verhaftung des Generalstaatsanwalts gegenüber dem *Guardian*. »Es gibt keine dauerhaften Verpflichtungen, weder emotional noch finanziell. Auch die Lust am heimlichen Sex, der Reiz des Verbotenen spielt eine große Rolle.«[6] Einer der Befragten verglich den Gang zu einer Prostituierten mit dem Besuch einer Autowerkstatt – »Du sagst ihnen, was du gemacht haben willst, und wenn sie es nicht machen wollen, gehst du woanders hin.«[7] Die Studie zeigte auch ein wachsendes Bedürfnis nach immer jüngeren Frauen: »Ich nehme die Jüngsten, die ich finden kann«, sagte einer der Männer. Ein anderer: »Anfang zwanzig ist die Grenze, an Älteren bin ich nicht interessiert.« Dazu Dr. McKeganey: »Viele Freier sahen die Beziehung zwischen sich und der Prostituierten nicht als Beziehung unter Gleichen, sondern als eine Beziehung mit einem deutlichen Machtgefälle zwischen jenen, deren sexuelle Bedürfnisse vorrangig sind, und jenen, die dazu da sind, diese Bedürfnisse gegen Geld zu befriedigen.« Ein Freier erzählte ihm: »Es hängt damit zusammen, daß du mehr Macht hast – du hast das Geld in der Tasche, und damit hast du Macht über sie.« Für die Freier waren die Prostituierten eine Art *tabula rasa*, auf die sie ihre Phantasien projizieren konnten. Und trotz der – enorm überschätzten – Gefahr einer HIV-Infektion (einige dachten, daß die Infektionsrate bei Prostituierten siebzig Prozent betrug, während die meisten europäischen Studien die Zahl bei weniger als fünf Prozent ansetzten), nahmen die Freier weiterhin Risiken in Kauf.[8]

Die Prostitution ist nach wie vor ein Wachstumsgeschäft, sowohl in den Städten des Westens als auch in den ausgedehnten Sexbetrieben Südostasiens. In den Bars von Bangkok spielen vorpubertäre Mädchen aus den Dörfern sexuelle Handlungen nach. Die Nachahmung erstreckt sich nicht nur auf den eigentlichen Geschlechtsakt, sondern umfaßt die grobe Annäherung an ein Verhalten, das als »sexy« gilt. Die Mädchen imitieren, wie eine erwachsene Frau sich benehmen könnte, wenn sie sexuell erregt ist. In diesen Bars ist eine dreißigjährige Frau, die sich auf dem Gipfel ihrer sexuellen Kraft befindet, die absolute Außenseiterin. Das beherrschende Symbol für die sexuell attraktive Frau ist das zarte junge Mädchen. In den Armen dieser jungen Teenager erholen sich die männlichen Sextouristen von den Forderungen des feministischen Westens. Ich glaube, daß die konstante und sogar wachsende Zahl von Männern, die zu Prostituierten gehen, ironischerweise mit der Sexualisierung der Frau in der Mainstream-Gesellschaft zusammenhängt. Sex zwischen Männern und Frauen ist zu einer Veranstaltung geworden, in der beide Seiten Forderungen stellen.

Es ist schwerer für Männer, eine Frau zu finden, die bereitwillig die Beine spreizt und alles akzeptiert, was ihr geboten wird, eine Frau, die männliche Phantasien erfüllt, ohne eigene Ansprüche zu stellen. Als Cathérine in Buñuels *Belle de Jour* zur Gelegenheitsprostituierten wird, entdeckt sie, daß sie in ihrem Job nicht wie erwartet die barocken sexuellen Phantasien ausleben kann, die sie mit sich herumträgt. Statt dessen muß sie die Regieanweisungen des jeweiligen Freiers befolgen und wird zur Akteurin in seinen sexuellen Inszenierungen, die verglichen mit der grandiosen Regie, Kameraführung, Beleuchtung und Besetzung der »Filme«, die in Cathérines eigener Phantasie ablaufen, ausgesprochen banal und trostlos wirken.

Warum gehen Frauen nicht zu männlichen Prostituierten? Warum nutzen sie nicht das reichhaltige Angebot an jungen Männern, die die Fleischregale unserer Städte bevölkern? Nach den Gesetzen der Logik müßte eigentlich eine rege Nachfrage bestehen. Insbesondere in New York gibt es ganze Armeen von weiblichen Singles jenes Typs, wie er in *Eine verhängnisvolle Affäre* dargestellt wurde: »Karrierefrauen« ohne Partner, aber mit der wirtschaftlichen Macht, sich einen geschmackvollen Mann zu kaufen. Gigolos haben schon immer eine Rolle im Leben älterer Oberschichtsfrauen gespielt, aber in den allermeisten Fällen handelt es sich dabei um schwule Männer, die eher als Begleiter, denn als sexuelle Partner agieren. Bubbles Rothermere, eine beliebte Salondame der Londoner Gesellschaft, deren Ehemann mehr oder weniger fest mit einem japanischen Handmodel in Paris lebte, hatte immer einen hübschen Jüngling an ihrer Seite, der ihr Feuer für ihre Zigaretten gab und sie auf Partys begleitete. Madonna, derzeit eine der mächtigsten Frauen der Welt, ist beständig von einer Traube schwuler Bewunderer umlagert. Die Männer sonnen sich im Starruhm des Paradiesvogels, und Madonna genießt den voyeuristischen Reiz der sexuellen Subkultur.

Als Gay Talese seine zehnjährige Untersuchung über die amerikanische Sexindustrie durchführte, arbeitete er auch einige Monate lang als Geschäftsführer eines New Yorker Massagesalons. Nach einer Weile wurde ihm bewußt, daß noch nie eine Frau angerufen hatte, um die Dienste eines männlichen Masseurs in Anspruch zu nehmen. Talese war überzeugt, daß es in New York unzählige ältere Witwen, Singles, vernachlässigte Ehefrauen und sexuell befreite Managerinnen gab, »die eine mittägliche Massage mit einigen erotischen Leckereien, einschließlich oralem Sex, in einem wohltuenden und angenehmen Ambiente, das etwas von dem Luxus eines Elizabeth-Arden-Salons oder eines teuren Fitnessclub böte, begrüßen würden«. Aber das Angebot wurde ganz offensichtlich nicht genutzt. In den großen Städten Europas stieß Talese auf dieselbe Gleichgültigkeit. Ein Sextherapeut erklärte ihm, daß eine Frau den Penis als fremdes Objekt betrachte, das in ihren Körper einzudringen versuche. Wenn der Mann ihr fremd sei, sei auch sein Penis ein Fremder für sie. Ihn in sich hineinzulassen, bedeute für sie eine Verletzung ihrer Integrität. Nur wenn sie den Penis mit einem Menschen identifiziere, dem sie vertraue, den sie liebe und begehre, könne der Penis seine Fremdheit verlieren. Nur dann könne die Frau ihm erlauben, in sie einzudringen und Teil von ihr zu werden.[9] In letzter Konsequenz ist es immer der Mann, der die Macht hat, sich zurückzuziehen, während selbst die widerstrebendste Vagina von einem brutalen Penis penetriert werden kann.

Dreizehn Jahre nach Veröffentlichung von Taleses Studie hört man gelegentlich Geschichten von edlen Eskortagenturen, die sexuelle Dienstleistungen für wohlhabende Frauen anbieten. Der in den frühen Achtzigern entstandene Film *Ein Mann für gewisse Stunden* porträtierte einen männlichen Prostituierten, dessen Identität auf einer umfangreichen Garderobe basierte – ein weiterer Sargnagel für den Machismo und die Authentizität der USA nach dem Trauma von Vietnam. Aber auch wenn es solche Agenturen gibt, wissen doch nur wenige, was sie davon halten sollen. Für die potentielle Kundin von männlichen Prostituierten gibt es eine Reihe von konkreten Gefahren, und die Risiken scheinen die Vorteile bei weitem zu überwiegen. New York ist zum Beispiel eine der gefährlichsten Städte dieser Welt für unverbindlichen Sex. Viele männliche Sexarbeiter sind bisexuell oder drogenabhängig oder suchen selbst HIV-infizierte Sexpartner auf. Anders als Männer haben Frauen gelernt, automatisch an die potentiellen Folgen einer sexuellen Begegnung zu denken, vor allem an das Risiko einer Schwangerschaft. Käuflicher Sex, der einen gewissen Anspruch an Geschmack oder Klasse erfüllt, ist erheblich teurer als das Angebot von der Straße, wie Männer wissen. Um mögliche gesundheitliche Risiken und die Gefahr körperlicher Gewalt zu vermeiden, müßte eine Frau, die käuflichen Sex auch nur in Erwägung zieht, eine Menge Geld auf den Tisch legen – und Frauen verdienen nach wie vor weniger als

Männer. Dann ist da das offenkundige Problem einer möglichen Schwangerschaft. Wenn eine Frau schwanger wird, hat sie im allgemeinen gern einen Namen, eine Telefonnummer und vorzugsweise ein annehmbares menschliches Wesen auf der anderen Seite, um ein gewisses Maß an emotionaler Unterstützung zu finden. In dieser Hinsicht mögen Sex und Gefühl untrennbar sein. Letzten Endes birgt der Sex für Frauen tatsächlich ein höheres Risiko körperlicher Verwundbarkeit.

Man sollte beachten, daß keines dieser Argumente eine biologische Theorie erfordert und nicht einmal eine besonders tiefgreifende psychologische Erklärung. Frauen haben sehr praktische Gründe dafür, wenn sie das männliche Verhalten nicht imitieren. Doch ein Bordell für weibliche Kundinnen ist durchaus denkbar. Stellen Sie sich ein Kurhotel vor: Ein Landhaus in einem Park mit geheiztem Swimmingpool, Whirlpools und Saunen. Ein Verwöhnungsprogramm für Körper und Seele mit Sportunterricht, Massagen, Gesichtsmasken, Solarien, kulinarischen Leckereien, einem luxuriösen Schlafzimmer und der Gesellschaft anderer Frauen – eine kurze Atempause und Erholung von den Sorgen des Alltags. Bei ihrer Ankunft kreuzt die Frau vielleicht noch ein weiteres Angebot an, das auf der Liste der Dienstleistungen aufgeführt ist, und bestellt sich für den Abend einen attraktiven jungen Mann in ihr Luxusschlafzimmer. Er ist vom Management auf HIV oder andere tückische Krankheiten überprüft, ausgerüstet mit den besten Kondomen, die für Geld zu haben sind, und bereit, die köstlichsten sexuellen Vergnügungen zu bereiten. Seine Dienste werden der Frau bei ihrer Abreise diskret in Rechnung gestellt. Gäbe es Frauen, die dieses Angebot nutzen würden? Nach ein oder zwei Jahren, wenn die Mutigsten es ausprobiert und Gefallen daran gefunden hätten, glaube ich schon. Die Talente der »Jungen« würden sich herumsprechen, so wie Frauen heute den Namen ihres Friseurs weitergeben. Top-Jungen würden von anderen Etablissements abgeworben werden (mit Schwanzgeldern).

Ich vermute, daß das einzige, was viele Frauen davon abhalten würde, nicht Zurückhaltung oder Prüderie wäre, sondern ihr eigenes mangelndes Selbstvertrauen, die Bewußtheit, daß es weltweit kein positives Rollenbild für die sexuell aktive ältere Frau gibt (es sei denn, sie hat sich unters Messer des Schönheitschirurgen begeben und sieht zwanzig Jahre jünger aus, als sie tatsächlich ist). Die Frauen, die diese Dienste am meisten schätzen würden und auch das Geld dafür hätten, wären wahrscheinlich diejenigen, die sich der Kluft zwischen sich und ihren potentiellen Partnern am stärksten bewußt wären. Sie würden wissen, daß diese Jungen sie nicht aufrichtig begehren, sondern nur ihr

Geld. Und in diesem Wissen läge ihre Demütigung. Frauen fühlen sich von Macht angezogen, Männer von Jugend und Schönheit. Und Männer sind zu einem bemerkenswerten Grad an Selbsttäuschung fähig, wenn es um die Gefühle einer jungen und mittellosen Frau geht.

Wenn demnach die einzigen Unterschiede zwischen der männlichen und weiblichen Sexualität entweder praktischer oder kultureller Art sind, gibt es Hoffnung für eine völlig undifferenzierte Lust und für die sexuelle Revolution, der viele Frauen gern zu einem siegreichen Ende verhelfen würden. Wenn man die Biologie über Bord wirft, was man meiner Ansicht nach tun muß, bleibt offenbar nur ein postmodernes Verständnis von Sexualität übrig, nach dem es keine menschliche Identität gibt, sondern nur einen beständigen Wechsel von austauschbaren Diskursen, zu denen unter anderem auch »Sex« gehört. Der Wissenschaftler Thomas Laqueur, der die Auffassung vertritt, daß Sex nicht Teil der Natur, sondern ein künstliches Konstrukt ist, illustriert seine These an einer Geschichte, die ursprünglich von einem Arzt des 18. Jahrhunderts in einem medizinischen Text erzählt wurde.

Ein junger Aristokrat, den Familienumstände zum Eintritt in einen Orden genötigt hatten, kam eines Tages zu einem Landgasthof. Die Wirtsleute waren vor Kummer überwältigt, weil ihre einzige Tochter am selben Tag gestorben war. Sie baten den jungen Mönch, die Nacht über bei dem Leichnam zu wachen. Das tat er auch, war aber so beeindruckt von der Schönheit des toten Mädchens, daß er sein Gelübde vergaß. Am nächsten Tag, als der Sarg gerade in die Grube hinabgelassen werden sollte, bemerkte jemand, daß das Mädchen sich bewegte. Man befreite sie aus ihrem hölzernen Gefängnis, und bald darauf erwachte sie aus ihrem Zustand, bei dem es sich in Wahrheit um ein Koma gehandelt hatte. Die Eltern waren überglücklich, bis sich herausstellte, daß das Mädchen schwanger war, obwohl sie ihre Unschuld beteuerte. Später kehrte der Verführer zurück, und die beiden heirateten. Der Fall erregte große Aufmerksamkeit. Jacques-Jean Bruhier, der die Geschichte veröffentlichte, wollte seinen Lesern damit verdeutlichen, daß nur mittels wissenschaftlicher Tests ein Mensch für zweifelsfrei tot erklärt werden konnte. Aber ein anderer Arzt, Antoine Louis, wies darauf hin, daß der Mönch völlig zu Recht davon ausgegangen war, daß das Mädchen tot sein mußte, denn wenn sie noch am Leben gewesen wäre, hätte sie unweigerlich ein deutliches Zeichen ihres Orgasmus von sich gegeben. Im achtzehnten Jahrhundert bestätigte jedes Medizinbuch oder populäre Leitfaden über Geburtshilfe, daß eine Frau nur schwanger werden konnte, wenn sie höchste sexuelle Lust empfand.

Aber wie Laqueur ausführt, wurden die »alten Wertigkeiten« innerhalb von nur hundert Jahren »auf den Kopf gestellt«.[10] 1871 äußerte der Arzt William Acton die folgende Ansicht:

> Die Mehrzahl der Frauen werden (zum Glück für die Gesellschaft) von sexuellen Empfindungen jeglicher Art nicht sehr bedrängt... Verheiratete Männer... und Frauen... würden die weibliche Natur gegen die schmutzigen Verleumdungen in Schutz nehmen, mit denen das liderliche Verhalten und die ungezügelten Gelüste einiger ihrer schlimmsten Exemplare sie besudelt haben. Die besten Mütter, Ehefrauen und Haushaltsführerinnen, wissen wenig oder nichts von sexuellen Ausschweifungen... Es gilt die allgemeine Regel, daß eine sittsame Frau selten sexuelle Befriedigung für sich selbst begehrt. Sie unterwirft sich ihrem Ehemann, aber nur ihm zu Gefallen, und würde, wäre da nicht der Wunsch nach Mutterschaft, lieber von seinen Aufmerksamkeiten verschont bleiben.[11]

Nach Ansicht von Laqueur bedeutete dies eine erstaunliche ideologische Umkehrung, einen Triumph des Geistes über die Natur:

> Der Gemeinplatz einer heute weitverbreiteten Psychologie – daß Männer Sex wollen, Frauen aber Beziehungen – ist die exakte Umkehrung der voraufklärerischen Vorstellungen, die, bis in die Antike zurückreichend, Freundschaft mit Männern gleichsetzen und Sinnlichkeit mit den Frauen. Frauen, deren Gelüste – der alten Ordnung der Dinge zufolge – keine Grenzen kannten und deren Vernunft der Leidenschaft wenig Widerstand entgegenbrachte, wurden nun in einigen Darstellungen zu Geschöpfen, deren gesamtes Geschlechtsleben sich im Zustand der Anästhesierung gegenüber den Freuden des Fleisches vollziehen konnte.[12]*

In den Neunzigern schienen die Frauen im Begriff zu stehen, dieses voraufklärerische Modell weiblicher Sexualität zu übernehmen. Als ich mit den Recherchen für dieses Buch begann, gab ich zwei Anzeigen auf, eine auf der Frauenseite des *Guardian* und eine in der Briefkolumne von *Company*, einer Zeitschrift für sexuell aufgeschlossene junge Frauen. Auf die Anzeige im *Guardian* erhielt ich den folgenden Brief einer Frau Anfang Vierzig, Tochter eines linken Aktivisten, die nach

* In den siebziger Jahren stimmte die American Psychiatric Association mehrheitlich dafür, die bislang geltende medizinische Lehre von der Homosexualität als einer Geisteskrankheit fallenzulassen. Das veranlaßte Senator David Norris, gewähltes Parlamentsmitglied und offen bekennender Homosexueller in Irland, wo Homosexualität gesetzlich verboten war, sich öffentlich zu fragen, ob man nicht auch dafür stimmen könnte, daß Krebs keine Krankheit mehr sei, so daß alle Menschen sich von ihren Krankenhausbetten erheben und nach Hause gehen könnten. Und wenn man schon dabei wäre, könnte man eigentlich auch gleich den leidigen Schnupfen abschaffen.

dem Besuch einer progressiven Londoner Gesamtschule an eine Universität im Norden Englands gegangen war:

Ich verlor meine Unschuld im zweiten Semester an einen Mann, den ich aus meiner Schulzeit kannte. Ich liebte ihn, soweit man in dem Alter dazu fähig ist, und er war offenbar ganz verrückt nach mir, also erschien Sex der nächste logische Schritt zu sein. Das medizinische Beratungszentrum der Uni verschrieb mir die Pille. Sie hatten gerade erst damit angefangen, sie an ledige Frauen auszugeben. Um unangenehme Fragen zu vermeiden, erzählte ich ihnen vorsichtshalber, ich sei verlobt. Ich hatte zwei Zimmer unterm Dach und eine Vermieterin, die mir jegliche Männerbesuche untersagt hatte. Als mein Freund aus London kam, mußte ich ihn ins Haus schmuggeln. Er lief mit eregiertem Penis durchs Schlafzimmer, und ich war entsetzt. Ich hatte noch nie einen Penis gesehen und konnte mir beim besten Willen nicht vorstellen, wie er in mich reinpassen sollte. Ich war völlig unaufgeklärt: Ich wußte nichts von Samenergüssen; ich dachte, ich würde verbluten. Diese erste Erfahrung war schmerzhaft und unangenehm und alles andere als befriedigend. Als ich später in einer Frauengruppe war, stellte ich fest, daß all die Frauen, die immer so selbstsicher und attraktiv und sexy gewirkt hatten, genauso unsicher und unwissend gewesen waren wie ich. Mein Freund und ich heirateten 1972, nachdem wir fünf Jahre mehr oder weniger zusammengelebt hatten. Ich ging davon aus, daß ich eine Zeitlang arbeiten und dann Kinder haben würde. Erst als meine Ehe gescheitert und ich Anfang dreißig war, wurde mir bewußt, daß ich nie konkrete berufliche Pläne gemacht hatte, und mir grauste bei der Vorstellung, den Rest meines Lebens arbeiten zu müssen.

Der zweite Brief kam von einer zweiundzwanzigjährigen Verwaltungsangestellten aus den Midlands:

Ich habe einiges an meinem Körper auszusetzen. Na ja, ich kann mich toll zurechtmachen, mit Nylonstrümpfen, Strapsen und dem ganzen Schnickschnack, der die Herzen der Männer höher schlagen und ihre Körpertemperatur ansteigen läßt, aber dann bin ich geschützt. Ich habe eine Fassade, hinter der ich mich verstecken kann – ich kann die Verführerin spielen, die Xanthippe, die Hure, und er vergißt, daß ich dicke Oberschenkel und einen breiten Po habe. Mit vierzehn hatte ich das erste Mal Sex. Insgesamt habe ich inzwischen mit dreizehn Männern geschlafen. Ich habe sie alle ziemlich gut gekannt und wußte auch in etwa über ihre sexuelle Vergangenheit Bescheid – One-Night-Stands kommen für mich nicht in Frage, da ziehe ich die Grenze. Alle diese Männer haben es mehr als einmal über sich ergehen lassen müssen, daß ich in fordernder Stimmung war. Das heißt, ich sage ihnen, was ich will, aber erst muß ich meine Lust dadurch ausleben, daß ich sie befriedige. Ich liebe dieses Gefühl absoluter Kontrolle, wenn du weißt, daß du sie genau da hast, wo du sie haben willst – dieser Machtkampf ist sehr aufregend für jemanden, der in seinem Berufsleben keine Macht hat. Ich liebe diesen Blick, den die Männer kriegen, wenn sie erkennen, daß die »tugendhafte Dame«, die sie ausgeführt haben, sich im Bett als geiler kleiner Teufel entpuppt.

In fünfundzwanzig Jahren hatte sich ein wirklicher Wandel vollzogen, der langgehegte Vorstellungen von dem swingenden Dollybird der Sechziger und der sexuell terrorisierten Frau der Neunziger umkehrte. Wenn Frauen ihre sexuelle Lust vorher nie offen zur Schau gestellt hatten, so deshalb, weil sie keine öffentliche Bühne hatten. Der gemeinsame Besuch einer Männerstripshow war möglicherweise die einzige Gelegenheit, bei der Frauen ihre Hemmungen ablegen und nackte Lust ausdrücken konnten, eine lachende, fröhliche Lust, die so ganz anders wirkt als die notorische Schweigsamkeit der Männer mit ihren Zeitungen, die mit unbewegter Miene den Stripperinnen und Pornofilmen zuschauen. Es gibt die These, daß Frauen den Anblick eines kleinen Penis genießen; es ist ihre Art, die Ehemänner und Chefs zu demütigen, die sie zu Hause und bei der Arbeit demütigen. Die panische Angst der Männer, »zu kurz zu kommen«, ist eine der wenigen sexuellen Waffen, die Frauen gegen die Männer haben. In einem Safe Sex Club in London, *Night of the Ultra Vixens*, lernten junge Frauen in hochgeschnürten Miedern, wie man Kondome mit den Zähnen überstülpt. Es gab Partyspiele – Wirbel-den-Dildo, Knutschrunden und Hengstkörungen, bei denen die Ultra Vixen attraktive Männer vorführten, die ihre Kußtalente öffentlich unter Beweis stellten. Eine Prominentenjury vergab Punkte für Darbietung und Stil und kürte die besten Küsser. Vor allem weibliche Singles wurden zum Kommen aufgefordert und zum Anbaggern ermutigt. Das Credo des Clubs war Safe Sex im Zeitalter von Aids und postfeministischer Werte: »Es ist völlig okay, sich unverfroren aufreizend und verführerisch zu geben, auch wenn man nicht mit jemandem schlafen will«, erklärte »Bunny Vixen« (alias Rebecca Tomlinson). »Andererseits ist es genauso okay, daß Frauen die Initiative zum Sex ergreifen, wenn sie Lust dazu haben. Dieser Club will, daß Frauen ihre Möglichkeiten erkennen, sich frei entscheiden und ihr sexuelles Drehbuch erweitern. Es geht darum, daß Frauen offen sagen, was sie wollen – ob ja, nein oder nimm ein Kondom.«[13]

In der Literatur griff Alina Reyes das Thema Fleisch ironisch auf; ihr erotischer Roman *The Bear* handelt von einer jungen Frau, die eine leidenschaftliche sexuelle Beziehung zu einem älteren Metzger hat. In Julie Burchills Roman *Ambition* geht es um eine junge, machthungrige Journalistin, die sieben sexuelle Plagen auf sich nimmt, um die ersehnte Stellung als Chefredakteurin zu bekommen. *Ambition* war eine Weiterentwicklung der Konsum- und Koitusromane der Siebziger und Achtziger, wie sie zum Beispiel von Judith Krantz verfaßt wurden. Ihre Texte waren mit offenherzigen Sexszenen durchsetzt wie ein Rosinenkuchen mit Rosinen und genauso leicht herauszupicken – egal, wo man den Finger hinsteckte, man fand immer eine. Susan Street, die Heldin von Julie Burchills Roman, ist ein »Wesen ohne Gewissen oder Skrupel«[14] (ein ironischer Seitenhieb auf einen Romantitel von Krantz), eine Postfeministin, die lieber ihre Chancen auf dem freien Markt wahrnehmen und ihren eigenen Weg gehen will, als sich von Feministinnen und ihrem Kampf um Gleichberechtigung deprimieren zu lassen.[15] In einer kleineren Rolle tritt eine Designer-Lesbe und Angehörige einer internationalen »Muffia« auf. Die Designer-Lesbe war eine weitere Ikone der Achtziger, Maggie Thatcher nicht unähnlich in ihrer Unabhängigkeit von Männern und ihrer Fähigkeit, Frauen aufs Kreuz zu legen. Wie Catherine in *Basic Instinct* ist auch Susan Street multi-sexuell. Um ihren Ehrgeiz zu befriedigen, tritt sie mit zwei anderen Frauen in einem sexuellen Dreier in einer Bar in Thailand auf und läßt sich von zwei Afrikanern fesseln und knebeln. Während ihres »Martyriums« unterhält sie sich die ganze Zeit mit ihrem Folterer, was den erzählerischen Diskurs von de Sades *Justine* umkehrt. Hier ist es das »Opfer«, das seine amoralische sexuelle Autonomie rechtfertigt. Der Sex in *Ambition*, das offen in Buchläden und auf Flughäfen verkauft wird, ist genauso oder sogar noch stärker pornographisch als jedes harte Pornoblatt oder jeder jugendgefährdende Videofilm.

Diese Explosion weiblicher Sexualität läßt sich nur damit erklären, daß die Frauen im Laufe der Achtziger, als die staatliche Unterdrükkung der sexuellen Lust ihren Höhepunkt erreichte, einen radikalen inneren Wandel ihrer sexuellen Einstellung durchliefen. Tatsächlich hatte die sexuelle Revolution nicht mit der Wahl von Thatcher und Reagan geendet. Sie war verinnerlicht worden und entwickelte sich in einem privaten Raum weiter. 1973 hatte Nancy Friday ihr Buch *Die sexuellen Phantasien der Frauen* veröffentlicht. Diese Phantasien offenbarten ein inneres Reich, dessen Existenz die meisten Männer für unmöglich gehalten hatten. In ihrer 1991 erschienenen Folgestudie *Befreiung zur Lust* wies Friday darauf hin, daß die Träume sich verändert hatten: »Das Bedürfnis zu bestimmen, wann und wie lange Sex gemacht wird – nämlich solange, bis der weibliche Appetit ganz gestillt ist – ist letztlich das Thema dieser neuen Phantasien.«[16] Statt der alten

Träume von Vergewaltigung, gab es jetzt Cassie, eine 29jährige Betriebswirtin in einer Broker-Firma, die folgendes berichtete: »Wenn ich mit Männern konkurrieren mußte oder ihre Vorgesetzte war, dann spürte ich in dieser Situation eine sexuelle Spannung.«[17] Andere Frauen malten sich aus, wie sie Männer in Fesseln schnürten oder mit einer männlichen Jungfrau schliefen.

Nach Ansicht von Nancy Friday waren die Vergewaltigungsphantasien verschwunden, weil Frauen nicht länger die psychologische Entschuldigung brauchten, den Sex »gezwungenermaßen« zu genießen. Außerdem hätten sie ein neues erotisches Vokabular und eine gemeinsame Identität entwickelt, was ihnen neue Möglichkeiten gebe, ihre sexuellen Gefühle auszudrücken. Zwar böte die reale Welt den Frauen keinen sicheren Ort, an dem sie ihre erotischen Wünsche ausleben könnten, aber in ihren Phantasien würden die Frauen sich befreien. *Befreiung zur Lust* machte deutlich, welch weiten Weg die Frauen durch die sexuelle Revolution gegangen waren – den ganzen Weg, so daß ihre Phantasien sich kaum noch von denen der Männer unterschieden.

Der Nihilismus der Achtziger, die verführerischen Reize von Tod und Untergang, die vorläufige Streichung der Zukunft wurde durch die Erneuerung der weiblichen Sexualität beendet, jener Lebenskraft, deren Macht die Männer seit jeher mit Argwohn erfüllt hatte. Annie Sprinkle, Tänzerin, Pornofilmstar, Prostituierte in Massagesalons, Moderatorin in Kabelkanälen, Herausgeberin eines Pornomagazins, Performance-Künstlerin und nach eigener Aussage die »Shirley McLaine des Pornos« veröffentlichte ihr *Post Porn Modernist Manifesto*, das die neue sexuelle Vision zusammenfaßte:

> Die Postporno-Moderne feiert den Sex als nährende, lebensspendende Kraft. Wir betrachten unsere Genitalien liebevoll als Teil, nicht als Gegensatz unserer spirituellen Existenz. Wir machen Sex in Worten, Bildern und Taten, um unsere Ideen und Gefühle mitzuteilen. Wir lehnen sexuelle Zensur als kunstfeindlich und unmenschlich ab. Diese positive Einstellung zum Sex macht uns stark. Wir amüsieren uns, wir heilen die Welt, und wir überleben, weil wir unser sexuelles Selbst lieben.[18]

Dieser Auffassung war ich schon einmal begegnet, bei der Verwaltungsangestellten, die gern Macht über Männer ausübte. »Die Sechziger waren durch den Geist der sexuellen Freiheit geprägt«, hatte sie geschrieben. »Die Neunziger sollten durch den Geist der Liebe geprägt sein. Frei genug, um Sex zu geben und zu erhalten, aber liebevoll genug, um über die Gefahren einer freizügigen Sexualität nachzudenken und sich durch gegenseitiges Vertrauen und technische Errungenschaften vor Krankheiten zu schützen ... Ich glaube, daß die Neunziger jungen Menschen eine Menge zu bieten haben, was den Sex angeht.«

Die größte Postporno-Modernistin von allen ist natürlich Madonna. Madonna hat bewiesen, daß wirtschaftliche Macht den Frauen eine Freiheit gibt, die ihnen verwehrt bleibt, wenn sie finanziell abhängig sind. Mit anderen Worten, eine Frau hat anderen Frauen gezeigt, wie es ist, ein Mann mit einem weiblichen Körper und einem Schwanz im Kopf zu sein. Madonna hat die sexuellen Konventionen durchbrochen, die das Leben der Frauen beherrschen. Wenn sie mit einer Freundin in die Disko ging, suchte sie sich den hübschesten Jungen aus, marschierte schnurstracks auf ihn zu und küßte ihn auf den Mund. Sie ließ sich die Telefonnummer des Jungen geben und zerriß den Zettel vor seinen Augen. Madonna lauerte Männern in Fahrstühlen auf.[19] Sie ließ sich von ihrem Chauffeur zum Ficken in die Lower East Side fahren, wo sie junge Banjiboys, straßenkampferprobte Puertoricaner, aufgabelte und zum Vögeln in ihr Auto einlud, während der Fahrer einmal um den Block fuhr. Dann setzte sie die Jungen ohne viel Federlesen wieder ab. Sie mochte am liebsten ganz junge Liebhaber.[20] Sie ging zum Club Nine, wo nur Männer hereingelassen werden, deren Schwanz mindestens 22 Zentimeter mißt. Sie führte Pimmelwettbewerbe durch – die Jungen stellten sich in einer Reihe auf, zogen den Reißverschluß runter und Madonna maß in einer feierlichen Zeremonie einen Schwanz nach dem anderen und trug die Ergebnisse in ihr kleines schwarzes Buch ein.[21] Sie war, in Schwulenkreisen, als Königin der langen Schwänze bekannt. Ihr 1992 erschienenes Album »Erotica« beginnt mit Madonna in der Rolle einer rätselhaften Kultdomina, geht in den Klassiker »Fever« über und löst sich, mit einem Kichern, in einem überaus witzigen Lied über oralen Sex auf, das an den Stil von Mae West erinnert und einen der bekanntesten Werbeslogans für Brathähnchen – Finger-Licking Good – aufgreift. Als sie kritisiert wurde, verglich sie ihre Sexualität mit der von Mick Jagger oder Prince, und das brachte die Kritiker zum Verstummen.[22] Ich glaube, daß die enorme Feindseligkeit, die Madonna auslöst, damit zusammenhängt, daß sie die gehätschelten Lieblingstheorien über die weibliche Sexualität zerstört: Die Theorien, daß Frauen Sex und Gefühl nicht trennen können und es nicht mit dem Mund machen.

Eine häufig vorgetragene Kritik an ihrem Buch *Sex* lautete, daß es reine Pornographie zum Preis von 50 Dollar sei und daß es billiger wäre, sich am Kiosk ein schweinigeliges Magazin zu kaufen. Diese Kritik wirft die Frage auf, welche Absicht das Buch verfolgt. Es war nicht als Pin-up-Sammlung für männliche Madonna-Fans gedacht (obwohl sie es waren, die die Schlangen vor den Buchläden bildeten), sondern als Handbuch der postmodernen, postfeministischen Sexualität. Sein Ziel war in erster Linie, sexuelle Möglichkeiten für Frauen aufzuzeigen, und in zweiter Linie, eine weibliche Erotiksprache zu entwickeln. Traditionell ist man davon ausgegangen, daß die männliche Phantasie visuell ist, während das weibliche Äquivalent in erzählerischer Form befriedigt werden muß. So meint zum Beispiel Camille Paglia: »Beim Fetischismus..., der wie die meisten sexuellen Perversionen Männersache ist, handelt es sich eindeutig um eine Tätigkeit der Begriffsbildung oder Symbolschöpfung. Daß Männer weitaus mehr Geld für Pornographie ausgeben, steht auf demselben Blatt.«[23] Aber literarische Erzählungen laufen dem Wesen der zeitgenössischen Kultur entgegen. Madonna, soviel steht fest, kann nicht schreiben. Ihr Medium ist die Showbühne: Madonnas Identität basiert auf dem von der modernen Videotechnik unterstützten Rollen- und Gestaltwechsel, der dem alten modernistischen Interesse an Authentizität antithetisch gegenübersteht. Wenn man den Frauen das abspricht, was Camille Paglia als »Blickkultur« bezeichnet, dann haben sie keinen Zugang zu den Diskursen des sexualisierten postmodernen Mediums. Madonna ist der Auffassung, daß Frauen sich mit der Pornographie arrangieren müssen, dem mächtigen postindustriellen Schattenreich, das die zeitgenössische Vorstellungswelt durchdringt.

Dem durchschnittlichen Zeitkolumnisten ist der Gedanke an kahlrasierte, tätowierte Lesben so fremd, daß die verbale Beschreibung der Bilder aus *Sex* den Eindruck erweckt, es handele sich um lauter Grußpostkarten aus der Hölle. Tatsächlich sind die Bilder viel harmloser, lebendiger und witziger, als man vermuten könnte. Sie stützen sich natürlich auf die modische Sexwelle von S/M, aber diese Fotos zeigen eine Welt der Frauen. Selbst Madonna kann schockiert werden: Eine der Lesben führt dem Star ihren Klitorisring vor und freut sich diebisch, als Madonna verblüfft und angewidert das Gesicht verzieht. Die von Nancy Friday gesammelten Sexphantasien der Neunziger lassen keinen Zweifel daran, daß viele Frauen – im Kopf – das Bilderlexikon durcharbeiten, das Madonna mit der Chuzpe ihrer Schwanznäckigkeit veröffentlichte (und sich eine goldene Nase damit verdiente). Wieder und wieder spielen diese visuellen Phantasien mit der Idee von Macht, angefangen bei der Unterwerfung des Körpers durch physische Fesseln bis hin zur Aneignung männlicher Dominanz. Die einnehmendsten erotischen Bilder des Buches zeigen Madonna, wie sie sanft (aber mit einer Andeutung von Zähnen) einen Jungen mit langen dunklen Locken und einem Kreuz um den Hals küßt oder ihn mit Lippenstift anmalt:

Sex mit Jugendlichen kann lustig sein, wenn du in der Stimmung bist (schreibt sie). Eine der besten Erfahrungen, die ich je gemacht habe, war mit einem Teenager. Ich glaube, er war noch Jungfrau. Er hatte erst ganz spärliche Schamhaare. Er war Puertoricaner... er hatte nie eine Schule besucht, also habe ich angefangen, ihm Leseunterricht zu geben. Ich ließ ihn laut vorlesen. Aus Henry Millers *Wendekreis des Krebses* oder aus irgendwas wirklich Erregendem... Eines Tages warfen seine Eltern ihn aus der Wohnung, und er fragte, ob er die Nacht bei mir verbringen könnte. Ich sagte ja, aber daß ich nur ein Bett hätte. Also legten wir uns beide rein. Aber ich konnte nicht schlafen, deshalb machte ich Sex mit ihm, und es war wirklich überwältigend, weil er so jung und so voller Staunen war. Er hatte keine Angst. Er war zu allem bereit... Ich war so erregt, daß es wahrscheinlich der erotischste Sex war, den ich je erlebt habe. Aber ich kriegte Läuse. Das kommt dabei raus. Du gewinnst ein bißchen, und du verlierst ein bißchen.[24]

War das Pornographie? Nein, nicht in dem Sinne, wie Andrea Dworkin sie definieren würde. Reale, leibhaftige Sexarbeiterinnen fühlten sich durch die Aktivität nicht wirtschaftlich und psychisch unterdrückt. Durch die Veröffentlichung von *Sex* hat Madonna triumphal unter Beweis gestellt, was Pornostars, Stripperinnen und Prostituierte immer behauptet hatten – daß es letztlich der zahlende Kunde ist, der gebumst wird, nicht die Sexarbeiterin. Die Kritik vieler Frauen an der Pornographie richtete sich gegen die (Un-)Ästhetik einer Industrie, die hohe Profite zu niedrigen Kosten anstrebte. Madonnas Ruhm verlieh der Pornographie einen Glanz und einen Schick, den sie nie zuvor besessen hatte, nicht mal auf den Seiten des *Playboy*, dessen weichgezeichneten, Lip-geglossten Pin-ups einen überholten Siebziger-Jahre-Look haben. Aber wenn man die Phantasielosigkeit, das harte Licht und das billige Make-up wegstreicht, sehen harte Pornos nicht viel anders aus als eine Doppelseite aus *Vogue*. Tatsächlich hatte die Modewelt seit Jahren Anleihen bei der Pornographie gemacht. Madonna hat die Pornographie nicht nur aufpoliert, sie hat ihr Autorität verliehen. Madonna hat uns gelehrt, daß Pornographie das mächtigste postmoderne Gebilde ist. Es ist unmöglich, irgendeine allgemein gültige Definition dafür zu erstellen. Wie Rosalind Coward ausführt, hat Pornographie keine eigenständige inhärente Bedeutung. Sie ist kein faßbarer Begriff, sondern ein »wechselndes Regime von Repräsentationen«.[25] Pornographie ist eine leere Schiefertafel, auf die wir unsere Wünsche schreiben können. Durch die Feminisierung der Pornographie hat Madonna die feministische Wut gegen die Pornoindustrie als eindeutigem visuellen Ausdruck der Frauenverachtung in Frage gestellt.

Das Jahr des Hardbodys hat die Überzeugung genährt, daß eine zweite sexuelle Revolution unmittelbar bevorstand, die drei Dinge bewirken würde: Sie würde die Errungenschaften der Sechziger erneut bestätigen und siegreich über die Angriffe der Konservativen triumphieren; Sie würde aus der sexfeindlichen Sackgasse herausführen, in die der Feminismus der Siebziger die weibliche Lust gesteuert hatte, und sie würde eine längst überfällige Sprache für die Klitoris hervorbringen. Die Herrschaft des Phallus hat eine enorm lange Tradition. Er ragt durch die ganze griechisch-römische Kultur. Der Phallus galt als glücksbringender Zauber, und Phallusdarstellungen fanden sich an allen potentiellen Gefahrenorten wie Straßenecken, Brücken und Eingängen. Der Phallus beschützte die Felder in Form von Hermen – Götterbüsten auf Steinsäulen mit einem Penis, der aus dem unbehauenen Material ragte. Phalli wurde respektiert, ja sogar angebetet. Der Phallus symbolisiert und durchdringt die Eigenschaften seines Besitzers. Im Gegensatz dazu ist die Vulva im realen Leben und in der Kunst selten vertreten. Den weiblichen Genitalien fehlt eine klare und wohlgeformte Gestalt.[26] In der Geheimkammer des Britischen Museums gibt es eine rotfarbene Vasenfigur, die etwa 430–420 vor Christus entstanden ist und eine Frau darstellt, die eine Reihe von Phallis wässert, die wie Spargel aus der Erde sprießen. Dieser weibliche Dienst am sichtbaren Totem der männlichen Sexualität und Macht hat lange genug gewährt. Eine klitoris- und vaginazentrierte sexuelle und kulturelle Revolution ist der notwendige nächste Schritt. Keine sexuelle Revolution kann erfolgreich abgeschlossen werden ohne eine angemessene Gleichstellung der männlichen und weiblichen Sexualität.

Madonna hat sich selbst zur Vorreiterin dieser neuen Entwicklungsphase unseres sexuellen Lebens erklärt. Aber bevor wir ihrer Führung folgen und sie als Vorbotin des neuen Lebens bejubeln, sollten wir ihre Politik etwas genauer unter die Lupe nehmen. Madonna ist nicht nur die erfolgreichste Aufsteigerin in der weiblichen Popgeschichte. Sie ist auch, was man sein muß, um in der Clubszene von East Village, aus der sie hervorgegangen ist, bestehen zu können: eine Künstlerin. Einst hatte Amerika den Pionieren und Dissidenten, die vor staatlicher Unterdrückung in Europa und anderswo flohen, die Aussicht auf Freiheit geboten; in den achtziger Jahren dieses Jahrhunderts manifestierte sich diese Freiheit nunmehr im Kapitalismus selbst, in der Illusion eines grenzenlosen Konsums, der nichts anderes ist als eine weitere Variante sozialer Kontrolle. Es gab weitere Einschränkungen in Gestalt eines zunehmend bürokratisierten Staates und der religiösen Rechten, die auf einer konventionellen Moral beharrte. Die einzig mögliche Rolle, die dem ehrgeizigen Rebellen bleibt, ist die des Künstlers. Nicht der Künstler der Renaissance mit seinen adligen Schirmherren und unauflöslichen Bindungen an die Kirche. Seit den Achtzigern ähnelt der Künstler dem Sprößling im Kindergarten; jeder Versuch, den Ausdruck seiner Persönlichkeit von außen zu fördern, gilt als zerstörerisch und gleicht einer Form von Kindesmißhandlung. Der Ausdruck der Persönlichkeit führt zur Abgabe von »Erklärungen«, die heilig sind, weil sie von einem Künstler kommen. Für die Händler und Manager sind diese Erklärungen für gewöhnlich gleichbedeutend mit dem Wunsch des Künstlers, viel Geld zu verdienen.

In einem solchen Klima werden künstlerische und sexuelle Freiheit zu einer untrennbaren Einheit. Jede mühsam gestammelte Äußerung über Sexualität wird zur Erklärung, die als künstlerisches Erzeugnis behandelt werden muß. Andrew Neil, ein Vertreter der neuen Rechten, führte ein Interview mit Madonna für die *Sunday Times* und stellte unter anderem die Frage: »Sehen Sie sich selbst als eine Art sexuelle Revolutionärin… mit dem Auftrag, diese sexuelle Revolution zu verbreiten?« Absolut, sagte Madonna, außer daß diese Revolution eine menschliche Revolution sein würde. Sexuelle Unterdrückung sei die Hauptursache für »schlechtes Benehmen«. Dann fragte Neil, ob man die sexuelle Revolution nicht schon in den Sechzigern durchlaufen hätte. »Ja«, entgegnete Madonna, »aber damals waren alle high, und ich mache es ohne Hilfe von Drogen, welcher Art auch immer.« Sie betonte, daß ihr Buch nichts mit dem sozialen Liberalismus der Sechziger zu tun hatte: »Es geht um den einzelnen, darum, daß Menschen lernen, ihren Nächsten zu lieben und einander zu tolerieren.«[27] *Sex* schließt mit den Worten: »Viele Menschen haben Angst zu sagen, was sie wollen. Deshalb bekommen sie nicht, was sie wollen.«[28]

Amerikaner haben eine solche Abneigung gegen Geschichte, daß es kaum überraschend ist, wenn Madonna eine etwas verschwommene Vorstellung von der Drogenkultur der Sechziger hat. Das ist auch der Grund, warum vieles von dem, was sie für neu hält, nur eine Aufbereitung der groben politischen Rechtfertigungen für das Swinging ist. Nichts von dem, was Madonna über sexuelle Freiheit verkündet, hätte die Anhänger von Emanuel Petrakis vom Hocker gerissen. Und Terri Garrity hatte schon zwanzig Jahre vor Madonna die Vorzüge des oralen Sexes gepriesen. Letztlich läuft Madonnas Botschaft darauf hinaus, daß die Welt ein besserer Ort wäre, wenn nur alle Menschen ficken würden, wovon schon Richard Ogar und die Sexual Freedom League überzeugt waren. Es besteht nicht die Gefahr, daß die Vision vom Kapitalismus kooptiert wird: Madonna *ist* Kapitalismus.

Aber inwiefern ein besserer Ort? Da, wo die Politik sein sollte, ist bei Madonna nichts als ein großes, schwarzes Loch. Madonna hat den »sozialen Liberalismus« aus ihrer Vision hinausgeworfen, womit sie wahrscheinlich die Idee von großangelegten Programmen zur gesellschaftlichen Veränderung meint – die Aktionen zur Registrierung von Wahlberechtigten, Lyndon Johnsons Feldzug gegen die Armut, gleiche Löhne, die gewerkschaftliche Organisation von Landarbeitern – jene große Reformvision der Sechziger, die aufrichtig überzeugt war, daß aktives Handeln zu konkreten Veränderungen führen kann. Madonnas programmatische Plattform für eine bessere Welt beschränkt sich auf die Themen, die sie persönlich berühren, wie Abtreibung und Zensur. Madonnas Botschaft, so versicherte mir ein männlicher Intellektueller und Madonna-Fan, lautete, daß »Frauen alles tun können, was sie wollen«. *Aber das ist nicht wahr.*

Madonna räumt ein, daß die Welt von *Sex* ein vollkommener Ort ist, ohne Aids, ohne wirkliche Gewalt, ohne drohende Schwangerschaft. In der realen Welt gibt es Vergewaltigung, Mißhandlung, Krankheit und eine Kultur, die jedem unkonventionellen Ausdruck weiblicher Sexualität feindselig gegenübersteht. *Sex* ist ein Utopia, das keine konkreten Umsetzungsmöglichkeiten anbietet. Statt Politik finden wir Ehrgeiz, Selbstsucht, Gier und Amoralität – »Wenn Ihr alle so reich seid wie ich, könnt ihr ein Vermögen mit euren Phantasien machen.« In Madonnas Suche nach Selbstverwirklichung um jeden Preis spiegelt sich für mich die verlorene Seele einer gefallenen Katholikin, die jegliche Moral als repressive äußere Einmischung betrachtet, als feindlichen Angriff gegen das Unbewußte. Jeder moralische Anspruch muß negiert werden, weil der Katholizismus niemandem erlaubt, für sich selbst zu denken und seine eigenen moralischen Grundsätze zu entwickeln. »Das Herz begehrt, was das Herz entbehrt«, hat Woody Allen gesagt, um die Affäre mit seiner Stieftochter zu rechtfertigen. Fick dich frei und scheiß drauf, was alle anderen wollen. Deine eigenen Bedürfnisse stehen im Vordergrund.

Aber das Wort Bedürfnis kann auch bedeuten, daß etwas fehlt. Madonnas sexuelle Politik hat alles mit Sex zu tun und nichts mit Politik. Madonna füllt lediglich eine persönliche Leere.

Und so muß es sein. Die Lehre der Postmoderne bestreitet, daß es wahre Interessenkonflikte gibt oder daß sie gelöst werden könnten, wenn es sie gäbe. Wenn man nicht an Fortschritt glaubt, sind Interessenkonflikte reine Sematik. Die postfeministische Frau ist von der Postmoderne geprägt. Wie Madonna wiesen auch die *Ranters* die Vorstellung von Sünde von sich, weil sie darin einen Ausdruck der repressiven Macht des Staates sahen. Aber anders als Madonna lebten sie in einem Zeitalter der Massenaktion und der übergreifenden Verknüpfung von Themen. Sexuelle Freiheit war nur Teil einer umfassenderen Bewegung für einen sozialen und politischen Wandel, der sich in allen

Bereichen zeigte – in den Bestrebungen, das Wahlrecht zu erweitern, den Reichtum zu verteilen, die Kirche zu entmachten. Damit alle Männer und Frauen ihre Leidenschaft und ihr Begehren ausleben konnten, mußte der Sex von der Reproduktion und der Körper von der Armut befreit werden. Die *Ranters* träumten von einer Welt freier Männer und Frauen. Postfeministinnen können nicht gegen Mißstände kämpfen, weil sie panisch davor zurückschrecken, in die Nähe der sogenannten »Opfer« gerückt zu werden – schwach, hoffnungslos, in beständiger Klage über das, was sie nicht haben. Postfeministinnen sind schnell gelangweilt. Sie können nicht das Risiko in Kauf nehmen, Feministinnen zu sein, weil es erfordern würde, das Streben nach kontinuierlicher Selbstverwandlung aufzugeben und sich reale Gedanken über reale Menschen zu machen. Sie würden sich fragen müssen, warum Frauen mit Kindern in die Armut getrieben werden. Sie wären gezwungen, darüber nachzudenken, warum die meisten Frauen trostlosen, unerfreulichen, glanzlosen Arbeiten für männliche Vorgesetzte und gegen geringe Bezahlung nachgehen.

Einige der Grundgedanken dieses Buches waren in einem Artikel enthalten, den ich für den *Observer* schrieb und in dem es um meine Auseinandersetzung mit dem Postfeminismus ging. Ich erhielt einen Leserbrief von Carla Garapedian, einer jungen amerikanischen Fernsehproduzentin, die in London lebt:

> Ich bin eine dieser berufstätigen Frauen mit Minirock. Warum habe ich geschwiegen? Zum Teil aus einem Wunschdenken heraus, aber auch, weil ich wie viele Frauen kein Vorbild hatte. Es gab keinen Sammelplatz zum Kampf. Keinen neuen Schlachtruf. Keine Neuformulierung alter Probleme. Frauen solidarisierten sich aufgrund gemeinsamer Probleme, aber was sind die Probleme der Frauen in den Neunzigern? Wir haben unsere Wachsamkeit verloren, wir haben aufgehört, das Geschlecht als politisches Thema zu betrachten. Fragen Sie die Frauen von heute, worüber sie bei der Arbeit sprechen. In meinem Büro, wo fast alle Frauen unter dreißig sind, reden wir selten über Frauenrechte. Wenn wir es tun, schicken wir unseren Worten für gewöhnlich beschämt voraus: »Ich bin keine Feministin, aber…« Der Feminismus ist aus den Kantinen in den Untergrund verschwunden. Die Postmoderne und ihr Ableger, der Postfeminismus, haben in der Tat keinerlei Vorstellung davon, wie wir die realen Konflikte zwischen Männern und Frauen lösen können. Doch die größte Gefahr der Postmoderne liegt in der Leugnung, daß Konflikte überhaupt existieren. Ihre schlimmste Eigenschaft ist, daß sie uns glauben macht, ohne daß wir genau wüßten warum, daß soziale Veränderungen nicht mehr möglich sind.

Erschaffen wir tatsächlich eine post-phallische Sprache der Sexualität? Nach Aussage von Nancy Friday träumen Amerikas Jungfrauen von Gruppensex, Sadomasochismus, Disziplin und Schäferhunden. Woher wissen sie, wie man so etwas träumt? Sie wissen es aus den Pornovideos, die die Mädchen heute im Schulbus tauschen wie früher Zigarettenbilder oder die sie zusammen auf Pyjamapartys anschauen. Moderne junge Frauen sind mit einer unendlich breiten Palette dessen vertraut, was früher als Abartigkeit bezeichnet wurde und nur von Prostituierten und der harten Sexindustrie erforscht wurde. Amerika als trojanisches Lustpferd. Nancy Friday ist sich nicht bewußt, daß Phantasien in kulturell vorgegebenen Bildern zum Ausdruck gebracht werden. Sie glaubt, daß die zunehmende Zahl von lesbischen Motiven auf den unbewußten Wunsch zurückgehen, an die Mutterbrust zurückzukehren. Es gibt eine alternative Erklärung: daß nämlich der Ausdruck von Sexualität in Amerika und Großbritannien fast ausschließlich über die Darstellung des weiblichen Körpers läuft, der damit zum universellen Objekt des erotisierten Begehrens wird. Friday geht nicht darauf ein, welchen Einfluß das öffentliche Angebot an Pornographie auf die Entwicklung von Phantasien hat. Warum zeichnen sich so viele der von ihr gesammelten Phantasien durch wenig lesenswerte Klischees und konventionelle Handlungsabläufe aus? Hat die Pornographie uns unserer ursprünglichen Kreativität beraubt? In Madonnas *Sex* finden wir dieselbe Verarmung der weiblichen sexuellen Phantasie. Erotica ist eine Ansammlung von subkulturellen homosexuellen Pornos – homosexuell, weil es in dem Milieu der New Yorker Performance-Kunst, in dem Madonna sich bewegt, die gängige modische Ausdrucksform von Sexualität ist.

Die sexgeile Frau ist zum Teil ein künstliches Produkt der Medien, weil sie dem Kapitalismus einen potentiellen neuen Markt gewaltigen Ausmaßes erschließt. Die Geschichte der Sexualität ab Mitte der siebziger Jahre bis heute ist die Chronik einer sich beständig ausbreitenden männlichen sexuellen Phantasie durch die Pornographie, die nicht dem erotischen Ausdruck männlich/weiblichen Begehrens dient, sondern den Versuch des Mannes darstellt, seine Welt erneut zu festigen, nachdem der Sturmangriff der sexuellen Revolution die phallische Rechtsprechung in Frage gestellt hatte. Bei der sexuellen Revolution der Sechziger ging es um Authentizität, um das Abwerfen von Hemmungen und Heuchelei, um das Recht auf Selbstentfaltung. Sexuelle Freiheit wurde als Reihe bürgerlicher Freiheiten definiert. Die Sexindustrie eignete sich einen Teil dieser Argumentation an. Wenn ein Mann sich einen runterholen möchte, während er obszöne Bilder oder obszöne Filme ansieht – warum nicht? Die sexuelle Revolution hatte ihm dieses

Recht gegeben. Aber die Ausweitung der Pornographie hatte einen merkwürdigen Effekt. Statt als Beiwerk zum Hauptereignis, dem Sex selbst, zu dienen, durchdrang sie die äußere Realität und wurde zu einem Teil der Mainstream-Kultur. Sex als Bild wurde weit bedeutsamer als der Sex selbst. Man entdeckte schnell, daß neue Technologien die Pornographie von gesetzlichen Einschränkungen befreien würden. Sex ließ sich in einer Vielzahl von Formen ausdrücken, wie zum Beispiel durch den Cyberporno. In den Achtzigern hatte die Sexmetropole sich von Kalifornien nach Thailand verlagert. Jetzt erobert Kalifornien seine sexuelle Vormachtstellung zurück. Ein in San Francisco erscheinendes Magazin mit dem Titel *Future Sex* führt in die Anfangsgründe des Computersex ein. Die Sexindustrie war einmal strikt auf bestimmte Stadtteile begrenzt und unterlag strengen staatlichen Kontrollen. Heute hat jeder, der einen Apple-Computer besitzt, Zugang zu »Virtual Valerie«, die von dem in Chicago ansässigen Mike Saenz, einem früheren Comiczeichner, entwickelt wurde. »Virtual Valerie« kostet 99 Dollar und wird von ihrem Erfinder beschrieben als »sexuelle Verabredung mit einer Diskette«.[29]

Puristen könnten den Einwand erheben, daß Valerie den Nachteil hat, daß man sie nicht berühren oder vögeln kann. Valerie ist für den zukünftigen Cyberporno, was die Boxkamera für den Camcorder war. Wissenschaftler, die sich mit virtuellen Realitäten beschäftigen, entwickeln gerade ein Gefühl für mechanische Berührungen mittels des sogenannten Teletakt-Handschuhs. Der Handschuh ist ein Ergebnis drucklufttechnischer Forschungen und soll eingesetzt werden, um Objekte in gefährlichen Umgebungen wie Kernkraftwerken durch ferngesteuerte Roboter zu bewegen.[30] Die Cybersexindustrie wird diese technische Entwicklung zweifellos zu nutzen wissen. Valerie hat soviel Fanpost erhalten, daß Saenz eine Nachfolgerin, »Virtual Valerie 2«, entwickelt hat. Ein »Virtueller Victor« ist nicht in Sicht. Die Kreativabteilung besteht ausschließlich aus heterosexuellen Männern, die sich, wie Saenz selbst einräumt, »mit andersgearteten Phantasien schwertun«.[31] Männer hatten Jahrtausende zur Verfügung, um ihre sexuellen Phantasien zu entwickeln. Frauen haben wenig Zeit, sich eigene zu schaffen, bevor der Cybersex uns gänzlich überrollt. Jetzt wo wir alle in die globale Kommunikationsphantasie eingebunden sind, haben wir keine Träume mehr – MTV träumt sie für uns.

Können wir uns eine Sexualität der Zukunft ausmalen? Als ich für dieses Buch recherchierte, habe ich einen Zipfel davon erhascht, ironischerweise in Gestalt einer Frau, die bereits im mittleren Alter war, als die sexuelle Revolution begann: Es war Betty Dodson, das Opfer von Germaine Greers polemischer Kritik. Als ich sie kennenlernte, war sie

62. Wir trafen uns in ihrem New Yorker Apartment, in dem sie seit den sechziger Jahren lebt. Sie wurde 1929 geboren, im bibelfesten Kansas. Als junges Mädchen masturbierte sie und malte sich dabei ihre Hochzeitsnacht aus. Sie stellte sich vor, wie sie in einem eleganten Nachthemd auf einen gesichtslosen Bräutigam zuging. Sobald sie in diesen Träumen ihr Nachthemd fallen ließ, hatte sie einen Orgasmus. Sie masturbierte sehr häufig, und als sie eines Tages den kleinen Elfenbeinspiegel ihrer Mutter zur Hand nahm, um ihre eigenen Genitalien bei Tageslicht zu untersuchen, war sie entsetzt von dem Anblick und überzeugt, daß der häufige Selbstmißbrauch ihre Schamlippen deformiert hätte. Sie war eine Zeitlang verheiratet, aber erst in den sechziger Jahren erfuhr sie von einem männlichen Liebhaber, daß alle weiblichen Genitalien wie ihre aussahen.

Sie begann, die romantische Liebe zu hinterfragen. Betty kam zu dem Schluß, daß sie ihre Mitte verlor, wenn sie sich verliebte. Sie ging völlig in der Beziehung auf, und solange es dauerte, war sie nach eigenen Angaben vorübergehend unzurechnungsfähig. Dann kam regelmäßig die schreckliche Zeit, wenn eine Beziehung zerbrach, nichts als Wut und Enttäuschung und Schuldgefühle und Elend, bis sie den nächsten Mann kennenlernte und alles wieder ganz genauso machte. Dodson zog den Schluß, daß sie süchtig nach Gefühlen war wie eine Fixerin nach ihrem Stoff. 1969 schwor sie der romantischen Liebe ab. Es war reine Idiotie, eine Illusion. Man verliebte sich in ein Traumbild, das man auf einen anderen Menschen projizierte, und natürlich störte die reale Person diese Phantasie. Betty stürzte sich in die alternative Sexszene, die ich in diesem Buch beschrieben habe. Sie veranstaltete Gruppensexorgien in ihrem Apartment; sie beteiligte sich am kalifornischen Sandstone-Experiment und erschreckte die männlichen Teilnehmer mit ihrer leidenschaftlichen, fordernden Sexualität; sie wurde bisexuell; sie besuchte den *Vault*, einen S/M Club, aus dem Madonna viele ihre Bilder für *Sex* ausgegraben hat. Sie bewunderte Madonna, mag aber keine Pornofilme – im Zeitalter von Aids, sagt sie, hätten wir solche Angst vor Sex, daß wir eine gläserne Trennwand bräuchten, um uns darauf einzulassen.

Als sie in die Menopause kam, deutete sie die Hitzewellen zunächst falsch. Sie rauchte gerade etwas hawaiianisches Marihuana, als ihr Körper plötzlich in Aufruhr geriet: Sie spürte einen heftigen Blutandrang im Becken und eine heiße Welle, die sich bis in die Haarspitzen ausbreitete und ihr kleine Schweißperlen auf die Stirn trieb. Sie atmete tief durch und seufzte: »Aaaaah, ist das wundervoll!« Sie nannte das ihre Hitzeorgasmen. Eines Tages erzählte sie einer Freundin davon, und die Freundin sagte: »Betty, das sind die Wechseljahre.« Sie merkte, wie der

Gedanke ans Altern sie zunehmend in eine Depression zog. Sie bekam immer mehr das Gefühl, zum alten Eisen zu gehören. Schließlich sagte sie sich: »Scheiß auf diesen Mist, ich bin jetzt sechzig, und ich werde dieses Jahrzehnt zu meiner wildesten und aufregendsten Zeit machen. Der Sex wird anders sein, und ich werde diese ganzen alten Vorstellungen über Bord werfen. Ich möchte mit meinem eigenen Körper und meinem eigenen Gesicht durch diese Lebensphase gehen, ohne Hormone, ohne Operationen.« Es war ein schwerer Schlag, als sie eine Brille und ein Gebiß tragen mußte, aber schließlich betrachtete sie ersteres als modisches Accessoir und letzteres als Sexartikel. »Weißt du, Herzchen, wenn es zum oralen Sex kommt, nehme ich meine Zähne raus, und blase dem Jungen einen, daß ihm Hören und Sehen vergeht. Ich habe ein kleines Ritual dafür entwickelt; ich spiele verschiedene Rollen. Ich bin zum Beispiel der maskierte Bandit und binde mir einen Seidenschal ums Gesicht, weil ich nicht will, daß man mich ohne Zähne sieht. Das kann ich nicht ertragen, da stoße ich an meine Grenzen.« Ihrer Ansicht nach ist die einzige Möglichkeit mit den Problemen von Monogamie, Sex und Alter umzugehen, in einer Gemeinschaft zu leben und sich das Gefühl dafür zu bewahren, daß das Leben Wandel und Veränderung bedeutet, daß es ein ständig in Bewegung befindlicher Fluß ist, der uns mit anderen Menschen zusammenführt und wieder trennt.

Ich weiß, ich weiß. Das Ideal der romantischen Liebe wird in jeder nur erdenklichen Zukunft ihre Macht über uns behalten. Mit 62 haben viele Menschen den Sex völlig aufgegeben und für lustvollere Vergnügungen wie gutes Essen oder Gartenarbeit oder ein Hobby oder die Meditation eingetauscht, und empfinden es als Erleichterung, daß sie die lästigen Begierden, die sie zeitlebens plagten, endlich hinter sich gelassen haben. Aber dieses Rollenmodell einer Frau, die weiter darum kämpft, ihre Sexualität zu bewahren und zu bekräftigen, wird uns hoffentlich trotzdem ins nächste Jahrtausend begleiten.

Ein Buch wie dieses zu schreiben legt einem die Verpflichtung auf, ein Rezept, wenn nicht gar eine Prophezeiung abzugeben. Wenn ich versuche, mir eine zukünftige Sexualität vorzustellen, so beinhaltet sie das Ende der Phallozentrik, die Abschaffung repressiver Gesetze zur Homosexualität und das Ende solcher Praktiken wie klitoraler Beschneidungen. Aber ich würde auch zu verstehen suchen, wie das sexuelle Leben realer Menschen in der Praxis aussehen könnte. Ich fand es faszinierend, wie viele schwule Männer es anscheinend geschafft hatten, unabhängig von der vorgefertigten politischen Rethorik der Schwulenbefreiung, langfristige Beziehungen aufzubauen, in denen so viel Vertrauen herrschte, daß die Partner nicht monogam sein mußten.

Diese Beziehungen waren durchaus durch Liebe, Kameradschaft und Verantwortungsgefühl geprägt; das waren die Eigenschaften, an denen innerhalb der Beziehungen gearbeitet wurde. Der Sex behielt die Freiheit, sich in flüchtigen Begegnungen als aufregendes Abenteuer zu erweisen. Schwule Paare haben es geschafft, die Aufregung und die Spannung des Sexes in einer Art Kernfamilie zu bewahren und zwar oft ohne die Eifersucht, Besitzansprüche und Unsicherheit, die heterosexuelle Beziehungen kennzeichnen. Christopher Lasch hat in seiner Kritik der »Fortschritts«-Idee für die soziale und psychologische Notwendigkeit von Grenzen plädiert. Ich glaube, daß die meisten Menschen weder den Mut noch die Zeit noch den Sextrieb für eine revolutionäre Promiskuität haben. Aber ich glaube auch, daß »traditionelle familiäre Werte« uns im nächsten Jahrhundert nicht weiterbringen. Angesichts steigender Lebenserwartungen sollten wir nicht erwarten, daß Menschen eine fünfzigjährige monogame Ehe aufrechterhalten. Ich denke, daß wir neue, nicht-monogame Beziehungsmodelle entwickeln werden, die über die schuldbelastete Aktivität des Ehebruchs hinausgehen.

Und wie sieht die Zukunft für die Frauen aus? Der Versuch, Licht in dieses Dunkel zu bringen, begann mit der Frage: »Gab es denn eine sexuelle Revolution?« Die Antwort lautet ja, auch wenn diese Revolution unvollkommen ist. Vor fünfzig Jahren glaubten die Menschen, daß die Technologie die Sexualität befreien würde. Heute wissen wir, daß es wahrscheinlich nie eine Form der Geburtenregelung geben wird, die sicher, hundertprozentig wirksam, ohne Nebenwirkungen, leicht anzuwenden, für Männer und Frauen gleichermaßen akzeptabel und tragbar für alle religiösen Gruppierungen ist. In dieser Hinsicht hat die Hoffnung auf eine bessere Zukunft getrogen. Aber immerhin haben wir Verhütungsmittel, und die Abtreibung auf Verlangen könnte als Sicherheitsnetz dienen. Frauen haben größere Kontrolle über die Frage der Reproduktion erlangt und damit eine noch nie dagewesene sexuelle Freiheit erreicht. Sex ist nicht länger »Männersache«. Wir lernen zu nehmen, was uns Lust bereitet, statt immer nur Lust zu geben. Und doch birgt die Zukunft auch viele Gefahren für Frauen. Der Postfeminismus ist meiner Auffassung nach eine trügerische, hohle Ideologie ohne jede neue Idee. Weil er kein historisches Bewußtsein hat, ist er unfähig, seine eigene Zukunft vorauszusagen. Was geschieht, wenn der postfeministische Hardbody vierzig, fünfzig wird? Frauen haben guten Grund, den Zusammenbruch der Ehe zu fürchten. Eines der vordringlichsten sexuellen Ziele der Sechziger war die Sexualisierung von Kindern. Eine Dekade, in der die langfristigen Folgen des Kindesmißbrauchs durch Erwachsene deutlich wurde, hat diesem speziellen Traum jeden Glanz genommen. An seine Stelle sollten wir die Erotisierung des ganzen Lebens nach der Pubertät setzen. Wir leben in einer Gesellschaft, in der ledige, geschiedene oder getrennt lebende Frauen über vierzig zur Sexlosigkeit verdammt werden, weil unsere phallische Kultur das junge Mädchen zu *dem* Kultobjekt der Lust erhoben hat. Zu viele Menschen werden sexuell ausgegrenzt – die Alten, die Behinderten, die Unattraktiven. Die Perversion, bei der Madonna die Grenze zieht, ist Sex mit jemandem, der fett ist. Wenn der Mann eine ältere Frau ansieht, sieht er, wie der Zahn der Zeit ihre Jugend zerstört hat. Wenn eine Frau einen älteren Mann ansieht, sieht sie seine Reife und Erfahrung und darin seine Geschichte. Wir müssen den männlichen Blick besiegen. Zeit kann eine erotische Dimension sein.

Die Alternative wäre eine zukünftige Sexualität, die durch die Gesetze des Marktes bestimmt würde und deren weitere Entwicklung von der wechselhaften Konsumentennachfrage abhängig wäre. Ironischerweise würde die elektronische Technik uns der Fähigkeit berauben, unsere eigenen Träume zu entwickeln. Es hat nie eine Zeit gegeben, in der Menschen sich nicht nach einer gerechteren Gestaltung der sozialen Verhältnisse gesehnt hätten. Ich glaube auch nicht, daß wir je aufhören werden, eine Gesellschaft mit ethischen Grundsätzen anzustreben, in der wir das leidenschaftliche, erotische Abenteuer unseres Lebens realisieren können. Vielleicht ist Sex nur der Traum von Freiheit, aber bis wir Utopia erreicht haben, ist er ein beredter Kundschafter unserer Sehnsucht.

Anmerkungen

Einleitung

1 Bret Easton Ellis, *American Psycho*, S. 510
2 Helen Zahavi, *Schmutziges Wochenende*, S. 10
3 *Ibid.*, S. 182
4 *Independent*, 24. März 1992
5 *Independent*, 14. März 1992
6 *Guardian*, 26. Februar 1992
7 *Independent*, 22. Februar 1992
8 *The Times*, 4. Februar 1992
9 *Independent*, 14. Dezember 1991
10 *Independent*, 20. März 1992
11 *The Times*, 29. Januar 1992
12 *Guardian*, 16. April 1992
13 *Observer*, 8. März 1992
14 *Law Society Gazette*, 30. September 1991
15 *Guardian*, 28. März 1992
16 *Observer*, 28. März 1982
17 *Daily Mail*, 29. März 1982
18 *Sunday Telegraph*, 10. Juli 1988
19 *Evening Standard*, 24. November 1992
20 *Suck*, 1972
21 Germaine Greer, *Wechseljahre*, S. 10
22 Sheila Jeffreys, *Anticlimax: A Feminist Perspective on the Sexual Revolution*, S. 316
23 *Ibid.*, S. 311
24 *Guardian*, 13. Oktober 1992
25 Anaïs Nin, *Ein Spion im Haus der Liebe*, S. 43–44
26 Camille Paglia, *Die Masken der Sexualität*, S. 13–14
27 Lawrence Osborne, *The Poisoned Embrace: A Brief History of Sexual Pessimism*, S. 235
28 *Ibid.*, S. 237

Sexuelle Häresie

1 Christopher Hill, *The World Turned Upside Down: Radical Ideas During the English Revolution*, S. 70
2 Norman Cohn, *Das neue irdische Paradies*, S. 11
3 Zitiert in Hill, op. cit., S. 161
4 Zitiert in Cohn, engl. Originalausgabe, S. 169
5 *Ibid.*, S. 166
6 *Ibid.*, S. 160
7 Hill, op. cit., S. 184–5
8 *Ibid.*, S. 13
9 »A Fiery Flying Roll«, *ibid.*, S. 170
10 *Ibid.*, S. 256
11 Richard Baxter, 1696, zitiert nach Cohn, op. cit. S. 291
12 Hill, op. cit., S. 259

13 Cohn, op. cit., S. 299–300
14 Hill, op. cit., S. 257
15 Hill, op. cit., S. 258–9
16 Donald Pennington u. Keith Thomas (Hrsg.), *Puritans and Revolutionaries: Essays on Seventeenth Century History Presented to Christopher Hill*, S. 257–8
17 *Ibid.*
18 Hill, op. cit., S. 307–8
19 Gay Talese, *Thy Neighbor's Wife*, S. 341
20 *Ibid.*, S. 346
21 Steve Humphreys, *A Secret World of Sex*, S. 181
22 Elaine Showalter, *Sexual Anarchy*, S. 199
23 *Ibid.*, S. 39
24 Sheila Rowbotham u. Jeffrey Weeks, *Socialism and the New Life: The Personal and Sexual Politics of Edward Carpenter and Havelock Ellis*, S. 10
25 *Ibid.*, S. 109
26 *Ibid.*, S. 109
27 *Ibid.*, S. 87
28 *Ibid.*, S. 95
29 Zitiert in Mark Cohn, *Dope Girls: The Birth of the British Drug Underground*, S. 51
30 Daphne du Maurier, *Rebecca*, S. 317
31 H. C. Fischer u. E. X. Dubois, *Sexual Life During the World War*, S. 161
32 Dora Russell, *The Tamarisk Tree*. Vol. I: *My Quest for Liberty and Love*, S. 69
33 *Ibid.*, S. 156
34 *Ibid.*, S. 198
35 *Ibid.*, S. 217
36 Norman Lewis, *Jackdaw Cake*, S. 79–80
37 *Independent on Sunday*, 8. März 1992
38 George Steiner, *In Blaubarts Burg*, S. 50
39 Angela Carter, *Sexualität ist Macht*, S. 184–85

Das Bevölkerungslabor vor der Küste Amerikas

1 Nora Ephron, »The Pill and I«, *The Sixties: The decade remembered now, by the people who lived it then*, S. 71–2
2 Angus McLaren, *A History of Contraception from Antiquity to the Present Day*, S. 27
3 John Guillebaud, *The Pill*, S. 9–10
4 Richard Davenport-Hines, *Sex, Death and Punishment: Attitudes to Sex and Sexuality in Britain Since the Renaissance*, S. 18
5 John D'Emilio und Estelle B. Freedman, *Intimate Matters: A History of Sexuality in America*, S. 245
6 MacLaren, op. cit., S. 181–2
7 *Ibid.*, S. 216–17
8 *Ibid.*, S. 226
9 Alvin Toffler, *Der Zukunftsschock*, S. 10
10 *Guardian*, 20. Juni 1992
11 Zitiert in Barbara Seaman, *Women and the Crisis in Sex Hormones*, S. 79
12 James Reed, *From Private Vice to Public Virtue*, S. 321
13 *Esquire*, Dezember 1983
14 Reed, op. cit., S. 358
15 Annette Ramírez de Arellano u. Conrad Seipp, *Colonialism and Contraception: A History of Birth Control in Puerto Rico*, S. 13
16 *Ibid.*, S. 7–8

17 *Ibid.*, S. 17
19 *Ibid.*, S. 23
20 *Ibid.*, S. 33–4
21 *Ibid.*, S. 48
22 *Ibid.*, S. 49
23 Leonard Bernstein, 6. Januar 1949, »West Side Story Log«, sleeve notes, *West Side Story*, Deutsche Grammophon 1985
24 Ramírez de Arellano u. Seipp, op. cit., S. 81
25 *Ibid.*, S. 82–3
26 John A. Smith, *Ryder Memorial Hospital: An Unfolding Story of Health Care*, S. 2
27 Gregory Pincus Papers, Library of Congress
28 GPP
29 GPP
30 Ramírez de Arellano u. Seipp, op. cit., S. 116
31 GPP
32 GPP
33 GPP
35 *Observer Magazine,* 19. April 1970
36 Carl Djerassi, *The Politics of Contraception: Birth Control in the Year 2001*, S. 19
37 Susan C. M. Scrimshaw, »Women and the Pill: From Panacea to Catalyst«, *Family Planning Perspectives*, Vol. 13, No. 6, Nov. / Dez. 1981
38 *Family Planning in the Sixties: Report of the Family Planning Association Working Party, September 1963*, Kap. 4, S. 1
39 *Ibid.*, Kap. 7., S. 13
40 *Ibid.*, S. 17
41 Barbara Seaman, *The Doctor's Case Against The Pill*, S. 65

Das Land, das von Männern in Frauenkleidern geführt wird

1 Nell McCaffertey, *A Woman to Blame*, S. 164
2 *Ibid.*, S. 69
3 *Ibid.*, S. 87
4 *Ibid.*, S. 28
5 Donnchadh O Corráin, »Prehistoric and Early Christian Ireland«. In: R. F. Foster (Hrsg.), *The Oxford Illustrated History of Ireland*, S. 21
6 Zitiert in Richard Ellmann, *James Joyce*, S. 530–531
7 *Guardian*, 20. Mai 1992
8 Uta Ranke-Heinemann, *Eunuchen für das Himmelreich: Katholische Kirche und Sexualität*, S. 10
9 *Ibid.*, S. 25
10 *Ibid.*, S. 26
11 *Ibid.*, S. 74
12 *Ibid.*, S. 77
13 *Ibid.*, S. 81
14 *Ibid.*, S. 85
15 *Ibid.*, S. 96
16 *Ibid.*, S. 127
17 *Ibid.*, S. 194
18 *Esquire*, Dezember 1983
19 Reed, op. cit., S. 354–5
20 Ronald Blair Kaiser, *The Encyclical That Never Was: The Story of the Commission on Population, Family and Birth*, S. 78

21 *Ibid.*, S. 91–2
22 *Ibid.*, S. 95
23 *Ibid.*, S. 97
24 *Ibid.*, S. 129
25 *Ibid.*, S. 137
26 *Ibid.*, S. 145
27 *Ibid.*, S. 176
28 *Ibid.*, S. 223
29 »Humanae Vitae«, in: *Die Enzyklika in der Diskussion*, hrsg. von Franz Böckle u. a., S. 14–15
30 David Rice, *Kirche ohne Priester*, S. 47
31 Kaiser, op. cit., S. 244
32 *Observer Magazine*, 18. Januar 1970
33 Loretta McLaughlin, *The Pill, John Rock and the Church: The Biography of a Revolution*, S. 191
34 *Ibid.*, S. 230–1
35 »Offentzeitung für die Katholische Geistlichkeit Deutschlands«, Okt. 1977, zitiert nach Ranke-Heinemann, op. cit., S. 309
36 Rice, op. cit., S. 48

Unser Zeitalter kauft sich einen Spaßpelz

1 *Time*, 13. April 1966
2 Jonathon Green, *Days in the Life: Voices from the English Underground 1961–1967*, S. 86
3 Christopher Booker, *The Neophiliacs: A Study of the Revolution in English Life in the Fifties and Sixties*, S. 109
4 *Ibid.*, S. 262
5 *Mail on Sunday*, 21. April 1991
6 Booker, op. cit., S. 42–3
7 Brigid Keenan, *The Women We Wanted To Look Like*, S. 164
8 Valerie Steele, *Fashion and Eroticism: Ideals of Feminine Beauty from the Victorian Era to the Jazz Age*, S. 239
9 *Ibid.*, S. 241
10 Vance Packard, *Die sexuelle Verwirrung*, S. 29–30
11 *Ibid.*, S. 170–1
12 *Observer Magazine*, 27. August 1967
13 Nik Cohn, *Ball the Wall*, S. 293
14 *Observer Magazine*, loc. cit.
15 Cohn, op. cit., S. 293
16 Zitiert nach Joel Lobenthal, *Radical Rags: Fashions of the Sixties*, S. 139
17 Cohn, op. cit., S. 281
18 *Ibid.*, S. 285
19 *Daily Mail*, 8. August 1968
20 Cohn, op. cit., S. 309
21 *Ibid.*, S. 311
22 George Carstairs, *This Island Now*, S. 55
23 Noel Annan, *Our Age: The Generation that Made Post-War Britain*, S. 461
24 *Ibid.*, S. 101
25 *Ibid.*, S. 103
26 *Ibid.*, S. 107
27 *Ibid.*, S. 116

28 *Ibid.*, S. 167
29 Brigid Brophy, *Don't Never Forget: Collected Views and Reviews*, S. 23
30 Brian Braithwaite, *The Business of Women's Magazines*, S. 35, *Nova*, Oktober 1966
31 *Nova*, Oktober 1967
32 Braithwaite, op. cit., S. 38
33 *Nova*, September 1965
34 *Nova*, Februar 1966
35 *Nova*, Oktober 1966
36 *Nova*, September 1967
37 Braithwaite, op. cit., S. 38
38 *Nova*, September 1968
39 *Nova*, April 1965

Spaß, Spaß, Spaß

(Sofern nicht anders angegeben, beziehen sich die Anmerkungen auf die britischen *Cosmo*-Ausgaben)
1 *Cosmopolitan* (UK Edn.), Februar 1991
2 Helen Gurley Brown, *Sex and the Single Girl*, S. 7
3 *Ibid.*, S. 204
4 *Ibid.*, S. 209
5 *Ibid.*, S. 210–11
6 *Ibid.*, S. 2–4
7 Barbara Ehrenreich, Elizabeth Hess, Gloria Jacobs, *Gesprengte Fesseln?* S. 11
8 *Cosmopolitan*, Juli 1965
9 *Cosmopolitan*, Juli 1965
10 *Cosmopolitan*, September 1966
11 *Cosmopolitan*, September 1966
12 *Cosmopolitan*, Februar 1968
13 *Cosmopolitan*, Oktober 1965
14 *Cosmopolitan*, Mai 1969
15 *Cosmopolitan*, Oktober 1969
16 *Cosmopolitan*, ohne Datum
17 »J«, *Die sinnliche Frau*, S. 109
18 *Ibid.*, S. 108
19 *Ibid.*, S. 9
20 *Ibid.*
21 Terry Garrity, *Story of »J«: The Author of The Sensuous Woman Tells the Bitter Price of Her Crazy Success*, S. 53
22 *Ibid.*, S. 199
23 *Ibid.*, S. 83
24 *Cosmopolitan*, Juli 1971
25 Linda Wolfe, *The Cosmo Report*, S. 208
26 *Ibid.*, S. 209
27 *Ibid.*, S. 216
29 *Ibid.*, S. 303–4
30 *Cosmopolitan*, September 1987

Der Weckruf zu einem tatkräftigen Leben

1 *The People*, 1. November 1964
2 Sexual Emancipation Movement Newsletter No. 4
3 *Ibid.*
4 *Ibid.*, Nr. 22
5 *Ibid.*, Nr. 20
6 *Ibid.*, Nr. 18
7 New Life Newsletter, Nr. 18
8 SEM Newsletter, Nr. 16
9 Archiv der Sexual Freedom League
10 SEM Newsletter Nr. 16
11 SFL Archiv
12 SFL Archiv (die Nachnamen von Braut und Bräutigam wurden auf Bitte des Archivbesitzers weggelassen)
13 Ibid.
14 Herbert Marcuse, *Kritische Studien zur Philosophie: Psychoanalyse und Politik*, S. 65–66
15 Zitiert in Gerald Howard (Hrsg.), *The Sixties: Arts Politics and Media of Our Most Explosive Decade*, S. 216
16 Paul Robinson, *The Freudian Left: Wilhelm Reich, Geza Roheim, Herbert Marcuse*, S. 239–40
17 Jefferson Poland, *Sex Freedom Marchers*, S. 11
18 *Ibid.*, S. 12–13
19 *Ibid.*, S. 14
20 *Ibid.*, S. 14–15
21 »Free Speech Comes to Berkeley, Howard (Hrsg.), op. cit., S. 132
22 Poland, op. cit., S. 16
23 *Ibid.*, S. 19
24 SFL Archiv
25 Jefferson Poland, »Sexual Freedom League Grows Older«, 25. Dezember 1967, maschinengeschriebenes Manuskript, SFL Archiv
26 SFL Archiv
27 Poland, »Sexual Freedom League Grows Older«
28 *Ibid.*
29 *Ibid.*
30 *Ibid.*
31 SFL Archiv
32 Richard Ogar, *San Francisco BALL*, Nr. 6, 18. September 1979
33 *Ibid.*
34 Abe Peck, *Uncovering the Sixties: The Life and Times of the Underground Press*, S. 30
35 Rice, op. cit., S. 42

Schwester Kerista rettet die Welt

1 Krishnan Kumar, *Utopia and Anti-Utopia in Modern Times*, S. 15
2 *Ibid.*, S. 16
3 *Independent*, 13. August 1991
4 Laurence Veysey, »Ideological Sources of American Movements«, *Society*, Januar/Februar 1988
5 Kumar, op. cit., S. 36
6 *San Francisco Chronicle*, 10. März 1967

7 »The Erotic Evolution of Kerista: Pushing Out the Frontier of Sexual Liberation«, *Kerista Journal of Group Living*, Winter 1987
8 »The Messianic Era«, *Kerista Journal*, Juni 1984
9 »The Erotic Evolution of Kerista«, loc. cit.
10 Larry L. u. Joan M. Constantine, *Group Marriage: A Study of Contemporary Multilateral Marriage*, S. 11–12
11 *Ibid.*, S. 30–31
12 Dick Fairfield, »Harrad West«, *The Modern Utopian*, Winter 1969, *Communes USA* edition, S. 146
13 *Ibid.*, S. 148
14 *Ibid.*, S. 149
15 *Ibid.*, S. 147
16 Constantine, op. cit., S. 234–235
17 *Family Synergy Newsletter*, August 1991
18 »Carol« u. »Tim«, *The Swinger's Handbook*, S. 7
19 *Ibid.*, S. 18
20 William u. Jerry Breedlove, *Swap Clubs: A Study in Contemporary Sexual Mores*, S. 147
21 *Ibid.*, S. 239–241
22 »Carol« u. »Tim«, op. cit., S. 80
23 *Ibid.*
24 Peter Roberts, *The Swapping Game*, S. 81
25 Derek Bowskill, *Swingers and Swappers*, S. 26
26 *Ibid.*, S. 22
27 *Ibid.*, S. 155
28 Roberts, op. cit., S. 34
29 *Ibid.*, S. 42
30 *Ibid.*, S. 76
31 »Carol« u. »Tim«, op. cit., S. 187
32 June M. Reinisch u. Ruth Beasley, *Der neue Kinsey Institut Report – Sexualität heute: Die neuesten Erkenntnisse über das Sexualverhalten von Mann und Frau*, S. 25
33 *Ibid.*, S. 153

Die Zukunft wird bis auf weiteres verschoben

1 Gregory Pincus Papers, Library of Congress (Der Name des behandelnden Arztes wurde gestrichen)
2 Barbara Seaman, *Women and the Crisis in Sex Hormones*, S. 85–6
3 Barbara Seaman, *The Doctor's Case Against the Pill*, S. 18
4 *Ibid.*, S. 37
5 Barbara Seaman, *Free and Female*, S. 159–160
6 *Spare Rib*, Dezember 1975
7 Boston's Women Healthbook Collective, *Unser Körper – unser Leben*, S. 319
8 *Virginia Medical Monthly*, August 1968
9 Mary Daly, *Gyn/Ökologie*, S. 30–31
10 Robin Morgan (Hrsg.), *Sisterhood is Powerful*, S. 405
11 Germaine Greer, *Die heimliche Kastration*, S. 186–187
12 Seaman, *Women and the Crisis of Sex Hormones*, S. 214
13 *Ibid.*, S. 215
14 Greer, op. cit., S. 187
15 *New York Times Magazine*, 16. Dezember 1990

16 *Ibid.*
17 *Economist*, 1. Juni 1991
18 *New York Times Magazine*, loc. cit.
19 *Ibid.*
20 *Independent on Sunday*, 18. Juni 1992

Sag einfach nein

1 Robert Neville, *Play Power*, S. 58
2 *Ibid.*, S. 60
3 Jonathon Green, *Days in the Life: Voices from the English Underground 1961–1971*, S. 49
4 *Ibid.*, S. 49–50
5 Jefferson Poland Archiv
6 Germaine Greer, *The Madwoman's Underclothes*, S. XXV
7 *Oz*, Mai 1970
8 Jim Haynes, *Thanks for Coming! An Autobiography*, S. 217
9 *Ibid.*, S. 278
10 *Ibid.*, S. 217
11 Green, op. cit., S. 420
12 Jean Paslé-Green u. Jim Haynes, *Hello I Love You! Voices From the Sexual Revolution*, S. 30
13 Haynes, op. cit., S. 218
14 Greer, *The Madwoman's Underclothes*, S. 51
15 *Ibid.*, S. 57–58
16 *Ibid.*, S. 59
17 Zitiert nach *New York Times*, 5. März 1984
18 Greer, *Die heimliche Kastration*, S. 271
19 *Ibid.*, S. 283
20 *Ibid.*, S. 298
21 *Marie Claire*, November 1990
22 Susan Brownmiller, *Gegen unseren Willen: Vergewaltigung und Männerherrschaft*, S. 22
23 *Ibid.*, S. 90 ff.
24 Clare Short, *Dear Clare... This is What Women Think About Page 3*, S. XVII–XVIII
25 *Ibid.*, S. 30
26 *Sojourner*, Mai 1984
27 Sheila Jeffreys, *Anticlimax*, S. 1–2
28 *Ibid.*, S. 311
29 Gabrielle Brown, *Liebe ohne Sex*, S. 10–11

Eine Sicherheitsnadel für mein Herz

1 *New Yorker*, 28. Oktober 1972
2 *Daily Mirror*, 16. Februar 1973
3 *Daily Express*, 18. Februar 1975
4 Henry Miller, *Verrückte Lust*, S. 220
5 *Ibid.*, S. 192
6 *Ibid.*, S. 204
7 Susan Brownmiller, op. cit., S. 102

8 Aphrodite Matsakis, *Vietnam Wives: Women and Children Serving Life with Veterans Suffering Post-Traumatic Stress Disorder*, S. 57–58
9 *Ibid.*, S. 62
10 *Ibid.*, S. 49
11 *Ibid.*, S. 98
12 Bret Easton Ellis, *Unter Null*, S. 140–141
13 *Guardian*, 19. April 1991
14 Jon Savage, *England's Dreaming: Sex Pistols and Punk Rock*, S. 357
15 *Ibid.*, S. 434
16 *Ibid.*, S. 56
17 *Ibid.*, S. 68
18 *Ibid.*, S. 100
19 *Ibid.*, S. 186
20 *Ibid.*, S. 32
21 *Ibid.*, S. 375
22 *ZG*, 1980
23 *Ibid.*
24 Madonna, *Sex*, ohne Seitennumerierung
25 Homero Aridjis, *1492: Die Abenteuer des Juan Cabezón von Kastilien*, S. 16
26 Camille Paglia, *Die Masken der Sexualität*
27 *Ibid.*, S. 51
28 *Guardian*, 22. April 1992
29 *Guardian*, 14. September 1992
30 Paglia, op. cit.
31 *Ibid.*, S. 12
32 *Ibid.*, S. 22

Das Millennium: Sex im Zeitalter der virtuellen Realität

1 John Rechy, *The Sexual Outlaw*, S. 205–206
2 Randy Shilts, *Aids And The Band Played On: Die Geschichte eines großen Versagens*, S. 144
3 *Ibid.*, S. 144
4 *New Woman*, Oktober 1986
5 *Independent*, 4. Oktober 1991
6 *Guardian*, 4. Oktober 1991
7 *Independent*, 9. Juni 1992
8 Neil McKeganey, »Why do men buy sex and what are their assessments of the HIV related risks when they do?«, unveröffentlichtes Manuskript
9 Gay Talese, *Thy Neighbor's Wife*, S. 605–7
10 Thomas Laqueur, *Auf den Leib geschrieben: Die Inszenierung der Geschlechter von der Antike bis Freud*, S. 16
11 William Acton, *Functions and Disorders*, S. 101–102
12 Thomas Laqueur, op. cit., S. 16
13 *Evening Standard*, 20. März 1992
14 Julie Burchill, *Ambition*, S. 17
15 Ibid., S. 142–143
16 Nancy Friday, *Befreiung zur Lust*, S. 68
17 Ibid., S. 77
18 Re/Search, *Angry Women*, S. 25
19 Christopher Anderson, *Madonna Unauthorized*, S. 75

20 *Ibid.*, S. 124–25
21 *Ibid.*, S. 212
22 *Ibid.*, S. 110
23 Camille Paglia, op. cit., S. 35
24 Madonna, op. cit.
25 Rosalind Coward, *Feminist Review*, No. 11
26 Catherine Jones, *Sex or Symbol: Erotic Images of Greece and Rome*, S. 62–72
27 *Sunday Times Magazine*, 18. Oktober 1992
28 Madonna, op. cit.
29 *Marie Claire*, April 1993
30 *Time Out*, 27. Mai 1993
31 *Marie Claire*, April 1993

Ausgewählte Bibliographie

Acton, Williams. *Functions and Disorders*. London, 1862.
Anderson, Christopher. *Madonna Unauthorized*. London, 1991.
Annan, Noel. *Our Age: The Generation that Made Post-War Britain*. London, 1991.
Aridjis, Homero. *1492: Die Abenteuer des Juan Cabezón von Kastilien. Ein Inquisitionsroman*. Zürich, 1992.
Booker, Christopher. *The Neophiliacs: A Study of the Revolution in English Life in the Fifties and Sixties*. London, 1969.
Bowskill, Derek. *Swingers and Swappers*. London, 1975
Braithwaite, Brian u. Barrell, Joan. *The Business of Women's Magazines*. London, 1988.
Breedlove, William u. Jerrye. *Swap Clubs: A Study in Contemporary Sexual Mores*. Los Angeles, 1964.
Brophy, Brigid. *Don't Never Forget: Collected Views and Reviews*. London, 1966.
Brown, Gabrielle. *Liebe ohne Sex*. Frankfurt/Berlin, 1983.
Brownmiller, Susan. *Gegen unseren Willen: Vergewaltigung und Männerherrschaft*. Frankfurt, 1980.
Burchill, Julie. *Ambition*. London, 1990.
Carstairs, George. *This Island Now*. London, 1963.
Carter, Angela. *Sexualität ist Macht: Die Frau bei de Sade*. Reinbek, 1981.
Cohn, Nik. *Ball the Wall: Nik Cohn in the Age of Rock*. London, 1989.
Cohn, Norman. *Das neue irdische Paradies: Revolutionärer Millenarismus und mystischer Anarchismus im mittelalterlichen Europa*. Reinbek, 1988.
Comfort, Alex. *More Joy of Sex / Noch mehr Freude am Sex*. Frankfurt/Main u. Berlin, 1981.
Constantine, Larry L. u. Joan M. *Group Marriage: A Study of Contemporary Multilateral Marriage*. New York, 1973.
Daly, Mary. *Gyn/Ökologie*. München, 1980.
Davenport-Hines, Richard. *Sex, Death and Punishment: Attitudes to Sex and Death in Britain Since the Renaissance*. London, 1991.
D'Emillio, John u. Freedman, Estelle. *Intimate Matters: A History of Sexuality in America*. New York, 1988.
Djerassi, Carl. *The Politics of Contraception: Birth Control in the Year 2011*. Stanford, 1979.
Du Maurier, Daphne. *Rebecca*. Zürich, 1954.
Ehrenreich, Barbara, Hess, Elizabeth u. Jacobs, Gloria. *Gesprengte Fesseln? 20 Jahre Kampf um eine weibliche Sexualität und was wir damit gewonnen haben*. München, 1988.
Ellis, Bret Easton, *American Psycho*. Köln, 1991.
Ders. *Unter Null*, Reinbek, 1986.
Family Planning in the Sixties: Report of the Family Planning Association Working Party. London, 1963.
Fischer, H. C. und Dubois, E. X. *Sexual Life During the World War*. London, 1937.
Foster, R. F. *The Oxford Illustrated History of Ireland*. Oxford, 1991.
Friday Nancy. *Die sexuellen Phantasien der Frauen*. Reinbek, 1980.
Dies. Befreiung zur Lust. Frauen und ihre sexuellen Phantasien. München, 1992.
Garrity, Terry, mit Garrity, John. *Story of »J«: The Author of The Sensuous Woman Tells the Bitter Price of Her Crazy Success*. New York, 1984.
Green, Jonathon. *Days in the Life: Voices from The English Underground 1961–1971*. London, 1988.
Greer, Germaine. *Wechseljahre*. Düsseldorf, 1991.

Dies. *The Madwoman's Underclothes: Essays and Occasional Writings 1968–1985*. London, 1986.
Dies. *Die heimliche Kastration*. Frankfurt/Main, Berlin, 1984.
Guillebaud, John. *Die Pille*. Reinbek, 1982.
Haynes, Jim. *Thanks for Coming! An Autobiography*. London, 1984.
Hill, Christopher. *The World Turned Upside Down: Radical Ideas and the English Revolution*. London, 1972.
Howard, Gerald (Hrsg.). *The Sixties: Art, Politics and Media of Our Most Explosive Decade*. New York, 1991.
Humphreys, Steve. *A Secret World of Sex: Forbidden Fruit, The British Experience 1900–1950*. London, 1988.
'J' *Die sinnliche Frau*. Hamburg, 1970.
Jeffreys, Sheila. *Anticlimax: A Feminist Perspective on the Sexual Revolution*. London, 1990.
Johns, Catherine. *Sex or Symbol? Erotic Images of Greece and Rome*. London, 1990.
Kaiser, Robert Blair. *The Encyclical That Never Was: The Story of the Commission on Population, Family and Birth 1964–6*. London, 1987.
Keenan, Brigid. *The Women We Wanted to Look Like*. London, 1977.
Kohn, Marek. *Dope Girls: The Birth of the British Drug Underground*. London, 1992.
Kumar, Krishnan. *Utopia and Anti-Utopia in Modern Times*. Oxford, 1987.
Laqueur, Thomas. *Auf den Leib geschrieben. Die Inszenierung der Geschlechter von der Antike bis Freud*. Frankfurt/Main, 1992.
Lewis, Norman. *Jackdaw Cake*. London, 1985.
Lobenthal, Joel. *Radical Rags: Fashions of the Sixties*. New York, 1990.
McCaffertey, Nell. *A Woman to Blame: The Kerry Babies Case*. Dublin, 1985.
McLaren, Angus. *A History of Contraception: From Antiquity to the present Day*. Oxford, 1990.
McLaughlin, Loretta. *The Pill, John Rock and the Catholic Church: The Biography of a Revolution*. New York, 1982.
Madonna. *Sex*. London, 1992.
Marcuse, Herbert. *Kritische Studien zur Philosophie: Psychoanalyse und Politik*. Frankfurt, 1968.
Matsakis, Aphrodite. *Vietnam Wives: Women and Children Surviving Life with Veterans Suffering Post-Traumatic Stress Disorder*. Kensington, 1988.
Miller, Henry. *Verrückte Lust*. München, 1993.
Morgan, Robin (Hrsg.). *Sisterhood is Powerful*. New York, 1970.
Neville, Richard. *Play Power*. London, 1971.
Nin, Anaïs. *Ein Spion im Haus der Liebe*. München, 1972.
Obst, Lynda Rosen (Hrsg.). *The Sixties: The Decade Remembered Now, by the People Who Lived It Then*. New York, 1977.
Osborne, Lawrence, *The Poisoned Embrace: A Brief History of Sexual Pessimism*. London, 1993.
Packard, Vance. *Die sexuelle Verwirrung: Der Wandel in den Beziehungen der Geschlechter*. Düsseldorf, 1969.
Paglia, Camille. *Die Masken der Sexualität*. Berlin, 1992.
Paslé-Green, Jeanne u. Haynes, Jim. *Hello, I Love You! Voices from the Sexual Revolution*. New York, 1977.
Peck, Abe. *Uncovering the Sixties: The Life and Times of the Underground Press*. New York, 1991.
Pennington, Donald u. Thomas, Keith (Hrsg.). *Puritans and Revolutionaries: Essays in Seventeenth Century History Presented to Christopher Hill*. Oxford, 1978.
Ramírez de Arellano, Annette u. Seipp, Conrad. *Colonialism, Catholicism, and Contraception: A History of Birth Control in Puerto Rico*. Chapel Hill u. London, 1983.
Ranke-Heinemann, Uta. *Eunuchen für das Himmelreich*. Hamburg, 1988.

Rechy, John. *The Sexual Outlaw: A Non-Fiction Account, with Commentaries, of Three Days and Nights in the Sexual Underground*. London, 1979.
Reed, James. *From Private Vice to Public Virtue*. New York, 1978.
Reinisch, June M. u. Beasley, Ruth. *Der neue Kinsey Institut Report: Sexualität heute*. München, 1991.
Re/Search No. 3. *Angry Women*. San Francisco, 1991.
Rice, David. *Kirche ohne Priester*. München, 1991.
Roberts, Peter. *The Swapping Game*. London, 1976.
Robinson, Paul. *The Freudian Left: Wilhelm Reich, Geza Roheim, Herbert Marcuse*. Ithaca u. London, 1990.
Rowbotham, Sheila u. Weeks, Jeffrey. *Socialism and the New Life: The Personal and Sexual Politics of Edward Carpenter and Havelock Ellis*. London, 1977.
Russell, Dora. *The Tamarisk Tree*. Vol. I: *My Quest for Liberty and Love*. London, 1975.
Savage, Jon. *England's Dreaming: Sex Pistols and Punk Rock*. London, 1991.
Seaman, Barbara. *The Doctor's Case Against the Pill*. London, 1970.
Dies. *Free and Female*. Greenwich, 1972.
Dies. u. Seaman, Gideon. *Women and the Crisis in Sex Hormones*. New York, 1978.
Shilts, Randy. *Aids And The Band Played On: Die Geschichte eines großen Versagens*. München, 1988.
Short, Clare. *Dear Clare… This Is What Women Think About Page 3*. London, 1991.
Showalter, Elaine. *Sexual Anarchy: Gender and Culture at the Fin de Siècle*. London, 1991.
Smith, John A. *Ryder Memorial Hospital: An Unfolding Story of Health Care*. Humacao, Puerto Rico, 1989.
Steele, Valerie. *Fashion and Eroticism: Ideals of Feminine Beauty From the Victorian Era to the Jazz Age*. Oxfcord, 1985.
Steiner, George. *In Blaubarts Burg. Anmerkungen zur Neubestimmung der Kultur*. Wien u. Zürich, 1991.
Talese, Gay. *Thy Neighbor's Wife*. New York, 1980.
Toffler, Alvin. *Der Zukunftsschock*. Bern/München/Wien, 1970.
Wolfe, Linda. *The Cosmo Report*. New York, 1981.
Zahavi, Helen. *Schmutziges Wochenende*. München, 1991.

Register